ROLAND
BARTHES
SEMIOTICS

巴特符号学背景下的
大众文化理论研究

蒋传红　著

江苏大学出版社
JIANGSU UNIVERSITY PRESS

镇　江

图书在版编目（CIP）数据

巴特符号学背景下的大众文化理论研究／蒋传红著
. -- 镇江：江苏大学出版社，2023.12
　ISBN 978-7-5684-2043-3

　Ⅰ.①巴… Ⅱ.①蒋… Ⅲ.①巴特（Barthes,
Roland 1915-1980）–符号学–研究　Ⅳ.①B565.59
②H0-05

中国国家版本馆 CIP 数据核字（2023）第 220553 号

巴特符号学背景下的大众文化理论研究
Bate Fuhaoxue Beijing Xia De Dazhong Wenhua Lilun Yanjiu

著　　者/蒋传红
责任编辑/李　娜
出版发行/江苏大学出版社
地　　址/江苏省镇江市京口区学府路 301 号（邮编：212013）
电　　话/0511-84446464（传真）
网　　址/http：//press. ujs. edu. cn
排　　版/镇江文苑制版印刷有限责任公司
印　　刷/江苏凤凰数码印务有限公司
开　　本/710 mm×1 000 mm　1/16
印　　张/19.25
字　　数/368 千字
版　　次/2023 年 12 月第 1 版
印　　次/2023 年 12 月第 1 次印刷
书　　号/ISBN 978-7-5684-2043-3
定　　价/72.00 元

如有印装质量问题请与本社营销部联系（电话：0511-84440882）

目录 *CONTENTS*

绪　论

　　法兰克福学派着重于法西斯主义和极权主义的研究，采取辩证分析方法从生产的角度分析大众文化对大众的控制；伯明翰学派则更加关注战后迅速崛起的平民阶层，主要剖析青少年亚文化、被殖民者文化和女性主义文化对主流文化的反抗，并运用民族志的研究方法进行深入研究；法国结构主义和后结构主义大众研究的背景是法国大众文化社会的到来，偏重大众文化的文本研究，倾向于运用语言符号学的研究方法。结构主义和后结构主义多直接运用索绪尔的结构主义语言学，对大众文化研究不够重视，研究方法相对单一；巴特符号学背景下的大众文化理论家注重符号学的发展的研究，重视大众文化研究，研究方法以符号学为基础而又转益多师。国内外学术界既对巴特及受其影响的大众文化学家的社会和学术联系有过概述，也具体阐释过受其影响的大众文化学家对其符号学和大众文化研究的发展，但是存在一定的概述和具体研究脱节的问题，未能建构起巴特符号学背景下的大众文化研究的整体面貌，未能剖析其在大众文化理论研究领域所取得的学术成就，未能细致辨析其他大众文化学家与巴特的学术渊源和理论发展，未能发掘出作为法国结构主义和后结构主义代表的大众文化理论研究的特色。

　　大众文化一般指伴随着工业化、都市化和市场化的社会进程而发展起来的一种以文化产业为特征，以现代大众传媒为手段，以市民为对象的社会型、大众化的文化形态。法国结构主义和后结构主义与德国法兰克福学派、英国伯明翰学派是西方三大大众文化理论研究派别，它们共同构成西方大众文化研究全面而系统的理论体系。西方大众文化研究的代表著作，如英国大众文化学者多米尼克·斯特里纳蒂（Dominic Strinati）的《通俗文化理论导论》①、菲利普·史密斯（Philip Smith）的《文化理论：导论》②、美国学者约翰·斯道雷（John Storey）的《文化理论与大众文化导论》③，以及澳大利亚学者杰夫·刘易斯（Jeff Lewis）的《文化研究基础理论》④，这四部著作对这三种大众文化理论主要派别的称呼略有不同，但大都将这三种派别的大众文化理论研究相提并论，将其作为西方大众文化研究的理论基础。

一、相比法兰克福学派、伯明翰学派，法国结构主义和后结构主义大众文化理论的特点

　　法兰克福学派于二十世纪三十年代在德国法兰克福建立，后由于第二次世界大战而转到美国，在战后重新回到法兰克福；其代表人物主要有霍克海默（Max Horkheimer）、阿多诺（Theodor Wiesengrund-Adorno）、洛文塔尔（Leo Lowenthal）、马尔库塞（Herbert Marcuse）等。伯明翰学派在第二次世界大战后于英国的伯明翰兴起，侧重于工人阶级文化的研究，以及大众文化与青少年关系的研究，主要人物有理查德·霍加特（Richard Hoggart）、雷蒙德·威廉斯（Raymond Williams）、斯图亚特·霍尔（Stuart Hall）和帕迪·沃内尔（Paddy Whannel）等。法国结构主义和后结构主义在二十世纪四十至七十年代全面崛起，在人类学、精神分析学、文学文化学、意识形态研究、历史学等各领域都取得了重要成绩，成为法国自启蒙运动以来对世界人文社会科学领域产生影响的又一学术潮流。结构主义人类学家列维-斯特劳斯（Claude Levi-Strauss）、结构主义哲学家和社会思想家福柯（Michel Foucault）、结构主义精神分析学家拉康（Jacques Lacan）、结构主义的马克思主义者阿尔都塞（Louis Althusser）、结构主义文论家罗兰·巴特

---

① 多米尼克·斯特里纳蒂. 通俗文化理论导论［M］. 阎嘉，译. 北京：商务印书馆，2001：3.
② 菲利普·史密斯. 文化理论：导论［M］. 张鲲，译. 北京：商务印书馆，2008：1.
③ 约翰·斯道雷. 文化理论与大众文化导论：第五版［M］. 常江，译. 北京：北京大学出版社，2010：1.
④ 杰夫·刘易斯. 文化研究基础理论［M］. 2版. 郭镇之，等译. 北京：清华大学出版社，2013：47.

（Roland Barthes）、结构主义文论家格雷马斯（A. J. Greimas）、后结构主义理论家德里达（Jacques Derrida）等都是其中的代表。与法兰克福学派、伯明翰学派的大众文化理论研究相比，法国结构主义和后结构主义大众文化理论研究的突出特点表现在以下三方面。

其一，相比法兰克福学派关注法西斯主义和极权主义、伯明翰学派关注战后迅速崛起的平民阶层，法国结构主义和后结构主义大众研究的背景是法国大众文化社会的到来。法兰克福学派关注二十世纪三四十年代德国的法西斯主义和二战后美国的极权主义统治。在德国法西斯统治时期，法西斯主义者利用无线电广播这种大众传播媒介，将其变成传达法西斯纳粹党头目希特勒意志的扩音器，他们不间断地在不同地方播放希特勒的声音，最终使这种声音彻底地代替了它的内容；还利用张贴政治标语、提供各种礼物等手段来规训大众，最终使大众狂热崇拜希特勒，使法西斯运动演变成一场浩浩荡荡的全民运动，使社会变成一个极权社会。伯明翰学派则发现二战后英国以工人阶级为代表的平民阶层迅速崛起，并成长为一支比较成熟的社会力量，他们认为这是英国社会最突出的现象，主要表现为：平民数量在战后激增，工人及平民的社会地位比战前有所提高，战争锻炼了平民阶层，增强了平民之间的凝聚力；随着战后物质生活的丰富和社会地位的提高，以工人阶级为代表的平民阶层也有机会接受从前只有上层社会才可接受的高等教育，西方社会战后的教育由此渐趋平民化。

法国结构主义和后结构主义的大众研究的背景则是法国大众文化社会的到来。法国文化史学家让-皮埃尔·里乌（Jean-Pierre Rioux）将二十世纪五十年代法国大众文化的繁荣称为"一个时代的激奋和兴趣——这是分析研究之根本——只有在最深的地层中才真正感觉得到"，"在那里，存在着——或不存在着——社会的底层向人数最多的阶层升级的现象。因为那里可能比无休止的古今之争更隐藏着引起文化变化现象的构造。这一看法对二十世纪五十年代来说是不容置疑的"①。他重点分析四五十年代法国的广播、出版、电影、广告、电视等大众文化领域欣欣向荣的发展。如在出版方面，传统书籍、女性刊物、画报、体育刊物，以及政治文化刊物影响巨大。其中，传统书籍中的袖珍本丛书数量不断增多，大量廉价的袖珍版

---

① 让-皮埃尔·里乌. 法国文化史（Ⅳ）［M］. 2 版. 吴模信，潘丽珍，译. 上海：华东师范大学出版社，2011：249.

书籍的发行，使出版物事实上成为"现代文明"的核心；大众刊物处于为法国社会输送营养的中心，当时的主要女性刊物有《她》《玛丽—法兰西》《晚安》《知心话》等。在广播方面，大众收音机的数量在五十年代前中期已有近千万台，电台节目丰富，深受大众欢迎。英国历史学家科林·琼斯（Colin Jones）则重点分析了五十年代影视传播的影响，认为大众传媒中最为重要的事件是影视的普及："各种类型的电影大获成功，包括短片（拉莫里斯《红气球》）、纪实电影（《如此冷酷的心》）、动画（格里莫《牧羊女和扫烟囱工》），当然还有纪录影片（伊沙克《库斯托》）。""借助电视，所有的人都能直接、快速地接收各种信息，至少那些人们想要公布的信息。它不仅是信息的交流，也是人性的觉悟和情感的互通。"①

其二，相比法兰克福学派主要从生产的角度分析大众文化对大众的控制，伯明翰学派主要剖析青少年亚文化、被殖民者文化和女性主义文化对主流文化的反抗，法国结构主义和后结构主义的大众文化理论的研究偏重大众文化的文本。法兰克福学派将大众文化称为文化工业，主要从生产的角度分析大众文化对大众的控制："（文化工业）的所有要素，却都是在同样的机制下，在贴着同样标签的行话中生产出来的。"② 如阿多诺以流行音乐为例，分析了其生产的标准化和伪个性化。伯明翰学派则指出，英国青少年亚文化兴起于六七十年代，他们通过种种离经叛道，甚至极为夸张的生活方式与行为方式来张扬自己的个性和文化，构成了对主流文化的"仪式化抵抗"；被殖民者文化更倾向于以本土文化对西方中心文化进行某种含蓄而低调的抵抗；女性主义文化表现为女孩通过与男孩不同的方式来组织她们的文化生活，从而形成一种更加基于家庭、更加浪漫的时髦少女文化。

法国结构主义和后结构主义的大众文化的研究偏重大众文化的文本。列维-斯特劳斯的结构主义神话分析模式以结构主义语言学为中心，注重文本本身的分析：神话是一种语言，受制于类似语言结构的规律；神话的意义存在于神话素的特定结构关系中，只有通过全面系统的结构分析才能显现；神话具有表层和深层的双重结构，神话有历时性，是不可回复的，但这只是神话的表层结构，神话的深层结构是由二元对立和关联所显示的逻辑关系和深层意义；在分析一个神话或一系列神话变体时先将其精简为一

① 科林·琼斯. 剑桥插图法国史 [M]. 杨保筠，刘雪红，译. 北京：世界知识出版社，2004：286.
② 西奥多·阿道尔诺. 文化工业再思考 [M]. 高丙中，译. 北京：商务印书馆，1984：116.

个个神话素，然后按历时和共时的原则将其纵横排列，再分析其深层结构。格雷马斯借鉴结构主义语言学家索绪尔关于言语活动表现为共时语言学/历时语言学、语言/言语、所指/能指、句段关系/联想关系等二元对立的设想，提出通过建立符号矩阵来理解人类文化产品深层结构的观点：人类的文化产品分为表层结构和深层结构，表层结构是显层面上的内容组成的有次序的叙述形式，深层结构是隐藏在这一内容背后的个体和社会的存在本质，可以通过建立符号矩阵这一表层结构来阐释文化产品的深层结构。这一符号矩阵的基本结构表现为：意义 S1 和意义 S2 对立，而 S1 和 S2 必然各有与它们相矛盾的项 -S1 和 -S2，这样 S1 与 S2、-S1 与 -S2 分别是对立关系，S1 与 -S1、S2 与 -S2 分别是矛盾关系，S1 与 -S2、S2 与 -S1 分别是蕴涵关系。

其三，相比法兰克福学派的辩证分析和伯明翰学派的民族志研究方法，法国结构主义和后结构主义的大众研究偏重于语言符号的方法。法兰克福学派的大众文化理论基于其辩证分析的研究方法，在继承黑格尔辩证思维的基础上，提出社会学的辩证分析方法，如霍克海默在其著作中多次强调"辩证理论""辩证思想"等核心概念，其批判理论具有唯物辩证法的品性，认为理论概念及其之间的关系本身就是它们力图掌握、改造的社会实在的组成要素，将历史维度作为其内在构成，展现出对人类命运的深切关怀。伯明翰学派的大众文化理论研究基于民族志即人种学的研究方法，强调人类学家应对研究对象做田野调查，直接与研究对象进行面对面的长期接触，在搜集第一手资料的基础上描写对象的行为、意义，再进行分析、比较、思考，以真实深入地呈现一个特定地区的文化。

法国结构主义和后结构主义的大众文化理论研究偏重于语言符号学的研究方法，多斯（Francois Dosse）在评价法国结构主义和后结构主义的特点时，认为法国结构主义与其他国家相比，具有深受语言影响的特点①。如拉康将结构主义语言学和弗洛伊德的精神分析结合，认为无意识具有类似语言的结构，语言是先于主体的一种存在，主体的确立是掌握语言的过程，并通过语言同整个现有的文化体系相联系，语言把人的主体性注入普遍事物的领域，个体依靠象征界接触文化环境，同"他者"建立关系，并在这

---

① 多斯. 从结构到解构：法国 20 世纪思想主潮：上卷 [M]. 季广茂，译. 北京：中央编译出版社，2004：490.

种基础上客体化，进而开始作为主体存在。德里达反对索绪尔结构主义语言学的言语中心主义，认为文字比言语更为重要：文字应该被看作言语的本原和原型，文字的特性如距离性、间接性、含混性等恰好体现着言语的本质特性；文字是能指的衍生，它是不断的游戏和变换，它在自身生产的过程中撒播意义，只有文字才能描绘出言语的运动。福柯在二十世纪六十年代进行的历史研究中开始关注语言问题：指出语言的历史在十八世纪末经历了一次根本性变化，语言获得了自己的生命，变成一种客观现实；并把人的历史文化归结为语言，强调语言对人的制约，将人在历史文化中的处境概括为"你以为自己在说话，其实是话在说你"，从而颠倒了关于人与语言关系的传统看法。

二、巴特符号学背景下的大众文化理论较之其他法国结构主义和后结构主义大众文化研究的特点

法国结构主义和后结构主义的代表人物列维－斯特劳斯、福柯、拉康、阿尔都塞、巴特、格雷马斯、德里达等分别在各自的研究领域取得了举世瞩目的成就。就巴特符号学背景下的大众文化研究而言，它以巴特为中心，以其符号学为理论基础进行大众文化研究，主要参与人员有麦茨（Christian Metz）、鲍德里亚（Jean Baudrillard）、都兰德（Jacques Durand）、热奈特（Gérard Genette）、托多洛夫（Tzvetan Todorov）、克里斯蒂娃（Julia Kristeva）、索莱尔斯（Philippe Sollers）、利奥塔（Jean-Frangois Lyotard）、德勒兹（Gilles Deleuze）、布尔迪厄（Pierre Bourdieu）等[1]，是法国结构主义和后结构主义的大众文化理论研究的代表。相对于其他结构主义和后结构主义的大众文化研究，其鲜明的特点表现在以下三个方面。

其一，相对其他结构主义和后结构主义多直接运用索绪尔的结构主义语言学，巴特符号学背景下的大众文化理论家注重符号学的研究和发展。英国符号学家保罗·科布利（Paul Cobley）认为，巴特与其他结构主义和后

---

[1] 本书所涉及的外国学者姓名，在学术界存在多种译名形式。为保持一致性，除在引用相关论著时保留原文的译名外，本书正文统一采用一种译名。例如，全书正文均采用"巴特"这一译名，但若在引用论著时原文为"巴尔特"，则保留"巴尔特"的表述。这种做法同样适用于其他学者的译名。如正文统一使用"克里斯蒂娃"，而在引用论著时，若出现"克里斯蒂瓦"或"克莉斯特娃"等不同译法，则予以保留；正文使用"托多洛夫"，引用论著时若为"托多罗夫"等情况也同样保留。

结构主义理论家提出的符号学已成为西方当代符号学的代表："与后者（索绪尔）有关的一种观点——符号学——在进入各种学科的观念方面尤为成功，诸如巴特和后结构主义代表性人物等符号学人物被认为以其自身代表着种种当代符号学。"① 但其他结构主义和后结构主义往往直接运用索绪尔的结构主义语言学方法。如列维-斯特劳斯在研究人类学时，将其结构主义语言学理论直接运用于神话分析，他强调"我们应该向语言学家学习，看一看他们是如何获得成功的，想一想我们怎样才能在自己的领域使用同样严密的方法"。拉康持相同观点，认为"语言学可以成为我们的向导，因为这正是它在当代人类学这个先头部队中发挥的作用，我们不能像过去那样对它漠不关心"。格雷马斯进一步指出索绪尔的语言学可以超越语言学的限制，把一切人文学科囊括其中，"索绪尔显身扬名，现在正是时候"。

但巴特的符号学理论作为巴特符号学背景下的大众文化研究的理论基础，并未直接运用索绪尔的结构主义语言学，而是在《符号学原理》中将索绪尔只适用于语言的结构主义语言学"谦逊"而又"大胆"地运用于符号学的研究，提出适用于非言语活动的结构主义符号学的语言/言语、能指/所指、组合段/系统、直接意指/含蓄意指的二元对立。在转向后结构主义符号学之后，巴特转而认为符号学不是科学，又提出后结构主义符号学的能指漂移、符码理论和读者主体复活的理论。鲍德里亚在消费社会的背景下，将其符号学运用于更广泛的大众文化领域，将其后结构主义符号学发展拟像，推进了其符号学研究。克里斯蒂娃在其后结构主义符号学的基础上，提出解析符号学（Sem-analysis），关注意指系统的能指衍生，关注说话主体的身份构成，强调语言的异质性及文本的多层表意实践，其目的在于分析以主体和符号为内容的符号运作规律。

其二，相对其他结构主义和后结构主义对大众文化研究的忽视，巴特符号学背景下的大众文化理论家则重视大众文化研究。其他结构主义和后结构主义的理论家往往囿于各自的学术圈，直接研究大众文化的较少，或者只是其理论对大众文化研究产生影响。如列维-斯特劳斯主要研究结构主义人类学，只是略微提及流行音乐；阿尔都塞重点研究意识形态观，只是略微关注大众文化的重要门类——电影；福柯主要运用结构主义方法研究历史，只对少数几部电影阐述了个人观点。它们大多以其理论观点对大众

---

① 保罗·科布利，莉莎·詹茨. 视读符号学 [M]. 许磊，译. 合肥：安徽文艺出版社，2007：36.

文化研究产生影响，使其他学者能运用其理论方法剖析大众文化。如美国电影评论家威尔·莱特借鉴列维-斯特劳斯的结构主义分析方法分析美国西部片，认为不同类型的美国西部片反映了不同时期的美国梦，每一类型的西部片都与近几十年来美国经济发展过程中各个不同时期相一致，表现了基本相同的主题，是实现美国梦的不同版本①。

　　巴特符号学背景下的大众文化理论家则重视大众文化的研究。巴特不仅以其文学理论对大众文化的研究产生影响，而且是法国第一个并且终身对大众文化兴趣浓厚的学者：早在 1957 年就出版《神话——大众文化诠释》，率先在法国开展大众文化研究；其后《流行体系——符号学与服饰符码》《摄影讯息》《广告讯息》《图像修辞学》《第三层意义——爱森斯坦几幅剧照的研究实录》《狄德罗、爱森斯坦、布莱希特》《威廉·冯·格勒登》《明室——摄影纵横谈》《埃菲尔铁塔》《作为史诗的环法（自行车）大赛》《什么是体育》等都是研究大众文化的论文和著作；一直到 1978 年还应《新观察家》总经理让·达尼耶之邀，重新开设大众文化写作的专栏。麦茨从年轻时就对电影着迷，他借鉴结构主义符号学的基本观点，将其创造性地运用于电影符号学的研究，开辟了电影符号学的新领域。鲍德里亚在参加巴特的研讨班后，开始转向大众文化研究，运用其结构主义符号学关注物体系、广告、时尚等大众文化领域；还将其后结构主义符号学发展为拟像，对大众文化领域进行了广泛的探索，成为大众文化领域继巴特之后的又一位重要学者。都兰德作为巴特的学生和朋友，曾经与巴特一起合作研究广告图像，并在此基础上通过分析上千幅广告图像，发表《修辞与广告图像》和《广告图像中的修辞手段》，将对广告图像的修辞研究向前推进了一大步。

　　其三，其他结构主义和后结构主义的研究方法相对单一，巴特符号学背景下的大众文化理论家的研究方法以符号学为基础而又转益多师。其他结构主义和后结构主义的理论家的分析方法往往较为单一，如德里达只是一个单纯的后结构主义理论家，认为符号的能指并不指向所指，它已完全和所指断绝联系，通过符号之间的分别，能指只是在一个平面性的差异链上滚动，是意义的无穷撒播和延异；由此，文本作为这一语言游戏的一个

① 约翰·斯道雷.文化理论与大众文化导论：第五版［M］.常江，译.北京：北京大学出版社，
　　2010：106.

系统，已无任何中心和结构、原生或衍生可言，每一文本都在衍生过程中不断展开能指，而每一层又转化成一个新的能指，如此替换以至无穷。但德里达只是基于能指脱离所指的无限衍生，局限于后结构主义符号学对文本意义的消解，其研究方法比较单一。

巴特不仅建立结构主义符号学，而且后来又转向后结构主义符号学：在结构主义时期分析作品的结构时，认为可以将结构主义语言学运用于叙事作品的结构分析，并将叙事作品的结构分为功能层、行动层和叙述层，这三个层次按相互结合的方式相互连接；转向后结构主义符号学之后，又认为文学作品没有统一的结构，并运用阐释符码、情节符码、意素符码、象征符码和文化符码对巴尔扎克的小说《萨拉辛》进行解构。麦茨既受到巴特结构主义符号学的影响，又在其研究后期将符号学与精神分析相结合，开创了关于电影观影主体的全新研究领域。鲍德里亚不仅运用和发展其结构主义和后结构主义符号学，还运用马克思的意识形态观和科学技术观、社会学家列斐伏尔和弗洛伊德的精神分析的观点，研究手段多样，研究方法灵活。克里斯蒂娃不仅将其后结构主义符号学发展为解析符号学，创造性地提出了互文性概念；而且将其符号学与拉康的后结构主义精神分析相结合，提出了女性既进入象征秩序又保持女性异质性的女性主体抵抗的观点。

三、国内外研究综述

（一）国外研究综述

国外研究大致可分为三个方面。

一是概述巴特及受其影响的法国大众文化学家的生平交往。法国研究巴特的传记作家路易-让·卡尔韦（Louis-Jean Calve）在《结构与符号——罗兰·巴尔特传》中描绘了巴特二十世纪六七十年代在巴黎高等研究实验学院主持研讨班期间，其朋友、同事和学生麦茨、克里斯蒂娃、热奈特、索莱尔斯在研讨班交流的场景，认为他们既以巴特为中心，又能够畅所欲言，各自进行自由发展①。法国学者多斯在其著作《从结构到解构——法国20世纪思想主潮》中，对法国结构主义和后结构主义的发展历程进行了全

---

① 路易-让·卡尔韦. 结构与符号：罗兰·巴尔特传 [M]. 车槿山，译. 北京：北京大学出版社，1997：160.

面的审视，其中包括巴特的大众文化理论和文艺理论，以及麦茨、鲍德里亚、都兰德、托多洛夫、热奈特、克里斯蒂娃、索莱尔斯等与巴特的交往及巴特对他们学术发展的影响——麦茨与巴特在二十世纪六十年代来往密切，尝试将其结构主义符号学运用于电影符号学的研究；鲍德里亚的批判著作相当接近于巴特，是对其《神话——大众文化诠释》的未竟之业的发展；都兰德在二十世纪六十年代随巴特学习，1961年至1969年还曾与其一起进行广告图像修辞的研究；来自保加利亚的托多洛夫和克里斯蒂娃正是由于参加了巴特的研讨班，才走上结构主义和后结构主义研究的道路。① 尽管这些介绍涵盖了法国结构主义和后结构主义发展历程中的相关内容，但整体而言较为简略，缺乏详尽深入的探讨。

二是阐述巴特的结构主义和后结构主义符号学对单个法国大众文化学家的影响。美国学者克里斯托弗·贝思哈特（Christopher Baseheart）剖析麦茨借助巴特结构主义符号学中的直接意指和含蓄意指，提出电影作为一门艺术，可以从符号学的角度进行分析，同时电影是一门特殊的语言，可分析其直接意指和含蓄意指。② 美国学者麦克·甘恩（Mike Gane）在《波德里亚——批判的命定性理论》中提出，鲍德里亚思想轨迹经历了从马克思主义者到后现代评论家的转变，其知识来源广泛，其中巴特的符号学明显启发了其转向从符号学的角度研究大众文化。③ 理查德·麦克赛（Richard Macksey）等主编的《结构主义者的论点——批评的语言和人的科学》阐述了结构主义的观点，其中的《讨论：巴特——托多洛夫》从符号学的角度剖析了巴特对叙事作品的结构分析及其对托多洛夫的影响。④ 凯莉·奥利弗（Kelly Oliver）在《阅读克里斯蒂娃——解开双重束缚》中提出克里斯蒂娃将巴特的后结构主义符号学发展为解析符号学，关注意指系统的能指衍生，关注说话主体的身份构成，强调语言的异质性及文本的多层表意实践。⑤ 比

---

① 多斯. 从结构到解构：法国20世纪思想主潮：上卷 [M]. 季广茂，译. 北京：中央编译出版社，2004：428.

② Baseheart C. Mary Christopher [J]. Film Criticism, 1979, 4（2）：21-37.

③ Gane M. Jean Baudrillard: Critical and Fatal theory [M]. London: Routledge, 1991: 68.

④ Macksey R. The Structuralist Controversy: The Language of Criticism and Science of Man [M]. London: The Johns Hopkins University Press, 2007: 58.

⑤ Oliver K. Reading Kristeva: Unraveling the Double-bind [M]. Bloomington: Indiana University Press, 1993: 2.

尔·雷丁斯（Bill Readings）在《利奥塔导论——艺术与政治》中，分析利奥塔与结构主义、马克思主义和符号学的关系，其中就包括巴特对利奥塔的影响。①

三是阐述单个法国大众文化学家对巴特大众文化研究的继承和发展。美国电影史学家尼克·布朗在《电影理论史评》中指出，巴特为包括电影在内的形形色色的大众文化的分析提供了方法论，麦茨在此基础上开创了电影符号学的研究，提出电影八大组合段落。② 美国学者马克·戈特迪纳在《客体系统与日常生活的商品化——早期的波德里亚》中提出，巴特的符号学和流行服饰的剖析为鲍德里亚的物体系统分析提供了模式。③ 安德列·瑞奇（Andrew Ritchey）在《飞翔的线路——波莱、〈地中海〉和泰凯尔集团》中提出，巴特的文本观和作者之死观对泰凯尔集团（Tel Quel Group）中的索莱尔斯等产生了影响，并被运用于波莱（Jean-Daniel Pollet）的电影文本《地中海》的分析。④ 尚特·蒂娜（Chanter Tina）在《卑鄙的形象——克里斯蒂娃、艺术和第三电影》中提出，克里斯蒂娃认为电影在当代处于主导地位的图像中占据中心位置，电影视觉的、侵略性的、非象征性的、非言语表现的、非代表性的表现形式使人产生恐惧并带来镜子般的诱惑。⑤

（二）国内研究综述

国内研究大致可分为三方面。

一是对巴特和受其影响的大众文化学家的大众文化及相关文论的翻译。自二十世纪七八十年代法国结构主义和后结构主义理论传入我国以来，国内学者对巴特和受其影响的大众文化学家的大众文化及相关文论的翻译持续不断，目前，大部分相关著作和论文已经翻译成中文，这为我国学者的进一步研究提供了极大的便利。仅就重要的大众文化理论而言，巴特的相关文论著作如《神话——大众文化诠释》《流行体系——符号学与服饰符码》《摄影讯息》《广告讯息》《写作的零度》《论拉辛》《批评文集》《批评与真实》《结构主义活动》《叙事作品结构分析导论》《S/Z》《符号帝国》

① Readings B. Introducing Lyotard：Art and Politics［M］. London：Routledge，1991：35.

② 尼克·布朗. 电影理论史评［M］. 徐建生，译. 北京：中国电影出版社，1994：108.

③ Baudrillard J. A Critical Reader［M］. Oxford：Blackwell Publishers，1994：35.

④ Ritchey A. Lines of Flight：Jean-Daniel Pollet，Méditerranée，and the Tel Quel Group［J］. Substance，2012（41）：79-98.

⑤ Tina C. Abject images：Kristeva，art，and the third cinema［J］. Philosophy Today，2001（45）：83.

《文之悦》《罗兰·巴特自述》《图像修辞学》《什么是体育》等均已有中文译本。其中《神话——大众文化诠释》《流行体系——符号学与服饰符码》受到广泛关注。麦茨的《电影符指化论文集》《想象的能指——精神分析与电影》都已有中文译本。鲍德里亚的大多数大众文化研究著作已有中文译本，如《物体系》《消费社会》《符号政治学批判》《生产之镜》《象征交换与死亡》《命定的策略》《论诱惑》《拟仿物与拟像》《幻觉的终结》《完美的罪行》。托多洛夫的《散文的诗学》《诗学导论》《奇幻——一个文学样式的结构研究》《〈十日谈〉语法》《象征理论》都已被翻译。布尔迪厄与大众文化有关的著作如《言语意味着什么——语言交换的经济》《论摄影》《关于电视》也已被翻译。

二是阐述受巴特影响的大众文化学家对其符号学理论的继承和发展。吴晓峰在《符号与意义——巴特符号学与现代语言学的比较研究》中指出，巴特对现代语言学的发展表现为：重新确立"语言学与符号学的关系"，"为意义正名"，指出"能指与所指关系的复杂化"，提出"语言学模式与文学要素的结合"。[①] 魏清花在其硕士论文《鲍德里亚消费社会的符号文化理论研究》中提出，鲍德里亚借鉴巴特将物体视为一种特殊的符号意义系统的观点，为其《物体系》的写作及功能物与非功能物的符号化的观点提供了理论支撑和研究思路；还借鉴其《流行体系——符号学与服饰符码》分析流行杂志书写服装的符号意义的方法，阐释功能物与非功能物的符号意义。[②] 罗婷在《克里斯特瓦的诗学研究》中指出，巴特区分了可读的文本和可写的文本，其写作观透过象征秩序记录话语主体的移转、宣泄、集中等过程；克里斯蒂娃在此基础上提出了解析符号学，认为文学艺术的实践使主体对能指的依赖转变为能指和现实自由的检验。[③] 罗珊在《大众文化理论中"自然化"命题涵义的流变》中指出，巴特在《神话——大众文化诠释》中提出大众媒介通过"自然化"的方式，使大众在不知不觉中受到意识形态的控制；布尔迪厄在此基础上将大众文化的"自然化"与个人的"习性"联系，认为个体通过内化的习性主动遵循并接受意识形态的支配。[④] 汪民安

① 吴晓峰. 符号与意义：巴特符号学与现代语言学的比较研究 [J]. 湖南社会科学，2003（4）：172-174.

② 魏清花. 鲍德里亚消费社会的符号文化理论研究 [D]. 兰州：西北师范大学，2011.

③ 罗婷. 克里斯特瓦的诗学研究 [M]. 北京：中国社会科学出版社，2004：92.

④ 罗珊. 大众文化理论中"自然化"命题涵义的流变 [J]. 新闻前哨，2011（10）：43-45.

在《罗兰·巴特为什么谈论快感?》中提出,德勒兹的欲望观和巴特的快感论不无关联,都认为快感的文本正是断裂的文本,正是阻止支配性能指的专权的文本促成了快感的生成。① 刘成富在《法国作家索莱尔斯与“文本写作”》中指出,巴特提出“可写的”文本和“作者之死”观,对身兼作家和文论家的索莱尔斯的文本观产生了影响,后者将之运用于《数字》和《戏剧》等作品的创作中。②

三是阐释巴特的大众文化研究和大众文化学家对其大众文化研究的发展。司文会《符号·文学·文化——罗兰·巴尔特符号学思想研究》全面研究了巴特的文艺理论,也对巴特的大众文化理论进行了介绍。③ 于宏英在《电影语言本体论探析——以麦茨第一电影符号学为讨论基点》中指出,麦茨以索绪尔和巴特的一般语言符号学为基础明确了电影符号的能指和所指概念,对电影语言、电影标点符号、大组合段、镜头、光学方法等进行细致剖析。④ 汪德宁在《超真实的符号世界——鲍德里亚思想研究》中指出,鲍德里亚在消费社会的背景下,借鉴巴特的符号学观点,阐释了物体、时尚、媒介文化对大众的控制,也分析了作为沉默的大多数的大众的主体反抗。⑤ 冯丙奇在《视觉修辞理论的开创——巴特和都兰德广告视觉修辞研究初探》中指出,都兰德运用巴特的结构主义的组合轴和聚合轴相结合的方式,剖析了广告图像的修辞手段,指出其分为一般修辞手段和类似性修辞手段。⑥ 渠然然的硕士论文《托多洛夫叙事句法研究》指出,托多洛夫将巴特的叙述作品的结构分析导言运用到叙事作品的分析中,提出了叙事句法理论。⑦ 姜宇辉在《德勒兹身体美学研究》中指出,巴特提出作为“身体—语言”的复合体的“僭越”(Transgression)及身体与文本类比的设想,德勒

---

① 汪民安. 罗兰·巴特为什么谈论快感? [J]. 外国文学, 1998 (6): 58-64.

② 刘成富. 法国作家索莱尔斯与“文本写作”[J]. 法国研究, 2001 (2): 69-78.

③ 司文会. 符号·文学·文化:罗兰·巴尔特符号学思想研究 [M]. 北京:中国书籍出版社, 2016:1.

④ 于宏英. 电影语言本体论探析:以麦茨第一电影符号学为讨论基点 [J]. 温州大学学报 (社会科学版), 2014 (4): 23-28.

⑤ 汪德宁. 超真实的符号世界:鲍德里亚思想研究 [M]. 北京:中国社会科学出版社, 2016:156.

⑥ 冯丙奇. 视觉修辞理论的开创:巴特与都兰德广告视觉修辞研究初探 [J]. 北京理工大学学报 (社会科学版), 2003 (6): 3-7.

⑦ 渠然然. 托多洛夫叙事句法研究 [D]. 曲阜:曲阜师范大学, 2014.

兹进一步阐释了身体和语言两种系列之间的一种"共振"和"平行"。①

总之，国内外学术界已进行了大量研究，既概述了巴特与受其影响的大众文化学家的社会和学术联系，又具体阐释了受其影响的大众文化学家对其符号学和大众文化研究的发展，这些都为本书的研究奠定了坚实的基础。但是现有研究一定程度上存在概述和具体研究脱节的问题：概述对巴特和受巴特影响的大众文化学家的理论渊源和学术发展语焉未详，"只见森林不见树木"；具体阐释则多孤立阐释受巴特影响的大众文化学家与巴特的关系，这使二者相互割裂，"只见树木不见森林"。未能建构起巴特符号学背景下大众文化研究的整体面貌，未能剖析巴特在大众文化理论领域所取得的学术成就，也未能细致辨析其他大众文化学家与巴特的学术渊源，以及他们对巴特符号学和大众文化研究的发展，从而也未能发掘出作为法国结构主义和后结构主义的大众文化理论研究的代表，以及与法兰克福学派、伯明翰学派的大众文化理论研究相比所具有的特色。

---

① 姜宇辉. 德勒兹身体美学研究 [M]. 上海：华东师范大学出版社，2007：97.

第一章 理论基础和大众文化学家简介

　　巴特将索绪尔的结构主义语言学理论发展为结构主义符号学理论，其后又从结构主义符号学转为后结构主义符号学，奠定了符号学背景下的大众文化理论研究的基础。在二十世纪五六十年代法国大众文化兴盛的背景下，巴特在法国第一个开始而且始终如一地研究大众文化，其后的大众文化学家大多受其影响，并且受巴特影响的大众文化学家也在大众文化和文艺理论研究方面做出了各自的贡献。

第一节 巴特的符号学理论

　　符号一词最早出自古希腊语 semeion，指各种病症，现在符号一般指能代替某事物的事物。巴特的符号学理论是包括索绪尔、皮尔士、莫里斯、巴特、艾柯、雅各布森、巴赫金和洛特曼等符号学理论在内的西方八大符号学系统之一。① 在 1969 年国际符号学组织成立时，巴特当选为理事，并成为创办的《符号学杂志》的编委之一。其符号学理论依托西方人文社会科学二元对立的思维模式，以索绪尔等的结构主义语言学为基础，将之发展为适用于非言语活动的符号系统，标志着西方符号学正式成为一门学科，符号学理论开始形成。② 在转向后结构主义符号学之后，巴特又提出符号学不是科学，各门学科应该发展各自的具体符号。巴特的符号学观点灵活多变，为其他大众文化学者在继承和发展其符号学方面提供了广阔的研

---

① 王铭玉，宋尧. 符号语言学 [M]. 上海：上海外语教育出版社，2005：9.
② 罗兰·巴尔特. 符号学原理 [M]. 李幼蒸，译. 北京：中国人民大学出版社，2008：2.

究领域。

一、西方人文社会科学二元对立的思维模式

二元对立指两个各自独立、性质不同的因素的矛盾，二元对立的思维模式是人类最古老的思维模式之一，也是目前人类思维的最重要的范式之一。从客观世界的组成来看，天/地、时/空、昼/夜、动物/植物等构成了二元对立；从人类自身的状况来看，男/女、身/心、感性/理性、形象思维/抽象思维等也构成了二元对立。从人类思维的起源来看，人类学家列维-斯特劳斯认为人类思维的起源是原始思维，它所借助的方法是区分和对立，原始人对物种的分类由连续对立的二分法构成。如菲律宾南部的哈努诺人把宇宙万物分为"可命名的"和"不可命名的"两类，"可命名的"再分为"事物"和"人或兽"，"事物"再分为"植物"和"非植物"，"植物"再分为"草本植物"和"非草本植物"，"草本植物"再分为"胡椒属植物"和"非胡椒属植物"，"胡椒属植物"再分为"园植胡椒属植物"和"非园植胡椒属植物"，"园植胡椒属植物"再分为"园植辣椒属植物"和"非园植辣椒属植物"。[①] 西方二元对立的思维模式广泛贯穿于哲学、美学、语言学等人文社会科学领域，成为巴特二元对立的结构主义符号学理论的学术背景。

在西方哲学领域，二元对立构成了西方哲学理论的基础，在主/客、心/物、灵/肉、有/无等方面的二元对立之上构建形而上学体系。古希腊哲学家柏拉图将世界分为理式世界和现实世界，理式世界是抽象的精神世界，现实世界是实体的物质世界，理式世界和现实世界构成二元对立；亚里士多德区分了存在和实体：存在是对存在本身进行研究，实体则指个别的具体事物和个别事物的属和种，存在和实体构成二元对立。中世纪哲学表现为尘世和天国的二元对立，通过否定现实的方式营造一个无限完满的精神世界，以与尘世的生存形成对照。西方近代哲学奠基人笛卡尔认为心灵和物体这两种绝对不同的实体构成二元对立：心灵的属性在于思想，物体的本质在于广延，心灵没有广延，是不可分的，物体不能思想，是无限可分的。心灵和物体二者的本质不能相互交换、决定和派生，彼此独立。康德提出了著名的二律背反论即互相排斥但同样可论的两个命题的矛盾，并举

---

① 列维-斯特劳斯. 野性的思维 [M]. 李幼蒸，译. 北京：商务印书馆，1987：175.

出四组二律背反：世界在时间和空间上的有限和无限，世界上的一切单一构成和复杂可分，世界上存在着自由和不自由，世界有始因和无始因。黑格尔哲学也贯穿着一系列的二元对立的命题，如感性和理性、历史与逻辑、自然哲学和精神哲学等。

在美学领域，二元对立也成为一些美学家的美学理论的基础。古希腊美学家苏格拉底将美善与丑恶进行对立，认为美是合目的的、功用的，将美与善紧密联系，同时将丑与恶紧密联系："凡是我们用的东西如果被认为是美的和善的那就都是从同一观点——它们的功用去看的……因为任何一件东西如果它能很好的实现它在功用方面的目的，它就同时是善的又是美的，否则它就同时是恶的又是丑的。"[1] 柏拉图将理式世界和现实世界进行对立，认为理式是万物的共相，是原型，现实是对理式的模仿；理式是绝对的真实存在，而现实是千变万化的。亚里士多德认为事物产生、发展和变化源于四类因素的影响，即质料因、形式因、动力因和目的因，质料是构成每一事物的原料，形式指称事物存在的方式或状态，动力是使一定的质料取得一定形式的驱动力量，目的是事物存在的原因。质料和形式构成对立。贺拉斯提出合理与合式的二元对立，合理指诗歌的题材、情感和思想等内容要素要合情合理，合式指形式要得体、妥帖、工稳、适宜、恰当等。康德关于审美判断的四重二律背反构成二元对立：美是无功利的又是功利的，美是不凭借概念而普遍令人愉快的，美是对象合目的的形式，美是不凭借概念即可被视为必然引发愉快的对象。黑格尔美学认为内容和形式构成二元对立：内容是事物的内在本质和意蕴，形式是它的外在标志和呈现；没有无内容的形式，也没有无形式的内容。

在语言学领域，索绪尔的结构主义语言学反对西方历史悠久的历时语言学的研究方法，索绪尔认为语言符号的基本前提是任意性和线条性。任意性指语言符号连结的是音响形象和概念，并用能指和所指分别代替音响形象和概念，而能指和所指的关系是不可论证的；线条性指语言具有听觉性质，它只能在时间中体现为一个长度。索绪尔在此基础上提出共时/历时、能指/所指、语言/言语、句段关系/联想关系二元对立的结构主义语言学理论。对于共时/历时的二元对立来说，共时是同时并存的事实，是语言的系统，是一种科学的抽象；历时是先后接替的事实，是语言的变化，是

一种言语的研究。共时是断代研究，研究语言在历史发展过程中某一阶段的状态；历时是历代研究，研究语言在较为漫长的历史时期所经历的变化。共时注重同一时期语言要素之间的关系状态；而历时侧重在时间作用下语言的演变。由此产生两种截然对立的语言学，即共时语言学和历时语言学。对于能指/所指的二元对立来说，能指代表音响形象，所指代表概念，能指和所指是对立的关系；能指和所指的关系是任意的，符号的意义通过符号之间的能指与能指之间、所指与所指之间、符号与符号之间的差异来显示。对于句段关系/联想关系的二元对立来说，句段关系是在语句水平方向展开的时序运动，其中每个词的意义皆取决于它与前后的词形成的语法关系；联想关系指各个有某种共同点的词在人们的记忆里所形成的集合。句段关系有连续的顺序和一定的数目，联想关系既没有一定的数目，又没有确定的顺序；句段关系在现场，联想关系不在现场。索绪尔的结构主义语言学影响了其后的西方语言学家和法国人文社会科学的研究方向，成为巴特结构主义符号学研究的方法论基础和研究动力。索绪尔之后的丹麦结构主义语言学家叶尔姆斯列夫，将索绪尔的能指和所指改称表达平面和内容平面，指出表达平面/内容平面构成二元对立，并进一步提出直接意指/含蓄意指的二元对立。俄国结构主义语言学家雅各布森将索绪尔的横组合关系称为换喻，将其纵聚合关系称为隐喻，认为换喻/隐喻构成二元对立。法国结构主义语言学家马丁内提出了意义单元和区分单元的双层分节理论，意义单元/区分单元构成二元对立。法国结构主义理论的创始人列维-斯特劳斯认为索绪尔的结构主义语言学对于整个社会科学的影响，就好像核物理在整个物理科学具有的革命性意义一样，它为社会科学提供了结构主义分析的基本方法。

二、巴特的结构主义符号学

巴特在《符号学原理》中指出，可以将索绪尔的结构主义语言学发展为适用于非言语活动系统的结构主义符号学。巴特开宗明义，"符号学还有待于建立，因此我认为还不可能提出任何一部有关符号学分析方法的手册来"，但可以按照语言的区分性和内在性原则，将索绪尔的结构主义语言学理论"谦逊"而又"大胆"地运用于符号学研究，建构起结构主义符号学理论。[①] 巴特的《符号学原理》提出结构主义符号学分为语言/言语、所指/

---

① 罗兰·巴尔特. 符号学原理 [M]. 李幼蒸，译. 北京：中国人民大学出版社，2008：1.

能指、组合段/系统、直接意指/含蓄意指这四组二元对立，对其后的符号学研究影响深远，克里斯蒂娃称"巴特的著作颠覆了当代科学的主要趋势：对符号进行思考"①。

1. 语言/言语的二元对立

索绪尔提出语言/言语的二元对立，以及语言和言语相互依存、相互转化的关系，巴特提出可以将其运用于其他非言语活动的符号系统中，并以服饰系统、饮食系统、汽车系统、家具系统和综合系统为例，对各类非言语活动系统的语言/言语的二元对立关系进行了分析。如饮食系统的饮食语言的组成包括排除规则、有待确定的各单元的意指性对立、同时性或相续性的联合规则，以及用餐礼仪；饮食言语包括有关饮食的准备制作和种种个人或家庭的组合配制变体。非言语活动与言语活动的语言和言语还存在两个明显的区别：一是言语活动的语言由言说着的大量言语流构成，单个人并不能对语言加以改变；而大多数非言语活动的符号系统的"语言"是由某一进行决定的集体创造的，使用者只能服从集体的制约。二是言语活动在有限规则的语言和无限的言语之间的量值上极其不成比例，而非言语活动的符号系统的情况各不相同。巴特还借鉴叶尔姆斯列夫将言语活动分为图式层、规范层和用法层三个层次的理论，将非言语活动的符号分为质料层、语言层和运用层三个层次。质料层作为前意指性的质料或内容，成为意指作用必要的支撑物；语言层和运用层则相当于言语活动的语言和言语。

2. 能指/所指的二元对立

索绪尔认为在语言中能指代表音响形象，所指是事物的心理表象。法国语言学家本维尼斯特认为能指是符号，所指则是外界事物。巴特认为在符号学中能指是一种中介物，物品、形象、姿势只要起能指的作用，它们就意指那些只能通过它们来言说的东西；符号学的所指由语言中的符号取代，如一件运动衫意指着"秋天在树林的长时间散步"，此时所指不只以服装的能指"运动衫"为中介，同时也以一个语句"秋天在树林的长时间散步"为中介。将能指和所指相结合的符号称为意指，认为符号有 Sa/Se、ERC、S/s、Sa 恒等于 Se 四种意指方式。Sa/Se 代表所指在某种程度上隐藏

---

① 多斯. 从结构到解构：法国 20 世纪思想主潮：上卷 [M]. 季广茂，译. 北京：中央编译出版社，2004：290.

在能指之后，只能通过能指才能到达所指，如绘画、照片或摄影小说的文本；ERC 表示表达面 E 和内容面 C 之间自然且合乎逻辑地连接在一起，其规约性较强，如传统的现实主义小说；S/s 表示能指 S 是一条不断变化的意义链，能指和所指处于一种变动关系中，"/" 表示能指对所指的压制；Sa 恒等于 Se，表示一个所指只能由一个能指来表达，约定性非常强，如交通信号系统中红灯代指停止，绿灯代指通行。索绪尔认为语言的能指与所指之间的关系是任意性的，巴特认为一般说来语言中能指和所指的联系在原则上是约定性的。符号学中既存在任意和理据性的系统，也存在非任意和非理据性的系统，或许在更一般的符号层次上，系统能在类比性和非理据性之间形成一种循环。

3. 组合段/系统的二元对立

索绪尔认为语言具有句段关系和联想关系的二元对立，雅各布森将具有毗连或补足关系的句段关系称为换喻，将具有相似性或替换关系的联想关系称为隐喻。巴特认为从索绪尔到雅各布森的论述使语言学研究开始过渡到符号学的研究。将索绪尔的句段关系称作组合段，将联想关系称作系统，运用于服饰系统、饮食系统、家具系统和建筑系统等非言语活动系统的符号分析之中。如服饰系统的组合段表现为同一套服装中不同部分的并列，如裙子—衬衣—背心；系统表现为衣片和零件的集合，如无边女帽—女便帽—宽边女帽。饮食系统的组合段表现为用餐时实际选择的菜肴系列，如一套菜；系统表现为类似和不类似的食品集合，如各种主菜、烤肉和小吃。组合段的切分可通过对比替换测试方法，两个组合轴单元相邻时存在连带关系、单向蕴涵关系和组合关系三种组合关系。对于系统，索绪尔认为联想关系包括声音或意义的类似，巴特认为聚合体的各项应当既相似又不相似，相似指聚合体包含着共同成分，不相似指在一个聚合体中按照一种区分性成为一种纯粹被区分的词项，如服饰系统各意指单元都包含着一种肯定的部分，比如意指作用的支撑物，同时各意指单元还包含着另一区分性部分，如单元的变项。

4. 直接意指/含蓄意指的二元对立

巴特借鉴叶尔姆斯列夫直接意指和含蓄意指的区分的理论，提出一切意指系统都包含一个表达平面 E 和一个内容平面 C，意指作用则相当于两个平面之间的关系 R，于是就有表达式 ERC。现在假定这一 ERC 系统本身也可变成另一系统中的单一成分，此第二系统是第一系统的延伸，于是就会出现两种情况。第一种情况是第一系统 ERC 变成第二系统的表达平面或能指，可表示为（ERC）RC，于是第一系统构成了直接意指平面，第二系统构成了含蓄意指平面。也可以说一个含蓄意指的系统是一个其表达平面本身由一个意指系统构成的系统。如图 1-1 所示：

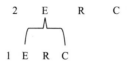

图 1-1　直接意指/含蓄意指（1）

第二种情况是第一系统 ERC 变成第二系统的内容平面或所指，可表示为 ER（ERC），一切元语言都属此类。它表示一种元语言是一个系统，它的内容平面本身由一个意指系统构成；或者说它是一种以符号学为研究对象的符号学。如图 1-2 所示：

图 1-2　直接意指/含蓄意指（2）

巴特还进一步将非言语活动的符号系统的含蓄意指的能指称为修辞学，将含蓄意指的所指称为意识形态，巴特说，"修辞学则是含蓄意指的形式"，"或许可以说，它（含蓄意指的所指）是意识形态的一部分"。①

三、巴特的后结构主义符号学

受 1968 年 5 月的法国大学生运动"五月风暴"和德里达等后结构主义理论家的影响，巴特后期从结构主义符号学理论转向后结构主义符号学理论。巴特说："这是一个转移的问题，而不是抛弃。""现在，有必要把斗争深入一步，努力分裂关于符号的所有思想，而不是符号，也不是所指或能指的任何一方面，这是一个称为'符号优选'的手术。"② 转向后结构主义符号学之后，巴特在《S/Z》《罗兰·巴特自述》《文之悦》《恋人絮语——一个解构主义的文本》《显义与晦义》等著作中对文艺作品和东西方文化进

---

① 罗兰·巴尔特. 符号学原理［M］. 李幼蒸，译. 北京：中国人民大学出版社，2008：70.
② 孟悦，李航，李以建. 本文的策略［M］. 广州：花城出版社，1988：25.

行了大量批评，同时提出了其后结构主义符号学理论，它主要包括语言符号的能指漂移和符码理论。

（一）能指漂移

转向后结构主义符号学的巴特对索绪尔结构主义语言学中能指和所指相统一的观点表示质疑，认为符号内部的能指和所指是分裂的，能指无法与所指结成一体，只能在所指的表面自由移动。这样，能指的指涉过程就变成了一场"能指的增值"，在每一能指背后都是一片"闪烁的能指的星群"，它们像水珠折射海一般折射着漫无边际的能指的汪洋。巴特的能指漂移包括能指和所指的分离及能指的滑动两个方面的内容。

1. 能指和所指的分离

转向后结构主义符号学的巴特采用片段写作方式，片段相对于整体是对中心意义的解散，是能指和所指的分离，如《罗兰·巴特自述》采用片段写作方式；在《S/Z》中解构巴尔扎克的小说《萨拉辛》时，将《萨拉辛》分解为561个区别性阅读单位，这些区别性阅读单位或长或短，将小说《萨拉辛》的能指和所指分离。巴特的后期著作在片段的排序上缺少逻辑，如《恋人絮语——一个解构主义的文本》《罗兰·巴特自述》《文之悦》中各个片段间都缺少逻辑联系。《文之悦》基本上按片段名称的第一个字母排列："全书结撰以四十六个断片，循字母顺序排列，大抵旨在以表面的有序示演潜在的无序。"① 巴特没有按照生活年代或写作阶段的顺序来排列相关片段，而是基本上按片段名称的第一个字母排列。

2. 能指的滑动

转向后结构主义的巴特认为能指和所指分离，能指处于不断的滑动之中。巴特的《S/Z》一书中将巴尔扎克的小说《萨拉辛》分解为561个区别性阅读单位之后，按照这些区别性阅读单位的顺序，通过能指的移动不断对这部小说进行解构，这是对巴尔扎克文本的每个片段所具有的各种同时性意义进行的一种细致的、渐次的、沿着文本移动的、编造簿记式的、评述性的、需要时可以离题的分析。《恋人絮语——一个解构主义的文本》选择歌德的《少年维特的烦恼》中的将近80个场景或情境，各场景或情境以某一生动的场景或情境起首，让能指任意自然地衍生出一个个爱情场景。如"相思"这一情境由八个片段组成："远方的情人"描绘维特对恋人充满

---

① 罗兰·巴特. 文之悦 [M]. 屠友祥，译. 上海：上海人民出版社，2002：中译本弁言1.

期冀又忐忑不安的心情；"女性的倾诉"论述相思主要是女人的相思和男子的女性化；"遗忘"论述了忍受分离，还叙写了巴特对小时候到公共汽车站等待母亲回家场景的回忆；"叹息"描绘了对恋人暂时忘却之后的叹息；"把玩分离"论述分离之后的焦灼不安；"欲望和需要"描绘恋人欲望和需要的矛盾；"祈求"描绘祈求恋人的保护和归来；"头被按入水里"引述禅宗公案描绘由于思念而窒息。① 这些场景或情境不断流动，充分展示了能指的不断变化。

（二）符码理论

符码一般指信息按照某种规则的符号组合，转向后结构主义符号学的巴特的符码理论是符码的离散理论：符码自由创造符码，解散文本，分散中心。

1. 符码的自由创造

转向后结构主义符号学的巴特认为读者自由创造符码，如在《S/Z》中分析《萨拉辛》时他创造了阐释符码、情节符码、意素符码、象征符码和文化符码五种符码：阐释符码是叙事文本的故事中有关悬念的符码，如小说标题"萨拉辛"是普通名称还是专有名称，这是一个悬念；情节符码赋予叙事文本以潜力去组织一个故事的序列，如主人公萨拉辛从离家到上寄宿学校，再到被寄宿学校开除和去巴黎学习雕塑，构成一系列情节符码；意素符码主要用来概括人物的性格特征，如"萨拉辛"（Sarrasine）中字尾的 e 就暗示了萨拉辛性格中的女性质素；象征符码指文本以不同方式、不同手段建立起的一组基本对立关系，如花园/沙龙、生命/死亡、寒冷/暖热、室外/室内的对立；文化符码指那些在文本中被引用的格言、警句、人人知晓的话语知识体系，如将朗蒂夫人的女儿马里亚尼娜比作《神灯》故事中苏丹的女儿，《神灯》即一个文化符码。②

2. 符码对文本的解散

巴特在《S/Z》中提出，阐释符码、情节符码、意素符码、象征符码和文化符码这五种符码地位平等，都可以控制和解散文本："每个符码都是一

① 罗兰·巴特. 恋人絮语：一个解构主义的文本［M］. 汪耀进，武佩荣，译. 上海：上海人民出版社，2004：6.
② 罗兰·巴特.S/Z［M］. 屠友祥，译. 上海：上海人民出版社，2006：84.

种力量，可控制文；都是一种声音，织入文之内。"① 如将《萨拉辛》的阐释符码概括为六个谜，解谜的过程分问题、拖延和解答三个步骤：问题包括主题化、提出和正式表述；拖延包括解答的承诺、圈套、含混、刹住、中止的解答和部分解答；解答指揭露或破解谜底。再如针对《萨拉辛》的情节符码，提出了树状结构和编织结构等类型：树状结构指叙事文本围绕某一中心话题伸展出一系列相关内容，其中某一内容又伸展出一系列相关内容，形如树枝的不断分叉；编织结构指叙事文本的某一序列还未结束，就转入另一序列，而这一序列还未结束，又转入第三序列，如此循环往复，交替前行，犹如编织一件纺织品。

3. 在历时的分析中分散中心

巴特在《S/Z》中将小说《萨拉辛》切分为561个区别性阅读单位，这些区别性单位分别用序号［1］［2］［3］……［561］表示；它们含数个词语或句子，再通过五种符码按照小说的发展过程对这些阅读单位依次进行解读，从而分散文本的中心。在对《萨拉辛》进行解读时，不对情节进行概括，而是将《萨拉辛》的情节序列用"沉陷在""隐蔽处""冥想""笑""加入""叙述""问题""接触""景象描绘""进入"等48个关键词进行排列；不对人物性格进行概括，而是将萨拉辛的性格依次罗列为骚动不宁、艺术家气质、独立不羁、狂暴、过度、女性质素、丑陋、复合的性情、不虔诚、酷嗜凿刻、意志力等；也不概括《萨拉辛》的文化意蕴，而是罗列这部小说的各种文化特质：文学史、艺术史、历史教程、实用医学大纲、心理学专著、伦理学概论、逻辑学、修辞学等。

四、巴特的符号学特点

作为法国最早的符号学家和法兰西学院的"文学符号学"讲座教授，巴特的符号学与西方其他符号学理论家的符号学相比，呈现出其独特性：其他符号学理论家的符号学理论一般规范周密，而巴特的符号学理论则既丰富多彩又灵活多变，正如巴特所说，"符号学这把椅子是一种轮椅，是今日人类知识的'百搭'"②；其他符号学家的理论比较单一，而巴特经历了从结构主义符号学到后结构主义符号学的转变；其他符号学注重理论的逻

① 罗兰·巴特 . S/Z［M］. 屠友祥，译 . 上海：上海人民出版社，2006：85.
② 罗兰·巴尔特 . 写作的零度［M］. 李幼蒸，译 . 北京：中国人民大学出版社，2008：196.

辑严谨，巴特的符号学理论内部存在大量理论"缝隙"；其他符号学理论偏重符号学本身，巴特的符号学理论注重与文学文化的批评联系。

1. 从结构主义符号学到后结构主义符号学的转变充满张力

符号学是关于符号、符号过程或符号系统的理论研究，其研究范围极为广泛，艾柯（Umberto Eco）在《符号学理论》中，大致将其分为动物符号学、感觉符号学、副语言学、语言符号学、医学符号学、视觉通信系统、物体系统、情节结构、本文理论、文化代码研究、美学本文研究、大众传播研究、修辞学等类型①。其中语言符号是最严密也是被研究得最细致的符号，但如果符号学仅以语言符号为基础，如巴特前期直接借鉴索绪尔的结构主义语言学，在《符号学原理》中发展为结构主义符号学，提出结构主义符号学的语言/言语、所指/能指、组合段/系统、直接意指/含蓄意指的二元对立，这虽为符号学的研究，但显然并不适用于各种各样的符号类型；如果符号学的范围无所不包，则不但使其丧失了必要的学科边界，也使符号学的研究变得极为困难。正因为无所不包的符号学的研究极为困难，所以转向后结构主义符号学的巴特对其科学性持悲观态度，他在第一届国际符号学学会上发表演讲时说："符号学的科学性，今日我不可能再相信了，而且我不期待符号学会是一种简单的科学，一种实证科学。"② 他在法兰西学院文学符号学讲座就职讲演中又明确提出：一种语言与另一种语言的关系归根结底不能证实；符号并非一成不变，只存在历史的可以改变的符号。因此，符号学理论不是一种构架，它不能将一幅衬格纸强加于现实使其被理解，不能使人类直接把握现实。而巴特的符号学经历了从前期的结构主义符号学到后期的后结构主义符号学的转变，这虽然并未从理论上提升符号学理论的研究水平，但形成了极大的学术张力，为后来的符号学研究提供了巨大的学术发展空间。

2. 符号学理论内部充满张力

巴特的符号学理论内部并非铁板一块，这虽然使其理论的完备性和严谨性存在欠缺，但使其符号学理论内部充满张力，为其符号学多角度发展提供了可能。从其结构主义理论时期来看，其结构主义理论包含后结构主义因素。如在《米什莱》中，巴特采用片段写作，在书中每章设置一个

---

① 乌蒙勃托·艾柯.符号学理论［M］.卢德平，译.北京：中国人民大学出版社，1990：15.
② 罗兰·巴尔特.符号学历险［M］.李幼蒸，译.北京：中国人民大学出版社，2008：6.

主题，每一个主题又分若干分主题进行评论，再佐以米什莱的著作的长段摘录。其《写作的零度》是在报刊发表的单篇文章的结集，这些单篇文章各自独立，合在一起整体性并不强，从单篇论文和著作来看，也并未构成严密的整体。在《叙事作品结构分析导论》中，巴特从功能层、行动层和叙述层三个层次展开叙事作品的结构分析，在此基础上提出叙事作品的结合能力可以把一个序列简化为几个基本功能，但巴特又发现其畸变能力可以使叙事作品的每个点都同时向几个方向辐射，使叙事作品由于膨胀而露出一个个的间隙，这些间隙几乎可以无限量地加以填补，这又使叙事作品的整体结构在一定程度上被扩充、流变和解散。在《符号学原理》中，巴特虽然将索绪尔的结构主义语言学发展为结构主义符号学，但又指出在众多符号系统中，有些系统并不完全遵循结构主义语言符号学，如电影、电视和广告这些大众传播系统，目前要为这类系统确定语言现象和言语现象的分类还为时尚早；再如美学领域呈现特征相同但排列顺序不同的两个词时，它们打破了组合和系统的二元对立，在这两个平面存在着相互渗透的现象，巴特推测或许正是这种违背现象才导致大量的创造现象。在分析大众文化时，他认为当大众文化的能指由语言的能指和所指构成时，大众文化的能指的修辞就不再是二元对立，而是呈现为灵活多样的形式。

3. 与文学文化批评联系紧密使其充满张力

转向后结构主义的巴特提出符号学家要像艺术家一样将符号当作游戏和趣味来自由运用，对符号加以玩味和领悟，这虽是针对其后结构主义符号学而言的，但也适用于其符号学研究。巴特的结构主义符号学理论，尽管以索绪尔和其他语言学家的结构主义语言学为基本框架，但并未局限于对其二元对立的语言学的机械套用。事实上巴特在出版《符号学原理》前，已在五六十年代先后出版《写作的零度》《文艺批评文集》《神话——大众文化诠释》等文学和大众文化批评著作，已初步建立起适用于文学和大众文化的结构主义符号学理论。这一符号学理论并非来源于索绪尔的结构主义语言学，而是来源于巴特大量的文学文化批评实践，只是恰好与索绪尔的语言学存在"英雄所见略同"之处，如他在《文艺批评文集》中提出语言是某一时代一切作家共同遵守的一套规定和习惯，写作是作家在一个时代中选择语言并渗入个人风格的过程，语言和写作构成二元对立，这与索绪尔的语言和个人言语的二元对立类似，但巴特又强调在文学文化批评中能指的优先地位，这使其符号学不完全同于索绪尔的理论语言学。再如

《神话——大众文化诠释》分"流行神话"和"现代神话"两部分，虽然后一部分试图从符号学的角度在理论上对前一部分进行系统总结和归纳，但前一部分是发表在报刊的短篇评论文章，这些文章涉及大众文化的方方面面，分析的角度变化多样，不完全与后一部分符号学角度的论述一致，二者不能构成严密的整体。巴特所做的大量生动丰富的文学文化批评实践打破了符号学的理论桎梏，为后来者的研究提供了巨大的阐释空间。

第二节　巴特符号学背景下的大众文化批评家简介

巴特的符号学具有内在的学术张力，其大众文化理论又为大众文化研究提供了示范和启发，二者的结合类似一个学术"平台"，它为法国大众文化学家的理论研究提供了基础和发展的空间。受巴特符号学和大众文化理论影响的法国大众文化学家可推进其符号学发展，继续拓展其方法，也可以与其他学者的观点结合，兼收并蓄，从而推动法国大众文化理论的研究。

一、巴特符号学背景下的大众文化学家与巴特的关系

巴特从二十世纪六十年代开始一直在法国高等研究实验学院第六系经济与社会科学专业进行教学研究工作，其课堂广受学生的欢迎，巴特还会单独会见学生，与学生自由交流。在这一段时间前后，巴特发表和出版了一批有影响的论文和著作，《神话——大众文化诠释》《符号学原理》《叙事作品结构分析导论》《图像的修辞》《S/Z》《恋人絮语——一个解构主义的文本》等便是其中的代表。巴特通过教学研讨、指导学生和学术研究等方面对法国的大众文化研究产生了影响，其时大众文化学家与巴特的关系主要分为以下三类。

1. 直接受巴特影响

巴特在主持研讨班时，通过教学研讨直接影响学生的大众文化和文艺理论研究，也与其他研究者进行合作研究，受其影响的法国大众文化学者主要有麦茨、鲍德里亚、都兰德、索莱尔斯、克里斯蒂娃、热奈特等。如鲍德里亚在一次访谈中谈到，他有一段时间常和巴特来往："罗兰·巴特是一位我觉得非常亲近的人，（我们的）立场是如此地接近，以至于他所做的许多事，也是我自己可能去做的。"他还直接谈到了巴特的影响："但60年代又有别的影响出现，来自巴特。我发现了巴特，而且和他一起工作，立即发现更为有趣。我的意思不是说他更为重要，而是要说他更令人着迷。

巴特提供了一个更未经人探索的处女地。从那一点开始，所有的事都改变了。"① 法国学者多斯更具体地谈到了巴特对鲍德里亚的影响："其批判著作相当接近于巴特，面对巴特在《神话——大众文化诠释》中开辟的未竟之业，让·博德里亚在1968年出版的《客体系统》中，继续以精致的批判式的社会符号学透视，研究消费社会的意识形态。"② 从更广泛的范围来看，鲍德里亚的大众文化研究都留下了巴特的学术印迹，除了《物体系》之外，其著作与巴特的著作，如《消费社会》和《神话——大众文化诠释》、《符号政治学批判》和《符号学原理》、《生产之镜》和《文之悦》、《酷记忆Ⅰ、Ⅱ、Ⅲ》和《偶发事件》，《美国》和《符号帝国》、《他者自述》和《罗兰·巴特自述》、《论诱惑》和《恋人絮语——一个解构主义的文本》、《拟仿物与拟像》和《显义和晦义》都具有紧密的联系。

再如来自保加利亚的托多洛夫和克里斯蒂娃，在巴特的亲自指导下，也成功跻身于法国著名学者的行列。毕业于保加利亚索非亚大学的托多洛夫，1963年来巴黎留学时，结识了索尔邦图书馆馆长的侄子若德莱，若德莱帮助他认识了索邦大学的助教热奈特，热奈特向托多洛夫介绍说巴特正在进行文学理论研究，于是托多洛夫参加了巴特的研讨班。后来他回忆说："由此我认识了热奈特。他立即理解了我一直在苦苦追寻的东西，并对我说，有人正在做这件事情，那人就是巴特。他告诉我，我必须参加巴特的研讨班。"③ 在巴特的指导下，托多洛夫先后出版了《奇幻——一个文学样式的结构研究》《〈十日谈〉语法》《散文的诗学》《诗学导论》《巴赫金——对话理论》等结构主义著作，成为法国知名的"结构主义先生"。来自保加利亚的克里斯蒂娃1965年圣诞节到巴黎留学时，在认识了同为保加利亚人的托多洛夫后，参加了巴特主讲的研讨班，开始聆听巴特在巴黎高等研究院的课程。约翰·里奇在评价巴特的影响时说，巴特是克里斯蒂娃"在巴黎的母亲，这里没有俄狄浦斯情结"④，认为巴特给她提供了展露才华的机会，他们之间保持着一种深厚、纯洁的友谊。克里斯蒂娃对巴特给予

① 布希亚. 物体系 [M]. 林志明，译. 上海：上海人民出版社，2001：译序20.
② 多斯. 从结构到解构：法国20世纪思想主潮：下卷 [M]. 季广茂，译. 北京：中央编译出版社，2004：150.
③ 多斯. 从结构到解构：法国20世纪思想主潮：上卷 [M]. 季广茂，译. 北京：中央编译出版社，2004：257.
④ Lechte J. Julia Kristeva [M]. London：Routledge，1990：66.

高度评价，她在评价其《流行体系——符号学与服饰符码》时说："巴特的著作颠覆了当代科学的主要趋势：对符号进行思考。"① 她还在接受访谈时透露，巴特被某些人看作法国最富有智慧的人，那些接近过他的人都说，他会带给他们一种馈赠，那就是他会使对话者变得更聪明："有他在场，我们也觉得自己是个人物。"

巴特还影响了法国其他文论家和大众文化学家。如巴特曾在二十世纪六十年代研究图像修辞，都兰德在 1962 年至 1967 年间曾随巴特学习，1961 年至 1969 年还曾与巴特一起进行广告图像修辞的研究，并将其研究方法用于广告图像的研究，对广告图像的修辞进行了拓展。转向后结构主义的巴特提出"作者之死"观，作家索莱尔斯在《一个现代文本的新语义》中也提到写作类似于一个持续否定的过程，它不断地消解作者。索莱尔斯还在其文学作品里进行创作实践，如《戏剧》里的"我"似存非存，过着值得怀疑的、具有意义不确定性的生活，这种对主体"我"的意义的怀疑，实际上是对传统的作者主体性的根本否定。又如《数字》里从第一、第二和第三段的未完成过去时到第四段的现在时之间，其过渡耐人寻味：一个有场景、没有剧院的戏剧，那里所使用的词语变成了一个新游戏团体的演员和观众，传统意义上的作者、叙述者、人物和读者都消失了。

2. 间接受巴特影响

法国大众文化学家既受到巴特的直接影响，也受其间接影响，这包括多种情况。

（1）声明未受其直接影响，但实际上在大众文化研究中受其启发。麦茨是巴特的学生和同事，亲自听过巴特的讲座，并且与巴特在一起从事结构主义理论的研究，但麦茨声明："我未曾从他的研究本身获取多少东西。我的知识来源主要来自语言学家、电影理论家和后来的弗洛伊德。"② 但事实上麦茨的电影符号研究受到了巴特的启发：运用其语言和言语的二元对立等结构主义符号学理论，分析电影符号与普通语言的不同和相同之处；运用其《流行体系——符号学与服饰符码》中"X/剩余物"的分析方法，

---

① 多斯 . 从结构到解构：法国 20 世纪思想主潮：上卷 [M]. 季广茂，译 . 北京：中央编译出版社，2004：290.
② 麦茨，等 . 电影与方法：符号学文选 [M]. 李幼蒸，译 . 北京：生活·读书·新知三联书店，2002：332.

逐步导出电影影像的八大语意群范畴。

（2）未提及巴特的影响，但实际上受到巴特的启发。美国学者凯尔纳在《后现代理论——批判性的质疑》中指出，包括巴特在内的后结构主义发展出了话语理论，话语理论可以被解读为符号学的一种，它发展了用多符号系统群和符号系统分析社会这一早期符号学计划，这一理论对利奥塔、德勒兹等学者的观点产生了影响。① 中国学者高宣扬也说，"（利奥塔）同当时其他法国思想家一样，从结构主义那里获得了必要的启示"，并认为利奥塔在《冲动的装置机架》中，已经明白地提出了他在后来所坚持的基本思想，这就是他反对传统的大叙事体系的新符号论②。事实上，利奥塔对巴特的后结构主义符号学多有继承：都赋予语言符号优先地位，都注重符号的动态生成过程，都注重从符号和话语的角度进行剖析。

（3）在一些论述中反对巴特，但实际上受其影响。如布尔迪厄在论及巴特与皮卡尔的论争时，认为他们之间的论争只是十九世纪末以来一直进行的古今派之间论争的重复，还批评包括巴特在内的右派，认为他们与社会妥协。但多斯却发现，布尔迪厄受到了包括巴特在内的法国结构主义的影响："布尔迪厄首先属于不可分类的法国批判思想，这种思想是围绕着结构主义思想的记号与方法集结起来的。"③ 中国学者高宣扬更明确指出："他还通过梅洛-庞蒂和巴特的现象学和符号论进一步对人文社会科学一般方法论进行反思。"④ 事实上，布尔迪厄和巴特一样都注重语言符号的分析，其符号权力观和巴特意识形态观具有相通之处，都注重批判意识形态的控制功能；也都注重剖析主体的抵抗：巴特提出通过受众的人工制造的反神话来对抗神话的设想，布尔迪厄则在美国观念艺术家汉斯·哈克的大众艺术作品中，发现其利用已有的各种文化符号，通过"以其人之道还治其人之身"的方式进行主体抵抗。

3. 反过来影响巴特

巴特符号学背景下的大众文化学家主要受巴特的影响，他们的部分观

① 凯尔纳，贝斯特. 后现代理论：批判性的质疑 [M]. 张志斌，译. 北京：中央编译出版社，2011：29.

② 高宣扬. 当代法国思想五十年：下 [M]. 北京：中国人民大学出版社，2005：383.

③ 多斯. 从结构到解构：法国20世纪思想主潮：下卷 [M]. 季广茂，译. 北京：中央编译出版社，2004：102.

④ 高宣扬. 当代法国思想五十年：下 [M]. 北京：中国人民大学出版社，2005：475.

点也反过来影响了巴特。如巴特在后结构主义符号学方面，对德勒兹的语言和符号学产生了影响；德勒兹的欲望学说也对巴特产生了影响。德勒兹的欲望学说由各种类型综合的无意识引发的情感与力比多能量的持续生产构成，欲望无处不在，欲望还和符号联系，通过无意识之流得以在社会领域中产生。德勒兹的欲望观对巴特的身体主体观产生了影响，巴特在《文之悦》《恋人絮语——一个解构主义的文本》中区分了读者阅读文本的悦和醉，并十分重视醉，认为醉的文本动摇了读者的历史、文化、心理定式，使其与语言的关系处于危机点上；醉不停地变换、呈空、流转、无以预见，它无法依托于他词来说明，无以重构和复原。对此，拉什认为："20世纪70年代在很大程度上可以说是法国知识界的德勒兹时代：福柯、利奥塔、巴特都直接或间接受德勒兹思想的影响。"[①] 多斯也认为："罗兰·巴特采纳了这种欲望哲学。""1973年，巴特《文本的快乐》的出版肯定了这种新的取向，也明确宣告了美学的选择。""作家罗兰·巴特现在可以摆脱书写的罗兰·巴特，可以进一步表达自己对语体学的兴趣了。他可以向自己展示自己，而不需要隐藏在理论话语之后了。"[②]

克里斯蒂娃受到了巴特的影响，也反过来对巴特产生了影响。如巴特在谈及1970年出版的《S/Z》时，认为这部著作受到了克里斯蒂娜等学生的影响："我删去了我的债权人的名字：拉康、克里斯蒂娃、索莱尔斯、德里达、德勒兹和塞尔等人。"[③] 正如多斯所作的评价，克里斯蒂娃对巴特的影响是显而易见的："按其展开的方式考察其过程，用结构化取代结构，'发现克里斯蒂娃所谓的能产性'。"[④] 克里斯蒂娃提出了解析符号学，认为能指体系的发生过程不是单一的，而是多数的、不同的，直到无穷无尽，是一个动态的过程。巴特的《S/Z》在对巴尔扎克的小说《萨拉辛》进行阐释时，从阐释符码、情节符码、意素符码、象征符码和文化符码等五种符码切入，在将这部小说分解为561个区别性阅读单位之后，再按照这些区别

---

① 汪民安，陈永国，马海良. 福柯的面孔 [M]. 北京：文化艺术出版社，2001：425.

② 多斯. 从结构到解构：法国20世纪思想主潮：下卷 [M]. 季广茂，译. 北京：中央编译出版社，2004：288.

③ 多斯. 从结构到解构：法国20世纪思想主潮：下卷 [M]. 季广茂，译. 北京：中央编译出版社，2004：82.

④ 多斯. 从结构到解构：法国20世纪思想主潮：下卷 [M]. 季广茂，译. 北京：中央编译出版社，2004：80.

性阅读单位的顺序，通过能指的移动不断对这部小说进行解构。对于这种影响，巴特也明确表达了自己的谢意："你（克里斯蒂娃）多次帮助我转变，尤其是帮助我从一种产品的符号学转变到一种生产的符号学。"①

二、巴特的大众文化理论概述

巴特是法国第一个研究而且始终如一研究大众文化的著名大众文化学家，其大众文化理论既以符号学为基础，又注重大众文化批评，在当选法兰西学院教授之前，曾因"太大的世俗之气"而受到质疑；而同样作为法兰西学院教授和结构主义历史学家的福柯曾为其辩护："你们都知道，你们选择的是少见的智慧和创造的平衡。你们选择的——你们也知道——是一位对领悟事物的本来面目具有奇特能力的人，他以前所未有的新角度更新事物。"② 这既是对巴特学术成就的高度评价，也适用于其大众文化研究。巴特的大众文化理论在大众文化的结构、修辞、意识形态批判、文化意蕴、文本、主体反抗、第三意义、研点和刺点、主体的悦和醉等方面都进行了有价值的探索，大致可分为三个方面。

1. 直接进行大众文化研究

巴特研究大众文化的代表论文和著作主要有《神话——大众文化诠释》《流行体系——符号学与服饰符码》《摄影讯息》《广告讯息》《图像修辞学》《什么是体育》等，本节重点分析其《神话——大众文化诠释》《流行体系——符号学与服饰符码》及大众图像的观点。在《神话——大众文化诠释》中，巴特将大众文化称为神话（Myth）：一是意味着大众文化是一种传说，一种关于人类状况的象征故事；二是指大众文化是一种谎言，一种欺骗。《神话——大众文化诠释》是法国率先开始大众文化的研究和批判的代表著作，也是巴特影响最大的大众文化著作，法国研究结构主义文论史的学者多斯评价道："巴特写作的形式，他对通俗话语语码的断续运用，他对科学的开放性，他的批判性推理，这一切，都有助于他获得巨大声望，

① 路易-让·卡尔韦. 结构与符号：罗兰·巴尔特传 [M]. 车槿山，译. 北京：北京大学出版社，1997：198.
② 埃里蓬. 权力与反抗：米歇尔·福柯传 [M]. 谢强，马月，译. 北京：北京大学出版社，1997：100.

取得巨大成功。"①《神话——大众文化诠释》由"流行神话"和"现代神话"两部分组成：前一部分"流行神话"对政治、法律、文学评论、电影表演、旅游、占卜、科学、声乐艺术、化妆、玩具、婚姻、照片、饮食、选举、广告等各类大众文化进行讨论，后一部分"现代神话"则试图只从结构主义符号学的角度对前一部分所呈现的各种文化现象进行阐释，发展一种解读大众文化的系统方法论。《神话——大众文化诠释》的主要观点包括符号论、意识形态批判、文化意义和反神话，其前后两部分的理论不一致也提供了较大的阐释空间。巴特1967年出版的《流行体系——符号学与服饰符码》选择书写服装，运用结构主义符号学对流行服饰进行系统研究，主要对流行服饰的结构和意识形态批判进行了剖析。多斯认为："多亏了《流行体系——符号学与服饰符码》，整整一代人都可以认为，在一个特别辽阔的领域从事类似的研究，是完全可能的。"②

巴特还在《神话——大众文化诠释》《摄影讯息》《图像修辞学》《图像修辞的结构分类》等著作和论文中阐述了大众图像的修辞和文化意义。在《图像修辞学》中，巴特认为"庞札尼"这幅广告照片中的西红柿通过换喻来意指意大利特色；另一幅由咖啡豆、咖啡粉、杯子里的咖啡组成的广告照片，则是借助简单的并列与连词省略的方式来表现某种逻辑关系。他在《图像修辞的结构分类》中进一步提出图像的含蓄意指的修辞手法可分两组：第一组的修辞手法处于纵聚合关系之中，它与隐喻、换喻、反语、曲意法、夸张法等常见的修辞手法对应；第二组的修辞手法处在横组合关系之中，其特征为句法偏离，如中断（错格句）、落空（顿绝法）、拖延（中止）、缺失（省略法，连词省略）、扩充（重复）、对称（对照，交错配列法）。巴特在《图像修辞学》中探讨了语言文字与广告照片之间的关系，认为语言文字在广告照片中具有锚定与接力两种功能。巴特在《神话——大众文化诠释》中，将神话的文化意义称为含蓄意指，剖析了《度假中的作家》中作家纪德的一张期刊照片、《嘉宝的脸蛋》中的嘉宝电影剧照、《巴黎竞赛报》的封面照片的文化意义；在《图像修辞学》中，分析了法国

① 多斯. 从结构到解构：法国20世纪思想主潮：上卷［M］. 季广茂，译. 北京：中央编译出版社，2004：103.
② 多斯. 从结构到解构：法国20世纪思想主潮：上卷［M］. 季广茂，译. 北京：中央编译出版社，2004：290.

主要出品意大利食品的著名面食公司"庞札尼"的一幅广告照片的含蓄意指：市场价值、"意大利特色"、"完整的烹饪"和让人想到许多关于食品的美术作品；在《摄影讯息》中，提出摄影照片的含蓄意指取决于读者的文化知识和文化建构活动，它通过一种理由和自由让读者自我证实和考验。

2. 启示大众文化研究的符号学文论

巴特发表和出版了大量符号学论文和著作，如《写作的零度》《论拉辛》《批评文集》《批评与真实》《结构主义活动》《叙事作品结构分析导论》《S/Z》《符号帝国》《文之悦》《罗兰·巴特自述》《作者之死》，其中对大众文化研究产生重要影响的有《叙事作品结构分析导论》《S/Z》《作者之死》等。在《叙事作品结构分析导论》这部"被视为法国结构主义学派的宣言书"①的著作中，巴特提出可以借鉴结构主义语言学的方法进行叙事分析，他认为在研究中可以把语言学本身当作叙事结构分析的基本模型。其原因在于叙事作品的结构分析与结构主义的语言分析具有类似性，可以借鉴结构主义语言学的演绎分析方法，按照分解和表述两个过程进行叙事作品的结构分析；对叙事作品的结构要进行多层次的分析，当关系处于同一层次时属于分布关系，当关系跨层次时属于结合关系。巴特将叙事作品的结构分为功能层、行动层和叙述层三个层次进行描述：功能层主要研究作品中的基本叙述单位及其相互关系；行动层着重研究人物分类及其结构原则；叙述层研究叙述者、作者和读者的关系。

转向后结构主义符号学的巴特所提出的"文本"区别于前期的"作品"，他指出文本是动态、开放、多元中心及文体交融的。动态指文本属于变化的动态的方法论的领域，没有终极意义，只能在运动过程中去感受和理解；开放指文本无限增值和扩散传播，每个文本会成为另一文本的引文，每一文本都从已经写过的文本中引用段落；多元中心意味着文本具有多个主题，以达到意义的不确定、非中心化和多元化的目的；文体交融指文本贯通数种文体，使文本成为各种文体的交杂、融合和蔓延。巴特以文本观为基础，还提出"作者之死"观和"读者复活"观。对于"作者之死"，巴特认为在写作过程中只有语言在起作用，发言的是语言本身而不是作者，而且语言涉及的主体是作者的功能性身份，此时实体作者已被剔除。因此

---

① 多斯. 从结构到解构：法国 20 世纪思想主潮：上卷 ［M］. 季广茂，译. 北京：中央编译出版社，2004：370.

在写作过程中作者不复存在，不起任何作用，也没有任何存在价值。从文本的指涉过程来看，既然文本是一种能指的实践过程，是一种不可重复的互文性过程，那么作者就不再是先于作品而存在的，不再在作品中传达上帝般的旨意，作者对作品的父权关系就被彻底颠覆。对于读者复活，巴特认为可写性文本可以被读者重写、被再生产和再创造。可写性文本是开放式的，从内容、情节到形式乃至语言表达，都呈现出一种开放性、接纳性的特征。可写性文本具有意义的撒播、多元性、不确定性等特征。

3. 读者（观者）的主体复活理论

巴特在《第三层意义——关于爱森斯坦几幅电影剧照的研究笔录》《狄德罗、布莱希特、爱森斯坦》等论文中以苏联著名电影导演爱森斯坦的电影剧照为例，将电影剧照的意义分为传播层、显义层和晦义层三层：传播层指电影剧照中汇集了布景、服饰、人物、人物之间的关系及其他通过故事带给观众的知识，相当于神话的直接意指层；显义层又称意指层或象征层，它是完全自然地出现在电影剧照精神中的意义，相当于神话中的含蓄意指层；晦义层则是其在这篇论文中新提出来的观点，不同于传播层和显义层，它在文化、知识和信息之外打开，是观者所感受到的某种微不足道的东西，如游戏、诙谐、双关语等，它既持续停留又转瞬即逝，既平易又逃逸，它使意义变得钝隐，使形式变得滑脱。在《罗兰·巴特自述》《文之悦》中，巴特提出身体主体，进一步将文本与身体类比，认为文本是一种编织过程，文本与人的身体具有相似性，由此将语言、文本和身体结合起来，还区分了读者的悦和醉：悦的文是读者的欣快得到满足、充注，引发的文，它源自文化而不是与之背离的文，和读者阅读的适意经验密不可分；醉的文是置读者于迷失之境的文，是令读者感到不适的文，它动摇了读者的历史、文化、心理定式，凿松了读者的趣味、价值观、记忆，它与语言的关系处于危机点上。醉不可表达，只是使读者感到撼摇、恍惚、迷失、销魂。在《明室——摄影纵横谈》中，巴特将其个人情感作为摄影照片研究的出发点，将对摄影照片的感受分为研点和刺点。研点的基本功能是传递信息、再现情景、令人向往和强调意义，它是摄影师和观者之间签订的一份文化契约，使观者和摄影师的意图保持一致，使摄影与社会和解。刺点虽然常常是一些细节，但它使摄影照片有生气且充满活力，还常常蕴藏着一种扩展的力量；刺点无法像研点一样进行解码，但是它那种无以名状的感觉可以引发观者的情绪波动，观者在观看摄影照片的刺点时，放弃了一切知识和文化，刺点使观者爱上某些摄影照片，扩展了观者的爱和怜悯之情。

三、巴特符号学背景下的大众文化学家简介

巴特的大众文化理论和文艺理论灵活多变，多斯指出其理论的善变性对法国其他大众文化学家的吸引力："或许我们已经目睹了他在理论方面的品质：灵活多变，富有弹性，迅速接受某种理论，然后从这种理论中脱身。正是这种品质，吸引了众多的追随者。"① 巴特符号学背景下的大众文化学家主要有麦茨、鲍德里亚、都兰德、托多洛夫、热奈特、克里斯蒂娃、索莱尔斯、利奥塔、德勒兹、布尔迪厄等，以下选择重要的大众文化学家简述其大众文化理论的成果。

1. 麦茨的大众文化研究

麦茨 1931 年生于法国，1966 年开始在法国高等社会科学院任教，1971 年获语言学博士学位，在巴黎大学讲授过电影理论，后来为巴黎三大影视研究所教授。麦茨运用符号学理论研究电影的主要著作是《电影符指化论文集》和《想象的能指》。早在十几岁时，麦茨已经是热情洋溢的影迷，但只能在电影俱乐部里组织一些活动，当时电影批评界对语言学的革新不屑一顾，他在参与巴特的研讨班之后，和巴特在一起从事结构主义理论的研究，将结构主义符号学运用于电影符号学的研究，开创电影符号学研究的新领域，正如麦茨所说："一句话，我想超越电影语言这个隐喻的极限，看看它究竟包含哪些内容。""把电影与符号学这两种资源联系在一起，我心中有了电影符号学。"② 其后麦茨在 1977 年出版《想象的能指》，运用巴特的结构主义符号学和后结构主义符号学理论研究大众文化的图像修辞，运用拉康的主体理论分析电影的镜像主体。麦茨的电影符号学所达到的理论水平至今无人超越，美国电影理论家尼克·布朗认为："在电影符号学理论中，克里斯蒂安·麦茨的论著是最完整和最有影响的。"③

---

① 多斯. 从结构到解构：法国 20 世纪思想主潮：下卷 [M]. 季广茂，译. 北京：中央编译出版社，2004：168.

② 多斯. 从结构到解构：法国 20 世纪思想主潮：上卷 [M]. 季广茂，译. 北京：中央编译出版社，2004：117.

③ 尼克·布朗. 电影理论史评 [M]. 徐建生，译. 北京：中国电影出版社，1994：102.

2. 鲍德里亚的大众文化研究

鲍德里亚 1929 年出生于法国东北部阿登斯省兰斯地区的一个农民家庭，曾做过中学教师和大学教师。鲍德里亚的研究涉及大众文化、马克思主义、大众媒介和科学技术等各个领域，其代表著作有《物体系》《消费社会》《符号政治学批判》《生产之镜》《象征交换与死亡》《命定的策略》《论诱惑》《拟仿物与拟像》《幻觉的终结》《恶的透明性》《完美的罪行》。鲍德里亚研究领域广泛，但以大众文化研究为主，他在《物体系》《消费社会》《象征交换与死亡》《拟仿物与拟像》中，对物体、广告、时尚、身体、电影、电视、蓬皮杜文化中心、超级商场、克隆人等大众文化领域进行了广泛研究。在第一部学术专著也是第一部大众文化研究专著《物体系》中，鲍德里亚将巴特的结构主义符号学用来研究物体。在其后出版的《消费社会》《生产之镜》《象征交换与死亡》等著作中，鲍德里亚主要运用巴特结构主义符号学，对时尚、身体、大众媒介和主体的反抗等各种大众文化形态进行研究，还将巴特后结构主义符号学发展为模拟和拟真，对电影、电视转播、迪士尼乐园、水门事件、科幻小说、克隆人、超级商场等范围广泛的大众文化从拟真的角度进行了分析，将美国作为拟真，对其大众文化的各种表现形态进行了独具个性的阐述，在《命定的策略》《恶的透明性》《完美的罪行》中，将其研究扩展至包括大众文化在内的广泛的人文社会科学领域，对大众文化的主体解构进行了更极端的推测研究。

3. 热奈特、托多洛夫和克里斯蒂娃的大众文化研究

热奈特 1930 年出生于巴黎郊区，毕业于法国巴黎高等师范学校，后来在索邦大学工作，但他因不满意索邦大学的"旧批评"而辞去教职，转而进入巴特主持的巴黎高等社会科学研究院工作，担任讲师，成为巴特的助手和支持者；介绍托多洛夫加入巴特的研讨班，认为他俩的相识为彼此找到了"共同的光明"；还先后出版《辞格一集》《辞格二集》《辞格三集》等著作，二十世纪七八十年代出版文本理论方面的著作《广义文本之导论》《隐迹稿本——第二维度文学》。热奈特支持巴特的结构主义批评，提出文学批评是在文学领域里建构完整的理论，倡导文学批评是根据横向的关系对每个单元进行界定，而不再根据纵向的同源衍生进行剖析。其与修辞格相关的论文和著作发展了巴特的文学符号观，提出隐喻是文学作品主要运用的修辞手法，它要求两个事物在差异中具有类似性，而换喻和隐喻的相互作用可以展开故事，这种文学的修辞格研究为大众文化的研究提供了启示。

托多洛夫和克里斯蒂娃都是来自保加利亚的年轻学人，他们在二十世纪六十年代先后来到巴黎，参与巴特的研讨班，既研究文学又研究大众文化。托多洛夫主要研究文学的叙事和诗学，也涉猎大众文化研究。二十世纪六十年代他在巴特的指导下完成论文《文学与表意》，该文发表在1966年第八期《交流》杂志上，是其发表的第一篇结构主义论著，其后主要研究结构主义诗学，主要论文和著作有《散文的诗学》《诗学导论》《巴赫金——对话理论》等。这些论著主要以经典文学作品为对象，但也涉及大众文学作品，如《奇幻——一个文学样式的结构研究》《〈十日谈〉语法》等。他于二十世纪七八十年代出版的著作《象征理论》《象征表达与诠释》进一步阐述象征与符号、文化的联系，对于探索大众文化的文化象征具有启发意义。

克里斯蒂娃既受到巴特的学术影响，又对其从结构主义符号学转向后结构主义符号学提供了启发。克里斯蒂娃的著作主要有《符号学——符义分析探索集》《语言——未知物：语言学的尝试》《小说文本》《诗歌语言的革命》《中国妇女》等，其中《符号学——符义分析探索集》提出文本是一种开放的体系，通过说话主体的欲望发挥作用；《诗歌语言的革命》和《中国妇女》标志着其从语言符号学转向女性主义和精神分析的研究，书中对前符号态和符号象征态的概念辨析，使其在西方女权主义和精神分析领域占有独特地位。克里斯蒂娃还在《阿伦特》《梅兰尼·克莱因》《柯莱特》中对三位女性天才的女性主体的抵抗进行了独具个性的分析。克里斯蒂娃认为：电影在当代视觉文化中占据中心地位；它比真实的物体还真，它使人着迷的原因在于：它留下痕迹，是视觉的，侵略性的，非象征性的，非言语表现的，非代表性的；它具有省略的恐惧和镜子般的诱惑功能。

4. 利奥塔、德勒兹和布尔迪厄的大众文化研究

虽然利奥塔、德勒兹和布尔迪厄与巴特直接交往较少，但三人都受到巴特大众文化研究的影响。作为法国著名社会学家和文艺理论家，布尔迪厄出版的主要著作有《区隔》《再生产——一种教育系统理论的要点》《国家的精英》《艺术的法则》《继承人——大学生与文化》《实践的逻辑》《学术人》等，提出了场域、资本、习性等重要概念；在大众文化研究方面，布尔迪厄将巴特的语言符号学发展为一般符号学，其符号权力发展了巴特的意识形态观，在《言语意味着什么——语言交换的经济》《论摄影》《关于电视》《艺术之恋》等著作或论文中，选择大众文化中的摄影、电视、政

治选举和参观博物馆，批判了其符号权力的控制和区隔功能，进一步揭示了大众自愿参与合谋的习性。布尔迪厄还在《自由交流》中与美国观念艺术家汉斯·哈克合作，阐述其大众艺术作品利用已有的各种文化符号，通过"以其人之道还治其人之身"的方式进行主体抵抗，号召艺术家学习哈克的主体反抗精神和方式。

利奥塔和德勒兹都受到转向后结构主义的巴特的影响，并在各自的学术领域做出了突出的贡献。利奥塔的主要学术著作有《话语，图像》《力比多经济学》《后现代状态——关于知识的报告》《后现代性与公正游戏》《歧异》，他在这些著作中赋予了语言符号优先地位，还在《非人》中重点剖析技术叙事背景下的摄影和电影，指出摄影与电影技术的进步极大地简化了大规模复制和制作复制品的过程。同时，书中还分析了作为小叙事代表的先锋绘画，它通过增强对"此刻"中"事物"的感知力来进行反制，这为大众艺术对作为技术大叙事的摄影和电影的反制提供了启示。德勒兹的主要著作包括《差异与重复》《反俄狄浦斯——资本主义与精神分裂症（一）》《资本主义与精神分裂——千高原》《卡夫卡——走向少数族裔文学》《褶子——莱布尼茨与巴洛克风格》等，在这些著作中，德勒兹深入探讨了反俄狄浦斯情结、生成等一系列核心概念，提出生成本质上是一种欲望的生成，而欲望是一种前表意系统，身体与语言是两种系列之间的一种"共振"和"平行"。此外，他发现在当代资本主义社会，大众信息传播正逐渐霸权化。虽然德勒兹对大众信息传播的社会抵抗持悲观态度，但他的分析方法为资本主义大众信息传播背景下的大众抵抗提供了启发。

第二章　符号学与大众文化的结构论

　　结构主义的结构理论主要研究作品的整体结构，巴特符号学背景下的大众文化学家特别重视大众文化文本的结构。巴特的《符号学原理》《结构主义活动》《叙事作品结构分析导论》《流行体系——符号学与服饰符码》等代表论文和著作既为大众文化的结构研究提供了方法论，又对侦探小说、流行服饰、物体、建筑等的结构进行了或详或略的分析；其后鲍德里亚、托多洛夫、热奈特、麦茨在发展巴特符号学的基础上，分别对物体、小说、电影的结构进行了阐释，他们的结构分析各有侧重，各具特色，推动了大众文化的结构阐释。

第一节　鲍德里亚的物体符号学和物体结构观

　　符号学背景下的物体是由标准化的、具有形式并被规范化的材料所构成的物品。1962 年至 1963 年，巴特曾在法国巴黎高等实验学院开过一年"物体系"的讨论课①，1964 年又在意大利威尼斯召开的"当代社会中的艺术和文化"研讨会上做过《物体的语义学》的演讲②。鲍德里亚作为其学生和同事，曾经听过其"物体系"的讨论课，并在 1968 年出版了第一部研究物体系的学术专著《物体系》。这部学术专著运用包括巴特结构主义符号学和物体符号学在内的多位理论家的观点，对物体系进行了全面透彻的阐述。本节拟分析鲍德里亚的《物体系》对巴特二元对立的符号学理论和物

---

① 布希亚. 物体系 [M]. 林志明，译. 上海：上海人民出版社，2001：译序 21.
② 罗兰·巴尔特. 符号学历险 [M]. 李幼蒸，译. 北京：中国人民大学出版社，2008：187.

体符号学观点的借鉴，及其对物体系的结构阐释。

一、物体和语言符号的比较

巴特借鉴结构主义语言学家索绪尔二元对立的结构主义语言学观点，在《符号学原理》中提出符号的语言/言语、能指/所指、组合段/系统、直接意指/含蓄意指二元对立的基本原理①，将之运用于饮食、服饰、广告、图片、建筑、物体等大众文化的分析，还对物体符号学做了初步的概略阐释：物体由于具有功能性而成为符号，可从象征和分类两个维度对物体进行分类，在分类这一维度，可将物体与语言进行比较，要避免用物体来比较语言中的字词或用物体集合来比较句子，因为孤立的物体已经是一个句子，如在电影中看到一把手枪，"手枪"在语言上的等价物是"这里有一把手枪"；物体集合由各成分的并置而获得最终的意义，其句法是诸成分纯粹简单的并列，如一间屋子里的家具由诸成分的并置获得一种风格；物体具有多义性，其意义依赖于读者的知识和文化层次，它发生于同一读者身上和不同读者之间，可以在读者身体内产生一种精神分析学层次上的读解。②

巴特自述对物体符号学的分析相当粗略："在此符号学探求的一般环境内，我想提出对物体在当代世界的意指方式作一快速概略的思考。"③ 但这些设想为鲍德里亚《物体系》的物体结构阐释提供了有价值的启发，鲍德里亚说："我的第一本书包含了对作为明显事实、物质、现实和使用价值的客体的评论。在那里，客体被作为符号对待，不过，它依然是饱含意义的符号。"④ 鲍德里亚在对物体的结构进行分析时，以巴特结构主义符号学和物体符号学为基础，将其理论灵活运用于物体系的阐释。鲍德里亚认为，物体系指人类制造的繁多物品的总和，虽然《圣艾蒂安市武器制造厂目录》《机械化程序夺权主宰的无名史》等以前的著作对物体系进行了分析，但不够完善。鲍德里亚的《物体系》对物体系进行了全面系统的研究。该书共分四个部分：第一部分是功能性系统或客观论述，第二部分是非功能性体系或主观论述，第三部分是后设及功能失调体系，第四部分是物品及消费

---

① 罗兰·巴尔特. 符号学原理 [M]. 李幼蒸，译. 北京：中国人民大学出版社，2008：2.

② 罗兰·巴尔特. 符号学历险 [M]. 李幼蒸，译. 北京：中国人民大学出版社，2008：193.

③ 罗兰·巴尔特. 符号学历险 [M]. 李幼蒸，译. 北京：中国人民大学出版社，2008：188.

④ 道格拉斯·凯尔纳. 鲍德里亚批判性的读本 [M]. 陈维振，陈明达，等译. 南京：江苏人民出版社，2005：6.

的社会——意识形态体系。从整体布局来看，全书以巴特结构主义符号学的直接意指和含蓄意指的二元对立结构为主线：前两部分构成物体系的直接意指，后两部分构成物体系的含蓄意指。从各部分和其内部结构来看，全书同样以巴特二元对立的结构主义符号学为基础：第一部分和第二部分构成了物体系的客观/主观论述的二元对立；其中第一部分摆设/气氛构成了技术/文化的二元对立，摆设/气氛的结构之中还有元件/座位、温暖/冷峻、自然材质/文化材质等局部的二元对立。

鲍德里亚认为，物体系和语言存在三个方面的明显不同，必须根据物体的具体情况进行具体分析。

（1）语言的音位性质相对稳定，而物体的"技术元"处于持续的演变状态之中。鲍德里亚借鉴巴特结构主义符号学中语言和言语的二元对立，认为言语中的音位数量有限，性质相对稳定，如言语中的卷舌或浓浊的 r 音，在语言分析中不会改变。而物体虽然也可以认为由简单技术元素"技术元"构成，物体的技术演化在"技术元"排列变化的基础上进行，但物体的"技术元"并非像语言的音位那样单纯，它除了具有纯粹的技术意义之外，还始终处于不断的演变状态之中，其演变受科技演进的影响：传统物品的"技术元"倾向于独立，现代物品的"技术元"则强调将不同功能的"技术元"进行整合，使功能的冲突在更广阔的结构中得到辩证性解决，由此形成一个完全一致和统一的系统。鲍德里亚说："每一系统演变朝向一个更好的整合，每一结构完成的系统，其中位置的变化，及每个功能整合的过程，都会产生新的意义。"①

（2）语言以沟通为主要目的，而人创造物体的目的是宰制世界和满足欲望。索绪尔的结构主义语言学以只有甲乙两人参加的语言沟通行为为例，认为语言的沟通行为只是以语言为信息，在参与者身上通过心理和生理过程的转换，达到信息沟通的目的。② 鲍德里亚引述法国思想家巴塔耶和精神分析学派创始人弗洛伊德的观点，提出人创造物体的目的是宰制世界和满足欲望。人从自然界独立之日起，就具有征服和改造自然界的欲望，人创造具有各种功能的物体的目的就是征服和改造世界。同时，人创造物体也是为了转移和宣泄人与生俱来的各种本能：巴塔耶认为人不能完全驯化死

---

① 布希亚. 物体系 [M]. 林志明，译. 上海：上海人民出版社，2001：4.

② 费尔迪南·德·索绪尔. 普通语言学教程 [M]. 高名凯，译. 北京：商务印书馆，1980：32.

亡与性这两大原始力量，因此需要通过包括破坏物体在内的献祭、无用的耗费等间接手段来控制这股原始力量①；弗洛伊德则认为当人强大的生本能和死本能受到压抑不能完全表现出来时，会通过包括创造和破坏物体在内的种种间接的方式来转移和宣泄②。因此，鲍德里亚对物体系的分析没有见"物"不见"人"，而是将物体的分析和人的精神分析相结合。

（3）语言相对脱离外在社会的影响，而物体系受到社会生活的影响。索绪尔的结构主义语言学认为语言符号的任意性使其难以发生变化，语言系统的复杂和难以掌握使人难以改变它，参与人们日常生活的语言不适宜创新③，因此语言相对脱离外在社会的影响。而物体既要受到技术的合理一致的影响，又要受到社会生活的实践对技术的影响，而且社会生活的实践体系和合理一致的技术体系并不完全一致，正如鲍德里亚所说："形式和技术的引申义还会增益功能上的不和谐，也就是整个需要的体系——社会化或潜意识的需要、文化或实用的需要——整个生活体验的非本质体系反过来影响技术的本质体系，并损害了物品的客观身分（份）。"④ 因此，鲍德里亚对物体系的阐释既分析了物体系所受到的技术体系和社会生活的影响，又分析了技术体系和社会生活不一致的影响："我们在此感到兴趣的，便是这种干扰：物品的合理性和需要的不合理性如何大起争执，而这个矛盾又如何引出一个前来解决它的意义构成体系。"⑤

二、《物体系》的整体结构

鲍德里亚在分析物体系的整体结构时，借鉴和发展了巴特的符号学理论和物体符号学。在借鉴方面，巴特在《符号学原理》中提出符号学的直接意指和含蓄意指的二元对立，鲍德里亚则提出：物体系的前两部分——功能性和非功能性系统，与物体的功能有关，它们构成了物体系的直接意指；后两部分后设及功能失调体系与物品及消费的社会—意识形态体系分析，涉及技术体系和社会层面，它们构成了物体系的含蓄意指；前后部分构成直接意指/含蓄意指的二元对立，它们共同构建了全书的整体框架。在

---

① 汪民安. 色情、耗费与普遍经济：乔治·巴塔耶文选 [M]. 长春：吉林人民出版社，2003：15.
② 李铮，章忠民. 弗洛伊德与现代文化 [M]. 合肥：黄山社，1988：60.
③ 费尔迪南·德·索绪尔. 普通语言学教程 [M]. 高名凯，译. 北京：商务印书馆，1980：110.
④ 布希亚. 物体系 [M]. 林志明，译. 上海：上海人民出版社，2001：6.
⑤ 布希亚. 物体系 [M]. 林志明，译. 上海：上海人民出版社，2001：5.

发展方面，巴特在《符号学原理》中提出符号学分析要进行共时而不是历时研究①，鲍德里亚在研究物体系的结构时，将共时研究和历时研究相结合：在重点研究资本主义现代时期的物品时，运用共时研究方法；在将资本主义现代时期和古典时期的物品进行比较时，运用历时研究方法。

对于物体功能性系统的结构，鲍德里亚认为，资本主义古典时期的家具布局呈现出紧密而封闭的特点，这与以父权为中心的情感性和家庭生活的内在性相对应。家具以大餐橱和位于房中央的大床为核心，它们功能单一、无机动性、庄严巍然、等级分明。每一个房间有其特定用途，配合家庭生活的多元化需求；每件家具各自独立，却又紧紧相挨，环绕着一条轴线排列，这种轴线稳固了操守行止的时序规律。现代时期的家具则与缺乏空间相适应，以适应更大的可变动性、互换性及适时性；家具的价值从传统的道德规范的体现转变为功能的体现。屋角长沙发、靠角落摆的床、矮桌子、搁板架子等取代了古老的家具项目，大碗橱和衣柜让位于可隐身自如的现代壁橱，床隐身为软垫长椅，甚至可以没有床脚、没有框架、没有天篷，桌子可以简化为中性的、轻盈的可以伸缩折叠的家具。所有这些家具可以随时折曲、伸张、消失、出场，运用自如，它们虽然没有失去封闭性，但失去了物的临在感，缺少内在组织，呈现为结构解体的倾向，让人产生一种为了功能考虑而草率解决的感觉。

对于物体系非功能性系统的结构，鲍德里亚发现，资本主义古典时期的物体与功能关系密切，而现代时期的古物和收藏功能性极小但意义极大。对于古物来说，老家具、真迹、"古风"的物品、农村风味、手工艺品、手工制品、土著陶器、民俗物品等指涉历史，与物体系的平面性构成对立。古物的来源、作者、年代、签名等执迷于真确性，只要一件古物曾经属于某个名人、大公，这个简单的事实就给古物带来一种价值；只要某个人的工作留痕于一件手工艺品，那么这件手工艺品就别具魅力。如在对一座位于"法国岛"的老农庄的修复中，整座屋子的价值建立在门洞那几颗有肇始象征意义的石头上，这几颗石头虽然"微弱"却是崇高的存在，它使这座改造后已变成现代住宅的农庄，仍具有历史性和真确性的文化价值。对于收藏来说，资本主义古典时期的物品具有实际运用和为人所拥有这两个功能，但现代时期收藏的物品被剥除了功能，只拥有主观上的身份，如地

① 罗兰·巴尔特. 符号学原理 [M]. 李幼蒸，译. 北京：中国人民大学出版社，2008：75.

毯、桌子、罗盘和小摆设等以前各有其用途，现在被收藏后却丧失了以前的功能，变成了"美的事物"。以前拥有一件单独的物品就已足够，现在对物品的收藏通常要求是一连串甚至一个完整的系列；以前狗是用来守家的，现在则变成一个完美的家庭宠物；以前物品崇尚多多益善，现在在收藏书籍时则重视孤本，如果恰好发现在别处还残留一本，收藏者甚至会不惜代价将其焚毁。

对于后设及功能失调体系的结构，鲍德里亚认为，资本主义古典时期，工具、家具，甚至房屋本身，它们在外形、用途等方面都带有人的存在和人的形象的印记；而在现代时期的自动化时代，人和物之间的联系被摧毁，这表现在伪功能性的小玩意儿和机器人的发明上。对于小玩意儿，鲍德里亚认为，物体本来皆有某种功能，但小玩意儿是功能过于特定化而无法回应社会要求的物品，它在必要性功能之外，通过典型化的技术进行简单组合，发展出过多的枝节性功能，如丝毫不必自己动手的超声波除污洗碗机、九种焦度的烤面包机、调鸡尾酒专用的机械调羹、以电力来取出水果内核的悦人玩具、吸尘器附加的某个可以清洁衣橱上方的新道具等，它们代表一种纯形式的操作，一种为细节疯狂或兴奋的精神，但在日常生活中其结构不断解体。对于机器人，鲍德里亚认为，机器人是自动化主义最极端的表现，是绝对的功能性和绝对的拟人主义的综合。它具有金属的外身，动作不连续，一跳一跳地行走。它被冻结在与人的相似性上，没有演化可能；它极端体现了人的抽象力量，又不会陷入与人的完全等同之中；它虽被称为"人"，却仍是明显的物，是臣服于人的一个"奴隶"，几乎在所有领域都可以代替人的工作。

对于物体系社会层面的结构，鲍德里亚认为，物体的模范可以在实际上存在或不存在，其实质是某一类型的理念，是某一类型所有相对差异在形象投射中的抽象，它能推动系列中的各个项，由一个差异到另一个差异进行自我否认运动。资本主义古典时期的物体的模范和现代时期物体的系列呈现出明显的差别。首先，物体系列比物体模范更新换代的速度更快。物体模范拥有较长的持续生命，具有超人一等的功能性；而物体系列由于生产体制的制约和个性化的要求，变得十分脆弱和朝生暮死。其次，物体系列与物体模范相比缺少风格。物体模范拥有和谐、统一、同质性，以及空间、形式、实质、功能上的合理一致；而物体系列只是一堆细节的总和与其他系列形成的机械式搭配。再其次，物体系列缺少物体模范的韵味。

物体模范除了各部分之间的和谐一致外，还具有向艺术品发展的韵味；而物体系列虽然随着流行持续更新，但这种更新只是固定的或有可能获得的"技术元"的排列组合。最后，物体系列缺少物体模范所具有的文化价值。物体模范不是极端的前卫，便是属于过去的贵族向度，它们代表的是风格、品位、真确性和独特性；而物体系列缺少文化价值，它的时间属于一段立即的过去，属于日常生活中的一个空洞向量和负面向度。

三、《物体系》的局部结构

巴特在《符号学原理》中主要运用共时研究方法，提出了符号语言/言语、能指/所指、组合段/系统、直接意指/含蓄意指的二元对立。鲍德里亚在分析物体的局部结构时，也将历时分析和共时分析相结合，阐述了摆设/气氛的结构的二元对立：摆设层面的技术命令式和气氛层面的文化命令式构成技术/文化的二元对立，它们是同一个功能化体系中的两个面向；同时他还进一步阐述了现代时期摆设和气氛的结构对二元对立的打破。

（1）现代时期摆设的结构对二元对立的打破。鲍德里亚认为，物体系摆设的结构来自一种整体的协调性，来自把它们转化为符码元素的简化过程，以及物体之间相互关系的推演，他具体分析了家具元件的构成、墙壁与光线的开放性与自由性、照明的功能的变化、镜子的反射功能的转换、时钟摆设的转变。在家具的元件方面，鲍德里亚认为，古典时期的家具元件各居其位，而现代时期的家具元件侧重自由组合，现代家具元件的自由组合打破了传统家具元件的固定。现代时期大多数房间受空间限制，家具元件遵循摆设整理的金科玉律，例如：特克马家具可伸展、重叠、变形和加大；各元件关系和谐，可作完美的同质组合；设计实用，适应所有现代生活要求；书架、吧台、收音机柜、衣橱、写字台、矮碗柜、抽屉衣柜、碗盘柜、玻璃柜、文件柜、伸缩桌等，可依所有的需要而变化。再如个人专利组合家具拥有柚木或马可雷木两种材质，四面隐形接榫，每一个单一元件都有多重组合可能，可以随意调整，在家中创造出主人所梦想的精致气氛。在墙壁与光线方面，古典时期的房间由墙壁隔开，划定严格的庇护性空间；现代时期则从古典时期的紧密封闭变成相互开放连通，房间本身也被分割为各种角落、个人界限模糊的地带、流变不定的区域。

在照明方面，古典时期光源由天花板照亮房间，是其拥有特权的符号；现代时期表现出遮除光源的倾向，天花板向后退，在其边缘隐藏着成排的照明霓虹灯，以实现遮隐式的全面照明，并以数处隐蔽式光源塑造均匀照明；在透明窗帘沿线的天花板内缝里、沿家具背上边缘、位于高置壁橱下方等。在镜子与画像方面，古典时期镜子是房间的重点，房间里镜子越多，其内部越光彩辉煌。现代时期镜子从墙、大衣橱上被移到了洗手间，而且不再镶框，只为适应社交要求的衣冠整齐服务；同时镜子还出现减少的趋势，讲究的是增加房间开口及广设透明帷幕。随着镜子地位的失落，别的物品也挣脱了束缚，可以进行自由组合。古典时期家庭装饰中常见的画像包括全家福、卧室中的结婚照、客厅中的一家之主全身或半身肖像、随意拍摄并用框装裱的小孩脸庞照等；现代时期这些画像越来越少见，真迹或复制的艺术品通常以组合元件的方式进入家庭，大受欢迎的版画进入家庭装潢，原因在于其组合价值相对较高。在时钟方面，古典时期农舍里的大挂钟是一个威严庄重、生机蓬勃的要素，布尔乔亚的家庭中则拥有大理石壁炉上摆设的座钟；现代时期它们都已在家庭物品中消失。

（2）现代时期气氛的结构对二元对立的打破。鲍德里亚认为，在家具的价值从道德价值转向功能价值的同时，家具的气氛如色彩、材质、形式和空间也在发生变化。就色彩而言，古典时期家具色彩受制于线条的内在意义和封闭性，如红色代表激情、侵略性，蓝色是平静的符号，黄色代表乐观等。现代时期的色彩则在一个更广大的区域里形成系统，衣服、汽车、洗手间等都是粉彩化的天下；现代时期强调色彩的搭配、调和或制造色彩的对比，色彩不是以其感性品质受到重视，而是以色调上的不同来营造一个房间的"节奏"；色彩失去了各自独特的价值，而是在彼此相关中形成色调。如派普斯在《室内装潢实用指南》中提到："大片的蓝切过暗白的底色（天花板）。同样的白和蓝亦在室内装潢布置中出现：白大理石餐桌，白布幕……用暖色来强调重点：矮柜鲜艳的红门。事实上，我们身处的空间，色彩处理使用的都是坦然直接的颜色，没有变化细微或柔淡的色彩，但这些强烈的色彩，受大量的白色地带所平衡。"[1] 现代时期的色彩还要在温暖/冷峻意义的对立基础上讲究冷暖色调的平衡，并参考室内的空间结构与家具外形做出调整，共同形成抽象的共时结构，赋予室内布置一致性和协调性。如"材质的温暖给这个组织良好的办公室一股亲密感"，"包油暗光，巴西黄檀木板，配上镀铬金属手把……座椅覆以烟叶色仿皮，完美地配合

---

① 布希亚. 物体系 [M]. 林志明，译. 上海：上海人民出版社，2001：38.

整体既严谨又温暖的组合"①。

就材质而言，古典时期家具所采用的自然材质，其本身就是一种生命的体现，它具有气味，会老去，会被虫蛀，它唤醒的联想是世代相传、沉重的家具和祖宅。现代时期的家具则以合成材质代替自然材质，如尼龙和它不计其数的变种取代了羊毛、棉、丝、麻等，水泥、树脂取代了木材、石材、金属等；即使使用柚木、桃花心木、黄檀木或北欧木材，其颜色也不是传统的木头颜色，而常常涂上清漆、生漆或以素面出现。合成材料的代表材质摆脱了以自然为基础的象征主义束缚，它超越了自然材质和人工材质之间的对立，如隔热玻璃帷幕与木材、素面水泥和皮革共享作为材质性元素的地位，这些本身异质多元的材质的同质化，使得普遍的材质结合成为可能，从而迈向多样的造型可能并体现更高程度的抽象性，共同构成一个具有严密一致性的系统。而玻璃既是材料又是追求的理想，既是手段又是目的，它不会随时间演变，不会遮掩内容，建立了内外之间的透明性；它又是抽象化的象征，将亲近和遥远、亲密性和拒绝亲密性、传播和非传播统一起来，具有纯洁、忠实、客观、庞大的卫生和预防医学上的道德意义："生活在花园之中，亲近大自然，充分享受四季迷人之美，而又不必牺牲现代室内的舒适设备——此一新版的人间天堂乃是大量装置玻璃的房子独有的特权。"②

四、物体系和人的关系

虽然以前的《圣艾蒂安市武器制造厂目录》《机械化程序夺权主宰的无名史》对物体系的分析进行了研究，但见"物"不见"人"；鲍德里亚则将物体结构与人际关系结合："我们分析的对象不是只以功能决定的物品，也不是为分析之便而进行分类之物，而是人类究竟透过何种程序和物产生关联，以及由此而来的人的行为及人际关系系统。"③ 他指出，在物的功能化中，人成为功能关系的摆设人；在气氛的流动中，人作为关系人和气氛人而存在；古物的非功能性表现了现代人的一种心理退化和心理超越，收藏具有心理补偿和消解生死的功能；在由模范/系列所形成的二元对立的强迫

---

① 布希亚. 物体系 [M]. 林志明，译. 上海：上海人民出版社，2001：39.
② 布希亚. 物体系 [M]. 林志明，译. 上海：上海人民出版社，2001：44.
③ 布希亚. 物体系 [M]. 林志明，译. 上海：上海人民出版社，2001：2.

性社会生态环境中，资本主义现代社会的大部分阶层只是在一种无限的追求中得到一种虚幻的心理满足。

（1）在物的功能化中，人成为功能关系的摆设人。鲍德里亚认为，古典时期在器物的假造或制造里，人以赋予形式的文化手段，使自己成为自然的质变者，每种物品具有具体的象征意义，人与器物在一种肺腑与共的亲密感中发生关联。古典时期家具的道德空间转化为功能性的同质空间后，被古典时期家具的秩序所操纵的人，反过来会对家具进行宰制、操纵和控制，成为既非物主又非单纯使用者的"摆设人"。鲍德里亚说："他是室内气氛活跃的情报提供者。对他而言，空间像是一个分配布局的结构，透过他对这个空间的操控，他掌控了所有可能的相互关系，同时，也掌握了各物品可以担任的全部角色。"① "摆设人"造成了家具造型上的断裂，消解了家具内外形式的界限，其实质是遗忘古典时期家具背后所蕴含的文化象征意义，表现现代人的创造性和侵略性：通过对物体的生产、计算和分割，通过秩序、分类和分配的作用来改造物体、呈现客观结构和超越过去。

（2）在气氛的流动中，人作为关系人和气氛人而存在。鲍德里亚认为，气氛使人与物，以及人与人之间的关系打破了传统的道德价值模式，而转变为亲密感和距离感同时存在的新型关系：亲密感来自物的功能转变和气氛的营造，距离感来自人与人之间以物为中介进行联系的新型人际关系。如现代家具中座椅的摆放就体现了现代人亲密感和距离感并存的暧昧关系：排除任何道德说教，不可能生气，也不进行辩论和寻求说服，只透露一种柔化的、没有强烈要求和开放的人际关系，其含义是人"永远不要孤独，但也永远不要面对面"。鲍德里亚还认为，在古典时期人通过自己的手工劳动与物体发生联系，个人的特征与风格对物体发挥直接的作用；现代时期在功能化的物体世界中，物体功能的无限化带来了物体功能分割的无限化，具有个人特色的手工劳动同质化为操控按钮的过程，人只有在物体自我运转的过程中才能获得存在的价值和意义，人成为物体自我运转过程中的纯粹观照者。

（3）古物的非功能性表现了现代人的心理退化和心理超越，收藏具有心理补偿和消解生死的功能。对于古物，鲍德里亚认为，功能性的物体系意义贫乏，是一个没有"父母"的存在形式，古物则和人的先祖相联系。

---

① 布希亚. 物体系［M］. 林志明，译. 上海：上海人民出版社，2001：24.

在这种和先祖的象征关系的回归中，人好像脱离了功能化物体系的世界，好像证明了功能化世界的不在场，当古物出现的时候，也就是功能化世界消隐的时候，人得以在一种心理退化中达到一种心理超越。对于收藏，物体的存在总是以系列的方式展示出来，对物体的收藏也是对收藏品系列的收藏。这种收藏使人总是处于一种矛盾心态：收藏一件物体使人感到自我在扩张和填充，但由于收藏品只有在其系列存在中才有价值，因而人在朝向系统的完满性迈进时面临更大的不满足感。正是在这种自恋式热情的心理投射中，人的心理功能得到了补偿。同时，面对外在世界的不断流转变化，收藏者通过收藏过程来完成对时间的操控，使时间成为可操控的对象。因此收藏是对不可逆转的流变世界的"反动"，帮助人消解由生到死这个无法改变的过程。当人把自己无法控制的事件排除在自身之外时，收藏本身成为人悼亡自己的手段，死亡被整合进收藏品的系列中，这正是现代人对死亡的心理消解。

（4）在由模范/系列所形成的二元对立的强迫性社会生态环境中，资本主义现代社会的大部分阶层只是在一种无限的追求中得到一种虚幻的心理满足。鲍德里亚认为，在由模范/系列所形成的二元对立的强迫性社会生态环境中，资本主义现代社会的大部分阶层都以为可以通过物品系统一点点达到模范的标准，使得自己的社会地位持续上升，使社会各个阶层一个一个地接近绝对的模范。但事实上虽然物体系列建立了表面的平等，却掩藏了系列/模范之间严重的不平等；而且把物体模范当作一个可以追上的理想目标并没有出路：面对从根本上说只是一个理念的模范，社会的大部分阶层将之作为可以追上的理想，他们在物体系的梯级上不断前行，最终只是在一种无限的追求中得到一种虚幻的心理满足。鲍德里亚认为，我们所拥有的物品，只是让我们成为拥有者，同时也把我们推向了追求更多物品的不确定自由。因此，我们只能在物品的梯级上前进，但这种晋升没有出路，因为它本身就是在"供养"模范无法接近的抽象性。

鲍德里亚在其第一部学术专著《物体系》中对巴特的学习和借鉴十分明显，他在一次访谈中曾经谈到这一点："罗兰·巴特是一位我觉得非常亲近的人，（我们的）立场是如此地接近，以至于他所做的许多事，也是我自己可能会去做的。"① 鲍德里亚的《物体系》对巴特的结构主义符号学理论

① 布希亚. 物体系 [M]. 林志明，译. 上海：上海人民出版社，2001：269.

和物体符号学运用灵活，理论方法兼收并蓄，对物体系的分析全面系统，既全面阐述了物体系的结构，又将物体系与人相联系，推动了物体系的结构研究。

第二节　托多洛夫的大众小说的结构观

托多洛夫二十世纪六七十年代在法国与热奈特、海伦·西苏和杰拉德·杰尼特一起研究"诗学"，发表了一系列研究文学作品结构的论文和著作，这些论文和著作主要以经典文学作品为对象，也包括大众文学作品，如《奇幻——一个文学样式的结构研究》《〈十日谈〉语法》《侦探小说类型学》《叙事的寻觅——〈圣杯〉》等。托多洛夫在谈到"诗学"建构的对象时说："不管是民间文学、'大众传播'、梦呓疯语还是一些最普通的文本或者一些偶然形成的文字……所有这些在现代诗学中具有完全的权利，现代诗学必须首先是一种开放的诗学。文学理论研究和文学分析不应把现行的传统当成一种标准，或者把大家接受的作品奉为经典；相反，应该照亮一切可能的边路或险径，并为未来的作品打开通道。"① 托多洛夫对文学作品的结构分析既受到巴特的结构主义符号学和叙事作品结构分析的影响，又对之做了独具个性的发挥，还对奇幻文学、大众小说和侦探小说等的结构进行了阐述。

一、托多洛夫对巴特结构主义符号学和叙事作品的结构分析的继承和发展

巴特的《符号学原理》提出了结构主义符号学的基本原理，其论文《结构主义活动》和《叙事作品结构分析导论》是结构主义符号学对叙事作品的结构分析的具体运用。作为从保加利亚到法国巴黎求学的年轻学者，托多洛夫参加了巴特在巴黎高等研究院的研讨班，并借鉴巴特的结构主义符号学原理和叙事作品结构分析的方法，既继承了巴特的符号学和叙事文学的结构分析，又对其进行了独具个性的发挥。

1. 对巴特结构主义符号学和结构分析的继承

一是二人都认为文学作品是一种脱离现实的符号语言。巴特提出语言是某一时代一切作家共同遵守的一套规定和习惯，写作是作家在一个时代

---

① Scholes R. Foreword［M］//Tzvetan Todorov. The Fantastic：A Structural Approach to a Literary Genre. Cleveland：Case Western Reserve University Press，1973：59.

中选择个人语言并渗入自己风格的过程；托多洛夫也认为文学作品中的语言是一种脱离现实的语言："实际上，我们手中掌握的不过是一些线性的话语。我们不应该向典型化的幻觉让步，它长期以来掩盖了作品对现实的变形：首先，这里没有什么现实；其次，也没有对作品现实的反映。"① 二是二人都认为可以将结构主义符号学理论运用于叙事作品的结构分析。巴特认为语言可以进行音位、词汇、语法、上下文的研究，叙事作品也有自己的单位、规则和语法，可以借鉴结构主义符号学的方法来分析叙事作品的结构；托多洛夫也认为可以运用语言学理论对叙事作品的结构进行分析："如果叙述是一种语法，那叙述理论则将有助于认识这种符号活动语法。"② 三是二人都认为在分析叙事作品的结构时要运用演绎法。巴特认为结构主义语言学因为采用演绎方法使其自身成为真正语言的科学，因此面对无穷无尽的叙事作品也应该采用演绎法；托多洛夫也认为在分析叙事作品的结构时可以采用演绎法，他在《文学体裁》中提出，从演绎法出发，人们将研究所有的人物和情节类型，研究他们在各种组合中出现的情况，从而产生各种文学类型，这些文学类型有时与当时存在的体裁一致，有时则与不同时期起作用的一些模式一致，有些时候没有任何对应的体裁，只能由未来的文学加以填补。③

2. 对巴特叙事作品结构分析的发展

一是巴特在分析叙事作品的结构时兼顾横组合和纵聚合的综合分析，托多洛夫则对大众文学的横组合和纵聚合进行了更全面的阐述。巴特在《叙事作品结构分析导论》中将叙事作品的结构分为功能层、行动层和叙述层三个层次进行描述④，这三个层次单独来看是从横组合的角度进行分析，结合来看是从纵聚合的角度进行阐述。托多洛夫则对叙事作品的结构进行了更全面系统的剖析，将叙事作品横组合的结构称为毗连结构，将纵聚合的结构称为替换结构，认为叙事作品既存在毗连结构，又存在替换结构。他在《叙事的寻觅——〈圣杯〉》中写道："其中（两种类型的叙事）一种在一条横线上展开，一种则是代表堆积在一条竖线上的一系列变异"；

① 张寅德. 叙述学研究［M］. 北京：中国社会科学出版社，1989：59.
② 张寅德. 叙述学研究［M］. 北京：中国社会科学出版社，1989：178.
③《马克思主义理论研究》编辑部. 美学文艺学方法论：续集［M］. 北京：文化艺术出版社，1987：207.
④ 罗兰·巴尔特. 符号学历险［M］. 李幼蒸，译. 北京：中国人民大学出版社，2008：110.

"第一种是毗连叙事，第二种是替换叙事"①。他发现有的叙事作品以毗连结构为主，并在《〈十日谈〉语法》中明确指出："我们也可用纯横组合的标准进行分类，因为我们前面已说过，叙述就是从一个平衡向另一个平衡的过渡。"② 也有的叙事作品以替换结构为主，在分析骑士文学《圣杯的寻觅》时，他指出"我们开始就知道加拉赫定会成功地找到圣杯，所以这里的毗连叙事并无引人之处；但是，我们不知道圣杯的确定所指，那么一部精彩的替换叙事就有足够的空间展示自己"③。对于某一类大众小说来说，有的以毗连结构为主，有的以替换结构为主，如托多洛夫将侦探小说分为推理小说和黑色小说两个基本类型，其中推理小说采用毗连结构，而黑色小说采用替换结构。

二是巴特侧重对叙事作品的结构提出原则性的阐述方法，托多洛夫则对叙事作品的结构进行了更全面的阐述。巴特在《叙事作品结构分析导论》中指出，虽然可以运用结构主义符号学的观点研究叙事作品的结构，但作为话语符号学表现之一的叙事作品的结构分析并未成熟："近年来似乎有必要重新提出这样的问题：新的话语符号学还未发展起来。"④ 巴特也未对某一部叙事作品的结构进行详细具体的阐述，如《叙事作品结构分析导论》只对《金手指》的功能层进行了阐释，未从行动层和叙述层进行具体论述。托多洛夫的论文和著作则对叙事作品进行了更全面的论述。这些论文和著作选择的作品既包括欧美作家作品，如荷马、薄伽丘、亨利·詹姆斯等诗人和小说家的作品，也包括阿拉伯文学作品如《一千零一夜》；既包括经典文学作品，如《原始的叙事——〈奥德赛〉》《叙事的秘密——亨利·詹姆斯》《相异性游戏——〈地下室手记〉》《空白的认识——〈黑暗之心〉》等，又包括大众文学作品，如《奇幻——一个文学样式的结构研究》《〈十日谈〉语法》《侦探小说类型学》等。其研究既注重对结构进行原则性的阐释，又提出叙事作品结构分析的可操作方法，注重对某一文体类型的细致辨析。托多洛夫正因为对叙事文学的结构进行了多角度、多层次的分析，深入阐述了叙事作品的结构规律，才被称为"结构主义先生"。

---

① 托多罗夫. 散文诗学：叙事研究论文选 [M]. 侯应花，译. 天津：百花文艺出版社，2011：90.
② 张寅德. 叙述学研究 [M]. 北京：中国社会科学出版社，1989：186.
③ 托多罗夫. 散文诗学：叙事研究论文选 [M]. 侯应花，译. 天津：百花文艺出版社，2011：90.
④ 罗兰·巴尔特. 符号学历险 [M]. 李幼蒸，译. 北京：中国人民大学出版社，2008：106.

二、托多洛夫对大众文学毗连结构的分析

巴特在《叙事作品结构分析导论》中提出，叙事作品的基本功能在于为叙事作品中故事的开始、维持或终止提供重大的抉择。序列是由一连串合乎逻辑且由连带关系结合起来的基本功能所构成的；基本功能组成微型序列，如"致敬"这个微型序列由"伸手""握手""离去"等环节组成，而微型序列又进一步组成较大的序列。但巴特只对英国侦探小说家伊恩·弗莱明的一部侦探小说《金手指》进行了阐述①，托多洛夫则以侦探小说中的解谜小说、奇幻小说和大众小说《十日谈》为例，对大众小说的毗连结构进行了比较系统的剖析。

1. 侦探小说中的解谜小说的结构剖析

侦探小说是对以犯罪为主要推动力的难题进行侦查的理性故事，托多洛夫认为，侦探小说与商品经济的发展如影随形，为了使侦探小说成为有收益有效率的大众文化商品，侦探小说必须符合小说的文体规则。对于侦探小说中的解谜小说来说，解谜小说的重点在于知道是谁及其如何犯下罪行，其结构的最大特征是二重叙事结构：犯罪的故事和侦查的故事。犯罪的故事讲述过去发生的事，侦查的故事向大众交代了解真相的过程；前者遵循事件发生的自然序列，后者开始于罪行之后的调查时间序列。调查过程导向一个"纯几何式的结构"，如英国作家阿加莎·克里斯蒂的《东方快车谋杀案》，全书共有十二个嫌疑人出场，小说主要由十二场问讯构成的十二部分组成。因此，侦探小说的两个故事是通过"缺席"和"在场"从两个不同角度看待同一个故事：第一个犯罪的故事是一个"缺席"的故事，为了保持全书的悬念，这个故事不能在小说中马上点明；大众必须通过第二个故事中转述的言行来了解第一个故事，第二个故事虽然本身不具有重要性，但是具有极高的地位。在叙事手法方面，第一个故事借助"时间的颠倒和特殊的视角"确定持有每条线索的目击者，给出相关信息，并且作者和读者都不能处于全知状态；第二个故事中，作者则面向读者，让情节变得自然；在著名侦探的身边常常有一名助手或好友，他们在案件发生的同时或之后记录下案情的进展，形成侦探小说的解谜过程。②

① 罗兰·巴尔特. 符号学历险 [M]. 李幼蒸，译. 北京：中国人民大学出版社，2008：124.
② 托多罗夫. 散文诗学：叙事研究论文选 [M]. 侯应花，译. 天津：百花文艺出版社，2011：6.

2. 奇幻小说的结构剖析

托多洛夫认为，奇幻文学的"奇幻就是一个只了解自然法则的人在面对明显的超自然的事件时所经历的犹疑"①。犹疑是因为此人要在解释奇异现象或事件的两种可能答案中做出选择：或者将这一现象纳入自然法则的秩序，用已知的原因加以解释；或者承认超自然的存在，从而对自己心目中的世界形象做出修正。托多洛夫借鉴巴特的叙事作品结构的研究方法，将奇幻小说的结构称为句法，多角度研究了奇幻小说的句法模式。一是从话语的角度研究奇幻小说的句法特征。托多洛夫的话语主要指以文学文本为主的篇章，他认为在句法层面上，奇幻小说具有一种情节逐渐升级的特征，其关键是时间性，奇幻小说在阅读时间上的第一要求是不可逆性，这一点与侦探小说相似，如果没有了时间的绝对先后，就失去了其存在的价值。二是从文学符号的角度研究奇幻小说的结构。托多洛夫认为，文学属于一般符号理论研究的范畴，其句法功能是符号与符号之间的关系，并提出所有的文学叙事都在两个相似但不完全一样的平衡状态之间运行，最基本的文学叙事包含两种情节：一种描述平衡或者失衡状态，另一种描述从一个状态向另一个状态的转变。奇幻小说的超自然事件出现在不同状态之间的转折之中，它比任何一个事件都更好地击碎故事开始时的稳定，它的介入打破叙事中原有的平衡，从而启动寻求第二个平衡。如《一千零一夜》中的卡玛哈扎曼（Kamaralzaman）开始时因拒绝父亲的成婚决定而被囚禁，使故事出现失衡；但在风神美姆娜（Maymunah）和炎魔伊夫利特（Ifrit）的帮助下，最终与一位中国公主成婚，又使故事转向平衡。

3. 大众小说《十日谈》的结构剖析

托多洛夫在《〈十日谈〉语法》中，以意大利小说家薄伽丘的大众小说《十日谈》为例研究叙事作品的情节结构，认为可以用一个个语句概括介绍其情节，每个语句一般由主语、谓语和宾语构成，其中主语和宾语是命名体，谓语是描写体。如"某人外出旅游"中的"某人"是命名体，"旅游"是描写体。托多洛夫将叙事作品结构的基本单位分为词类、命题、序列和故事四个层次，这四个层次由简单到复杂。词类分专有名词、动词和形容词：专有名词代表人物的身份地位，如"彼罗娜""国王"等；动词代表故

---

① Todorov T. The Fantastic: A Structural Approach to a Literary Genre [M]. Cleveland: Case Western Reserve University Press, 1973: 21.

巴特符号学背景下的大众文化理论研究

事的改变和发展，《十日谈》的动词谓语可用"改变情境""犯过错""惩罚"三个基本动词表示；形容词是描写平衡和不平衡状态的谓语。命题是最基本的叙事单位，它由专有名词和动词构成，是叙事作品的基本关系，如"X决定离家""Z抢走了X"等，它可按语气分为必定式、祈愿式、条件式和推测式四类。序列由一连串命题组成完整独立的小故事，其结合关系有时间关系、空间关系和因果关系等类型。故事由一个或多个序列构成，《十日谈》的故事大致可以分为两类：一类是从平衡到不平衡再到平衡的完整环形，另一类是从不平衡到最终的平衡。如第七天第二个故事可概括为：女主人公帕洛雷特趁当石匠的丈夫不在家时与情人约会，可是有一天她丈夫提前回来了，她只得将情人藏在一只桶里。当丈夫进来时，她灵机一动告诉丈夫，有人要买这只桶，现在正在检查。她丈夫相信了她的话，很愿意做成这桩买卖，她的情人借机付了钱，带着桶走了。这则故事的序列可简化为：X犯了法→Y要惩罚X→Y相信X没有犯法→Y没有惩罚X。这是从平衡到不平衡再到平衡的完整环形。再如第一天第九个故事可概括为：加士高尼的一位女士在塞浦路斯逗留期间，遭到几个小流氓的侮辱。她想去岛上的国王那里告状，可是有人告诉她告状徒劳无益，因为国王对自己受到的侮辱都无动于衷。但她还是去见了国王，并对他说了几句尖刻的话，国王受到了触动，随即改变了自己软弱的性格。这则故事的序列可简化为：Y没有惩罚他人→X相信Y会惩罚他人→Y惩罚他人。这是从不平衡到最终的平衡的转化。①

三、托多洛夫对大众文学的替换结构的分析

巴特在《叙事作品结构分析导论》中，既注重剖析叙事作品的毗连结构，又注重剖析替换结构。从整体来看，叙事作品的替换结构分为功能层、行动层和叙述层三个层次，这三个层次按逐步结合的方式相互连接，属于替换结构；从局部结构来看，微型结构一层层组合成较大的结构是替换结构，如"致敬"这个微型序列是一个较大的序列"相遇"的微型序列，"相遇"又是一个更大的序列"调查"的组成部分，这样"调查""相遇""致敬"从上至下构成一个金字塔式的替换结构。② 但巴特只剖析了《金手指》

① 张寅德. 叙述学研究 [M]. 北京：中国社会科学出版社，1989：186.
② 罗兰·巴尔特. 符号学历险 [M]. 李幼蒸，译. 北京：中国人民大学出版社，2008：124.

056

这一部小说的替换结构，托多洛夫则以侦探小说中的黑色小说、骑士文学《圣杯的寻觅》为例，阐述了大众文学的替换结构。

1. 侦探小说中的黑色小说的替换结构阐释

黑色小说原指十八、十九世纪阴暗骇人的小说或英国哥特式小说，第二次大战后的法国将此类小说以"黑色系列"出版，并被拍摄成电影和电视剧。黑色小说的特点是气氛阴暗、悲观，通过罪案、暴力、贫穷、不公、绝望等将社会的黑暗面呈现出来，仿佛是社会下层对无法承受的社会的控诉。侦探小说中的黑色小说的重点在于结束犯罪或（和）击败犯罪者。对于黑色小说的结构，托多洛夫说："它是将'犯罪的故事'和'侦破的故事'熔于一炉，或者干脆摒弃前者，活现第二个故事。在黑色小说中，犯罪不再先于故事，而是和叙事相辅相成。"① 黑色小说是融合了两个故事的侦探小说，但略去了第一个故事，只给第二个故事以生命。此时私人侦探的使命不再是用逻辑思维解决案件，他们有行动的自由，深知自己生活在缺乏道德的阴暗社会中，直接面对危险和暴力；侦查过程也不再局限于重构过去发生的案件，犯罪伴随着侦查过程发生。托多洛夫还分析了黑色小说与推理小说谜团的不同的兴趣点：推理小说的兴趣点在于"好奇"，即由果到因，从某一凶案找到起因，确定罪犯；而黑色小说的兴趣点在于"悬念"，从因到果。由于黑色小说中的主人公失去了侦探豁免权，时刻有丧命的危险，因此读者的兴趣转为体验心理上的惊险、刺激和好奇，黑色小说中智力游戏让位于深刻的情感。因此，黑色小说在写作上更加重视的是"环境的描绘、人物和特殊的习俗"，目的在于体现血腥、暴力和阴暗的场面。

2. 骑士文学《圣杯的寻觅》的替换结构剖析

欧洲骑士文学反映骑士阶层的生活理想，具有浓厚的宗教色彩，往往掺杂着一些奇异的故事，具有一定的大众文学色彩。十二、十三世纪是骑士文学的繁荣时期，以法国最为盛行，《圣杯的寻觅》就写于十三世纪的法国。圣杯是耶稣在最后的晚餐上使用过的杯子，《圣杯的寻觅》这部故事集讲述的是圆桌骑士团寻觅圣杯的故事，它与一般故事结构的区分在于其叙事结构遵循惯例逻辑。民间故事一般遵循考验—成功—奖赏或考验—失败—惩罚的叙事模式，这种模式属于一般的叙事逻辑，具有时间性，时

---

① 托多罗夫. 散文诗学：叙事研究论文选 [M]. 侯应花，译. 天津：百花文艺出版社，2011：9.

间由话语的无数阶段连接构成。《圣杯的寻觅》中被誉为最纯洁完美的骑士加拉赫的行为遵循惯例逻辑：叙事从某一时刻开始，便不再发生惊奇的事，加拉赫变成一个遵循圣杯惯例的仆人，它建立的基础是永恒的时间轮回。在这个轮回中，任何事件都不是首次出现也不是末次出现，一切都被事先预言，并且预言将来要发生的事。因此，加拉赫寻找圣杯的行动并非一场普通的冒险，而像是例行做法。他冒失地坐在危险的座位上，座位最初是预留给"它的主人"的。然而，当加拉赫靠近时，座位上的题词变成了"这里是加拉赫的座位"。亚瑟王宣称："王宫最著名的骑士都没把这把剑从台阶上取下。"加拉赫回答："如果考验属于我，那它就不能是别人的。"盾牌给所有人带来了不幸，但加拉赫是个例外。在这一过程中，加拉赫没有经历过多的考验，只是在遵循天堂的指示。①

托多洛夫进而认为，由于《圣杯的寻觅》遵循惯例逻辑，它所运用的叙事也不是单一叙事，而是双重叙事，它用一半篇幅叙述种种奇遇，另一半则是对奇遇的阐释："它与同一件事有关，但有两类序列，性质完全不同，它们有规律地互相交替出现，它一半篇幅写种种奇遇，另一半则是对奇遇的描写和阐释，阐释被包含在叙事内部。"② 如加拉赫是圆桌骑士团第一勇士兰斯洛的儿子，他在刚来到亚瑟王宫殿的时候，就不自觉地坐在一个危险的座位上，因为坐这个位置的骑士将负责寻找圣杯，他一路充满奇遇，但他无法理解这些奇迹。于是一位世外高人给他指点："您问我这个奇遇的意指，我就完完整整地告诉您。它代表三种可怕的考验：泰山压顶之石，置身事外之躯，以及听了让人丧失斗志的靡靡之音。意义就在这三种考验里。"托多洛夫发现，《圣杯的寻觅》待阐释的故事系列和对故事的阐释，通过一个他称之为"谓语识别"的规则建立起来，如"当她用谎言骗过你时，她就让人撑开帐篷，对你说'珀西瓦尔，来休息一下吧，一直休息到天黑，远离太阳吧，别让它把你烧焦'"。这里"帐篷"是圆的，宇宙是圆的，所以"帐篷"可以指宇宙；"休息一下"是想让骑士游手好闲，用人间美食维持身体；太阳是圣灵之火，是真正的光辉。

由于《圣杯的寻觅》的所指与能指、待阐释的叙事与对叙事的阐释具备同样的性质，读者在阅读这部故事集时，感兴趣的不再是故事接着会发

---

① 托多罗夫 . 散文诗学：叙事研究论文选 [M]. 侯应花，译 . 天津：百花文艺出版社，2011：85.
② 托多罗夫 . 散文诗学：叙事研究论文选 [M]. 侯应花，译 . 天津：百花文艺出版社，2011：75.

生什么，谁将会找到圣杯，又有谁将会遭受惩罚，以及为什么遭受惩罚，而是思考圣杯意味着什么，最终理解到：圣杯一方面是容器，另一方面等同于耶稣及他象征的一切，是肉体和灵魂兼而有之，由此，物质和精神的对立可以被打破。骑士们寻觅圣杯，实质上是在寻觅一个符码，找到圣杯就是学会对神灵的言语活动进行解码，这不是一种抽象学习，而是一种个人化实践。不管这个过程是易还是难，骑士加拉赫、珀西瓦尔和鲍斯最终均成功地解读了上帝的符号。

四、托多洛夫对大众文学的复杂结构的阐释

西方经典叙事理论重视人物与故事情节的密切关系，亚里士多德在《诗学》中曾论及人物与故事偶然或必然的密切关系①，美国小说家亨利·詹姆斯则在《小说的艺术》中对人物与行动的关系进行了更深入的思考："难道人物不是为了限定事件而存在，而事件不是为了揭示人物而存在？"②但托多洛夫通过研究《一千零一夜》、《圣杯的寻觅》、《十日谈》、波兰小说家杰·波托奇的奇幻小说《萨拉戈萨的手稿》等西方和阿拉伯叙事文学的叙事传统，发现詹姆斯的这一观点并不全面，并在剖析《一千零一夜》、《十日谈》的毗连结构和《圣杯的寻觅》的替换结构等基本结构的基础上，进一步阐释了大众文学复杂的嵌套结构。

1. 大众文学复杂的嵌套结构的基础

托多洛夫认为，大众文学叙事复杂的嵌套结构的基础是，相对于西方经典叙事理论来说人物和叙事之间具有更复杂的关系。他以《一千零一夜》为例对此进行了阐释。经典叙事理论一般认为，叙事文学的命题重点在于主语，而托多洛夫发现《一千零一夜》是一种谓语文学，重点在命题的谓语之中，也就是说人物服从于行动，叙事就行动论行动，行动本身很重要，而不是作为某个性格特征的标示。经典叙事理论认为人物的性格引发行动，可以是直接或间接因果关系：前者如 X 有颗勇敢的心→X 不畏鬼神；后者是第一个命题句变为 X 扮演一个猛将角色，这种因果关系通过一系列间隔

---

① 亚里士多德. 修辞术·亚历山大修辞学·论诗 [M]. 颜一，崔延强，译. 北京：中国人民大学出版社，2003：320.

② James H. The Art of Fiction [G] //James Harry, Edd Winfield Parks. The Great Critics: An Anthology of Literary Criticism. New York: Norton, 1967: 661.

很远的行动的某些次要方面表现出来。而《一千零一夜》只有第一种因果关系，如 X 嫉妒 Y→X 损害 Y。前面是苏丹王妃的姐姐们善妒，接着就是她们使出"狸猫换太子"的计策，用狗、猫和一小块木头调包了王妃的孩子。由此，《一千零一夜》中的人物就是一个潜在的故事，是人物生活的故事，每个新人物就会衍生出一个全新故事。经典叙事理论认为人物的性格是行动的原因，而《一千零一夜》中人物的性格是行动的原因和结果，行动也可以是人物性格的原因和结果。如 X 杀妻，因为他很残暴；但也可以说 X 很残暴，因为他杀了自己的妻子。由此，原因不是首要的前文，只是原因—结果这对组合中的一个要素。以此类推，《一千零一夜》中不存在叙事的源头问题，被补充的故事不比补充它的故事原始，补充的故事也不比被补充的故事更原始，两者只是在一系列反应中相互对照。①

2. 大众文学复杂的嵌套结构的表现和原因

（1）大众文学复杂的嵌套结构的表现。嵌套结构是把新故事包在旧故事中的方法，巴特和热奈特都对嵌套结构进行了研究。巴特在《S/Z》中将嵌套结构称为纹心结构，并以巴尔扎克的小说《萨拉辛》为例，指出叙述者要给罗菲尔德夫人讲一个故事，结尾被其毁约，这是外故事，叙述者讲述萨拉辛爱上了歌手赞比内拉，这是内故事，内故事被套在外故事之中。②热奈特在《叙事话语 新叙事话语》中从叙述者的角度对嵌套结构进行了更细致的研究，提出叙述者是陈述行为的主体，外叙述者是第一层次故事的讲述者，内叙述者是故事内讲故事的人；同叙述者叙述自己或与自己有关的故事，异叙述者叙述别人的故事。这样根据叙述者在叙述层次上的内外及其与故事的同异关系，可以将叙述者分为外部—异叙述型、外部—同叙述型、内部—异叙述型和内部—内核型四种类型。③ 托多洛夫则以《一千零一夜》等故事集为例，发现大众文学普遍存在嵌套结构。如他在分析《圣杯的寻觅》的嵌套结构时说："嵌入的故事在《圣杯的寻觅》最后一部分中尤其丰富，它们在此有双重功能：一是为同一主题提供新的变异，二是解释故事中继续出现的符号。"④《一千零一夜》中的《带血之箱》（卡

① 托多罗夫. 散文诗学：叙事研究论文选 [M]. 侯应花，译. 天津：百花文艺出版社，2011：53.

② 罗兰·巴特.S/Z [M]. 屠友祥，译. 上海：上海人民出版社，2006：176.

③ 热拉尔·热奈特. 叙事话语 新叙事话语 [M]. 王文融，译. 北京：中国社会科学出版社，1990：175.

④ 托多罗夫. 散文诗学：叙事研究论文选 [M]. 侯应花，译. 天津：百花文艺出版社，2011：91.

旺，Ⅰ）也是嵌套结构：先由王后雪赫拉莎德讲述，然后依次由贾发、裁缝、剃头匠直至剃头匠的六个兄弟讲述，在这一过程中，故事已经经历了多位叙事者的讲述。《萨拉戈萨的手稿》叙述了西班牙王国统治下的年轻比利时瓦隆禁卫军队长阿方斯的冒险故事，在《阿瓦多罗，西班牙的故事（Ⅲ）》中，也是层层嵌套的故事：先由阿方斯讲述，再依次由阿瓦多罗、唐·洛佩、比斯克罗斯、弗朗斯凯塔讲述。而且嵌套里的若干个故事可能毫无瓜葛，也可能存在某种联系，如《一千零一夜》的《带血之箱》中，同名的剃头匠由于救了驼子的命，被植入了裁缝的故事中；在《萨拉戈萨的手稿》的《阿瓦多罗，西班牙的故事（Ⅲ）》中，弗朗斯凯塔是德·托勒德骑士的情妇，她穿越了时间和空间，来到了阿瓦多罗的故事中，比斯克罗也步其后尘，演绎了一幕幕穿越剧，由此使这部传奇故事集呈现了一种喜剧效果。

（2）大众文学的叙事中嵌套结构的原因。托多洛夫认为，大众文学的嵌套故事之所以存在，其原因在于"嵌套是对所有叙事基本属性的突出强调。因为接纳嵌入故事的故事，它是叙事的叙事"[1]。托多洛夫进一步具体分析了两个方面的原因：首先，每个故事似乎都有一种过量、额外的部分，它超出情节发展产生的封闭形式，同时这种多余的东西既属于故事，也是一种缺少，为了弥补额外部分造成的不足，另一个故事是必需的。如在《一千零一夜》的《国王和医师》的故事中，古代罗马法里斯城的郁南国王被医师杜班救回了性命，国王却由于听信大臣的谗言，恩将仇报，杀了杜班，但最后被杜班留下的无字书上的毒药毒死。这个故事被包含在《渔翁的故事》中，是渔翁对被其救助却恩将仇报的魔鬼讲的故事，它暗含着"可怜之人必有可恨之处"的寓意。其次，嵌套结构嵌入的故事用来充当论据，如《一千零一夜》的《渔翁的故事》中，渔翁通过讲述杜班的故事说明自己不同情魔鬼的原因在于害怕其恩将仇报；在《国王和医师》里，国王通过讲述《桑第巴德和猎鹰的故事》来表明大臣嫉妒杜班，所以存心害他，大臣则通过讲述《王子和食人鬼的故事》来表明国王越优待杜班，杜班对国王来说就越危险的道理。[2]

托多洛夫在巴特对叙事作品的结构分析的基础上，重点剖析了传统大

---

[1] 托多罗夫. 散文诗学：叙事研究论文选 [M]. 侯应花，译. 天津：百花文艺出版社，2011：46.
[2] 一千零一夜 [M]. 纳训，译. 北京：人民文学出版社，2002：37.

众小说的结构，这一结构研究对后来的后结构主义及后现代主义的大众文学的研究产生了影响，如爱瑞克·拉肯、布鲁克·罗斯、罗斯麦瑞·杰克逊和拉布金等对奇幻文学的研究都受到了托多洛夫的奇幻文学研究的影响。①

第三节　热奈特的小说叙事结构分析观

热奈特1973年出版《叙事话语》，这部从叙事形式角度研究叙事的著作是叙事学研究方面的经典著作②，法国文论家罗杰·法约尔在《批评——方法与历史》中指出："我们要提一下吉拉尔·若奈特汇编在三卷本《修辞格》中的主要论述，尤其是第三卷中的'叙述文话语——方法论'一章，它代表了对于文学形式进行科学研究的决定性贡献。"③ 热奈特的这部著作借鉴了他的老师巴特和同事托多洛夫的符号学和叙事学理论，在对法国意识流小说代表作家普鲁斯特的《追忆似水年华》进行系统研究的基础上，对叙事作品的叙述时间、语式和语态进行了全面系统的研究，其中叙述时间又称叙述结构，它包括叙述顺序、时距和频率，本书只剖析其叙述结构理论。

一、热奈特的符号学与叙事结构的理论基础

热奈特对叙事作品的结构分析借鉴了巴特和托多洛夫的符号学和叙事学理论，他1969年在北美期间结合普鲁斯特的《追忆似水年华》开始尝试进行研究："我开始对这部系列小说进行了整体分析，这种分析为我充当了基础，或者更可以像人们所说的那样，是为我充当了建立叙述结构的总体理论的现场实验。在多次部分介绍和实验之后，这种论述最后以《叙事话语》为名在《修辞格》之三中发表。"④ 其后在1983年他又根据其他叙事学家的批评和叙事学的后来发展，补充了《新叙述话语》："它是十年后以批判的眼光重读这篇《方法论》，受了它引起的各种评论的启迪，从更普遍

① Bechtel G. "There and back again": Progress in the discourse of Todorovian, Tolkienian and mystic fantasy theory [J]. English Studies in Canada, 2004, 30 (4): 139.

② 热拉尔·热奈特. 叙事话语　新叙事话语 [M]. 王文融, 译. 北京: 中国社会科学出版社, 1990: 200.

③ 法约尔. 批评: 方法与历史 [M]. 怀宇, 译. 天津: 百花文艺出版社, 2002: 401.

④ Genette G. Figures IV [M]. Seuil, 1999: 15.

的意义来说，受了叙述学十年来取得的进展或倒退的启迪才写成的。"①

1. 对巴特的符号学和叙事结构分析的借鉴

巴特在《符号学原理》中，提出语言/言语、能指/所指、组合段/系统、直接意指/含蓄意指四组二元对立关系②；其后在《叙事作品结构分析导论》中，将结构主义语言学理论用于叙事作品的结构分析，在《S/Z》中运用阐释符码等六种符码对巴尔扎克的小说《萨拉辛》进行解构。热奈特在《从文本到作品》中，明确提出了其叙事结构的分析受到了巴特的影响："我应该明确一点，这种对象，首先是罗兰·巴特启发给我的，他在《交流》杂志上搞了一个有关这一主题的专号。我至今不明白他当时这样做的道理。我小心翼翼地进入这个当时并不特别使我感兴趣的领域，因为直到那时我一直把叙述机制看作文学（包括小说）的最无吸引力的功能，就像我 1966 年写的《福楼拜的沉默》那篇随笔文章所指出的那样，那篇文章是对于这位反常规的小说家的非叙述特征或是反叙述特征的一些辩解辞，因为在这位小说家看来，叙述是'一种非常令人讨厌的东西'。由于我为这种反感辩解……（罗兰·巴特对此并不感到惊讶），就像我预料的那样，他以近乎反驳的口吻对我说：'这是一个很好的课题，您就在这方面解释一下吧。'于是，我就写了《叙述的边界》一文，我在相对地谈论问题的同时，尽力限制这种庞大的实践。随后，我便对此更多地产生了兴趣。"③

热奈特借鉴巴特的观点，将其结构主义符号学的能指和所指的区分用于叙事作品，提出叙事作品的叙事是能指，它是陈述、话语或叙述文本；故事是所指，它是叙述的内容，为剖析叙事和故事的关系奠定了基础。巴特在《叙事作品结构分析导论》中，分析了叙事作品语言符号的畸变能力，认为畸变能力指某一序列的诸单位由于其他序列单位的插入而被互相分隔开来，使叙事作品成为一种综合性很强、主要以嵌入和包裹句法为基础的语言。热奈特也在 1968 年对一部巴洛克史诗《被解救的摩西》的扩展方式进行了分析，认为其扩展方式包括"形成扩展""插入扩展"和叙述者的

---

① 热拉尔·热奈特. 叙事话语 新叙事话语 [M]. 王文融，译. 北京：中国社会科学出版社，1990：195.

② 罗兰·巴尔特. 符号学原理 [M]. 李幼蒸，译. 北京：中国人民大学出版社，2008：2.

③ Genette G. L'analyse structurale des récits [J]. Communication, 1966 (8)：15.

"介入扩展",随后又对斯汤达的一部小说做了同样内容的分析。① 巴特在《S/Z》中提出阐释符码是叙事文本的故事中有关悬念的符码,他运用了设谜解谜手法,还提出《萨拉辛》运用了编织结构等观点。热奈特也认为《追忆似水年华》运用了设谜解谜手法②,如阿尔贝蒂娜死后不久,马塞尔在森林和街头瞥见的一位金发少女望了他一眼,使他顿生爱慕之心,后在盖尔芒特与她重逢时却发现她是吉尔贝特;还提出《追忆似水年华》的重复预叙引起读者的期待,重复预叙在叙事组织中的"编织"作用相当明显③。

2. 对托多洛夫叙事学的借鉴

二十世纪六十年代托多洛夫和热奈特二人一起主编《诗学》杂志,率先提出叙事学概念,并对叙事学进行了比较系统的研究。1966 年,托多洛夫在《文学叙事的范畴》中将叙事分成时间、语体和语态三个范畴。他在《诗学》中提出,叙事作品只是"一些线性的话语","首先,这里没有什么现实;其次,也没有作品对现实的反映";还对叙事学进行了系统研究,仅就叙事时间而论,提出叙事时间分时序(order)、时长(duration)和频率(frequency),其中时序指叙述话语时间和故事时间的顺序关系,包括倒叙(analepsis)和预叙(prolepsis);时长是叙述时间和故事时间的对比,可分省略(ellipsis)、概要(summary)、场景(scene)与停顿(pause);频率指叙述故事的次数,可分单一叙述(singulative narrative)、重复叙述(repeating narrative)和反复叙述(iterative narrative)。④

热奈特明确提出《叙事话语》以《文学叙事的范畴》为基础:"我以1966 年托多洛夫提出的划分为出发点,即把叙事问题分成三个范畴:时间范畴,'表现故事时间和话语时间的关系';语体范畴,'或叙述者感知故事的方式';语态范畴,即'叙述者使用的话语类型'。"⑤ 热奈特首先区分叙

---

① 怀宇. 论法国符号学 [M]. 天津:南开大学出版社,2016:170.
② 热拉尔·热奈特. 叙事话语 新叙事话语 [M]. 王文融,译. 北京:中国社会科学出版社,1990:31.
③ 热拉尔·热奈特. 叙事话语 新叙事话语 [M]. 王文融,译. 北京:中国社会科学出版社,1990:43.
④ 张寅德. 叙述学研究 [M]. 北京:中国社会科学出版社,1989:63.
⑤ 热拉尔·热奈特. 叙事话语 新叙事话语 [M]. 王文融,译. 北京:中国社会科学出版社,1990:9.

事的三种含义：一是承担叙述的一个或一系列事件的话语（discourse），二是作为话语对象的接连发生的故事（story），三是某人讲述某事的事件（narrating）；并对叙述时间、语体和语态进行了更全面系统地剖析。就叙述时间来说，热奈特对托多洛夫的时间范畴不做任何修改，并进行了更详细的论述：叙事顺序分为叙事时序和故事时序，叙事时序是事件在叙述话语中的排列顺序，故事时序是事件发生的自然时间顺序；叙事作品的叙事时序可能与故事时序一致，当二者之间呈现各种不协调的形式时，就被称为时间倒错。时间倒错包含倒叙和预叙两种形式。倒叙指对故事发展到现阶段之前的事件的一切事后追述，预叙是事先讲述或提及以后事件的一切叙述活动。叙事时距是叙事话语时间与故事时间的比较，叙事话语时间可以用行、页来计量，故事时间则以秒、分、时、日、月、年来计量，话语时间与故事时间的关系只能以大略的数字关系进行分析。热奈特根据话语时间与故事时间的不同关系，把叙事时距分为省略、概要、场景与停顿四种类型。场景是话语时间和故事时间按照惯例等时，可表示为叙事时间=故事时间；概要是话语时间短于故事时间，可表示为话语时间<故事时间；省略是话语时间为零，话语时间无限小于故事时间，可表示为话语时间=0，话语时间<∞故事时间；停顿是故事时间为零，话语时间无限大于故事时间，可表示为故事时间=0，话语时间>∞故事时间。频率指被叙述事件的次数与叙述话语的次数的关系，根据二者提供的重复或非重复两种可能性，热奈特将其分为单一叙述、重复叙述和反复叙述。单一叙述可以是讲述一次发生过一次的事，也可以是讲述 n 次发生过 n 次的事；重复叙述是讲述 n 次发生过一次的事；反复叙述是讲述一次发生过 n 次的事，可以用表示一个时期内反复发生的副词"常常""每天""总是"等概括相同或相似的事件。

二、热奈特的小说叙事结构理论

热奈特在将《追忆似水年华》与传统小说进行比较的基础上，对叙事顺序、时距、频率进行了具体阐述。

1. 叙事顺序理论

热奈特认为叙事顺序的时间倒错包含倒叙和预叙两种形式，倒叙是西方文学叙事的传统，预叙在西方叙事中极少出现；还提出时间倒错的跨度和幅度：跨度是过去或未来与"现在"的时刻隔开的时间距离，幅度是时间倒错本身涵盖的一段或长或短的时距。他将叙事本身称为第一叙事，时间倒错则是插入其中嫁接其上的第二叙事，并将倒叙分为外倒叙、内倒叙和混合倒叙：外倒叙是第二叙事的整个幅度在第一叙事的幅度之外，如巴尔扎克的《赛查·皮罗托》的第二章《赛查·皮罗托的出身》的故事早于从第一章夜间一幕开场的悲剧；内倒叙是第二叙事的整个幅度在第一叙事的幅度之内，如福楼拜的《包法利夫人》的第六章爱玛在修道院度过的岁月的起点是查理进中学之后；混合倒叙是第二叙事的跨度点在第一叙事的开端之前，幅度点则在其后，如巴尔扎克的《玛侬·莱斯戈》中格里厄的故事可以追溯到第一次与贵人相遇之前的好几年，并一直持续到第二次相遇时刻。热奈特认为在西方叙事中预叙极少出现，这是由西方注重因果律的叙事传统决定的。另外"第一人称"叙事比其他叙事更适于提前，如《鲁滨逊漂流记》中的鲁滨逊·克鲁索差不多一开始就告诉读者，他父亲为了打消他去海上冒险的念头讲的一席话是"真正的预言"。

热奈特重点剖析了《追忆似水年华》的倒叙和预叙，认为其复杂细腻的形式，"或许更带有普鲁斯特叙事的特点，无论如何远离'真实的'年表和古典的叙述时间性"[1]。在倒叙方面，倒叙可分外倒叙和内倒叙，外倒叙的典型事例是《斯万的爱情》，内倒叙则分为异故事倒叙和同故事倒叙。异故事倒叙是涉及的故事线索与第一叙事的故事内容不同，如马塞尔与变成弗什维尔小姐的吉尔贝特重逢时，请她说明改姓更名的理由。同故事倒叙是涉及的故事线索与第一叙事具有同一情节线索，它又可以分为补充倒叙和省叙两个类别。补充倒叙包括事后填补叙事以前留下的空白的回顾段落，如马塞尔1914年在巴黎的逗留，在1916年的另一次逗留中被讲述了出来；省叙指叙事涵盖的时期中情境的一个组成部分的遗漏，如《贡布雷》中马塞尔对小表妹的遗漏。传统小说的倒叙注重衔接，《追忆似水年华》则回避衔接，它或把倒叙的字眼掩藏在反复叙事引起的时间离散中，或佯装不知叙事已达倒叙故事的结尾之处，从而动摇了叙述最根本的准则，开创了现代小说引起最大混乱的手段。在预叙方面，这部小说的预叙同样分为外预叙和内预叙。外预叙是第一叙事时间场的界限由最后一个非预叙场面明确标出，如盖尔芒特的午后聚会，它发挥着收场白的功能，用于把这条或那条情节线引到合乎逻辑的结尾；还可能是最后一个场面到了叙述者的现在

---

① 热拉尔·热奈特. 叙事话语　新叙事话语［M］. 王文融，译. 北京：中国社会科学出版社，1990：24.

时，这在这部小说中非常常见，以证明现时回忆的强烈，确认往昔叙事的真实性。内预叙同样分为异故事预叙和同故事预叙，同故事预叙则分为补充预叙和重复预叙。补充预叙是事先填补后来空白的预叙，如马塞尔未来中学时代的迅速展现；重复预叙是事先重复未来叙述段的预叙，它可以事先预见到以其为开端的一系列情况，如斯万和奥黛特的第一次亲吻。重复预叙可以起到预告的作用，但传统小说的预告跨度很小或期限很短，而这部小说的预告的跨度则长得多，显示出远距离对称效果和"望远镜"下的对应效果。

2. 叙事时距理论

热奈特将叙事时距分为场景、概要、省略和停顿。

对于场景，传统小说的场景在情节中起决定作用，概要则具有期待和联络功能，场景与概要在小说中交替。英国小说家菲尔丁认为，情节的强拍通过场景与叙事最紧张的时刻重合，弱拍则通过概要从远处用粗线条加以概括，在福楼拜的《包法利夫人》中可觉察到这一小说准则。在《追忆似水年华》中有多个场景，如就寝悲剧、蒙儒万的亵渎遗物、卡特莱兰之夜、夏尔吕对马赛尔的盛怒、祖母的去世、夏尔吕的被排斥、最终的顿悟等。但这部小说最长、最典型的场景是维尔帕里西午后聚会、盖尔芒特晚宴、王妃家的晚会、拉斯珀利埃尔的晚会和盖尔芒特午后聚会。它们可以被称为样板场景，其特点是这些场景始终被各式各样的题外话扩大，如回顾、提前、反复性和描写性插入语、叙述者的说教等，它们全用来形成集叙，在作为借口的一场活动周围聚集起可以赋予它充分纵聚合价值的一堆事件和论述。

对于省略，它是对被省略故事时间的分析，传统小说也运用省略，如斯汤达在《巴玛修道院》中描写法布里斯和克莱莉娅夜间重逢之后没有交代一句话，直接省略了三年的时间。《追忆似水年华》中的省略包括明确省略、暗含省略和纯假设省略。明确省略说明省略的时间，如两年后的"我"对吉尔贝特几乎完全失去了兴趣，省略了两年中发生的事情；暗含省略是作品中没有声明其存在，读者只能通过某个年代空白或叙述中断推论出来的省略，如在"在少女们身旁"的结尾和"盖尔芒特家那边"的开头之间，读者知道马塞尔回到了巴黎"他原来的天花板很低的房间"，又看见他在附属盖尔芒特公馆的一套新房间里，这意味着至少省略了几天；纯假设省略指其时间无法确定，有时甚至无法安置，事后才被倒叙透露出来，如读者通过简短的回顾暗示才得知马塞尔第一次巴尔贝克之行以前与祖母到德国的旅行。

对于概要，在传统小说中概要是两个场景之间最常见的过渡，大部分回顾段就属于这种类型，如巴尔扎克在《赛查·皮罗托》的第二段概述了希农附近的贫苦农民雅克·皮罗托的大儿子弗朗索瓦做神甫的过程。但《追忆似水年华》的概要叙事几乎没有以它以前的整个小说史中的形式出现，它不写言行的细节，而用几段或几页叙述好几天、好几个月或几年的生活；它在时间倒错中也不用概要进行加速来缩短故事，其时间倒错总是一些发生在前或在后的真正场景，或者进行反复叙事，或者加速跨越分隔概要和省略的界限。

对于停顿，指传统小说的叙述者抛开故事的进展或在开始讲故事之前，描写一个严格来说在故事的这一点上与任何人都不相干的场景，如巴尔扎克的《老小姐》开头带领读者走遍公馆的房子和花园。但《追忆似水年华》缺少停顿，这部小说中的描写是对凝视者的感知活动、印象、一步步的发现、距离与角度的变化、错误与更正、热情与失望等的叙述和分析，它是非常积极的凝望，包含着"整整一个故事"，如小说写埃尔斯蒂尔的巴尔贝克海景画时，充斥的字眼是对它的"再创造"和"视错觉"，以及它时而产生时而消除的骗人印象："似乎""看来""看上去像""仿佛""感到""好像""想到""明白""看到又出现""在阳光普照的田间奔跑"等。

3. 叙事频率理论

热奈特将叙事频率分为单一叙事、重复叙事和反复叙事。单一叙事在小说叙事中最为常见，它被认为是极为"正常的"；重复叙事如日本芥川龙之介的小说《罗生门》中，一个强盗设计绑了武士，将武士的妻子强暴，武士在与强盗搏斗的过程中被杀，这一过程被上山打柴的樵夫看见，后来这伙人都被抓去衙门问话，强盗说他因为很英勇地和武士比剑赢得美人心，武士的妻子把自己形容成贞女烈妇，武士则透过灵媒称自己死于壮烈的切腹，而樵夫说他看到了强盗与武士两人的决斗，但两人武艺很平常。在传统小说中，反复叙事在功能上从属于单一场景，充当提供信息的环境或背景，如巴尔扎克的《欧也妮·葛朗台》的开头是葛朗台家日常生活的画面："1819年，11月中旬某一天傍晚时分，长脚拿侬才第一次生火。"这只是为严格意义上的开场做准备。《巴法利夫人》中爱玛在修道院寄宿学校的经历、沃比萨尔舞会前后在托斯特的生活、星期四在卢昂与罗道尔夫的幽会等段落，使反复叙事开始摆脱功能上的从属地位。而《追忆似水年华》在文本的长度、主题的重大和技巧构思的程度上将反复叙事运用到了极致。

《追忆似水年华》的前三个大段"贡布雷""斯万的爱情""吉尔贝特"基本上可以看成反复性段落："贡布雷"用重复性未完成过去时讲述"通常""惯常""每天""每星期天""每星期六"等在贡布雷发生的事，"斯万与奥黛特的爱情""马塞尔与吉尔贝特的爱情"都主要用这种习惯和重复的方式进行。在单数场景内也出现了反复段落，这种反复段落可以分为外重复和内重复。外重复是反复段落覆盖的时距大大超出它插入的场景的时距，如公爵夫人晚宴之始关于盖尔芒特精神的一长段题外话；内重复是反复段落覆盖的时间只是场景本身的时距，如《重现的时光》中最后一个场景的每个类别把分散于"午后聚会"的好几件事进行综合。热奈特进一步研究了反复叙事的规律，反复叙事是在一个由某些单数单位组成的反复系列中发生和再发生的事件的综合叙述，其主要规律是内限定和内说明：内限定是反复叙事的历时性界限，它可以是指明起止时间的限定，如"1890年6月底至9月底"，也可以是非确定的，如"从某一年开始，人们不再单独遇见（万特依小姐）"；内说明是反复叙事的组成单位的复现节奏，它可以用绝对方式确定，如"每天""每个星期天"等，也可以是非确定的，如"有时""某些日子""经常"，还可以用不规则然而表现出严格相伴法则的相反方式确定，如在贡布雷散步的不同选择——"天气变化无定的日子"在梅塞格利斯那边，"天气晴朗的日子"在盖尔芒特那边。由此，热奈特得出结论：传统小说的叙事节奏是概要和场景的交替，而《追忆似水年华》用反复替代概要，其主要交替形式是反复与单一的交替。

三、热奈特的小说叙事结构理论对电影叙事结构分析的影响

热奈特在《追忆似水年华》中，只是在分析叙事畸变时提到法国电影符号学家麦茨的论述："挑出叙事中的这些畸变是不足为奇的（主人公三年的生活用小说中的两句话或电影'反复'蒙太奇的几个镜头来概括等等）。"[①] 荷兰叙事学家米克·巴尔认为："没有理由将叙述学分析仅仅限于

---

① 热拉尔·热奈特. 叙事话语　新叙事话语［M］. 王文融，译. 北京：中国社会科学出版社，1990：12.

语言文本中。电影的叙述性是十分明显的。"① 其后美国叙事学家查特曼（Seymour Chartman）将其叙事结构理论运用于小说和电影叙事的研究，在1978 年出版《故事与话语——小说和电影的叙事结构》；美国电影学者布里恩·汉德森（Barain Henderson）1983 年发表重要文章《电影中的叙事时间、语气和声音》，将其小说叙事结构的研究运用于电影叙事结构的分析。

1. 查特曼电影的叙事结构观

查特曼的《故事与话语——小说和电影的叙事结构》"遵循罗兰·巴特、茨维坦·托多洛夫与热拉尔·热奈特等法国结构主义者们的方式"②，成为较早研究电影叙事结构的著作。查特曼提出，小说和电影的叙事结构具有"可译性"：叙事是一种基本的文本组织，其组织、模式必须现实化，小说和电影都是其现实化的媒介。对于叙事时序，查特曼将热奈特时间倒错的倒叙称为闪回（flashback），将预叙称为闪前（flashforwards），闪回指回返的叙事段落，闪前是预告其后的事件。电影的一般创作技巧是蒙太奇或剪接，有时很难厘清某一特定剪接是标志着闪回还是闪前。而且有声电影可以引入部分的或分离的闪回，视觉与听觉这两条信息通道可以一条保持在当前，另一条闪回，其常见的情况是画外音叙述：话外音以文辞介绍、解释或仅仅报告银幕上正在展示的内容，话外音在当前，而画面是故事时间中的过去；也有可能是视觉画面保持在当前，而画外音闪回，如亨宁·卡尔森的影片《群猫》叙述一群洗衣工诬告女经理强迫其中一个名叫丽卡的女孩与其发生同性恋关系：这个女孩一天早上来上班时病了，女经理给她洗浴并用温暖的毛毯进行包裹，有一刻她们坐着对视，但嘴唇都没动，观众却在此时听到了她们先前处于朋友关系的早期阶段谈话的画外音。查特曼还引用了热奈特重复倒叙的观点，认为自爱森斯坦以来电影的重复倒叙已很普遍，电影中也存在无时性，如格里菲斯的影片《党同伐异》有现代故事（母与法）、基督受难故事、中世纪故事和巴比伦的陷落这四条故事线，它们没有一个有高于其他故事线的时间优先。

对于叙事时距，热奈特在将叙事时距分为场景、概要、省略和停顿时，曾经感觉到叙事时距缺少延缓这一类别："这个图表看上去很不对称，缺少

① 巴尔. 叙述学：叙事理论导论［M］. 谭君强，译. 北京：北京师范大学出版社，2015：156.
② 西摩·查特曼. 故事与话语：小说和电影的叙事结构［M］. 徐强，译. 北京：中国人民大学出版社，2013：1.

一个与概要相对应的变速运动形式，即公式 TR（叙事时间）>TH（故事时间），它显然是某种慢速场景。"① 查特曼则在此基础上补充了延缓，并对电影的场景、概要、省略、延缓和停顿等进行了分析：场景是影片的话语时间与故事时间保持一致的情况，它在影片中的常见成分是对话和较短时距内显见的身体动作，表演时所花费的时间不长于叙述时所花费的时间；传统电影的概要经常借用一些外在的表示时间的事物，如撕下日历、在银幕上写明日期或通过画外音叙述等，现代电影导演常通过蒙太奇序列进行概述；电影中的省略可由剪接、溶入、拂拭、晕入、晕出等方式传达，如镜头 A 展示一个人用手旋转门把手，朝他自己的方向拉开门，剪接后，一个相反的镜头 B 从外面的大厅里展示同一扇门打开，这次是向里面开，这个人就出现了；延缓在电影中可以通过慢镜头在人所共知的"慢动作"中进行表现，还可以通过某种重叠或反复剪接拉长故事时间，如爱森斯坦在影片《十月》中，通过重叠和反复剪接使大桥看上去在无休止地断裂，表现了彼得堡布尔什维克最初失败时的浓烈悲伤；对于停顿，查特曼认为，叙事影片的描写式停顿在总体上是不可能的，因为故事时间一直伴随着画面在银幕上的放映而保持前进，与此同时观众感觉到摄影机在持续向前；只有电影放映机持续运转，所有帧幅完全显示同一画面的"定格画面"才会出现停顿，如影片《彗星美人》中的艾弗被授予一项戏剧大奖，当她伸手去领取它时，画面定格，故事停止。

2. 汉德森电影的叙事结构观

汉德森在《电影中的叙事时间、语式和语态——学习热奈特的笔记》中，承认热奈特的《叙事话语》极具启发性，但又认为其叙事话语理论不能直接用于电影："除了一两个参考文献外，他的理论不能直接用于电影。"② 汉德森强调电影是由图像、对话、画外音、音乐、音效和文字材料等元素构成的复杂系统之后，将热奈特的小说叙事话语理论直接运用于电影叙事分析。对叙述顺序的倒叙和预叙，汉德森从西方电影发展史的角度指出，每个时代的大多数电影似乎都是按照时间先后顺序进行讲述的，现代电影

---

① 热拉尔·热奈特. 叙事话语　新叙事话语 [M]. 王文融，译. 北京：中国社会科学出版社，1990：60.

② Henderson B. Tense, Mood, and Voice in Film (Notes after Genette) [J]. Film Quarterly, 1983, 36 (4)：2.

的时间倒错主要是倒叙，它在西方电影中逐渐发展。在电影出现后最初的二十年中倒叙手法极为罕见，只在某些续集、连续剧中的梦、幻觉或评论性片段中出现，用于表现结局和连续性情节的早先情况。在电影中将倒叙运用得最好的时代是1941年到1957年，代表作是奥逊·威尔斯于1940年拍摄的影片《公民凯恩》、约翰·福特执导的于1941年上映的影片《青山翠谷》和L.曼凯维奇执导的于1950年上映的影片《彗星美人》等。如《青山翠谷》以十六岁的英国少年休·摩根准备离开山谷时的自述为开端，回忆了其作为煤矿工人的父亲格维林·摩根和五个哥哥在英国威尔士煤矿的工作：他的大哥艾沃尔和父亲先后死于非命，其余四个哥哥欧恩、格维林、扬托和戴维先后出走他乡。预叙在电影中少见，直到在阿伦·雷奈和尼古拉斯·罗格的现代电影中才开始被使用，但到二十世纪六七十年代这一手法的运用仍不系统，只有少数电影如丹尼斯·霍珀1969年的影片《逍遥骑士》运用了该手法。

对于叙事时距，汉德森借鉴了热奈特将叙事时距分为停顿、省略、场景和概要的观点，认为在电影中对场景的描述已经足够清晰。汉德森的停顿观与查特曼类似。对于省略，他认为现代电影导演可以使用许多技术手段省去很多在时间上重复的事件，减少不必要的因果联系。汉德森还提到，罗西里尼和戈达尔等的电影省略往往变得更长、更突兀，如戈达尔的影片《男性与女性》中，运用跳接（jump）的方法，故意省略关键性事件，使得电影的空间和时间破碎，让观众对电影叙事产生了一种冲击性的感受。汉德森强调作为复杂系统的电影，其图像、对话、画外音、音乐、音效和文字材料等元素都可以对一个单一的持续时间做出补充性的贡献，其叙事时距较之小说更为复杂。电影可以创造多个同时或矛盾的时间，如泰伦斯·马力克的影片《不毛之地》的开头是女主人公霍利躺在床上和她的狗一起玩耍，而她的旁白则概括了十多年的内容："我的母亲在我小时候就死于肺炎。我的父亲把他们的结婚蛋糕在冰箱里放了十年整。……后来有一天，他从德克萨斯州离开了我们。"对于叙述频率的反复叙述和假反复，热奈特提出小说的反复叙述在功能上从属于单一叙述，汉德森则强调电影作为复杂系统，其反复叙述会向单一叙述转换。如《青山翠谷》的开头展示了一个巨大而持久的反复形象，其中占据整个影片一半以上的口述由主人公小摩根进行叙述，他反复使用"would"这个词来描述典型的日子："有人会唱一首歌，山谷会被许多声音敲响，哥哥们身上的大部分煤灰会洗下来，但有些会留下来，我们吃饭的时候从来没有说话，我的母亲总是在忙碌。"①此时小摩根拿到他的几便士零花钱并匆匆前往糖果店，遇见了他大哥的未婚妻布朗恩，画外音叙述不知不觉从反复叙述切换到了单一叙述。汉德森认为，《追忆似水年华》中的假反复只是偶尔发生，而作为复杂系统，大多数电影通过摄影和录音拥有了丰富和精确的细节，图像、包括画外音在内的声音和书面单词的综合运用都可以在电影中创造意义，电影中的假反复无处不在。如恩斯特·刘别谦改编的影片《温德米尔夫人的扇子》中的一个标题告诉观众，达林顿爵士按动温德米尔夫人门铃按钮的方式反映了他们的关系状态：当达林顿对温德米尔夫人初生爱意但并不了解她时，观众看到他犹豫的手指终于按下了门铃按钮；而当他很了解她的时候，观众看到的是他不耐烦地连续按动门铃按钮。在标题的潜在表述下，这些图像虽然是反复叙述同样的事情，其意义却在逐步推进。

第四节　对麦茨电影结构观的拓展

法国结构主义文论家借鉴索绪尔结构主义语言符号学的观点，对神话、童话、民间故事、小说和戏剧等叙事作品的结构进行了各具特色的分析，如列维-斯特劳斯的神话分析模式、托多洛夫和布雷蒙的逻辑结构模式、格雷马斯的矩阵分析模式、巴特的层次分析模式。但他们没有从符号学的角度对电影结构进行研究，巴特在《符号学原理》中指出对电影进行符号学分析为时尚早："在电影、电视和广告领域中，意义取决于形象、声音和字形之间的相互作用系统。目前为这类系统确定语言结构现象和言语的分类为时尚早。"② 作为巴特的学生和同事，麦茨在《电影的意义》中，首先将结构主义语言符号学运用于电影符号学的研究，对电影的大组合段落（The Grand Syntagmas）结构进行了创造性阐释。③ 二十世纪七十年代以后法国电影理论家科兰（Michel Colin）和英国的沃伦·巴克兰德（Warren Buckland）等以美国语言学家乔姆斯基（Avram Noam Chomsky）的转换生成语法

---

① Henderson B. Tense, Mood, and Voice in Film（Notes after Genette）[J]. Film Quarterly, 1983, 36 (4): 9.

② 罗兰·巴尔特. 符号学原理 [M]. 李幼蒸，译. 北京：中国人民大学出版社，2008：18.

③ 大组合段落：The Grand Syntagmas，刘森尧在《电影的意义》中译为大群意群，雍青在《电影认知符号学》中译为大组合段，齐隆壬在《电影符号学》中译为大组合段，本书采用"大组合段落"的译法，但如涉及原文，则采用原译者译法。

（TGG）为基础，深化了麦茨对电影结构的阐释。

一、麦茨对电影大组合段落结构的分析

巴特在《符号学原理》中提出："符号学研究的目的在于，按照一切结构主义活动的方案（其目的是建立一个研究对象的模拟物），建立不同于语言结构的意指系统之功能作用。"① 麦茨发现，电影作为一门包括影像、图示、话语和音乐等多种符码的综合艺术，影像是使其区别于其他艺术门类最重要的符码；虽然有剧情片、科教片、纪录片等多种样式，但以叙事为主的剧情片在电影中占据绝对优势。对于以影像为基础的叙事电影，麦茨将结构主义符号学的基本观点运用于电影符号学的研究，并在此基础上创造性地提出电影的八大组合段落结构。②

1. 麦茨的电影符号学

麦茨比较了电影符号与普通语言，认为二者的相同之处表现在都可以按照结构主义符号学的基本原则进行分析：电影最小意义单元的镜头类似于普通语言的句子，而场景则是一段复杂的论说，整部电影相当于一部复杂的叙事文本，因此可以将电影类比普通语言进行阐释。普通语言的规则是人们必须遵循的，它不能由某人一朝一夕加以改变；电影导演虽然可以对电影符号学的规则进行一些创新，但也没有一个导演能在一朝一夕对这些规则加以改变。二者的不同表现在两个方面：一是基本构成要素和规则不同。普通语言的基本构成要素是文字，能指和所指是任意的关系，通过区分来显示意义；电影符号的基本构成要素是镜头，影像具有视觉和听觉的相似性，能指和所指意义合一。二是普通语言具有意义单元的第一分节和区分单元的第二分节，而电影虽然可以进行第一分节，但对影像不能进行第二分节。③ 因此，麦茨认为，结构主义符号学要灵活运用于电影结构分析："语言学的观念可以运用在电影符号学上面，但要特别小心。另一方面，语言学的方法——变换、分析方法、能指与所指之间的严格区分、素材与形式之间、必要与非必要之间等——可以给电影符号学提供许多珍贵

---

① 罗兰·巴尔特. 符号学原理 [M]. 李幼蒸，译. 北京：中国人民大学出版社，2008：73.
② 梅茨. 电影的意义 [M]. 刘森尧，译. 南京：江苏教育出版社，2005：127.
③ 梅茨. 电影的意义 [M]. 刘森尧，译. 南京：江苏教育出版社，2005：56.

而不断的帮助。"①

2. 麦茨电影的八大组合段落结构

麦茨在分析电影的大组合段落时，首先只将影像作为分析对象，在分析影像结构时，先把电影分割成几十个程度大小不一的片段，这些片段具有相对独立完整的意义。对于以影像为基础的叙事电影来说，以镜头为基本单位分析电影的结构只能起辅助作用，而蒙太奇并不包括所有的电影镜头，也不完全适用于电影的叙事特性，因此，对电影的切分主要应该采用与蒙太奇意义相当或比蒙太奇意义更大的意义单位，这就是麦茨所称的大组合段落。麦茨对电影的大组合段落结构的研究经历了一个探索的过程：在1966年第8期的《交流》杂志上，他将电影的大组合段落结构分为自主镜头、场景、段落、描写组合、交替组合和反复组合，再将交替组合分为替换者组合、替换的组合和平行组合三个次类型，将反复组合分为全然反复组合、括号反复组合和半反复组合②；并发现反复组合是一种特殊形式，在特定状况下会影响其他的类型，交替组合是电影中平常的现象。其后，麦茨在《剧情片中指示意义的问题》中采用与巴特分析流行服饰的类项时所采用的 X/剩余物相类似的结构主义语言二分法，逐步导出电影的八种大组合段落：先将电影切分出来的自主段落（Autonomous Segments）分为 [1] 自主镜头（Autonomous Shot）和组合；再将组合分为非时序组合和时序组合，将非时序组合分为 [2] 平行组合（Parallel Syntagmas）和 [3] 括号组合（Bracket's Syntagmas）；再将时序组合分为 [4] 描写组合（Descriptive Syntagmas）和叙事组合；再将叙事组合分为 [5] 交替组合（Alternative Syntagmas）和线性叙事组合；再将线性叙事组合分为 [6] 场景（Scene）和段落；再将段落分为 [7] 一般段落（General Sequence）和 [8] 插曲段落（Episode's Sequence）。[1] [2] [3] [4] [5] [6] [7] [8] 合起来就是麦茨所概括的电影的八大组合段落结构。如图 2-1 所示：

---

① 梅茨. 电影的意义 [M]. 刘森尧，译. 南京：江苏教育出版社，2005：94.
② 梅茨. 电影的意义 [M]. 刘森尧，译. 南京：江苏教育出版社，2005：107.

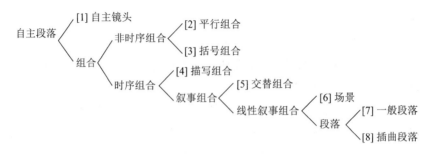

图 2-1　八大组合段落结构

麦茨对电影的八大组合段落分别进行了阐释，［1］自主镜头由单一镜头构成，包括单镜头和插入镜头：单镜头以一个单一镜头处理一个独立片段；插入镜头分非陈述的、主观的、取代的和说明性的插入镜头。［2］平行组合也称为平行蒙太奇，是将两个或两个以上交替的"主题"结合交织在一起，产生一种直接的象征作用。［3］括号组合最常见的是通过溶、划、横摇、淡出淡入等光学效果把一组影像串联起来，其目的是加强观众的印象。［4］描写组合所有主题的连续呈现同时性，它可同时适用于静态的物体、人物和动作。［5］交替组合又称交替蒙太奇，它交替呈现两组或两组以上事件的系列，每一系列的时间关系是连续的，但是整体系列之间的时间关系是同时性的。［6］场景指事件在时间和空间上连续进行。［7］一般段落指时间的不连续可能变成零碎或无组织，观众会在心中跳过与情节无直接关联的时刻。［8］插曲段落在视觉设计上各镜头互不相关，只按顺序依次呈现，但整体上却合成一种意义。

麦茨进一步以西方经典和现代电影阐释八大组合段落。在西方经典电影方面，麦茨主要以法国雅克·罗齐耶（Jacques Rozier）导演的电影《再见菲律宾》为例对其八大组合段落进行了具体阐述。麦茨将这部叙述电影切分为 83 个自主段落，认为［1］自主镜头如这部电影的自主段落 4，它呈现在电视台工作的男主角米歇尔在摄影棚里的画面；［2］平行组合在这部电影中没有出现；［3］括号组合如自主段落 1，它开始时呈现一个电视摄影棚的部分景观；［4］描写组合如自主段落 45，它表现科西嘉岛"地中海俱乐部"的画面；［5］交替组合如自主段落 24，它表现米歇尔和制片人帕夏拉各自忙自己的事情；［6］场景如自主段落 3，它表现米歇尔与朱丽叶和丽莲在咖啡馆中的交谈过程；［7］一般段落如自主段落 2，它表现米歇尔在走道上碰到朱丽叶和丽莲，跟她们说话，进摄影棚及相约在咖啡馆见面；

［8］插曲段落如自主段落5，它表现米歇尔与朱丽叶和丽莲到乡下的三个小片段：在巴黎火车站如约见面；在乡下谈笑着走过一片田野；在飞机场一边谈笑一边看飞机。在西方现代电影方面，二十世纪五六十年代出现了即兴创作的电影、非戏剧化电影、基本的现实主义电影、导演的电影、镜头至上的电影、诗的电影等现代电影，但麦茨坚持认为，虽然这些现代电影表面上想打破电影的叙述性，但实际上比过去更具叙述性："我认为现代电影比过去更具叙述性，而且叙述得更好，现代电影的最大贡献乃是叙述性的加强。"① 因此，西方现代电影在很大程度上也符合其电影的八大组合段落结构。

麦茨电影的大组合段落以电影符号学为基础，以电影中占据绝对优势的叙事电影为对象，将电影结构概括为一组有限的组合类型，它打破了以前电影结构分析的感性研究，将对电影结构的研究提升到本体论的高度；而且客观上包含着将电影无限数量的镜头概括为有限结构数量的雄心，这为后来的电影研究提供了启示。但结构主义语言符号学的方法不完全适用于电影符号学，麦茨的大组合段落的结构类型处于封闭状态，且麦茨对西方现代电影的结构研究重视不足，可见其对电影结构的研究还是初步的，还有待进一步深化。

二、科兰对麦茨大组合段落结构的深化

1974年麦茨在米兰召开的国际符号学第一次代表大会上，仍然坚持将结构主义语言符号学作为电影符号学的理论基础："有必要认识到，绝大多数情况下，电影符号学研究或多或少直接从结构主义或广泛传播的语言学模型而不是生成语言学中获得灵感。"② 科兰作为麦茨的弟子，在《大组合段再探》中剖析电影结构时，不是直接运用结构主义语言符号学，而是将美国语言学家乔姆斯基生成语言学的转换生成语法引入电影符号学③，对麦茨电影的大组合段落结构进行重新解读，从而突破了结构主义语言符号学

---

① 梅茨. 电影的意义［M］. 刘森尧，译. 南京：江苏教育出版社，2005：187.

② Metz C. Repport surl′ état actuel de la sémiologie du cinema dans le monde（debut 1974）［G］. //Seymour Chatman，Umberto Eco，and Jean-Marie Klinkenberg. A Semiotic Landscape/Panorama Sémiotique The Hague：Mouton，1979：151.

③ Colin M. The Grade Syntagmatique Revisited［G］. //Warren Buckland. The Film Spectator. Amsterdam：Amsterdam University Press，1995：48.

的桎梏，开创了电影符号学和结构研究的认知方向。科兰对麦茨大组合段落结构的创新主要表现在以下三个方面。

1. 将麦茨静态的大组合段落结构改为动态的生成语法树形图

乔姆斯基的转换生成语法提出，任何句子都可简化为名词短语和动词短语的组合，如果用 S（Sentence）表示句子，NP 表示名词短语，VP 表示动词短语，则可以表示为 S→NP+VP。树形图如图 2-2 所示：

图 2-2　树形图

其中 S 是根结点，居中节点表示语法范围，最终节点表示最终词汇，分支线则表示支配关系。这一树形图联结三个节点：根节点、居中节点和最终节点。① 科兰以此为基础，将麦茨电影的大组合段落结构转换为大组合段落生成语法树形图，如图 2-3 所示：

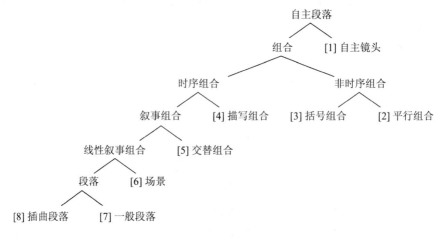

图 2-3　语法树形图

科兰电影的大组合段落结构的根节点是自主段落，它是派生的最初起点；居中节点为六种组合段落：组合、时序组合、非时序组合、叙事组合、线性叙事组合、段落；最终节点为八种组合段类型：自主镜头、平行组合、括号组合、描写组合、交替组合、场景、一般段落和插曲段落。科兰这一

① 石定栩. 乔姆斯基的形式句法：历史进程与最新理论 [M]. 北京：北京语言大学出版社，2002：7.

树形图代表一系列改写规则：自主段落能改写成［1］自主镜头或组合；组合能改写成非时序组合和时序组合；非时序组合能改写成［2］平行组合和［3］括号组合；时序组合能改写［4］描写组合或叙事组合；叙事组合能改写成［5］交替组合或线性叙事组合；线性叙事组合能改写成［6］场景或段落；段落能改写成［7］一般段落和［8］插曲段落。科兰借鉴生成语法树形图改写麦茨电影的大组合段落结构，区分了其大组合段的根节点、居中节点和最终节点，将其静态的大组合段改写为动态。而且，麦茨电影大组合段落结构的图形分支表现的是一种包含或选择关系，是一种分离式的联结；而科兰改写后的树形图的图形分支则是一种连锁的联结关系，这种连锁的联结关系可以分别用归纳法和演绎法进行分析：归纳法是由下面的最终节点往上开始阅读，演绎法是从最上的根节点往下至最终节点的阅读方式。

2. 使麦茨电影的大组合段落结构对称化

科兰运用演绎法进行阅读时，发现麦茨电影的大组合段落结构具有不规则和不对称性，为了让其结构对称化，科兰对其结构进行了细致剖析。麦茨的电影结构主要采用 X/剩余物的结构主义语言符号学的二元对立进行阐释，但在分析非时序组合时，直接将非时序组合分为［2］平行组合和［3］括号组合，括号组合是通过溶、划、横摇、淡出淡入等光学效果把一组影像串联起来，而描写组合的所有主题的连续呈现同时性。科兰认为，如果将溶、划、横摇、淡出淡入等光学效果从括号组合中移除，括号组合就可以被读作描写组合，这意味着括号组合具有陈述性。科兰说："可以看出，与平行组合不同，括号组合与描写组合之间可能的混淆暗示括号组合是陈述性的。这样，由麦茨的表格所提出的关于时序组合和非时序组合的区分问题就得到了解决；该表格掩盖了任何能将括号组合从平行组合分开来的特征。于是，树状图变为同质的了。"① 在此基础上，科兰运用结构主义语言符号学的 X/剩余物的二元对立对其进行补充，提出组合可以改写为陈述或［2］平行组合，陈述可以改写为具象组合或［3］括号组合，具象组合可以改写为叙事组合或［4］描写组合。由此，科兰进一步使麦茨电影的大组合段落结构对称化。如下图 2-4 所示：

---

① Colin M. The Grade Syntagmatique Revisited［G］. //Warren Buckland. The Film Spectator. Amsterdam：Amsterdam University Press, 1995：67.

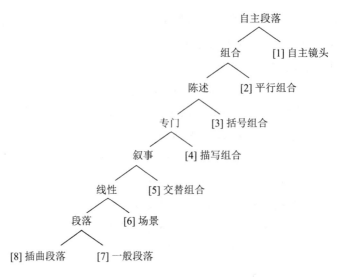

图 2-4 大组合段落结构对称化

此图形每一节点皆由 X/剩余物的二元对立构成，由上方节点领导下方节点，直至最终节点。

3. 运用对称化的转换生成语法树形图阐述电影可能或不可能的组合类型

乔姆斯基的转换生成语法认为，每一个语类标志可以被分解为一套具体的选择性特征，一个特定的名词语类标志可以用一系列选择性特征表示。如果用"+"表示具有某一特征，用"-"表示不具有，则"狗"可以表示为〈+名词，+普通，+可数，+有生命，-人类〉，"人"可以表示为〈+名词，+普通，+可数，+有生命，+人类〉，二者通过是否属于人类进行区分。① 科兰将电影结构的类型与语类标志类比，进而将其改写为一系列具体的选择性特征：

平行组合→〈-陈述，-线性〉

括号组合→〈+陈述，-具象〉

描写组合→〈+陈述，+具象，-叙事，+线性〉

交替组合→〈+陈述，+具象，+叙事，+线性〉

场　　景→〈+陈述，+具象，+叙事，+线性，+包含在内〉

段　　落→〈+陈述，+具象，+叙事，+线性，-包含在内〉

科兰将电影结构类型改写为一系列具体特征的意义在于：

（1）改写能生成可能的组合类型。科兰对电影结构类型的改写不仅可以描述已经存在的组合类型，而且能生成可能的组合类型，科兰说："在这些规则的帮助下，我们很容易看到，推演出超出表格所列的更多的组合类型是可能的。例如，一种组合〈+陈述，－具象，－线性〉就既不符合平行组合（它是陈述），又不符合交替组合（它不是具象的），虽然它与两种组合类型都具有相同的特征（－线性）。"① 科兰只是举例略做说明，事实上，科兰的改写表明麦茨电影的大组合段落结构和科兰的生成语法树形都只是呈现实际的、显在的组合类型；当电影有限的选择性特征如陈述、具象、叙事、线性、包含在内等被确定后，它们之间的组合多种多样，其可能的组合类型就可以被无限生成出来，如具有〈+陈述，－线性〉〈+陈述，－具象，－叙事，+线性〉〈+陈述，+具象，－叙事，－线性〉〈－陈述，+具象，+叙事，－线性〉〈－陈述，+具象，+叙事，－线性，－包含在内〉特征的组合都可能存在。麦茨所分析的现代电影叙事结构的实质就是这些被具有创新意识的导演大量创造出来的可能的组合类型。

（2）改写能生成不可能的组合类型。麦茨曾经提到，电影中不可能之结构（Constructions Impossibles）是绝对存在的，但是电影导演一般不会去尝试此种影像组合方式，除非某些极端前卫的导演想故意制造让观众难以理解的效果（这时他的影像类型必定与一般叙述影片不同）②，但麦茨并未进行具体阐述。科兰也在阐述对电影结构类型的改写能生成可能的组合类型之后说："不过，这并不意味着一切皆有可能。规则假设一定的类型是不可能的。"③ 但关于"不可能的组合类型"他同样语焉不详，我们拟对此做进一步阐述。根据科兰确定的陈述、具象、叙事、线性、包含在内等选择性特征，电影可以生成多种多样的组合类型。但对于以影像为表现媒介、以叙事为主要表现手法、以时空转换的一致性为前提的电影来说，其叙事结构的组合类型也受到这些限定；如果突破这一限定，则其组合类型将不可能存在，如具有〈－陈述，－具象，－线性〉〈－陈述，－具象，－叙事〉

① Colin M. The Grade Syntagmatique Revisited [G]. //Warren Buckland. The Film Spectator. Amsterdam：Amsterdam University Press，1995：75.

② 梅茨．电影的意义 [M]．刘森尧，译．南京：江苏教育出版社，2005：189.

③ Colin M. The Grade Syntagmatique Revisited [G]. //Warren Buckland. The Film Spectator. Amsterdam：Amsterdam University Press，1995：75.

〈-陈述，-具象，-叙事，-线性〉〈-陈述，-具象，-叙事，-线性，-包含在内〉等特征的组合类型就不可能存在。

在二十世纪五六十年代以美国为中心的第二波先锋电影的发展过程中，出现了梦幻电影、地下电影、结构电影、情境画派等电影派别，这类先锋电影不断突破电影存在的边界，有的电影已接近电影结构的不可能组合类型。如玛雅·黛伦的梦幻电影《暴力的冥想》中，恍惚出现一个中国挥拳师在室内进行芭蕾舞式的仪式性动作的片段，接着场景转换到在屋顶，他手持钢刀重复前面的动作。安格尔的地下电影《天蝎座升起》中，一群穿戴着纳粹式装备的"摩托帮男孩"摆出神气活现的姿势，一个吸食强力胶的瘾君子怒火冲冲，他们先举行团伙入会仪式后又亵渎教堂。这类电影的组合尚具有〈+陈述，+具象，+叙事，-线性〉的特征，而黛伦的梦幻电影《午后的迷惘》中只是展现了一位年轻的女主人公无法抓住一把刀子和钥匙，一个个动作被打断，一台留声机在一个空荡的房间里兀自运转，一个电话听筒从座机上掉落，对一个转瞬即逝身影的追逐的自主段落；斯诺的结构电影《波长》中间的片段只是一架摄影机伴随着不断升高的正弦波将远处一座阁楼的墙壁和窗户拉近，还包括一次交谈、一个表演过火的死亡场面、一个电话被打断等微小的片段①；弗兰普顿的结构电影《佐恩斯引理》只是在一块空白的银幕上读出一张早期的美国英语字母表，再将字母形象替换为一棵树、一块商店招牌、刷墙、抽象轮胎、煎鸡蛋等形象或动作片段。这类电影的组合已具有〈-陈述，+具象，-叙事，-线性〉的特征，已接近电影存在的边界，如果这些片段连"具象"也不具备，该电影就完全不可能存在。

三、巴克兰德对麦茨和科兰电影结构的深化

早在二十世纪七十年代中期，多米尼克·夏托（Dominique Chateau）就在《电影作为语言》中提议以乔姆斯基的转换生成语法突破结构主义电影符号学的限制，提出电影语言遵循多元的游戏规则，这一多元的游戏规则构成了观众构建和理解电影信息的默示知识，但他仍然认为不可能确定准语法的电影序列。巴克兰德则在《电影认知符号学》中，在借鉴乔姆斯基

---

① 詹姆斯·费伦，彼得·J. 拉比诺维茨. 当代叙事理论指南［M］. 申丹，等译. 北京：北京大学出版社，2007：166.

等的认知语言学的基础上，综合麦茨和科兰的电影结构观，确定了准语法的电影序列。巴克兰德说："我已表明，一部影片的结构的确也部分地决定加工处理的复杂性。但是，由麦茨基于语言学的结构主义电影符号学或科兰基于 TGG（转换生成语法）的标准理论的电影认知符号学所提供的对电影结构的说明，自身不足以解释这种加工处理的复杂性。"① 巴克兰德在麦茨和科兰的基础上，进一步探讨了电影结构的类型，特别是不合语法但可接受的类型。

　　电影结构的三种类型为合语法且可接受、不合语法但可接受、不合语法且不可接受。巴克兰德借鉴乔姆斯基的语法程度和卡茨（Jerrold J. Katz）关于准句子（Semi-Sentences）的观点：乔姆斯基提出语法程度的概念，认为语法程度是对一段话语与所生成的一套完美的合形式的句子之间的差异的衡量；合语法性只是决定可接受性的多种因素之一，合语法性并不完全决定可接受性。卡茨则关注准句子，认为一个准句子包括合语法的与不合语法的元素，如果要理解准句子，就必须通过运用"联合规则"（Rules of Association），将准句子与完全合语法的句子结合起来进行理解。② 由此，乔姆斯基等提出实际的、可能的或潜在的、不可能的三种语言类型：实际的语言如音韵 pet，语法 a year ago；不合语法但可接受的语言如音韵 lon，语法 a grief ago；不合语法且不可接受的语言如音韵 atp，语法 a the ago。巴克兰德将乔姆斯基等提出的语言类型类比电影结构，提出合语法且可接受、不合语法但可接受、不合语法且不可接受三种电影类型。其中麦茨提出的八大组合段落类型以经典叙事电影为基础，是由电影改写规则生成的序列，是规范的普通序列，是合语法的，也被有能力的电影观众认为是可接受的。不合语法但可接受的类型如麦茨所分析的戈达尔的电影《狂人皮埃罗》。不合语法且不可接受的，如非组合、非线性的段落类型，这样的电影段落类型在电影中不可能制造出来，对此科兰已从理论上进行了论述。巴克兰德在麦茨和科兰电影结构类型的基础上，重点阐述了电影不合语法但可接受的类型。

　　麦茨曾经分析戈达尔的电影《狂人皮埃罗》，认为其采用了一种新的叙

---

① 沃伦·巴克兰德. 电影认知符号学 [M]. 雍青，译. 北京：中国社会科学出版社，2012：129.
② Jerrold J. Karz. Semi-Sentences. [G] //Jerry A. Fordor and Jerrold J. Katz, Englewood Cliffs. The Structure of Language：Readings in the Philosophy of Language. N. J.：Prentice-Hall, 1964：411.

事类型："在戈达尔的《狂人皮埃罗》中，有一个片段我们无法将之归类于此八大类型中的任一类型。这个片段描写两位主角匆忙离开巴黎的白色墙壁公寓，从排水管滑下来，然后开着红色标致 404 汽车，沿塞纳河疾驶而去。……他（戈达尔）提出许多事实状况，但不知道会有何结果，也许会有各种可能之结果，所以他给予我们一种潜在可能的段落——一种未定的场景——这形成为一种新类型的语意群。"① 巴克兰德引进乔姆斯基的语迹理论（Trace Theory），认为这部电影的结构虽然不合语法但可接受。乔姆斯基提出的语迹是一种空语类，它拥有与它所代替的语类相同的语法和语义特征，发挥与它所代替的专有名词相同的功能，如"约翰想要［约翰伤害他自己］（John was expected［John to hurt himself］）"这一句子中，约翰是"想要"和"伤害"的主语，在转换成"约翰想要伤害他自己（John was expected to hurt himself）"的过程中，会经过"约翰想要［t 伤害他自己］（John was expected［t to hurt himself］）"的转换，这一转换会出现语迹 t，它代表了有能力的说话者潜在的知识，即约翰是动词"伤害"的主语。② 《狂人皮埃罗》中的序列之所以是一个不合语法但可接受的电影序列，是因为它能与合语法的序列连接，在与合语法的序列的联系中被理解。如男女主人公皮埃罗与玛丽安妮匆忙离开玛丽安妮的公寓，电影将两人逃离公寓的镜头与踏上路程的几分钟镜头并置，这一序列包括 14 个镜头，每个镜头对应一个事件，这 14 个镜头在电影中呈现的顺序如下：

①玛丽安妮与皮埃罗在玛丽安妮的公寓中，玛丽安妮的情人弗兰克进入公寓中了二人的埋伏，玛丽安妮准备离开公寓，皮埃罗开始将弗兰克拖走。

②玛丽安妮正发动一辆红色轿车，皮埃罗上车。

③玛丽安妮与皮埃罗离开浴室（弗兰克已失去意识，已被拖进了浴室）。

④红色轿车沿着街道快速行驶，它行驶在一个高度限制杆下。

⑤玛丽安妮与皮埃罗在公寓楼顶，他们向下看，镜头切换。

⑥两人跑向公寓。

---

① 梅茨. 电影的意义［M］. 刘森尧，译. 南京：江苏教育出版社，2005：196.

② 石定栩. 乔姆斯基的形式句法：历史进程与最新理论［M］. 北京：北京语言大学出版社，2002：44.

⑦ 镜头切回到玛丽安妮和皮埃罗在楼顶。

⑧ 镜头切回到玛丽安妮和皮埃罗沿一段排水管爬下。

⑨ 重复镜头②（稍微有所缩短）。

⑩ 红色轿车正沿着街道快速行驶，可以看到远处的高度限制杆。

⑪ 玛丽安妮进入红色轿车并驶离。

⑫ 轿车接近高度限制杆。

⑬ 透过轿车挡风玻璃看到的镜头：一尊自由女神像的复制品，镜头中可以看到高度限制杆的轮廓。

⑭ 红色轿车在加油站停下。

镜头顺序：

①、②、③、④、⑤、⑥、⑦、⑧、⑨、⑩、⑪、⑫、⑬、⑭

对应事件顺序：

a、h、b、k、c、d、e、f、h、i、g、j、l、m

巴克兰德将这一事件分为两个序列：第一个序列 a~g 是两个主人公从公寓逃出，第二个序列 h~m 是两个主人公驱车逃离。在电影实际的序列中，三个事件 g、h、k 被置换后插入序列。具体而言，从 a 到 b 的进程即弗兰克中埋伏及被拖到浴室被 h 皮埃罗上车中断；从 b 到 c 的进程即玛丽安妮与皮埃罗在公寓楼顶被 k 轿车在一个高度限制杆下行驶中断；从 c 到 f 的进程即玛丽安妮与皮埃罗在公寓楼顶、他们向下看、从排水管爬下保持完整；从 h 到 i 的进程即皮埃罗上车、轿车沿着街道行驶保持完整；从 i 到 j 的进程即轿车接近高度限制杆被 g 玛丽安妮进入红色轿车中断。

这一分析揭示出：序列后半段的两个事件 h 皮埃罗上车和 k 轿车在一个高度限制杆下行驶被置换到序列的前半段，序列前半段的一个事件 g 玛丽安妮进入红色轿车被置换到序列的后半段。通过为每一个镜头分派一个字母可以重构序列。由于事件和镜头的原初位置由语迹做了标记，它包含与所替代的事件或镜头相同的句法和语义特征，这些特征具有麦茨的大组合段落结构所强调的时—空一致性，以及事件和镜头相连的因—果叙事逻辑，因此，电影重构的过程表明该序列能被观众理解。如镜头①中，皮埃罗正在拖失去意识的弗兰克，而在镜头②中，皮埃罗却正在进入轿车，这一跳跃既描绘了时—空置换又描述了叙事置换，但观众能理解镜头②是向前跳跃展示未来的事件；但是如果镜头②描述的是一个深海潜水员搜索埋藏的财宝的镜头，则观众将难以理解该序列。因此，被重构的序列存在于观众对序列的心理呈现之中，这种存在以附带语迹的序列的形式存在，正是根据这些语迹，普通的时间序列能够被重构出来。

巴克兰德还以美国电影理论家大卫·波德维尔（David Bordwell）对法国导演阿伦·雷乃（Alain Resnais）的电影《战争终了》的分析为例做了进一步阐述。波德维尔集中分析了电影开头的 19 个镜头，开始的镜头是一个左翼的政治鼓动者狄亚哥和他的战友朱得驱车穿越西班牙—法国边境返回西班牙，朱得与狄亚哥望着对方，汽车接近检查站时，朱得担心汽车会在半途抛锚，接着镜头⑨～⑱描述了狄亚哥的一系列行动：

镜头⑨：狄亚哥从车站跑出来拦下一辆计程车。

镜头⑩：公寓住宅门打开，门内有一男一女。

镜头⑪：狄亚哥进入电梯时，一个男人从旁边的电梯出来。

镜头⑫：狄亚哥从车站出来，但必须排队搭计程车。

镜头⑬：狄亚哥在火车车厢内往前走。

镜头⑭：狄亚哥在火车出站时跳上火车。

镜头⑮：狄亚哥在月台上赶不上火车。

镜头⑯：一辆汽车驶进车站时，狄亚哥跳进车内。

镜头⑰：之前同一个男人进入狄亚哥的公寓，与狄亚哥打招呼，狄亚哥显然在等他。

镜头⑱：镜头回到汽车，朱得坐在汽车的驾驶座上。

波德维尔认为，观众看到的镜头⑨～⑱完全打破了这部电影的时空连续性，迫使观众停下来对这些镜头进行整合：假设这些镜头呈现的是过去，但这些镜头很难被整合为一个单一的事件过程；假设将这些镜头按事件的时间顺序进行排列，如抵达车站（镜头⑯）发生在赶上火车（镜头⑭）与搭乘火车（镜头⑬）之前，但无法将所有镜头纳入一个合理的时间顺序之中；假设这些镜头表现的是狄亚哥搭计程车、拜访朋友、搭上火车或赶不上火车的日常生活惯例，虽然旁白中强调"再一次，看到比哈杜的山丘"可以证实这一假设，但是每个镜头中狄亚哥的服装是相同的，因而无法将这些镜头看作他过去重复的生活习惯。面对大部分镜头与其他镜头在意义上的互相排斥——狄亚哥很快搭上计程车（镜头⑨）与必须排队（镜头⑫）；狄亚哥探访璜且璜在家（镜头⑩）与狄亚哥和璜擦身而过（镜头⑪）与狄亚哥先到、璜稍后到（镜头⑰）；狄亚哥赶上火车（镜头⑭）与错过火车（镜头⑮）。波德维尔推测，这些镜头代表未来种种可能的事件，是狄亚哥对于事件的预期心理："只有一种方法能解释所有的镜头。这方法的可能性不大，不过却是影片这段所证实的：这些镜头代表的是未来种种可能的事件。简单地说：'我必须马上拦到计程车，不然就得等。''我可能会错过璜。''要是赶不上火车怎么办？'《战争终了》根据艺术电影的一个原则来探究人物的主观性：我们以人物的心理动机来诠释影片中所听到的或所看到的。"①

观众对这些镜头代表狄亚哥对于事件的预期心理的假设在随后的电影中得到证实。如在这部电影的三场戏后，接着有 8 个镜头：前 5 个镜头每一个都是一个女人背对着摄影机行走，人物与摄影机的运动显示她们并非同一个女人；接下来两个镜头呈现两个不同的女人进入一幢建筑物；第八个镜头是另一个通过电话讲话的年轻女人。观众设想这一连串的镜头都是在狄亚哥的心里进行的，是狄亚哥正在想象作为女主人公之一的娜汀可能的模样。再如第五场戏中，在朱得对狄亚哥说安东尼一定在车站后，镜头切换到铁路书摊，某个男人转身看着摄影机；切到同一个男人，这回在票亭，男人也是转身面向摄影机；切到同一个男人在另一个地点，再次转身面向摄影机；然后切到远景，朱得与狄亚哥走下楼梯，最后，狄亚哥说璜不可能越过边界，镜头马上切到电影开头第一段落所看到的男人正在车中：在这一连串的插入镜头之后，观众已经懂得把最后一个视为狄亚哥的心理投射。由此观众在观看这部电影时，逐步摸索出了这部电影的叙事规律：任何与场景的"客观"建构无关的声音或影像都极可能是狄亚哥的主观预期。

在此基础上，波德维尔得出结论："这个技巧的重复次数极高：就故事而言，人物的特征与功能都是一致相容的。就情节而言，叙述不断交叉着主观与客观画面的段落，并且紧守一个人物的观点：都使影片的发展相当容易预测。"② 这一观点与法国当代电影理论家弗朗索瓦·托马斯论述雷乃的观点不谋而合："雷乃拒绝以连续性的方式来表现事件，并不是要解构作品，而是想在传统结构的机械性之上（包括开端、发展和结局），每次以新的方式重组一部电影的戏剧结构。"③

① 大卫·波德维尔. 电影叙事：剧情片中的叙述活动 [M]. 李显立，等译. 台北：远流出版事业股份有限公司，1999：456.

② 大卫·波德维尔. 电影叙事：剧情片中的叙述活动 [M]. 李显立，等译. 台北：远流出版事业股份有限公司，1999：462.

③ 弗朗索瓦·托马斯. 建构的游戏：阿兰·雷乃电影中的结构 [J]. 当代电影，2007（4）：43.

巴克兰德由此得出结论：电影故事具有内在的碎片性，其叙事世界必须由观众的认知活动来完成，观众对叙事电影加工的目标是建构一个连贯的叙事世界。麦茨大组合段落中完全合语法的组合根据它们的时—空一致性被定义和区分，它们构成了合语法的电影序列，构成了假定的叙事电影加工或理解的规范，从而允许观众用最少数量的加工来建构一个叙事世界。而偏离语法的序列要求观众进行额外的加工处理，根据它们与大组合段落和结构的组合所代表的时—空关系距离的不同而进行评判。如果该距离是可测的，那么这个组合是可以理解的；如果没有联合的可能，那么这个组合是混乱的序列。

第三章 符号学与大众文化的修辞论

　　修辞学研究在西方历史悠久，是西方传统人文社会科学的重要组成部分。巴特的《神话——大众文化诠释》《摄影讯息》《图像修辞学》《图像修辞的结构分类》等论文和著作对大众文化的修辞进行了初步研究，其后都兰德、热奈特、托多洛夫、麦茨分别针对广告图像、小说、电影修辞提出了自己的观点，其中都兰德、热奈特、托多洛夫的修辞阐述较具启发性，而麦茨的电影修辞对电影的语法和修辞不做区分，提出电影修辞分为组合地呈现的隐喻、组合地呈现的换喻、聚合地呈现的隐喻、聚合地呈现的换喻四种类型，受到了较多学者的质疑。本章选择巴特、都兰德、热奈特、托多洛夫的修辞观进行阐述。

第一节　巴特和都兰德的大众图像的修辞观

　　修辞学（Rhetoric）本义为演讲的技艺，其含义为：在讲话和写作中有效地运用语言，包括修辞手法的运用；娴熟地运用语言；一惊一乍地运用语言；除了诗歌之外所有文体写作的艺术；规劝性演讲的艺术和雄辩术；论修辞艺术的著述。[①] 大众文化的图像修辞是通过各种修辞手段、策略对大众文化图像的各种元素进行有效合理的组合、调整和修饰，以实现传播效果最大化的过程。巴特对大众文化的图像修辞进行了初步探索，其后都兰德以其结构主义符号学为基础，集中研究广告图像的修辞格，取得了重要

[①] 博克，等. 当代西方修辞学：演讲与话语批评 [M]. 常昌富，顾宝桐，译. 北京：中国社会科学出版社，1998：1.

成果；但在推进大众文化的图像修辞研究时，也暴露了一些值得注意的问题。

一、巴特的大众图像的修辞

在二十世纪六七十年代，巴特先后出版和发表了《神话——大众文化诠释》《摄影讯息》《图像广告学》《图像修辞学》《图像修辞的结构分类》等论文和著作，在法国率先对大众文化的修辞学进行了比较系统的研究。他在《神话——大众文化诠释》中对大众文化的修辞格进行了初步讨论，在《摄影讯息》《图像广告学》《图像修辞学》《图像修辞的结构分类》中则对大众图像的修辞格进行了较深入的剖析。

巴特以索绪尔的结构主义语言学为基础，在《符号学原理》中提出了结构主义符号学语言/言语、能指/所指、组合段/系统、直接意指/含蓄意指的二元对立。在直接意指/含蓄意指的二元对立的分析中，巴特对大众文化的修辞格进行了步步深入的阐释。他在《神话——大众文化诠释》中指出神话的能指由语言的能指和所指构成，并将神话的能指称为神话的修辞。巴特说："我们必须了解修辞是一套固定的、规则化的、坚持不变的图形，据此，神话能指多变的形式自我安排。"① 在 1964 年出版的《符号学原理》中，他在分析文学作品和大众文化的基础上，明确提出结构主义符号学的直接意指/含蓄意指构成二元对立，含蓄意指的能指由语言的能指和所指构成，并将含蓄意指的能指称为修辞学：含蓄意指的能指被称为涵指项，它是由被直接意指的系统的诸符号（被结合的能指与所指）所构成，修辞学则是涵指项的形式。② 巴特在《神话——大众文化诠释》中提出，神话的修辞呈现灵活多样的形式，并且不断发展变化，神话的修辞和所指相比具有无限量的变化，它的丰富性与神话的所指形成反比例关系。如《巴黎竞赛报》中法国所有人民都在忠实地为法国的帝国性服务这一"集体想象的内容"可以通过年轻黑人向国旗敬礼来表现，也可以通过法国将军为一名独臂的塞内加尔人别勋章、一名修女送茶给一名卧床不起的阿拉伯人、一名白人校长教导一个殷勤的黑人小孩等来表现。在《神话——大众文化诠释》

---

① 罗兰·巴特. 神话：大众文化诠释 [M]. 许蔷蔷，许绮玲，译. 上海：上海人民出版社，1999：211.

② 罗兰·巴特. 符号学原理 [M]. 李幼蒸，译. 北京：中国人民大学出版社，2008：70.

中，经过初步研究，巴特大致列出了神话的能指的修辞的七种表现形态：思想接种、历史的匮乏、同一化、同语反复、无关紧要、品质量化和事实陈述。思想接种指承认社会中确实存在某些由阶级的不平等造成的罪恶，从而防止人们对社会秩序提出更广泛的批评；历史的匮乏指神话剥削了谈论所有历史的客体，历史在其中蒸发；同一化指在小资产阶级的宇宙里，所有冲突的经验都是反射的，任何其他性质都被缩减；同语反复指凭借同一事物来定义同一事物；无关紧要指陈述两个相反的词，且一个平衡另一个，然后把两个词都进行排斥；品质的量化指将任何品质都予以量化以更廉价地了解现实；事实陈述指用事实表述已经做好的东西，将这一生产轨迹埋藏在外表之外。

但巴特《神话——大众文化诠释》中对大众文化的修辞分析并不限于大众图像，其修辞概念也不完全科学。其后，巴特又对报纸照片和广告照片的修辞手法进行了阐释。

1. 报纸照片的含蓄意指手段

在《摄影讯息》中，巴特运用结构主义符号学直接意指和含蓄意指的二元对立，将报纸中照片的含蓄意指的能指称为含蓄意指手段，认为摄影照片"是对于摄影相似物的一种编码安置，因此，是可以找出一些内涵手段的"①。虽然巴特将含蓄意指手段和含蓄意指的所指相混杂，其结构主义符号学的分析方法也未特别突出，但运用结构主义符号学横组合关系/纵聚合关系的二元对立关系，可以辨明其提出的报纸中的摄影照片的含蓄意指手段大致可分两类：

一类是摄影照片运用特技摄影、对象和句法等横组合关系的含蓄意指手段。特技摄影是将摄影照片的部分构成元素进行人为的拼贴，如一幅摄影照片将美国参议员米拉尔·泰丁与共产党领导人伊尔·布洛德拼贴在一起，呈现出一种亲密态度；对象指摄影照片选择某一个或一类人所共知的事物，对其进行组合，如《巴黎竞赛报》中一幅摄影照片将屋顶和葡萄，房间内摆放的相册、放大镜和插着花的花瓶进行组合；句法指将多幅摄影照片进行并置，如将法国总统打猎的四幅打猎照片进行并置。

另一类是摄影照片运用姿态和审美处理等纵聚合关系的含蓄意指手段。姿态指摄影照片为了蕴含深刻的意义，对人的某些身体姿势进行特写，如

---

① 罗兰·巴特. 显义与晦义 [M]. 怀宇，译. 天津：百花文艺出版社，2005：8.

一幅摄影照片为了象征肯尼迪总统的青春、灵性和纯洁，特写其在大选中两眼望着天空、双手合拢的姿态；审美处理是摄影照片为了蕴含深刻思想进行的艺术模仿，如法国摄影家卡蒂埃-布雷松为了将利西约城信徒接待帕塞里主教的摄影照片表现得深刻肃穆，模仿了西方古代大师的绘画。

2. 广告照片的含蓄意指的修辞手法

巴特在《图像修辞学》和《图像修辞的结构分类》中，运用结构主义符号学横组合关系/纵聚合关系的二元对立理论，不仅将摄影照片的含蓄意指的修辞手法和含蓄意指剥离，而且对摄影照片的含蓄意指的修辞手法进行了更全面深入的阐释。在《图像修辞学》中，巴特将广告照片的含蓄意指的能指称为修辞手法，设想广告照片的"'修辞格'从来都只是一些要素间的形式关系的情况下，它就是一般的，这些修辞学只能依据一种相当宽泛的名录来构成"①，并对广告照片的修辞手法进行了分析。如在分析"庞札尼"的广告照片时，认为这幅广告照片中的西红柿通过换喻来意指意大利特色；而另一则由咖啡豆、咖啡粉、杯子里的咖啡组成的广告照片则是借助简单的并列与连词省略的方式来表现某种逻辑关系。巴特由此推测："极大的可能是，在所有的修辞反复之中，是换喻在向图像提供它的最大数量的内涵因子，而在所有的并列成分中，是连词省略在起主导作用。"② 后来在《图像修辞的结构分类》中，他进一步运用横组合关系/纵聚合关系的二元对立理论，将对摄影照片的分析推广到对更广泛的图像的分析，认为图像的含蓄意指的修辞手法可分两组：第一组的修辞手法处于纵聚合关系之中，其特征是语义转变、偏离和改易，它与隐喻、换喻、反语、曲意法、夸张法等常见的修辞手法对应；第二组的修辞手法处在横组合关系之中，其特征为句法偏离，包括种种得到编排的偶然性，可影响正常的句法组合序列，如中断（错格句）、落空（顿绝法）、拖延（中止）、缺失（省略法，连词省略）、扩充（重复）、对称（对照，交错配列法）等。③

二、都兰德的广告图像修辞研究

巴特对广告图像的修辞分析还比较零散，传播学家都兰德是巴特的弟

---

① 罗兰·巴特. 显义与晦义 [M]. 怀宇，译. 天津：百花文艺出版社，2005：38.
② 罗兰·巴特. 显义与晦义 [M]. 怀宇，译. 天津：百花文艺出版社，2005：39.
③ 罗兰·巴特. 神话修辞术：批评与真实 [M]. 屠友祥，温晋仪，译. 上海：上海人民出版社，2009：20.

子，1962年至1967年曾随其学习，1961年至1969年还与其一起进行广告图像修辞的研究，1970年发表《修辞与广告图像》，1987年发表"同样是六十年代那个研究的结果"的《广告图像中的修辞手段》。巴特在《旧修辞学——记忆术》中曾提及都兰德对广告图像的研究，认为都兰德运用结构主义符号学研究图像是有价值的："对于某些人来说，旧修辞学完成的繁琐分类法仍然是有用的，特别是应用于沟通或意指的边缘性领域时，如并无衰退之迹的广告形象。"① 巴特对大众文化的图像修辞格进行了步步深入的探讨，在分析庞札尼一幅广告图像的修辞时，还设想："这种修辞学只能依据一种相当宽泛的名录来构成，但是，我们现在就可以预想，我们将会在其中发现某些从前被先人和古人所记录下来的修辞格。"② 都兰德对巴特大众图像的修辞格的发展表现在：一是集中研究广告图像的修辞格。巴特只是对大众文化的修辞进行了初步探索，都兰德运用其结构主义分析方法，通过分析上千幅广告作品，对广告的修辞进行全面系统的阐述。都兰德说："在研究了大量杂志广告后，我发现了这些修辞手段的视觉对等物。"③ 二是巴特从组合轴和聚合轴两个方面分析大众文化的修辞格，但只是提出了设想；都兰德则在研究传统的语言修辞和大量的广告修辞的基础上，将组合轴和聚合轴相结合，将广告图像的修辞格分为一般修辞格和类似性修辞格，进行了层层深入的讨论。

1. 一般修辞格

都兰德在研究广告图像时，将各种修辞手段按照修辞性操作和各种成分之间的修辞性关系两个标准进行系统划分，其中修辞性操作属于组合层面，各种成分之间的修辞性关系属于聚合层面。修辞性操作是将某陈述的一些成分进行转化的过程，由偏离的生产、识别和评估组成，可以分为附加、压制、替代和互换。附加是为某陈述添加一个或多个成分；压制是将某陈述的一个或多个成分省去；替代是将某陈述的某部分省去，并由另一成分来代替这个被省略的部分；互换是将某陈述的两个成分互相交换位置。修辞关系可以划分为同一、相似、差异和对立四种基本关系，其中相似又可分为

---

① 罗兰·巴尔特. 符号学历险 [M]. 李幼蒸，译. 北京：中国人民大学出版社，2008：49.

② 罗兰·巴特. 显义与晦义 [M]. 怀宇，译. 天津：百花文艺出版社，2005：38.

③ Durand Jarques. Rhetorical Figure in Advertising Image. Jean Umiker-Sebeok. Marketing and Semotics: New Directions in the Study of Signs for Sale [G]. New York：Moutom de Gruyter，1987：295.

形式的相似和内容的相似，对立又可分为形式的对立和内容的对立。都兰德将修辞性操作作为组合层面，将各种成分之间的修辞性关系作为聚合层面，于是便构成了一般修辞格。一般修辞格的具体修辞格如表 3-1 所示：

表 3-1　一般修辞格

基本修辞关系	附加	压制	替代	互换
同一	反复	省略	同音异义	倒装
形式的相似	押韵		引喻	
内容的相似	比较	遁词	隐喻	重言
差异	列锦	宕笔	转喻	连词省略
形式的对立	移时	置疑	折绕	错格
内容的对立	对偶	缄默	委婉语	交错配列

都兰德的一般修辞格由语言学修辞转到视觉领域的修辞，推动了巴特视觉修辞的研究，具有一定的原创性和启发意义。其中，视觉隐喻是在有不同本性但还有某些共同性的事物之间建立一种含蓄的比照关系，是视觉传播领域中最有效和使用最广泛的修辞方式之一，如美国可口可乐公司资助世界杯的一则平面广告中，其图像是几只足球运动员的手一起捧着一个倒着的可口可乐瓶，这一倒着的可口可乐瓶和几双手的造型正与足球大力神杯的图像类似，隐喻可口可乐带给足球运动员澎湃动力，使其获得大力神杯。比较是将具有相同或相近意义的事物进行对比，如霍沃斯办公家具公司的一则平面广告中，左边是印度传统乡村生活的场景，两头瘤牛在拖动水车，右边是由霍沃斯办公家具装备出来的一个计算机化的办公室，两相对比，表明霍沃斯办公家具引领现代化的意义。错格是将具有不同意义的两个成分进行组装，如萨伯汽车的一则平面广告将一个男子的头部和一部小汽车的前半部分组合在一起，将人的面部与小汽车的前半部分平滑地融合，表达该品牌汽车完美的驾驶性能让驾车人感觉到人车合一，智能舒适。但是由于都兰德的这一修辞表格更多的只是语言修辞格向视觉修辞格的理论推导，由于语言修辞格与视觉修辞格之间不存在绝对的一对一关系，所以都兰德的这一修辞表格并不完全适用于具体的视觉修辞格。

2. 类似性修辞格

都兰德认为广告中的关键视觉成分是产品和人物的图像，而其他的视觉成分应该叫作"形式",包括人物对被展示产品的态度、人物的衣着和处所等。其中的每一个因素都可以按照类似和差异的二分标准来区别。这样将广告图像中的视觉成分划分为基本的三类:被展示产品的图片,展示或使用产品的人,包括人的服饰、态度等的形式。依据这三个视觉成分的相同/不同的二元对立,都兰德将类似性修辞手段进一步细分为八类。如表3-2所示:

表 3-2　类似性修辞格

视觉成分			修辞类型
形式	人物	产品	
相同形式	同一人物	同一产品	反复
		同一产品不同种类	形体变化
	不同人物	同一产品	芭蕾
		同一产品不同种类	同形异体
不同形式	同一人物	同一产品	连续
		同一产品不同种类	多样
	不同人物	同一产品	全体一致
		同一产品不同种类	列锦

都兰德八类类似性修辞格分别是反复、形体变化、芭蕾、同形异体、连续、多样、全体一致和列锦,其中反复是形式、人物相同,展示的产品也相同;形体变化是形式、人物相同,但展示的产品的品种出现变化;芭蕾是形式和展示的产品相同,但人物不同;同形异体或者是形式相同但人物不同,或者是形式相同但展示的产品的种类出现变化;连续是人物和展示的产品相同,但形式不同;多样是人物相同,但形式不同,展示的产品的种类多样化;全体一致是展示同一产品,但形式和人物不同;列锦是形式、人物和展示产品的种类均不同。这里试举例进行分析。

形体变化如一则广告理事会做的环保平面广告,其图像系统的前六幅是各种动物的眼睛的照片,最后的图像是一幅儿童双眼的照片,前面六幅照片都是动物的眼睛,但动物种类不同,通过最后一幅儿童双眼的照片暗示人类应当像呵护儿童一样呵护大自然。芭蕾如在索尼电视的一则广告中,画面开始是长沙发上一位男青年正在看索尼电视,接着旁边多了一位女青年，接着又多了一个活泼可爱的孩子，接着沙发上又多了他们的儿媳和孙子女，通过一代代人看索尼电视，暗示了索尼电视的高品质和用户对其的忠诚度。全体一致如美国杜邦公司的一则电视广告，第一幅画面是一位穿着用杜邦莱卡制作的连衣裙的女孩正在与男友拥抱；第二幅画面是一位男子驾车撞在电杆上，但由于其车辆使用了杜邦研制的薄膜而安然无恙；第三幅画面是农民们在稻田里投放杜邦的除草剂，一群顾客则品尝着用这片稻田里产出的糯米做的精致可口的糯米点心。这三幅画面通过不同人物和形式展示了杜邦公司的产品给大众带来的美丽、安全和愉悦。列锦如美国总统里根1984年竞选连任时运用过的一则电视广告，它将里根首任就职典礼的镜头与全国各地清晨上班族的形象相连接：先是里根总统的就职仪式，然后是一台拖拉机开进田里，一辆卡车驶出农舍；然后是一位牛仔牵马走出畜栏，一位头戴安全帽的男子在指挥吊车；最后是一位上班族正要坐进一辆小汽车，一家工厂门前有几名工人。这一电视广告意在表明里根总统带给美国人民秩序和繁荣，它通过不同人物的不同行动对该主题进行了揭示。

都兰德的类似性修辞则是在具体细致地分析广告图像的基础上，根据结构主义符号学的二元对立推导的结果，是图像修辞研究的第一项具体成果。但它也存在明显不足，主要表现为运用结构主义语言学的二元对立剖析以形象为主的图像修辞，未能充分揭示出图像所具有的独特修辞，对图像修辞的剖析也不全面。美国艺术理论家鲁道夫·阿恩海姆在《艺术与视知觉——视觉艺术心理学》中提出图像的四大要素分别是形式、空间、色彩和运动。① 美国大众文化学家莱斯特认为图像的视觉元素包括色彩、形式、纵深、位移等四个方面。② 综合阿恩海姆和莱斯特的论述，我们将图像的基本修辞分为视觉构图的修辞格、视觉色彩的修辞格和视觉运动的修辞格进行阐述。

视觉构图的修辞格是将视觉形象元素进行组合、排列，通过元素相互之间的关系表现图像的艺术创意，如重复、变异、重组、同构、对称、不

---

① 鲁道夫·阿恩海姆. 艺术与视知觉：视觉艺术心理学 [M]. 滕守尧，朱疆源，译. 北京：中国社会科学出版社，1984：515.

② 莱斯特. 视觉传播：形象载动信息 [M]. 霍文利，等译. 北京：北京广播学院出版社，2003：33.

对称和留白等：重复是在图像中将同一形态有规律地反复排列，变异是在重复的基础上有一点变化，重组是在图像中将不同物体重新结合形成新的形象，同构是在图像中通过外形的表面模仿表达意义的接近或者扩大意义，对称是画面的主体部分严格的均衡，不对称是画面大小、左右形象等的不均衡，留白是在图像中留下空白。视觉色彩的修辞格是通过两种或两种以上不同颜色之间的衬托关系，使得各自的差异特征更为鲜明和突出，包括色相、明度、纯度、冷暖的对比和色彩缺失等：色相的对比是形象和背景的颜色形成反差，明度对比强调对比方在明度上的差异，纯度对比指色彩在饱和度上的差别组成的对比，冷暖对比是人们把生理和心理的感受与视觉对象进行联系后形成的认识，色彩缺失是通过有意去掉某一部分色彩造成不和谐的感觉。视觉运动的修辞格包括动态画面中存在的真实、假象、图形、暗示位移四种位移：真实位移是人或物的实际移动，假象位移指静态物体呈运动状态，图形位移是眼睛扫描整个视觉范围时的移动或者眼睛跟随图形元素的布局而移动，暗示位移指观者在物体、形象、眼睛没有发生移动的情况下从单幅静态画面中感受到的动感。

　　大众图像的修辞格还可以结合使用视觉图像特有的修辞格，可以复合运用与语言修辞相通的修辞格，还可以综合使用与语言修辞相通的修辞和视觉图像特有的修辞格，这使得大众图像的修辞格特别丰富多彩、变化多样。美国大众传播学家保罗·梅萨里在《视觉说服——形象在广告中的作用》中分析广告图像时，发现大多数广告中的视觉形象可以通过因果、对比、类比、概括四种基本关系进行分析，这其实就是视觉图像特有的修辞格的结合使用。[1] 因果关系是视觉形象和广告产品之间存在从原因到结果的关系，如一则西方维生素口服药片广告将产品与朝气蓬勃的体育运动一起展示，这是暗示服用此药片与强身健体之间的因果联系。对比关系常以产品比较或事前事后对比的形式出现，如一则名为《古代森林》的广告的录像将未被损坏的森林中高耸入云的树干、茂密的蕨类和苔藓类植物及其他植物，与自然被破坏、树木被砍伐后留下的一个个树桩和光秃秃的整座山坡进行对比，以表现保护环境的重要性。类比是广告图像的产品与共同展示的形象具有类似关系，如日本一则丰田汽车的广告的图像将丰田汽车与

---

① 保罗·梅萨里. 视觉说服：形象在广告中的作用 [M]. 王波，译. 北京：新华出版社，2004：183.

雄狮共同展示，以表现其像雄狮一样强劲有力。概括是将一个普遍观点用于某一特定的事例，如英国约翰尼·沃克威士忌的平面广告将伦敦的大本钟、巴黎的埃菲尔铁塔、京都的寺庙合在一起以表现"全世界各地"都在享用约翰尼·沃克威士忌。

三、巴特和都兰德运用结构主义符号学研究图像修辞的原因

巴特和都兰德运用结构主义符号学研究大众图像的修辞，对大众文化的图像修辞进行了比较全面系统的阐述，推进了大众文化的图像修辞的研究。但其研究也存在明显不足，原因在于结构主义符号学以结构主义语言学为基础，运用结构主义符号学研究图像修辞，实际上是运用结构主义语言学研究图像修辞，但语言和图像作为两种不同的媒介，虽然具有相通之处，但是区别仍然是明显的。主要表现在：语言符号由语音、词汇、语法、语义等构成，图像则是由线条、色彩和形状等构成；语言符号是抽象的符号系统，图像是直观的符号系统；语言符号是在时间的维度上延伸，图像是立体的多维系统；面对语言符号，受众的大脑主要处理文字信息，面对图像，受众的大脑主要处理形象信息。对于结构主义深受语言学的影响这一点，法国学者多斯认为："现代化是与跨学科性联系在一起的。有必要打破神圣不可侵犯的边界性。如此一来，语言学模型就会渗透到全部社会科学领域。在这个一切皆语言的世界上，当一切事物都与语言相关时，从那一刻开始，'一切事物都成了可以交换、互换、转换、变换的了'。"① 但多斯的论述过于简略，本书在此基础上，提出以下三个方面的原因。

1. 法国理性主义的影响

理性主义强调理性作为知识的来源和推理的前提，它要求通过具有说服力的论据发现真理，通过逻辑严密的推理获得结论。法国是欧洲大陆理性主义的发祥地和重要堡垒，法国教育一直通过加强学生的语法学、修辞学和逻辑学的训练来培养学生的理性精神，其中修辞学被视为"说服的艺术"，修辞格则被强化学习。② 法国在五世纪以前一直被罗马帝国统治，其教育深受古罗马包括文法、修辞、辩证法、算术、几何、天文、音乐等在

---

① 多斯. 从结构到解构：法国 20 世纪思想主潮：上卷 [M]. 季广茂，译. 北京：中央编译出版社，2004：509.
② 邢克超，李兴业. 法国教育 [M]. 长春：吉林教育出版社，2000：369.

内的"七艺"教育的影响；在八世纪的查理大帝统治时期，法国开始在各
教区开办学校，要求贵族子弟学习语法学、修辞学和逻辑学，通过包括修
辞学在内的学习使有教养的人懂得讲话的艺术；在人文主义时期，法国学
生在中学学习的基础课程是拉丁文和修辞学，修辞学被作为取悦和说服的
艺术对学生进行训练，还常配合公开演练和舞台表演以内化修辞学学习的
效果；在古典主义时期，法国同样强化拉丁文的训练和修辞学的学习，要
求学生对作文和论证中的修辞学驾轻就熟，以适应走上社会之后的工作需
要①；在启蒙主义时期，法国越来越重视教育，将接受教育的人分为四个层
次，要求处于最高层次的文人圈能熟练掌握法语和拉丁文，能写修辞漂亮、
说服力强的文章；十九世纪，学校的教育依然重视包括修辞学在内的古代
语言和现代语言的学习；到二十世纪五十年代，法国在中学阶段就要求学
生除了学习法语、数学、历史、地理、公民教育等基础课程外，还要达到
更重要的三个共同目标：发展逻辑思维，掌握口头语言、书面语言和图像，
掌握个人学习方法并养成相应习惯，其中发展逻辑思维、掌握口头语言和
书面语言都与修辞学密切相关。② 巴特和都兰德作为深受法国理性精神和理
性教育影响的法国学者，在强调理性的结构主义文论在法国人文社会科学
领域取得优势时，自然会将其研究方法应用于大众文化图像的修辞研究，
这种应用在推进大众文化图像的修辞研究的同时，也将暴露这种研究方法
的弊端。

　　2. 法国人文教育的影响

　　法国特别注重人文教育，这既来源于法国人浪漫、热情、想象力丰富、
娴于辞令的天性，更来源于其深厚的古典主义文化传统。法国古典主义文
化要求人懂得社交礼节，对人落落大方，谈吐举止高雅自然，其中最突出
的表现是古典主义语言和文学：古典主义语言简洁、规范、明晰，用字高
雅，句法工整，逻辑缜密一贯，思想清晰有序；以戏剧为代表的古典主义
文学简洁凝练，人物语言明快雄辩，这种文化传统在法兰西民族的文化本
体、思维方式、语言习惯、审美趣味乃至生活方式等诸多方面都打上了深

① 让-皮埃尔·里乌，让-弗朗索瓦·西里内利. 法国文化史：第 2 卷 [M]. 傅绍梅，钱林森，译.
　　上海：华东师范大学出版社，2012：261
② 邢克超，李兴业. 法国教育 [M]. 长春：吉林教育出版社，2000：245.

刻的烙印。① 法国教育是法国古典主义文化传统的集中体现，它特别注重法语学习：在第二次世界大战后，法国小学阶段每周至少学习法语八小时，而数学学习六小时；在中学阶段每周学习法语四个半小时，而数学学习三小时；高中文学类的学生每周学习法语五小时，学习数学四小时，还要学习现代语言课程Ⅰ和Ⅱ，以对语言进行强化。② 作为受法国人文教育影响的学者，巴特和都兰德都对法语语言和文学的修辞相当熟悉，在研究大众文化的图像时，他们对大众文化的图像并没有深厚的知识准备，在没有其他更好的研究方法时，自然将语言修辞作为大众图像修辞的基础，都兰德跟随巴特研究大众文化的图像修辞，运用结构主义符号学来研究广告图像的修辞研究。

3. 法国结构主义符号学的影响

二十世纪五六十年代，一方面法国结构主义通过与萨特的存在主义和索尔邦大学系统的"旧批评派"的论争，暂时取得了法国人文社会科学领域的学术话语权；另一方面索绪尔的结构主义语言学又为结构主义的研究奠定了理论基础，使得包括结构主义符号学在内的结构主义成为法国人文社会科学领域的主流思潮，甚至对马克思主义研究、心理学、神话学、历史学乃至经济学领域都产生了影响。正如多斯所说："结构语言学提供了一种方法和一种共同语，以此引发了社会科学的科学革新。语言学是作为一个模型问世的，它是一系列尚未形式化的科学的共同模型，而且它更深刻地渗透到人类学、文学批评和精神分析之中。"③ 如在法国的历史学研究领域，法国年鉴派历史学家开始对历史主义、历史语境、起源探寻、历时性、目的论等观点进行论争，支持永恒的能量、共同性和封闭文本的结构主义研究。在人类学领域，列维-斯特劳斯、格雷马斯、巴特、拉康、阿尔都塞和福柯等建立了各自的学术研究团体。列维-斯特劳斯在二十世纪六十年代当选法兰西学院院士，他依托法国国家科学研究中心、法兰西学院和高等实验研究学校研究结构人类学，周围聚集了米歇尔·伊扎尔、勒鲁瓦-古尔让、亨利·里维埃、乔治·奥德里古、莫里斯·戈德利耶、皮埃尔·克拉

① 罗芃，冯棠. 法国文化史 [M]. 北京：北京大学出版社，1997：81.

② 邢克超，李兴业. 法国教育 [M]. 长春：吉林教育出版社，2000：250.

③ 多斯. 从结构到解构：法国20世纪思想主潮：上卷 [M]. 季广茂，译. 北京：中央编译出版社，2004：508.

斯特等研究人员，形成了列维-斯特劳斯主义学派。巴特也以《神话——大众文化诠释》《符号学原理》《叙事作品结构分析导论》等成为当时法国的学术明星，而且巴特还重视大众图像研究，其大众图像的修辞研究在大众文化领域也具有开拓性，作为巴特的学生和同事的都兰德等运用结构主义符号学研究图像修辞也就成为顺理成章之事。

在二十一世纪"照片就是当今世界"① 的时代，在人类已被各种眼花缭乱的图像所包围的今天，巴特和都兰德对图像修辞的有益探索显示了其学术的敏锐性，由于囿于以结构主义语言学为基础的结构主义符号学，其对图像修辞的研究还有待进一步拓展。

第二节　热奈特和托多洛夫的文学修辞观

修辞批评（Rhetorical Criticism）是根据修辞理论对言语行为、话语和语篇进行审视或评价，大致可分为传统理性主义批评、心理社会修辞批评和戏剧主义批评几种模式。② 作为巴特的学生和同事，热奈特曾在索邦大学担任助教，和托多洛夫等一起在二十世纪六十年代参加了巴特在巴黎的高等实践研究学院的研讨班，受到了巴特的符号学和结构主义批评的影响，成为巴特结构主义符号学和结构主义批评的支持者和推动者。他们通过运用传统的修辞格批评，发展了巴特的符号学和结构主义批评，开辟了结构主义文学批评的新路径，丰富了修辞批评传统的理性主义批评的研究方法，为新修辞学的大众文化批评做了一定的铺垫。

一、热奈特的文学修辞观

热奈特在早期的文论研究中主张进行修辞批评研究，他说："当时我的意图是要在修辞学，尤其是辞格理论中去探寻符号学的某种渊源关系，或者说也是为了语义学和现代风格学寻找源头。"③ 在借鉴巴特《写作的零度》《神话——大众文化诠释》等著作的符号分析方法的基础上，在阐释《追忆似水年华》的代表性论文《普鲁斯特隐迹文稿》和《普鲁斯特作品中

---

① 玛丽·沃纳·玛利亚. 摄影与摄影批评家 1839 年至 1900 年间的文化史 ［M］. 郝红尉，倪洋，译. 济南：山东画报出版社，2005：2.

② Campbell K K. Critiques of Contemporary Rhetoric ［M］. Ware：Wordsworth Editions Ltd.，1972：12.

③ Genette G. Figures IV ［M］. Paris：Seuil，1999：14.

的换喻》中，热奈特将西方古典修辞学进行现代转换，将比喻的隐喻和换喻修辞格运用扩展到文学语篇，对普鲁斯特在文学文本中运用的艺术效果进行思考，热奈特自言："从我个人方面来说，第一个所谓的规划，也是第一次批评实践，就是对古典修辞学进行重新阐释的尝试。"①

巴特在《写作的零度》中提出，语言是某一时代一切作家共同遵守的一套规定和习惯，风格来源于作家的生物学的身体和个人经历，写作是作家在一个时代中选择语言并渗入自己的个人风格的过程。② 在《神话——大众文化诠释》中，巴特指出神话的能指由语言的能指和所指构成，并将神话的能指称为神话的修辞。他说："我们必须了解修辞是一套固定的、规则化的、坚持不变的图形，据此，神话能指多变的形式自我安排。"③ 如图 3-1 所示。

语言	能指 1	所指 1	
神话	能指 2		所指 2
	符号 3		

图 3-1　神话修辞

热奈特受其影响，明确提出将修辞学运用于文学研究："修辞学的雄心，就是建立文学内涵的一种规则，或者说建立罗兰·巴特称之为'文学的符号'的一种规则。"④ 首先，他借鉴巴特的写作观，认为文学写作"是对于形式负起责任，这种形式在语言的范围内所描绘的（由场所和时代所决定的）自然与（听命于肉体和心理之深度的）风格的垂直力所确定的自然之间，表现出作家对于一种文学态度的选择，并由此而告诉人们某种文学的方式"⑤，进而运用巴特的分析模式对修辞格和修辞学进行了更明确的阐述，如图 3-2 所示。

① Genette G. Figures IV ［M］. Paris：Seuil，1999：14.

② 罗兰·巴尔特. 写作的零度 ［M］. 李幼蒸，译. 北京：中国人民大学出版社，2008：11.

③ 罗兰·巴特. 神话：大众文化诠释 ［M］. 许蔷蔷，许绮玲，译. 上海：上海人民出版社，1999：211.

④ 怀宇. 论法国符号学 ［M］. 天津：南开大学出版社，2016：169.

⑤ 怀宇. 论法国符号学 ［M］. 天津：南开大学出版社，2016：167.

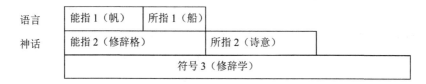

图 3-2　文学修辞

热奈特认为，所有的写作除文字意义之外，都表达了一种态度、一种选择、一种意愿，在由"帆"代替"船"的过程中，能指和所指的关系就构成了一种修辞格："使单词'帆'可以用来指明'船'的符号学系统，就是一种修辞格；而使一种修辞格可以用来指明诗意的第二级符号学系统，就是修辞学。"热奈特进一步设想："在文字与意义之间，在诗人写出的与他的思考之间，有一种距离、一种空间，就像任何空间一样，这个空间具有一种形式。我们把这种形式称为修辞格。""修辞学是一种修辞格系统。"① 热奈特以普鲁斯特的先锋小说《追忆似水年华》为例，运用比喻的隐喻和换喻修辞格对其修辞学进行深入剖析。

（1）隐喻修辞格。作为修辞格，隐喻是用隐含的方式进行比喻，换喻是借用与其密切相关的名称或者其本身的某些属性来指代。② 巴特将隐喻和换喻与文学批评联系起来，提出隐喻是用一个能指取代另一个能指，而这两个能指具有相同的意义；换喻是依据一种意义从一个能指向另一个能指的滑动。热奈特在巴特的基础上提出隐喻表现为既要显现类似，又要显现差异："任何隐喻中，既要显现类似，又要显现差异，还要既尝试'同化'，又抵制这种同化，这是包含着冒险的。"③ 热奈特发现，普鲁斯特认为现实不能真实反映事物的内在本质，为了揭示事物的内在本质，他的创作从内在视觉出发，主要通过隐喻手法营造虚构的主观世界，通过主观世界更具质感和鲜活的意象来表现生活的本质。如《追忆似水年华》第六部"女逃亡者"中叙述主人公马赛尔的母亲带他去威尼斯过了几个星期，马赛尔感到威尼斯给他的印象与过去在贡布雷的生活颇为相似："当早晨十点侍者为我打开窗户遮板时，在我眼前熠熠发光的不是圣依莱尔的亮得像黑大理石似的石板瓦，而是圣马克教堂钟楼上的金色天使。""我在威尼斯的第一次

---

① Genette G. Figures I ［M］. Paris：Seuil, 1966：208.

② 罗兰·巴尔特. 文艺批评文集 ［M］. 怀宇，译. 北京：中国人民大学出版社，2010：278.

③ Genette G. Figures I ［M］. Paris：Seuil, 1966：45.

出游留给我的印象，这里的日常生活对于我就像贡布雷一样看得见摸得着。"① 在这两处细节描写中，马赛尔对威尼斯和贡布雷城市风格存在的明显差异视而不见，而执意将高雅奢华的威尼斯看成朴素平民化的贡布雷，并且赋予它新的本质——它是被蓝宝石水环绕的、更小巧玲珑的、更有异域情调的城市，这不仅使马赛尔更感亲切和熟悉，也增添了小说的美感和深度。

热奈特还发现，《追忆似水年华》特别热衷于空间的置换或者将人物加以变形，这构成了普鲁斯特的主要隐喻。马赛尔通过"看"和"想象"对外界事物进行重新加工和变形，将其感觉或者情感移植到具体的想象物上，然后以想象物为媒介，去建构其自我的某种感觉与想象物之间的联系。如小说出现了各种空间的频繁置换现象：在帕尔玛公主的晚宴上，歌剧院变成了海底世界；马赛尔去巴尔贝克度假，第一天清晨醒来时，从卧室的窗户向外望去，眼前海的景色又变换成了山区的景色；马赛尔偶然看到了埃尔斯蒂尔的一幅油画《卡尔克突尔海港》，但是他在谈及自己观画的视觉感受时，更愿意将画中的海看成山，而把山看成海，通过这种置换，马赛尔发现自己再次面对这幅画时，感觉变形后的景物比之前画面所描绘的对象显得更生动，更富有诗意。

（2）换喻和隐喻及其联合运用。对于换喻，热奈特主张从联想原则上去认识换喻，换喻的比较和替代建立在两个对象之间的"邻近关系"之上。《追忆似水年华》中的隐喻处于主导地位，换喻处于次要地位，而且纯粹的换喻非常少；换喻和隐喻并非截然对立和毫无关系，而是相互支撑、相互贯穿渗透，换喻的邻近关系影响隐喻的类比关系："不管在任何情况下，邻近关系总是规范着或者确保类比关系。不管在哪个例子中，隐喻比较的动机必然到换喻中去寻找依据。"② 如第一卷《在斯万家那边》的一段风景叙述中，马赛尔外出散步欣赏梅塞格利斯平原风景，只见一望无际的麦地被微风吹拂着。这时他看见"右边，在一片麦田的上面，遥遥可见圣安德烈教堂的两座钟楼，雕琢得很精致，颇有乡土风味。它们也跟麦穗似的，尖尖翘起，瓦片如蜂窝般地一格格紧扣成行，像正在变黄的麦粒"。③ 安德烈

① 普鲁斯特．追忆似水年华［M］．李恒基，徐继曾，等译．南京：译林出版社，2004：1563.
② Genette G. Figures Ⅲ［M］. Paris：Seuil，1972：45.
③ 普鲁斯特．追忆似水年华［M］．李恒基，徐继曾，等译．南京：译林出版社，2004：86.

教堂的钟楼雕刻饰物与周围乡村田野里的麦穗关系接近，而尖拱状的、金黄色的、有格状花纹的安德烈教堂的钟楼与麦穗的形状相似，是由色彩的原因引起的比较，这是换喻。尖拱状的、金黄色的、有格状花纹的安德烈教堂的钟楼在麦田的映衬下看起来像麦垛，这是隐喻，这一隐喻是由换喻引发的。而钟楼与田野的环境又相互吻合，因此两物之间的比较存在着邻近关系。

再如《女逃亡者》中，马赛尔回忆了自己在母亲的陪同下参观意大利威尼斯的圣马可教堂的情景：圣马可教堂的圣洗堂里有几幅表现耶稣浸礼的镶嵌画，还有一幅卡帕契奥的一位母亲形象的肖像画《圣于絮尔》，这位母亲身穿黑衣衫，她的表情面带虔诚，流露出无限的忧伤；而进入教堂的马赛尔的母亲与这位肖像画的母亲类似。此后每当他回忆起威尼斯的圣马可教堂情景时，"没有任何东西能把她和圣马可教堂那光线柔和的殿堂分开。我确信总能在殿堂里再找到她，因为她在那儿就像在一幅拼花图案中一样占有一个专门的、固定不变的位置"。① 这里马赛尔不仅把穿黑衣衫的母亲和卡帕契奥肖像画中虔诚的母亲形象相类比，运用了隐喻的修辞格，而且在以后的回忆中又将母亲同圣马可教堂那幅拼花图案联系在一起，用母亲替代那幅拼花图案，这是明显的换喻手法。热奈特发现普鲁斯特经常巧妙运用语言含混，通过纯粹的言语关联激发隐喻关系。如《盖尔芒特家那边》中马赛尔去歌剧院看拉辛的名剧《费德尔》的演出时，恰巧在入口处遇到盖尔芒特公爵夫人的亲戚萨克森亲王问检票员其座位在几号包厢（baignoire）。由于 baignoire 的本义指"浴缸、澡盆"，而隐喻义指"楼下包厢或者船上的甲板"，于是马赛尔在步入走廊看见走廊的墙壁异常潮湿时，自然产生了类似于进入海底岩洞的幻觉，仿佛看到了海洋中的仙女、半人半神的海神、光滑的鹅卵巨石、海藻及海洋馆的密室等，这是运用了换喻的修辞格；baignoire 与异常潮湿的墙壁的联系，使马赛尔将观看戏剧的真实现实世界和幻想的海洋世界建立联系，这又是隐喻的修辞格。

美国解构主义学者德曼（Paul de Man）在《解构之图》的"符号与修辞"中，点明了热奈特将比喻修辞格用于文学批评的贡献："或许，出于这一学派（法国及其他国家使用的符号学）的最具洞察力的著作，是热奈特对于修辞格模式的研究。这部著作说明，它是吸收了修辞学转换或者修辞

---

① 普鲁斯特．追忆似水年华［M］．李恒基，徐继曾，等译．南京：译林出版社，2004：1577.

上句法语法模式的组合的结果。"① 热奈特从比喻的隐喻和换喻修辞格角度进行文学批评，打破了传统修辞格研究的沉闷停滞，丰富了结构主义文学批评的研究方法，是对巴特结构主义批评的发展。而且，作为先锋文化代表的《追忆似水年华》与大众文化虽然处于文化发展的两极，各方面的差异甚大，但在注重形式上的创新方面却具有相通之处，这也在客观上对大众文化的修辞批评具有启示意义。

二、托多洛夫的文学修辞观

巴特在将结构主义符号学运用于对叙事作品结构的分析时，认为文学作品是一种脱离现实的符号语言，索绪尔等的结构主义语言学理论可以作为分析叙事作品结构的理论基础，分析叙事作品的结构可以采用演绎法。托多洛夫认同巴特的这些观点②，并在《奇幻文学导论》中针对奇幻文学类型对文学研究进行了更全面的论述：文学类型理论只是一种结构性存在，具体的文本不一定与类型分类完全相符；文学作品可以分为言语、句法和语义这三个层面，言语又包括言语层面和言语行为，其中言语层面与话语本身的属性相关，是文学修辞格的特定用法。③ 托多洛夫借鉴法国修辞学家杜马赛（Dumarsais）和冯塔尼耶（Fontanier）的修辞格观点，指出奇幻文学的奇幻是一个只了解自然法则的人在面对明显的超自然事件时所经历的犹疑，并将修辞格与奇幻文学相联系，从否定和肯定两方面对奇幻文学的修辞格进行了阐述。④

1. 从否定方面提出讽喻使奇幻消失

托多洛夫的讽喻既是一种修辞手法，其意义与热奈特的隐喻基本相同；又是一种语言表达方式，它把另一层含义隐藏于作品之中。托多洛夫将童话故事和作家小说都看作寓言类文体，提出寓言类文体中如果出现一个超自然事件，但读者从中读出了并非超自然的含义也就是讽喻意义，那么奇幻将不再有立足之地："从明显的寓言（贝洛、都德）到幻觉性的寓言（果

---

① 保罗·德曼. 解构之图［M］. 李自修，译. 北京：中国社会科学出版社，1998：54.

②《马克思主义理论研究》编辑部. 美学文艺学方法论（续集）［M］. 北京：文化艺术出版社，1987：207.

③ Todorov T. The Fantastic：A Structural Approach to a Literary Genre［M］. New York：Cornell University Press，1975：20.

④ 茨维坦·托多罗夫. 象征理论［M］. 王国卿，译. 北京：商务印书馆，2004：133.

戈理），从直接的寓言（巴尔扎克、维利耶）到有'犹疑'效果的寓言（霍夫曼、坡）。在每种情况之下，奇幻都遭到质疑。"① 如法国作家都德的小说《黄金脑的人》中讲述了一个拥有黄金脑的人的不幸遭遇：他拥有黄金脑，这是他和他的家庭谋生的手段，他因此挥霍无度，还为一个金发女郎荡尽钱财。但他发现了一个可怕的事实：每一次黄金脑上被削去一小片，他就丧失一小部分才华。当他的黄金脑被不断削去时，他突然想到，还有很多像他一样依靠头脑为生的人，那些贫困的艺术家和作家不得不用他们的才华去换取面包。在他的黄金脑被削去一小片丧失一小部分才华时，尚给读者留下奇幻的感觉，但由黄金脑寓指以个人才华为生的人的意义，则使读者的注意力集中于小说的讽喻意义，使小说中的奇幻不复存在。

在巴尔扎克的小说《驴皮记》中，青年拉斐尔受诱惑输掉最后一枚金币准备自杀时，一个古董商给了他一张神奇的驴皮，这张驴皮轻而易举地实现了他很多的人生愿望：拥有贵族的地位、奢华的住宅、精美的食物和美貌的妻子。但每当他实现一个愿望的时候，他发现象征他生命长度的驴皮都要缩小一点。驴皮与拥有者的生命的长短相对应，由此驴皮的意义变成人的欲望，而人的欲望的完全实现会导致人的死亡。正如这部小说中的拉斯蒂涅对拉斐尔所说："我的朋友，挥霍是统摄一切死亡的王后。它甚至还能以统辖迅猛的中风，就像从未错失目标的手枪子弹一样。狂欢为我们提供了每一种物质享乐，可它们难道不像是鸦片或者类似的东西吗？"② 驴皮能实现主人公拉斐尔的欲望，每当拉斐尔的欲望被满足时，驴皮就会缩小，这充满了奇幻色彩，但其人的欲望的完全实现会导致人的死亡的讽喻意义又令每位读者深思，它使驴皮带给读者的奇幻之感烟消云散。再如美国作家爱伦·坡的小说《威廉·威尔逊》中的"我"被"我"的分身威尔逊所困扰，"我"有一个分身，和"我"叫同样的名字，同一天出生，同一天入学，连外表和走路的姿势也一样，且总是在"我"生命中的重要时刻一同出现，"我"对分身抱怨道："你在罗马摧毁了我的梦想，在巴黎破坏了我的复仇，在尼泊尔阻挠我寻欢，在埃及制止我所谓的贪欲。"在忍无可

① Todorov T. The Fantastic：A Structural Approach to a Literary Genre ［M］. New York：Cornell University Press，1975：74.

② Todorov T. The Fantastic：A Structural Approach to a Literary Genre ［M］. New York：Cornell University Press，1975：67.

忍之际，"我"在一场决斗中杀死了他，可他令人吃惊地对"我"说："你胜了，我败了。但是，从今往后，你也活不了了——对尘世、对天堂、对希望来说，都死掉了。我活着，你才存在；而我死了，看着这影像，这正是你自己，看看你把自己谋杀得多彻底！"① 小说结尾揭示出小说的讽喻义，即"我"的分身实质是"我"良心的某种化身，这使小说开始时"我们一模一样"的奇幻荡然无存。

2. 从肯定方面提出修辞格与奇幻相联系

托多洛夫提出修辞格在若干方面与奇幻相联系："奇幻与修辞性话语之间的不同联系——彼此相互影响。"② 这就是说，奇幻会持续性地使用某些修辞格，某些修辞格会产生奇幻。托多洛夫具体分析了产生奇幻色彩的三种修辞格：

（1）夸张型奇迹产生奇幻色彩。夸张型奇迹（Exaggerated Miracle）是使读者从夸张的语句中体验到奇幻，如《一千零一夜》中的《维克》中，哈里发宣布将重赏能够破译铭文的人，但又命令烧掉没能破译的人的胡子，那些学识渊博的、学问平平的或者不学无术但自认堪比前两者的人，都纷纷轻率地拿自己的胡子碰运气，结果都丢脸地失去了胡子。而魔鬼惩罚哈里发永远干渴，故事并不满足于说哈里发喝了大量的水，而是说："他的嘴就像一个漏斗，随时张开迎接灌进来的各种各样的液体……他的仆从们……卖力地斟满巨大的水晶碗，并争先恐后地进献给他。然而，他的焦渴很快便超越了仆从们的努力，他直接趴到地上去舔食那些水，但永远都喝不够。"③ 对那些没能破译铭文被烧掉胡子的人和哈里发永远处于干渴之中的描述，都属于夸张性言辞，引发了读者的超自然体验。

（2）比喻性表达的字面意义产生奇幻色彩。如某人"缩成一个球"是比喻性表达（Figurative Expression），只是说人像一个圆圆的球，并非人真正变成了一个球。而《一千零一夜》中的一个印度人则回归其字面意义，他真的变成了一个球：这个魔鬼手下伪装的印度人参加了哈里发的宴会，由于他傲慢无礼的行为，哈里发再也无法容忍，将他踢下楼去，并追上去

① Todorov T. The Fantastic：A Structural Approach to a Literary Genre ［M］. New York：Cornell University Press，1975：72.

② 张寅德. 叙述学研究 ［M］. 北京：中国社会科学出版社，1989：10.

③ Todorov T. The Fantastic：A Structural Approach to a Literary Genre ［M］. New York：Cornell University Press，1975：78.

对其拳脚相加，其他人纷纷效仿。于是这个又矮又胖的印度人真的缩成一个球，在众人的拳打脚踢下滚来滚去，他滚过了大厅、走廊、卧室、厨房、花园，以及王宫的马厩，滚过了所有的街道和公众场所，最后滚上了卡图平原，滚进了四泉山脚下的深谷中。这里真的"缩成一个球"是比喻的字面意义，这种表达使文本产生奇幻色彩。再如 J. 波托茨基的《费拉拉的兰多夫》中的"爱情与死亡一样强大"并非只是比喻爱情像死亡一样，而是实现了其字面意义：兰多夫的情人比安卡被她母亲的兄弟杀害了，兰多夫对她的母亲说："如果他会来的话，他一定是来拖你下地狱的，你的兄弟以及整个赞比家族都要下地狱。"① 在她的母亲跪下来祷告时，随着一声巨响，门开了，门口站着一个可怕的幽灵，浑身都是刀伤，和比安卡长得一模一样。兰多夫诅咒她母亲及母舅下地狱并非只是想象，而是使死亡实现了其字面意义，以显示爱情的强大。

（3）通过一系列的比较、比喻性或惯用手法产生奇幻色彩。如 C. 诺狄埃的《故事集》中的《塞拉山的伊内斯》中描写了一个幽灵伊内斯，她将胳膊绕过塞尔吉的脖子，把手按在他的胸膛上，她炽热的手就像艾斯特班神话中所说的那样，而且正在施展魔力的伊内斯并没有停下来，还突然说道："好像一个好心的魔鬼把响板落在了我的紧身衣里。"② "就像"运用了比较手法（Comparative Technique），给读者以奇幻之感。梅里美《洛基及其他故事集》中的《伊勒的维纳斯》中，超自然事件使一尊维纳斯雕像活了过来，并勒死了新郎阿尔封斯，因为他轻率地将一枚戒指套在了这尊雕像的手指上。故事通过一系列比喻性用法显示奇幻色彩。一位农民描述这尊雕像："你被她那巨大的白色眼睛吸引……仿佛她正在凝视着你。"阿尔封斯被勒死后，"我"解开了他的衣衫："他的胸前有一片青色的瘀痕，一直延伸到肋骨和后背，就好像他曾被一圈铁环搂抱过一样。"故事中还有"过了一会儿，床发出了呻吟声，仿佛它正承受着巨大的重量"的表述。③ 这些运用比喻性手法（Figurative Technique）的语句给读者带来一种超自然

---

① Todorov T. The Fantastic：A Structural Approach to a Literary Genre ［M］. New York：Cornell University Press，1975：79.

② Todorov T. The Fantastic：A Structural Approach to a Literary Genre ［M］. New York：Cornell University Press，1975：81.

③ Todorov T. The Fantastic：A Structural Approach to a Literary Genre ［M］. New York：Cornell University Press，1975：80.

的暗示，充满了奇幻色彩。同样，维利耶在《奇幻故事集》中的《维拉》中也用了奇幻的表现方式："精神在这些器物中渗透得如此之深，它们的外形也似乎有了人气……那些珍珠仍然是温润的并散发着微光，就好像感到了肉体的温热一样……在那个晚上，猫眼石也闪烁着微光，就像刚刚被摘下一样。"① "似乎""好像""就像"等比喻性用法显示出对死者复活的暗示，让读者产生奇幻之感。

托多洛夫是法国"叙事学"概念的"始作俑者"，重视通过符号学和叙事理论对文学作品的文学性进行研究："这门科学研究的不再是实在的文学，而是潜在的文学，换而言之，是构成文学事实特点的那种抽象的特性，即文学性。"② 托多洛夫对奇幻小说的修辞批评发展了巴特的结构主义批评，也将热奈特的比喻修辞格进行扩大，这使其视野更为开阔；其对小说的选择既有经典小说，又有通俗小说，这又将文学修辞批评从传统文学过渡到大众文化的研究，推动了文学修辞批评的发展。但托多洛夫的文学修辞批评仍限于传统修辞格，这使其文学修辞批评受到了一定的限制，其修辞批评仍有发展空间。

三、斯特拉坎和克劳德的影视修辞观

新修辞学起源于二十世纪四五十年代，它运用当代哲学、心理学、语言学、动机研究和其他行为主义的观点，将修辞的语言扩充为语言符号，提出语言符号创造并构成意义的观点，还将绘画、音乐、舞蹈、建筑、电影、手势、服饰、发式，以及话语、文本都包含在语言符号范围内，认为修辞是在劝说过程中演说者与听众一起达到一致而产生劝说的效果。③ 新修辞学在运用于修辞批评时，又有类聚批评、语体类型批评、隐喻批评、叙事批评和戏剧五要素批评等类型。④ 就修辞叙事批评来说，美国修辞叙事批评家布斯（Wayne Booth）批判了热奈特《叙事话语》中对"人"的因素的忽视，提出"叙事是隐含作者的操控"这一观点，费伦（James Phelan）的修辞叙事理论强调了读者在叙事判断和叙事进程中的重要性，费舍尔

---

① Todorov T. The Fantastic: A Structural Approach to a Literary Genre [M]. New York: Cornell University Press, 1975: 81.

② 张寅德. 叙述学研究 [M]. 北京：中国社会科学出版社，1989：编选者序10.

③ 温科学. 20世纪西方修辞学理论研究 [M]. 北京：中国社会科学出版社，2006：157.

④ Campbell K K. Critiques of Contemporary Rhetoric [M]. Ware: Wordsworth Editions Ltd., 1972: 12.

（Walter Fisher）的修辞叙事典范观强调叙事的连贯性和忠实性。① 本节试运用布斯、费伦和费舍尔的修辞叙事批评观，以美国大众文化学家切丽·斯特拉坎（J. Cherie Strachan）等的《政治候选人大会电影：寻找完美形象——政治形象制作概述》和克劳德（L. Cloud）的《沙漠安慰行动》为例，剖析美国总统选举的大会电影和电视新闻对美国沙漠风暴行动的新闻报道中对修辞的运用。

1. 美国总统大会电影的修辞

（1）总统候选形象与美国价值观、理想和精神相联系。美国叙事学家布斯提出隐含作者并非作者本人，而是作者本人创造出来的一个理想的替身；同样，美国总统候选人的大会电影是通过电影视觉和文字的信息建构，根据事先设计的主题和议题，在紧凑的时间内塑造出理想的总统候选人形象。这一总统候选人形象并不等同于总统本人，而是通过隐含作者的创造与美国价值观、理想和精神相联系，使观众受到情绪上的感染，从而达到竞争总统的目的。1992年克林顿的总统候选人电影《希望之子》就成功地将其政治雄心和普通人的和谐家庭生活相融汇。这部电影通过克林顿青少年时期的三个故事表现了其政治雄心：在中学时期作为童子军代表被当时的总统肯尼迪接见，被民权领袖马丁·路德·金的演讲"我有一个梦想"感染，得知当时的司法部部长肯尼迪被暗杀受到巨大的心理冲击。这些叙述将克林顿与过去的领导人及其没有完成的任务相联系。在2000年的总统竞选中，候选人小布什既是美国前总统老布什的儿子，又是美国德克萨斯州的州长，但是美国人对其并不熟悉，对其个性和政治主张也不了解。然而其候选人电影《突破极限》巧妙运用美国价值观，将其塑造为西部牛仔形象，成功引起广泛共鸣。在美国价值观的建构方面，这部电影展现的美国象征，如美国国旗、自由女神像、林肯纪念堂，以及美国英雄人物罗斯福、肯尼迪和马丁·路德·金等，深深吸引了观众。在小布什的演讲和行为中流露出乐观主义，他与朋友们共聚一堂，笑声不断，回忆令他们感到温暖难忘的故事，传递出他将代表美国的理想的讯息。小布什在演讲中提出的"突破极限"口号，彰显其乐观态度与价值观，进一步表明其代表着

---

① Fisher W R. Human Communication as Narration：Toward a Philosophy of Reason，Value，and Action [M]. Columbia：University of South Coroina Press，1987：29.

美国的未来。①

（2）通过展示他们作为普通人的一面使其更具亲和力。费伦的修辞叙事理论强调了读者在叙事过程中的不同判断和动态体验；费舍尔的修辞叙事典范观强调叙事的连贯性和忠实性，连贯性是故事在结构、人物和题材方面的前后一致，忠实性是叙事内容与读者的生活经验贴切，符合社会的主流价值观。克林顿的《希望之子》既使观者从其身上体验了"美国梦"，又使其生活与美国普通人的生活经验相符：他出生在阿肯色州一个叫作希望（Hope）的小城，喜欢运动，影片中他与他的女儿切尔西一起跳舞，与女儿和妻子希拉里在吊床上自由轻松地摇晃。小布什的《突破极限》则避而不谈其作为美国前总统老布什的儿子和德克萨斯州的州长的高贵身份，而是暗示其与美国普通人一样的生活：在小城米特兰长大，然后去公立学校上学，遇到了他的妻子劳拉并与她结婚，在教堂做完礼拜后与穿着随便的教友一起去野餐或参加足球赛；同时又将其塑造为一个牛仔角色，代表了美国传统的个人主义理念：穿着领口敞开的斜纹棉布衬衫和牛仔裤，戴着牛仔帽，作为一个农场主驾驶着一辆敞篷吉普车穿过德克萨斯州的农场，带着他父亲著名的宠物狗米莉的后代——这将小布什与美国根深蒂固的个人主义价值观相联系。

克林顿和小布什始终将美国价值观和普通人的生活相融合，为观众塑造出他们代表美国价值观和未来的形象。相较之下，2000年与小布什竞选总统的戈尔的电影未能扭转其给观众留下的生硬的印象，其政治修辞的运用亦不尽如人意。在与小布什竞选总统时，戈尔已经做了八年克林顿政府的副总统，美国的副总统往往有名无实，难以像总统一样做出明显的政绩；而且戈尔在任参议员和副总统期间的形象，给人留下了一种生硬的印象。作为民主党总统候选人，戈尔本有机会打破这一刻板形象，然而其总统候选人电影过于强调戈尔作为普通人的一面，未能将其塑造成为美国未来的代表。戈尔竞选的电影通过戈尔的妻子蒂帕，用超过一百张照片展示了戈尔作为普通人的一面：他们在高中的舞会上相遇的模样，相恋时他们骑着摩托车去摇滚乐音乐厅的场景，万圣节时化着绿色颜料面孔、头发凌乱、胸部赤裸、露齿而笑地与他的外孙一起坐在凳子上的画面，以及在参加民

① Hart R P. Modern Rhetorical Criticism [M]. 2nd ed. Boston：Allyn and Bacon，1997：56.

主党总统候选人大会时与蒂帕相吻相拥的瞬间。但这种编年史般的呈现回到了五六十年代总统候选人的证明模式，未能充分展示戈尔作为总统候选人所应有的爱国价值观，没有使用强有力的视觉形象来唤起这一爱国价值观所引发的感情：长期作为议员和副总统的戈尔参加了数百场会议，在政府和议会的很多重要事件中扮演了重要角色，但在电影超过一百张照片中，只有十五张与其作为官员代表、参议员和副总统相关，蒂帕也没有评价其作为总统候选人的资格和经历，这使其丰富的政治履历未能得到充分的利用。①

2. 美国沙漠风暴行动中的电视修辞

二十一世纪初美国的沙漠风暴行动是美国对伊拉克的一场大规模战争，其电视新闻宣传的目的是希望美国民众支持军队，消解民众个人的焦虑之情。克劳德认为，美国电视新闻为了达到这一宣传目的，不仅借鉴了布斯、费伦和费舍尔的修辞叙事观点，而且运用了转化、对比和包容等更为复杂的修辞叙事，其方法是：

（1）将政治话题转化为个人话题进行宣传。克劳德认为，个人化新闻是新闻出品人和新闻作者试图把国际国内事件与个人家乡的"真实"生活相联结，通过这种戏剧化的形式使观众认同某种国家价值观，恢复社会的团结感和一致感。② 为了掩盖沙漠风暴行动涉及的美国人对于美国军队参战普遍存在的不安和不满情绪，美国电视新闻报道把冲突、战犯、抗议等国内外重大事件转化为个人话题，通过安慰、对付、支持、调整等治疗话语把国内外重大事件转换成个人的、感情的问题。美国各电视网关于美国国内对军队的支持的报道极多，相较于其他有关战争的新闻报道，前者和后者的报道时长比例几乎达到 2∶1。具体来说，从 1990 年 11 月 1 日至 1991 年 3 月 17 日，CBS、ABC、NBC 各电视网在晚间新闻中共播出 115 条关于军队家庭及国内支持战争的报道。据 CNN 档案保管员鲁滨逊透露，涉及家庭支持团体主题的报道数量极多，以至于很难进行数据库搜索工作。此外，CNN 还报道了新罕布什尔州康科德市的一个支持团体，"康科德"有意见、

① Helmers M，Hill C A. Introduction ［G］//Charles A. Hill and Marguerite Helmers eds. Defining Visual Rhetoric. Mahwah，New Jersey：Lawrence Erlbaum Associates，2004：79.

② 大卫·宁，等. 当代西方修辞学：批评模式与方法 ［M］. 常昌富，顾宝桐，译. 北京：中国社会科学出版社，1998：217.

利害等一致、协调、友好之意，选择康科德市作为报道对象，暗含这是团结互助的地方，电视新闻报道康科德市许多家庭的亲人在波斯湾服役，市民们通过悬挂国旗和黄色丝带、在喧闹的商业大厅进行照相聚会、分配写信定额等方式表达对前方军队和军人的支持。

（2）通过与越战对比进行宣传。在沙漠风暴行动中，美国电视新闻提出"在越南战争中士兵伤亡惨重是因为后方没能万众一心地支持他们"的奇怪论点；为了掩盖这场战争的残酷，提出要通过沉默对付、情感团结，以及言语上的治疗来支持战争；还通过与越战进行对比显示美国民众对沙漠风暴行动的支持。如 CNN 报道了新罕布什尔州康科德市的一个支持团体的一则动态，其中一位衣着考究的年轻白人妇女说："我认为我们应该从那儿退出。"但另一位胸前挂着照片的妇女却对之进行反驳："他们确实需要我们支持。我不想让他们像越南的那些人一样觉得自己没人支持。"电视新闻又将镜头简短切换到开始那位公开反对战争的身份不明的妇女，好像在指责她的言语可能会引发另一场越南战争。CNN 还播出了关于休斯敦一个黑人家庭的一则新闻，有几个子女在战争前线的黑人妇女珀莉说："我的确很难过，这代价太高，让人无法支持。"但电视新闻又让她说："我有几个亲人参加了越南战争，可他们回来之后，什么报偿也没得到。"通过与越南战争对比，显示出现在他们参加沙漠行动可以得到一份想要的工作和一些补偿，还可以接受更多的教育。

（3）在话语包容中进行宣传。美国电视新闻在报道沙漠风暴行动时，也简要报道军队部署、战争进展、伤亡俘虏、反战示威、批评战争等新闻，但紧接着的是更多支持战争的新闻报道，以将前者包容在支持战争的话语之中。如 NBC 报道一位吃感恩节配餐的黑人士兵批评军队的种族主义，指出美国富人没有上战场的；但这条批评报道后马上接着一条家庭支持报道，一位白人妻子正通过电视发表对自己丈夫的支持。CNN 先播出新罕布什尔州康科德市一位有两个儿子在波斯湾的农村妇女尼德尔的话："哦，上帝，我希望我们不在那儿。希望我儿子不在那儿。"接着报道康科德市一个支持团体呼吁乡村传统的家庭和社团价值观，认为康科德镇具有为了共同利益团结一致的传统价值观；还让尼德尔把能量分流到社团支持工作中去，收集新罕布什尔州有亲人在波斯湾的四百多家人的名字，组织写信活动，从而受到称赞。最后，新闻让尼德尔转而说："不过他们选择去那儿，我会百分之百地支持他们。"

热奈特和托多洛夫运用传统修辞学研究文学作品，丰富了传统修辞批评的研究内容；而新修辞学的修辞叙事批评在叙事作品领域开拓了修辞批评的新空间，并将随着文学文化和新修辞学的发展而向前推进，使修辞学的研究与时俱进，不断呈现出新的学术面貌。

第三节　对巴特图文修辞观的深化

大众文化往往图文并茂，其图像包括岩画、壁画、瓶画、布帛画、剪贴画、摄影照片、影视影像等，语言可以是标题、文字、对话、独白、解说词、字幕、文本等多种形式，它们相互联系、相互制约、相互补充，其图文关系构成了一种新的图文修辞。罗兰·巴特在《图像修辞学》中，率先对以广告图像和电影为代表的大众文化的语言对图像的锚定功能（Anchoring Function）与接力功能（Relative Function）进行了分析①，英国大众文化学家穆尔维（Jeremy Mulvey）和法国学者加尔迪（René Gardies）以此为基础，分别在《图像和文字——阿兰-玛丽·拜西方法的批评》和《影像的法则——理解电影与影像》中以纸质媒介的广告插图、连环画为例剖析图像对语言的功能，推进了对大众文化的图文修辞研究，但仍不够透彻全面。本节拟在此基础上，对大众文化图像和语言的图文修辞做进一步的阐述。

一、穆尔维和加尔迪的图文修辞观

巴特以广告的语言和照片为例，阐述了语言对照片的锚定功能和接力功能。锚定功能是指语言对广告照片的意义进行固定，巴特认为，包括广告照片在内的图像都是多义的，语言对包括广告照片在内的图像意义加以固定，可以直接、部分地回答广告照片是什么。如阿尔西（Arcy）罐头的一幅广告照片呈现堆放在一架梯子周围的小水果的场景，图解文字"就像您在自家园子里转了一圈"将这一幅广告照片"精打细算""收获不佳"等可能的意义排除在外，而导向"私人花园中水果的自然的和个人的特征"这一讨人喜欢的意义。接力功能是指语言与包括广告照片在内的图像之间构成一种互补关系，使广告传播的信息被提升到故事、趣闻和叙事等更高层次。相对于锚定功能而言，接力功能在图像中比较罕见，多见于幽默画及连环画；但在电影中却变得极为重要，电影里的对白在信息的接续中展

---

① 罗兰·巴特. 显义与晦义 [M]. 怀宇，译. 天津：百花文艺出版社，2005：28.

现电影影像所没有的意义，从而切实推动着电影故事情节的发展。但巴特只阐释了语言对图像的功能，在此基础上，穆尔维和加尔迪通过继续分析图像对语言的功能研究大众文化的图文修辞。

1. 穆尔维的图文修辞观

穆尔维以包括大众图像在内的图像为例，选择单幅图像和连环画阐述图像对语言的功能。[①] 一是单幅图像的图文修辞。穆尔维以漫画和广告图像为例，直接借鉴巴特锚定功能和接力功能的概念，指出图像对语言可以同时具有锚定功能和接力功能，也可以只是发挥图像的形象功能。如一幅1978年法国著名香水香奈儿5号的广告插图，观者会识别出图中那位面容白皙、脸型椭圆、眼睛明亮的美女是法国电影明星凯瑟琳·德纳芙（Catherine Deneuve），她的形象与一瓶香奈儿5号的图像及"CHANEL N°5"的大写文字并列，以此显示香奈儿5号在香水中的高贵地位，这是同时通过图像与语言阐释香水的意义，它们通过接力发挥功能。再如一则关于礼仪书籍的广告中，文字介绍一位穿新长袍的可爱女孩对在一旁进餐的男士心生好感，由于不知道如何抓住机会与他进行交流，只好点了三次鸡肉沙拉，由此引出礼仪书籍对人的交友的重要性；而插图中的她坐在一张摆着杯盘的桌子旁，手里拿着一本打开的书，仿佛正在思考如何与人交往，这幅插图正是文字所描述的事件的形象化"证明"。二是连环画的图文修辞。穆尔维以英国《星期天时报》1986年9月14日的一则新闻为例，这一则新闻报道的是一周前智利总统皮诺切特差点被反对派暗杀的事件，包括两篇文章和三幅图画，其中图画均配了相应文字。穆尔维发现，这三幅图画接力介绍了总统车队驶进伏击范围的一系列事件：第一幅图画表现的是暗杀者用旅行车阻碍车队前行的道路，第二幅表现的是他们用武器向车队的五辆车开火，第三幅表现的是皮诺切特和他的侄子蜷缩在后座上。这三幅图画除配有标题文字"诱饵汽车欺骗了伏击者"外，每一幅图画都配有说明文字，通过连环图画和文字的锚定和接力功能，完整而形象地表现了七天前数千英里之外的智利暗杀事件的全过程：暗杀者用旅行车阻挡在车队前行的道路上后，用武器向车队的五辆汽车特别是第三辆汽车开火，可是这辆汽车是诱饵汽车，皮诺切特坐在第四辆汽车上，他的驾驶员迅速掉转车头逃脱

---

① Mulvey J. Pictures with words: a critique of Alain-marie Bassy's approach [J]. Information Design Journal, 1986, 5 (2): 141.

暗杀。这三幅图画同时包含图像和文字，图像和文字可以相互锚定和接力，其强有力的修辞可以影响读者。

2. 加尔迪的图文修辞观

加尔迪认可巴特大众文化的语言对图像的锚定和接力功能，但认为其不够全面，并通过提出图像对文字的辅助功能阐释图文修辞："在我们看来，还可以证明在一些情况下图像对文字有辅助作用（图像在某种程度上成为文字的扶手）。"① 加尔迪以日报和周刊中的广告为例，认为广告的插图与文字紧密协同，插图对文字具有六种辅助功能：一是印证功能。通过简单的插图对文字进行最基本的支持，如安装了可调节温度格层的伯瑞特牌冰箱的广告词是"捍卫法国味道"，其插图是静物红酒和卡蒙贝干酪，酒和奶酪的味道从传统上说就是"法国味道"。二是陈述功能。如一句广告词："我哥哥/弟弟和我，我们对任何事情都无法达成一致，除了奶酪"，影像描绘的陈述者是一个18岁左右的青年男子和一个10岁左右的男孩，它使同一句话由两张嘴同时说出，加强了兄弟二人因奶酪而最终达成共识的广告效果。三是表现功能。表现功能是图像的比喻和象征世界，如高露洁公司一款儿童牙膏的广告词是"13岁以上禁用"，画面是一个孩子穿着大人的衣服，帽子垂落到鼻子，裤子长过脚踝，从而表明孩子这样着装与给他们使用成人牙膏一样不妥。四是说明功能。说明功能是用图像解释文字信息，如法国国际新闻台"法兰西24"的广告词是"五个月之内，我们的效果已经显现"，整页画面是一座呈非洲版图形状的冰山，旁边是一座马达加斯加轮廓的微型冰山，两座冰山在晴朗的天空下显现于清澈的水面，这则图像说明"法兰西24"的目标观众群主要来自非洲，影响范围主要是非洲。五是解释功能。影像解释涉及文字信息所依据的语言机制，如一则广告词是"波尔多的白葡萄酒也能行"，其影像是一只女士鞋子，鞋跟是盛满了白葡萄酒的高脚杯，于是波尔多亲近大众的"行"与动词行走的"行"相结合，使大众产生一种特殊的愉悦感。六是宣布无效功能。文字通过标题、口号、引语给出某种意义，影像却证明它们在说谎。如阿黛斯科特啤酒的一句广告词是"过度饮酒有害健康"，广告刊登于4月1日，这一天是愚人节，法国人把愚人节被骗的人称为"四月的鱼"，广告图片中的易拉罐上钉了一条

---

① 雷内·加尔迪. 影像的法则：理解电影与影像 [M]. 赵心舒，译. 北京：中国电影出版社，2015：271.

"四月的鱼"，它意味着：你是愚人，过度饮酒无害健康。加尔迪还提出同一影像由于搭配的文字不同，可以同时具有多种功能，如法国国际新闻台"法兰西24"的广告词不仅表明其目标定位是非洲，同时也解释了词语"显现"："法兰西24"的效果已经显现。

在大众文化的图文修辞方面，巴特仅剖析了语言对图像的锚定和接力功能，没有剖析图像对语言的功能，穆尔维和加尔迪初步阐释了图像对语言的功能，使大众文化图文修辞的论述更加全面。但他们的研究也留下了一些疑问：穆尔维虽然指出图像对语言的锚定和接力功能与语言对图像的锚定功能和接力功能并不一致，但能否简单套用锚定功能和接力功能这两个概念研究图文修辞？如果认为图像对语言具有接力功能，那么这是什么原因？图像和语言又如何相互接力？加尔迪虽然摆脱了巴特锚定功能和接力功能概念的束缚，但广告之外的图像对语言又具有什么功能？对连续性的大众图像的图文修辞又该如何分析？所有这些都说明穆尔维和加尔迪对图文修辞的论述还不够透彻全面，还要进一步深化。

二、对穆尔维图像的锚定功能和加尔迪图像的辅助功能的辨析

一般认为，图像的形象性强而意义模糊，文字的形象性弱而意义明确。对于图像的形象性，西方艺术家和艺术理论家多有论述，意大利著名画家达·芬奇说："图像像自然景物一样，即刻为一切人通晓，而且比语言更真实准确地将自然万物呈现给人的知觉。"[1] 英国著名艺术理论家贡布里希也认为，"图像的唤起能力优于语言"，"图像的真正价值在于它能够传达无法用其他代码表示的信息"。[2] 加尔迪直接运用图像的形象性强而意义模糊的观点；穆尔维在分析香奈儿5号的广告图像时，提出如果观众理解这一广告图像背后的文化，就不会将它视作一个随机的拼贴画或超现实的图画，但他仍对图像的文化意义语焉未详。[3] 本小节拟借鉴巴特和美国艺术史家潘诺夫斯基（Erwin Panofsky）对图像意义的阐释，对穆尔维图像的锚定功能和加尔迪图像的辅助功能进行辨析。

---

① 列奥纳多·达·芬奇. 芬奇论绘画 [M]. 戴勉，编译. 北京：人民美术出版社，1979：17.

② 范景中. 贡布里希论设计 [M]. 长沙：湖南科学技术出版社，2001：110.

③ Mulvey J. Pictures with words：a critique of Alain-marieBassy's approach [J]. Information Design Journal，1986，5（2）：141.

1. 巴特论图像的意义

巴特认为图像的意义既可以是图像背后隐藏的思想、历史或象征意义等相对固定的文化意义，也可以是读者对图像文化意义的一种建构。在《符号学原理》中，巴特提出了语言/言语、所指/能指、组合段/系统、直接意指/含蓄意指的二元对立，直接意指是符号的表面意义，含蓄意指是符号背后隐藏的意义，与文化、知识、历史密切相通①，并在《神话——大众文化诠释》《摄影讯息》《图像修辞学》中阐述了包括摄影照片、报纸照片、期刊照片在内的图像的含蓄意指。如法国期刊《巴黎竞赛画报》中一幅期刊照片的直接意指是一位身着法国军服的年轻黑人凝视着法国国旗，其含蓄意指是法国没有种族歧视，所有公民都在忠实地为法国服务。在《摄影讯息》中，巴特指出摄影照片的含蓄意指解读依赖大众所具备的实践知识、国家知识、艺术知识和审美知识等文化知识储备，是读者对图像的文化意义的一种建构活动，包括感知的含蓄意指、认知的含蓄意指和价值的含蓄意指。如"庞札尼"的广告照片至少包含四个方面的含蓄意指：一是市场价值，表明"庞札尼"食品的新鲜和纯粹的烹饪价值，它是西方"自己采买"的文明习惯的体现；二是"意大利特色"，"庞札尼"食品由黄色的西红柿、绿色的青椒和红色的底色构成，是意大利独特文化特性的表现；三是"完整的烹饪"的含义，不同的"庞札尼"食品紧紧挤靠在一起，仿佛为消费者提供了配置营养均衡的食品所必需的一切；四是"庞札尼"广告照片的构图让人想到许多关于食品的美术作品，它指向"静物"或"静止的生命"。② 读者对图像文化意义的解读随着大众拥有的不同文化知识而在数量上有所变化，读者可能只解读出其中的一至二种意义，也可能解读其中的三至四种意义。

2. 潘诺夫斯基论图像的意义

巴特对大众图像的意义研究显示其学术的敏锐，但是不够系统；潘诺夫斯基则在1939年出版的《图像学研究——文艺复兴时期艺术的人文主题》中对西方文艺复兴时期图像艺术的意义进行了系统阐释，其图像研究虽限于经典视觉艺术，但显然也适用于大众文化的图像研究。潘诺夫斯基将图像艺术的意义研究分为前图像志描述、图像志分析和图像学解释三个

---

① 罗兰·巴尔特. 符号学原理 [M]. 李幼蒸，译. 北京：中国人民大学出版社，2008：70.
② 罗兰·巴特. 显义与晦义 [M]. 怀宇，译. 天津：百花文艺出版社，2005：24.

层次，以对其意义进行"正确无误"的阐释。① 一是前图像志描述。前图像志描述主要通过线条、色彩和体积再现对象和事件，它们呈现人类、动物、植物、房舍、工具等自然之物，可以根据每个人对对象和事件的实际经验进行鉴别。它可以获得包括事实性和表现性主题在内的第一性主题的认识，但必须通过洞察对象和事件在不同历史条件下不同形式的表现方式即风格史进行矫正。如德国慕尼黑国立图书馆收藏的公元十世纪左右的《鄂图Ⅲ世福音书》中的一幅小画像中，人物都站在坚固的地面上，整座城市却被绘于无物空间的中央。一个没有经验的观众可能认为这座城堡是被施了某种魔法而飘浮在空中，事实上这幅小画像中的"空间"并不像写实时期的绘画那样表示现实中的三维空间，而是被视为抽象的、非现实的背景。二是图像志分析。图像志分析涉及形象、故事和寓意，它除了根据实际经验获得对事件和物体的熟悉以外，还以熟悉各种文学渊源流传下来的特定主题和概念即原典知识为先决条件。这种分析可以通过有目的的阅读或口头文学传统达到，但必须通过洞察特定主题和概念在不同历史条件下对对象和事件的表现方式，借助类型史来进行矫正。如十七世纪威尼斯画家弗朗西斯科·马费的一幅画，画中一位似乎是莎乐美的美丽少妇，左手持剑，右手端着一只大托盘，盘中放着施洗者圣约翰的头颅。《圣经》里记载的施洗者约翰的头是用托盘送给莎乐美的，但莎乐美并没有用剑砍下他的头；《圣经》里还有一位美丽女性尤滴亲手用剑砍下何乐弗尼的头，但是何乐弗尼的头是被装入袋中的，又与画中的托盘不符。通过观看十六世纪的德意志和意大利北部创作的多幅描绘尤滴手拿托盘的绘画，可以证明这幅画也是"持盘尤滴"的类型，其原因在于剑被公认为是尤滴、许多殉教者及正义、勇敢等美德化身的光荣属相；而且在十四至十五世纪盛着施洗者圣约翰头颅的托盘已经演变为北方诸国和意大利北部特别流行的一种独立的礼拜像。三是图像学解释。图像学解释不仅要熟悉原典记载的特定主题和概念，而且需要一种综合直觉。综合直觉是对人类心灵基本倾向的熟悉，但受到个人心理与"世界观"的限定，它要受到洞察人类心灵的基本倾向在不同历史条件下对特定主题和概念的表现形式即文化象征史的矫正。艺术史家必须将其关注的作品或作品群的深意和与此相关的、尽可能多的其他

---

① 潘诺夫斯基. 图像学研究：文艺复兴时期艺术的人文主题 [M]. 戚印平，范景中，译. 上海：上海三联书店，2011：13.

文化史料进行相互印证，这些史料能够为其所研究的某人、时代或国家的政治、诗歌、宗教、哲学和社会倾向提供证据，以使其达到对视觉艺术作品的"正确理解"。

潘诺夫斯基在阐述图像的意义时，区分了普通民众和艺术史家对图像艺术欣赏的区别：普通民众对图像艺术的解读运用实际经验、原典知识，以及个人心理与"世界观"的限定，偏于个人的主观解释；而艺术史家除了运用普通民众的解读方法之外，还努力通过风格史、类型史和文化象征史等传统历史对图像的意义进行解释的矫正，使对图像意义的解释尽可能"正确无误"。一般观众介于普通民众和艺术史家之间，他们对图像意义的解释介于个人的主观解释与传统历史之间，或者说，图像的意义实际是介于个人的主观解释与传统历史之间的一个范围，它只能进行大致限定，并不十分明确。既然对于一般观众来说图像的意义并不十分明确，在剖析图文修辞的图像对语言的功能时，就难以具备穆尔维所说的图像对语言的锚定功能。从图像并无十分明确的意义而语言具有相对明确的意义的角度来说，图像对语言的功能可以称为加尔迪所说的辅助功能。但加尔迪只分析了大众文化的广告这一类型，显然在除广告之外的大众文化领域，图像对语言的功能并不限于这六种辅助功能，而是具有包括但不限于这六种辅助功能的多种多样的功能：这些功能在不同的大众图像媒介如报刊、连环画、影视影像中表现不同，也随时代、个人和风格而不断变化，呈现出不断发展变化的可能性。

三、对穆尔维图像对语言的接力功能的深化

美国艺术史家马克·D. 富勒顿（Mark D. Fullerton）区分了"象征性"与"叙述性"两种图像类型：前者代表某种物体或现象，后者则"主要和某个故事或事件相连，而且通常和神话故事相联系"。① 图像虽然属于空间艺术，但以叙事为主的故事画在西方也有着漫长的历史：古希腊和古罗马的故事画、中世纪的手抄本图画和文艺复兴时期的各种故事画一般以《圣经》、圣书中的历史或神话及传说中的某个事件为依托②；伴随工业革命和印刷技术革命而发展起来的现代图书及报刊的插图、连环画叙事则面向现

---

① 马克·D. 富勒顿. 希腊艺术［M］. 李娜，谢瑞贞，译. 北京：中国建筑工业出版社，2004：98.
② 曹意强，麦克尔·波德罗. 艺术史的视野［M］. 杭州：中国美术学院出版社，2007：321.

实生活，表现出图像叙事独立的趋势；十九世纪末以来随着摄影特别是电影和电视的兴起，图像叙事的能力和水平才真正提升，成为一种重要的叙事门类。鉴于图像对语言的接力功能实质就是剖析图像的叙事功能，且穆尔维只选择了一幅现代连环画进行研究，这里借鉴美国艺术史家富勒顿、德国人类学家迪特·施林洛甫（Dieter Schlingloff）、美国大众文化学家克莉丝汀·汤普森（Kriston Thompson）和赫伯特·泽特尔（Herbert Zettl）的论述，选择西方图像的代表——传统图像和现代影视影像，通过阐述图像的叙事功能研究图像对语言的接力功能。

1. 富勒顿和施林洛甫论传统图像的叙事功能

富勒顿和施林洛甫分别剖析了包括图像在内的古希腊艺术，以及欧洲从远古到中世纪的绘画艺术，可作为西方传统图像叙事功能研究的代表。富勒顿在《希腊艺术》中简述了古希腊图像叙事的四种类型。[①]（1）单一场景叙述表现某一特定时间点发生的事情，如古雅典几何形的陶酒坛坛颈上的图案似乎是奥德修斯跨在他翻了的船上，他的士兵都翻落到海里。（2）纲要式叙述表现各个时间段一系列的事件，如"波吕斐摩斯图案双耳细颈椭圆土罐"上的图画主要叙述奥德修斯等弄瞎独眼巨人波吕斐摩斯的场景。（3）循环式叙述是把一系列情节融合在一起的叙述模式，它并不是按照时间先后顺序讲述整个事件，但事件中暗含某种顺序，如古雅典弗朗西斯花瓶上的图案表现的是珀琉斯和西蒂斯的婚礼，图画包括特洛伊战争场景中的帕图科洛斯的葬礼、特洛伊罗斯的伏兵等，杯子的把手上分别绘有荷马笔下的阿贾克斯和阿基里斯，杯子的脚上绘有小矮人和巨型蜘蛛的战斗，杯口处绘有捕猎卡里多尼亚野猪的场景。（4）连续叙述是图像叙述的故事随着时间的转移而展开，同一人物的不同形象随着不断变化的风景被反复呈现。如帕加玛大圣坛的内部檐壁叙述的是大力神赫尔克里斯的儿子苔里弗斯，他出生在伯罗奔尼撒半岛的苔基，被抛弃在风雨中又被拯救，在经历了很多事情后建立帕加玛。

施林洛甫在《叙事和图画——欧洲和印度艺术中的情节展现》中，较之富勒顿对欧洲传统图画的叙事进行了更细致的阐释，将欧洲的图画叙事

---

①马克·D. 富勒顿. 希腊艺术 [M]. 李娜，谢瑞贞，译. 北京：中国建筑工业出版社，2004：107.

分为多个发展阶段。[①] 一是同一时间表现人物的不同运动阶段，如约公元前八世纪西班牙阿拉尼亚山洞里的一幅岩画，它表现一个人爬向一个野蜂巢：下方是他正在攀行，上方是他将篮子执于左手，用右手抓起蜂巢。二是在一幅画中描绘一个故事人物的部分身体在情节发展中的多个阶段，如意大利画家波蒂切利在《神曲·天界篇Ⅲ》中为但丁和亡灵所绘插画中，画了两次但丁的头部：一次方向向前，朝向的是亡灵的影像；而后向后。三是在一幅图画中将事件的多个步骤集中在一起，如富勒顿所举的奥德修斯等弄瞎波吕斐摩斯眼睛的例子。四是用相邻的单幅图画表现一个情节发展的多个阶段，如公元前五百年画家提修斯在细颈瓶上的画《波吕斐摩斯的刺目》中，左边是奥德修斯把杆头放在火中烧红，右边是他和同伴一起将杆子刺入熟睡的波吕斐摩斯的眼中。五是事件的各个场景通过矩形分界，各个场景的边框大部分相连。可以以一幅图画为中心，其他带有装饰的图画环绕着它；也可以用立柱将各幅图画一一进行分割，立柱带来一种统一的整体图像的印象。如公元前一世纪的埃斯奎林壁画中的奥德修斯壁画，主要内容是奥德修斯在费埃克斯人的宫殿里讲述经历：第一幅和第四幅画缺失，第二幅画的左上方是以飞翔的形象出现的、被奥德修斯的同伴所释放的风，接着是奥德修斯的同伴们被吹到莱斯特律戈涅斯人的国土上，第三幅画描绘莱斯特律戈涅斯人消灭奥德修斯的同伴和困在港湾的船只，只有停靠在港湾之外的奥德修斯的船在山崖后面，正在扬帆起航。

2. 汤普森和泽特尔论影视影像的叙事功能

影视的语言表现为文字声音，包括对白、独白、直接面对、解说词、字幕等，汤普森和泽特尔分别从纵向和横向剖析了包括影视在内的图像叙事功能，这里仅以声音出现之前的电影和不包括声音的图像为例。汤普森在《世界电影史》中发现，二十世纪第一个十年中期具有剧情长度的虚构性故事电影成为电影的主导形式，并一直保持至今。在十九世纪九十年代中期电影刚出现至二十世纪二十年代中期有声电影出现以前，故事电影一直在发展叙事技巧。[②] 最初强调的是场面调度，如法国的卢米埃尔兄弟于 1895 年放映的

---

① 迪特·施林洛甫. 叙事和图画：欧洲和印度艺术中的情节展现 [M]. 刘震，孟瑜，译. 兰州：兰州大学出版社，2013：44.

② 克莉丝汀·汤普森，大卫·波德维尔. 世界电影史 [M]. 陈旭光，等译. 北京：北京大学出版社，2004：629.

第一部影片《水浇园丁》是预先设置的戏剧性情节；梅里埃则建造了电影史上第一间摄影棚，较早把剧本、演员、服装、化妆、布景等戏剧艺术手法引进电影。与此同时，电影摄影技巧的不断发展也提高了故事电影的叙事能力：梅里埃运用了停机再拍、特写、叠印、叠化、多次曝光、渐隐和渐显等摄影技巧，美国的鲍特开始用系列镜头讲述故事，以格里菲斯为代表的电影艺术家则发展出剪辑的技巧。古典好莱坞剧情片集以往的电影叙事技巧之大成，构建出电影拍摄与剪辑的完整体系：强调把一个事件区分为几个单独的镜头，每一个镜头清晰表达一个剧情片段；尽量在剪接时，保持镜头之间客观物象的位置和演员动作之间的和谐；运用主观镜头和正反打镜头表现对话情境，从人物的视线接上主观镜头表示人物看到东西；开始使用连线剪接如180度轴线或行动轴线的固守；利用摄影机占据有利的角度以更好地表现发生在同一场景的表演，配之以主光、辅光和背光的"三点打光"，这些使古典好莱坞故事电影成为电影史上不可动摇的经典。其他如德国的表现主义、法国的印象主义、苏联的蒙太奇等电影流派的场面调度、摄影机技术和剪接技巧，不仅丰富了电影的表现技巧，也对电影的叙事能力进行了十分有益的探索。

泽特尔在《图像·声音·运动——实用媒体美学》中对包括影视在内的图像叙事进行了研究，将图像要素分解为光和色彩、二维空间、三维空间、时间/运动等画面元素[①]，仅从这些元素与叙事的关系而论，就可以发现图像强大的叙事能力。在光和色彩的叙事方面，预示性灯光可以暗示事件即将发生，色彩可用作事件本身，也可以通过降低色彩饱和度甚至除去色彩使观众参与到事件中。在形象化方面，看的方式包括用媒介静观、深观和创造事件，景别镜头包括从大全景变化到大特写的范围，视点是摄像机从某一特定角度评论事件，仰拍和俯拍可以影响事件的力度，主观镜头意味着摄像机可以参与事件，越肩拍摄和交叉拍摄可以从不同的观测点观看事件，角度变化可以渲染或强化事件。在时间/运动方面，时间控制包括主观时间类型、步调和节奏的控制：主观时间是感受到的持续时间，步调是对事件或片段的感知速度，节奏是事件片段内和片段之间的流动。运动包括基本运动、二级运动和三级运动：基本运动是任何摄像机前的运动，

---

① 赫伯特·泽特尔. 图像·声音·运动：实用媒体美学 [M]. 5 版. 赵淼淼, 译. 北京：中国传媒大学出版社，2011：225.

依赖于事件；二级运动可以跟踪活动、揭示行动、揭示景物、联系事件和诱发活动；三级运动包括切、叠、淡入淡出及特殊转接效果。在四维领域，连续性编辑选择能够最有效地澄清和强化事件的部分，然后用它们建立屏幕事件，涉及图形矢量连续、指示矢量轴、运动矢量连续、运动矢量轴，以及就活动、主体、色彩和环境而言的特殊连续性因素。复杂性编辑用于强化事件，其基本建构模块是蒙太奇，包括韵律蒙太奇、解析蒙太奇和联想蒙太奇；韵律蒙太奇是所有影视蒙太奇的基础，解析蒙太奇分为相继解析蒙太奇和局部解析蒙太奇，联想蒙太奇又分为比较蒙太奇和冲突蒙太奇。[1]

四、对大众文化图文修辞的全面阐释

大众文化的图文修辞既包括文字对图像的锚定功能和接力功能，也包括图像对文字的辅助功能和接力功能。穆尔维和加尔迪的图文修辞研究局限于平面广告图像、连环画等传统的纸质媒介图像。随着当代社会电子媒介的发展，摄影、电视广告、影视剧等电子媒介图像占据大众文化的中心地位，其图文关系呈现出更加丰富复杂的图文修辞。本小节试以电视广告和影视剧等电子媒介图像为例，从图文的组合规则和组合方式两方面进一步阐释大众文化的图文修辞。

1. 图文的组合规则

大众文化图文的组合规则主要遵循双重编码、经济、强化和语境规则。一是双重编码规则。佩维奥（A. Paivio）的信息加工的双重编码理论认为：人类有两个独立的认知系统，一个擅长接受和处理语言信息，一个擅长接受和处理包括图像在内的非语言信息；人类运用这两个通道分别接受信息，能够增强感知能力和记忆能力。[2] 而大众文化图像和语言的结合，可以充分发挥二者的优势，提高传播的效果。二是经济规则。经济规则指大众文化在图像和语言都可以达到传播的目的时，可以选择某种最简洁明了的形式。巴特在研究图文修辞时，曾经推断图像或语言某一功能的主导地位与图像

---

[1] 赫伯特·泽特尔. 图像 声音 运动：实用媒体美学 [M]. 5版. 赵淼淼，译. 北京：中国传媒大学出版社，2011：304.

[2] Clark J M, Paivio A. Dual Coding Theory and Education [J]. Educational Psychology Review, 1991 (3)：149.

整体的精练简约不无关系。① 如想要表现人物的形象、动作和神情，这时可以运用图像；而当激烈紧张或风趣幽默的对白更能推动故事情节的发展时，这时可以运用语言。三是强化规则。强化规则是为了突出图文叙事所包含的人物形象、思想、感情或者氛围，可以同时运用图像和语言。如语言使观者头脑中通过想象"浮现"形象，再与图像的形象性相结合，可加强形象性。图像和语言都具有接力功能，二者合用可以强化叙事功能。四是语境规则。大众文化的语境主要指图像的"预示"和文字的"指示"意义的结合。图像的意义可以喻示某一范围，使影视影像背后的内容得到某种"预示"；语言可以对图像进行锚定和接力，它使影视影像的意义明确，并"指示"故事发展的方向。二者结合构成的"语境"既使背后的图像和语言的意义受到某种限制，又使其意义不断得到丰富；既推动故事情节的发展，又吸引观众不自觉地参与其中。

　　2. 图文的组合方式

　　对于电视广告来说，可以综合运用双重编码、经济、强化和语境规则，使图文组合形式多样：在主次关系上，可以以语言为主，也可以以图像为主，还可以语言和图像相对均衡；在呈现顺序上，可以先运用语言再运用图像，也可以先运用图像再运用语言，还可以交替运用语言和图像，这种灵活的组合形式丰富了其图文修辞效果。如美国惠普打印机的一则电视广告中主要运用了图像进行叙事：在婴儿被爷爷的电视音量惊醒而哇哇大哭时，爷爷哄他无济于事，又用一个绿色大青蛙逗他，还是没有效果，直到爷爷用惠普693型桌面喷墨打印机打出一张婴儿母亲的图片，婴儿才又安睡，于是顺理成章推出文字字幕："惠普高质量打印机，能够以假乱真。惠普公司，专家研制，人人可用。"这则电视广告以广告图像为主，这一广告图像既具有叙事功能，又暗含打印出的婴儿母亲图片能以假乱真，有助于婴儿入睡的寓意，其后的文字字幕将这一暗含的寓意进行锚定，强化了惠普打印机以假乱真的高品质功能。如果只有广告图像而没有文字，则意义仍不够明确；如果只有文字而没有广告图像，则显得过于直白；广告图像和文字结合，二者相得益彰。如美国贝尔电话公司的一则电视广告主要运用了文字叙事：一对老夫妇正在吃饭时听到电话铃响，老太太去另一个房

① 罗兰·巴特. 显义与晦义［M］. 怀宇，译. 天津：百花文艺出版社，2005：30.

间接电话后回来，以下是老先生和老太太的问答："谁的电话？""女儿打来的。""有什么事？""没有。""没事，几千公里打来电话？""她说她爱我们。"这则电视广告的画面只是点明了老夫妇的年龄和生活空间，对白则发挥了文字的叙事功能，点明了远在几千公里外的女儿对父母的爱。如果只有画面，则观众不知所云；如果只有文字，则感染力不够强。画面和文字结合，画面对文字发挥了形象功能，文字对画面具有锚定功能，共同加深了观众对能够帮助维系家人感情的贝尔电话公司的好感。

影视剧相对于单一的无声电影和语言叙事来说，其叙事可以综合发挥图像和语言的叙事功能；相对于简短的电视广告来说，其叙事能力大大提高。这些都使影视剧超越传统的小说叙事、无声电影叙事、广告叙事等叙事形式，成为当今最具表现力、最具影响力的叙事艺术。仅就影视剧图像与文字声音的基本组合来说，泽特尔具体分析了图像与包括文字声音在内的声音的多种组合方式：同音结构、多音结构及视听蒙太奇。[①] 同音结构是占优势的，无论是声音为画面提供支持，还是画面为声音提供背景，都能达到良好的视听效果。多音结构中图像和声音通过纵向组合形成被强化了的视听经历，包括相位调整、多重文字和多重屏幕。视听蒙太奇分相继解析蒙太奇、局部解析蒙太奇、联想比较蒙太奇和冲突蒙太奇四种类型：相继解析蒙太奇的声音追随画面序列；局部解析蒙太奇可以简单地由一个声音环境切至下一个；联想比较蒙太奇使声音与视觉事件的理解和感受相似；冲突蒙太奇产生由声音与画面出现矛盾而生成的第三内容。以《蝴蝶梦》为例，同音结构如丹弗斯太太在曼德里庄园第一次见到"我"就对"我"十分冷漠，在捡起"我"掉在地上的手套时，对"我"投以冷眼；此时伴随着"我"的独白："我看得出，她瞧不起我，像她这种地位的人都很势利，一眼就看出我根本不是什么贵妇人，只是一个地位卑微、怯懦的弱女子。"联想比较蒙太奇如丹弗斯太太在"我"在庄园准备一场化妆会时，故意让"我"穿上前女主人吕贝卡（Rebecca）的衣服，让"我"受到文斯特的呵斥，使"我"下不了台，"我"冲上楼，想在楼上的窗口处跳楼自尽，而她的声音"跳呀"在"我"的旁边不断响起，正显示出"我"痛不欲生的感受。

---

① 赫伯特·泽特尔. 图像　声音　运动：实用媒体美学 [M]. 5 版. 赵淼淼，译. 北京：中国传媒大学出版社，2011：348.

在影视剧中，图文并不限于以上基本组合，而是可以综合运用双重编码、经济、强化和语境规则，使组合方式更加多种多样，更加丰富复杂。它可以强化图像叙事使叙事自然转换或舒展流畅，可以强化文字对白使叙事紧张激烈或剑拔弩张，可以灵活运用二者使故事和抒情相结合，或使故事环环相扣悬念丛生，也可以综合运用二者刻画在事件中行动的某一人物，或使事件或人物背后的主题、情感、氛围表现出浓厚的时代或个性风格。如《蝴蝶梦》中前女主人吕贝卡已经死去一年多了，并且在电影中从未露面，但电影中通过图像和文字叙事不断指向她："我"还在做太太的私人秘书时，就听到太太说男主人公文斯特因思念死去的吕贝卡而郁郁寡欢，明确指向吕贝卡这一人物；"我"到了曼德里庄园后看到庄园的各种物品都有她名字的第一个字母的大写"R"，预示她的无处不在；"我"问庄园的经纪人法兰克时，法兰克说吕贝卡是他见过的最美丽的尤物，又一次明确指向她的迷人风采；"我"被丹弗斯太太引导去看她居住的西厢房，看到各种物品都绣有"R"时，丹弗斯太太仿佛沉浸在与前女主人的交往中，向"我"一一展示她穿过的衣服，完全没有将"我"放在眼里，又一次预示吕贝卡虽死而余威犹在；丹弗斯太太还在"我"的旁边恐吓"我"，说时时听到前女主人的脚步声在庄园响起，又一次指示她在庄园的存在；"我"还发现海湾边废弃的小屋里摆放的全是吕贝卡的物品，更显示出她的神秘；文斯特本来已经指认她死了，将她埋在庄园里，可是在沉船里又重新发现了她，但当"我"向文斯特追问她以前的经历时，文斯特却沉默不语，又一次预示她的阴魂不散。所有这些既使这部电影中的前女主人吕贝卡显得神秘莫测，又使这部电影的故事情节悬念不断。

随着大众文化的发展，大众图像越来越占据重要的地位，正如贡布里希所说："我们的时代是一个视觉时代，我们从早到晚都受到图片的侵袭。"① 相对于传统图像来说，现代大众图像在现代先进技术、商业利益和大众传媒的多重驱动下，在大众文化创作者的摸索和创新的推动下，不断与时俱进、推陈出新，图像和语言的图文修辞越来越丰富复杂，远远超出了传统图像相对简单的图文修辞关系，值得加以仔细研究。

---

① 范景中. 贡布里希论设计［M］. 长沙：湖南科学技术出版社，2001：106.

第四章　符号学与大众文化的意识形态批判论

意识形态一般指系统地、自觉地反映社会经济形态和政治制度的思想体系①，巴特在《神话——大众文化诠释》《流行体系——符号学与服饰符码》中初步分析了在大众文化领域意识形态对大众的控制和主体的幻想性，后又在《中性》中提出意识域的概念。其后，鲍德里亚从符号的角度对意识形态的控制进行了批判，推进了意识形态批判的研究；克里斯蒂娃对意识形态批判有所涉及，但阐述不多；布尔迪厄提出了符号权力理论，并对大众文化领域的符号权力进行了批判。本章选择巴特、鲍德里亚的意识形态批判和布尔迪厄的符号权力进行阐述，并借鉴英国大众文化学家斯图亚特·霍尔的意识形态观，深化巴特意识域的阐述。

第一节　巴特和鲍德里亚大众文化的意识形态批判观

在法国大众文化兴起的背景下，巴特在 1957 年出版《神话——大众文化诠释》，首开法国大众文化研究的先河，其后又相继出版了《流行体系——符号学与服饰符码》《广告信息》《图像广告学》等研究大众文化的著作和论文，批判了大众文化的意识形态欺骗和控制功能。鲍德里亚则在二十世纪七十年代初出版的《消费社会》中率先指出西方社会已转型为消费社会："今天，在我们的周围，存在着一种由不断增长的物、服务和物质财富所构成的惊人的消费和丰盛现象。"② 他在《物体系》《消费社会》《符

---

① 夏征农. 辞海 [M]. 缩印本. 上海：上海辞书出版社，1999：1915.
② 波德里亚. 消费社会 [M]. 刘成富，全志钢，译. 南京：南京大学出版社，2000：1.

号政治学批判》《象征交换和死亡》中发展了巴特等的意识形态观，并运用巴特的结构主义和后结构主义符号学，对物体、时尚和身体等大众文化形态进行阐述，批判了大众文化的意识形态的控制和区分功能。

一、巴特和鲍德里亚的意识形态观

巴特在《神话——大众文化诠释》和《符号学原理》中对意识形态进行了比较集中的论述，认为神话是一个由语言的能指和所指构成的二级符号系统，神话的能指称为修辞，神话的所指称为意识形态。① 但这一意识形态概念从理论上存在含糊其词之处，正如巴特后来在反思《神话——大众文化诠释》时所说："方法并不科学，也不以科学自诩。"② 巴特的这一意识形态概念既可以指文化的深层意蕴，如屠友祥认为这一意识形态概念指人们对事物的固定看法和约定俗成的意见，也就是文化产物和人为结果③；也可以指占据统治地位的意识形态，如巴特在《神话——大众文化诠释》中所明确指出的："我要一路追踪，在每一件'想当然耳'的情节之中，锁定意识形态的滥用，而它们在我的眼中，正潜伏在某个角落。"④ 本节的意识形态专指占据统治地位的意识形态。鲍德里亚在西方消费社会的背景中，提出前工业社会以象征交换为主，工业社会以交换价值为核心，而消费社会中符号占据社会的各个方面，同时强调意识形态具有控制性。巴特和鲍德里亚的意识形态观的相通表现在以下四个方面。

1. 都认为意识形态具有符号性

巴特在《神话——大众文化诠释》中从语言符号的角度进行意识形态批判⑤，这一论述虽然只是针对《神话——大众文化诠释》这一部著作，但也适用于其他大众文化研究。后来巴特在第一届国际符号学学会上演讲时，再一次将意识形态与符号学相联系："但是我仍然相信，任何意识形态批

---

① 罗兰·巴尔特. 符号学原理 [M]. 李幼蒸，译. 北京：中国人民大学出版社，2008：70.

② 菲利普·罗歇. 罗兰·巴特传 [M]. 张祖建，译. 北京：中国人民大学出版社，2013：72.

③ 罗兰·巴特. 神话修辞术：批评与真实 [M]. 屠友祥，温晋仪，译. 上海：上海人民出版社，2009：18.

④ 罗兰·巴特. 神话：大众文化诠释 [M]. 许蔷蔷，许绮玲，译. 上海：上海人民出版社，1999：初版序 1.

⑤ 罗兰·巴特. 神话：大众文化诠释 [M]. 许蔷蔷，许绮玲，译. 上海：上海人民出版社，1999：初版序 1.

判，如果要摆脱对自身必然性的执迷，就必须是符号学的：分析符号学的意识形态内容，如我的学生那天打算去做的，可能仍然须借助符号学手段来进行。"① 鲍德里亚认为，消费社会的生产就是符号价值的生产，符号价值的生产成为生产的核心："今天除非能够被解码为一种符号，任何事物（物、服务、身体、性、文化、知识等等）都不能够被生产和交换。"② 消费社会的整个商品经济都离不开符号的逻辑，作为交流话语的交换价值与各不相同的社会用途的使用价值都被编织进抽象的能指与所指的符号当中，处于符号的差异性组合之中。因此，符号结构是商品形式的本质与核心，它具有决定性，是能指与交换价值作用的法则：商品直接作为一种符号被生产出来。

2. 都认为意识形态具有控制性

巴特在《文之悦》中明确提出主导的意识形态观，认为只存在主导的意识形态，而没有被主导的意识形态。巴特说："何谓意识形态？它恰是在它所支配的范围内的观念：意识形态只能是主导的。其实谈及'统治阶级的意识形态'便对了，因为必有一个被统治阶级，说'主导的意识形态'则仍不相宜，因为不存在什么被主导的意识形态；所述之'被主导'的那边，什么也没有，没有意识形态。"③ 鲍德里亚同样认为意识形态具有控制性。在《物体系》中，鲍德里亚称意识形态为"基本的意识形态概念"："这是一个透过物品和信念的'个性化'，想要更佳地整合个人和社会的一项基本意识形态概念。"④ 在《消费社会》中，他指出意识形态能发挥控制功能："这样我们便能更好地领会当代社会政治中消费系统重要的意识形态功能。这种意识形态功能是从消费作为区分价值的普遍编码机制的规定性及我们刚刚确定的交换和沟通的系统功能演绎得来的。""它（身体）仅仅表达某种已过时的、与生产系统发展不相适应且不再能保证意识形态之统一的、有关灵魂的意识形态，被一种更具功用性的当代意识形态所取代，这一意识形态主要保护的是个人主义价值体系及相关的社会结构。"⑤

---

① 罗兰·巴尔特. 符号学历险 [M]. 李幼蒸，译. 北京：中国人民大学出版社，2008：4.

② 鲍德里亚. 符号政治经济学批判 [M]. 夏莹，译. 南京：南京大学出版社，2009：143.

③ 罗兰·巴特. 文之悦 [M]. 屠友祥，译. 上海：上海人民出版社，2002：42.

④ 布希亚. 物体系 [M]. 林志明，译. 上海：上海人民出版社，2001：163.

⑤ 波德里亚. 消费社会 [M]. 刘成富，全志钢，译. 南京：南京大学出版社，2000：149.

3. 都认为意识形态具有无意识性

在《文之悦》中，巴特认为统治意识形态已成为社会视而不见的常识："资本主义语言（因此而更强大的）压迫力不具偏执狂、体、争辩、连贯之类常规特征：它有那一成不变的黏着性，是一种常见（意见），一种无意识；简洁地说，是意识形态的本质。"①鲍德里亚从资本主义由工业社会转向消费社会的角度，从符号的角度指出大众文化生产过程中的符号价值已经取代生产价值和交换价值，消费社会的生产就是符号价值的生产，符号价值的生产成为生产的核心，在消费社会的整个商品生产和交换过程中，作为交流话语的交换价值与作为社会用途的使用价值都被编织进符号的能指与所指当中，处于符号的差异性组合之中，因此，符号结构是商品形式的本质与核心，它具有决定性。符号的秩序对应于社会秩序，符号差异的等级化被个人内在化，构成了基本的社会控制形式。在这种差异和交换的结构中，大众文化领域的意识形态以符码的方式对消费者发生着无意识的作用，就像索绪尔的结构主义语言学个人的言语在无意识中依赖语言一样，消费者个体的消费在无意识中只能追随和适应整体消费。

4. 都认为意识形态具有隐蔽性

巴特强调意识形态具有隐蔽性，认为意识形态"在每一件'想当然耳'的情节之中"，"正潜伏在某个角落"。②在《符号学原理》中，他指出符号的直接意指和含蓄意指构成二元对立，含蓄意指的所指称为意识形态，同样隐蔽在直接意指之后。鲍德里亚则从消费社会的商品交换都是符号交换的基本观点出发，提出直接意指所指称的客观现实都已经符码化，如知觉的符码、心理学的符码、现实的价值符码等都已符码化。因此，直接意指和含蓄意指并非二元对立，而是相互联系的，意识形态同时存在于直接意指和含蓄意指之中。鲍德里亚说："这个客观化的现实性自身不过就是一个被符码化的形式……直接意指不过就是最为出色的和最为微妙的含蓄意指而已。"③鲍德里亚进一步从大众文化的能指脱离所指的任意编码出发，指出含蓄意指的关键在于通过商品符码能指群的自由联合与交换，使商品符

① 罗兰·巴特. 文之悦 [M]. 屠友祥，译. 上海：上海人民出版社，2002：39.

② 罗兰·巴特. 神话：大众文化诠释 [M]. 许蔷蔷，许绮玲，译. 上海：上海人民出版社，1999：初版序 1.

③ 鲍德里亚. 符号政治经济学批判 [M]. 夏莹，译. 南京：南京大学出版社，2009：156.

码具有多样性和再生产性。由于直接意指已经符码化，含蓄意指具有多样性和再生产性，因此，存在于直接意指和含蓄意指之中的意识形态具有隐蔽性。

二、巴特的大众文化的意识形态批判

在《神话——大众文化诠释》《流行体系——符号学与服饰符码》中，巴特主要采用将符号学和社会学相结合的方法批判大众文化的意识形态。设想《神话——大众文化诠释》是从符号学的角度批判大众文化的意识形态的欺骗性和控制性，但这一设想只是在具体分析了各种大众文化的表现形态之后，才进行临时的、仓促的理论总结，故从符号学的角度对大众文化的意识形态的批判并不明显。正如法国语言学家乔治·穆南所做的评价，巴特赋予符号相当宽泛的内涵，实际是从社会心理学的角度分析大众文化的意识形态。① 在随后的《流行体系——符号学与服饰符码》中，巴特选择流行体系的书写服装，从语言符号学的角度批判意识形态的欺骗性和控制性。

1. 意识形态的欺骗性

巴特认为神话的意识形态隐藏在能指的修辞之后："一切的基本点在于，形式并未剥夺它的意义，它只是耗尽它的资源，从其他角度看，它使得它可以被操控。人们相信意义将会灭绝，但它的死刑有缓刑期；意义失去了价值，但仍保存着它的生命。"这使神话的意义变得"自然而然"，具有隐蔽性和欺骗性："这些反省的出发点，常是当看到我们的报纸、艺术和常识领域成为现实所包装的一种'自然法则'时，心生不耐所致。即使这是我们在其中俯仰生息的现实，却无疑地是由历史决定的现实。"② 《神话——大众文化诠释》主要从社会生活、日常生活、大众艺术，以及电视和摄影照片等方面揭示了"神话"的欺骗性。如在日常生活方面，在《明见之士》中，巴特认为女性咨询之士总是使女士成为魅力十足的法国人典型，即乐善好施而忧郁易怒，富有健康的坦诚态度，有敏捷伶俐的答辩能力，有灵犀的智慧但也信任别人，而其背后的意识形态则是假定女性只是

---

① 菲利普·罗歇. 罗兰·巴特传 [M]. 张祖建，译. 北京：中国人民大学出版社，2013：72.

② 罗兰·巴特. 神话：大众文化诠释 [M]. 许蔷蔷，许绮玲，译. 上海：上海人民出版社，1999：初版序 2.

处于寄生附属的状态，只有结婚才能体现女性存在的价值，从而给女性强化一种墨守成规的屈从道德。在《深层的广告》中，巴特分析了美容用品广告直接意指背后的含蓄意指：水被认为具有挥发性、轻盈、易逝、短暂、珍贵，却是皮肤深层的引导者；油持久、沉重、慢慢地压迫表层、沿着"气孔"浸透进入皮肤。美容用品广告将水和油奇迹式地结合在一起，展现一种滋养性的面霜，其柔和且不油亮，从而以隐蔽的形式欺骗大众进行购买。在电影和摄影照片方面，在《哈尔古的演员》中，巴特认为电影演员在表演时有时要扮演老者或丑陋的角色，有时要做琐碎的手势或英勇的姿态，但在哈尔古的照相馆里所拍摄的照片，却使他们都显示出青春、理想、运动、神秘而充满深沉的"秘密"，具有"一切无言的美所做的猜想"，从而通过他们的青春、理想、运动、神秘而充满深沉的"美"来欺骗大众。

2. 意识形态的控制性

巴特在《神话——大众文化诠释》中主要分析了大众文化的意识形态对女性、儿童、黑人和无产阶级等大众的控制。对于女性，巴特在《小说与孩子》中指出，法国的女小说家虽然既可以作为小说家像男人一样进行创造，又可以获得做母亲的权利，《她》中虽然没有男人，但整个社会却是由男人所控制的。对于儿童，巴特在《玩具》中指出，法国儿童的所有玩具基本上由法国现代成人生活中的内容组成，导致法国孩子只能将自己看成拥有者和使用者，却永远不是创造者。对于黑人，巴特在《毕雄在黑人国度》中分析了才几个月大的西方白种婴儿毕雄征服了野蛮的黑人并成为他们的偶像的故事，这种白人种族优越论正表现了统治意识形态对黑人的控制。对于无产阶级，巴特在《贫苦阶级和无产阶级》中指出，卓别林的喜剧电影中贫苦阶级和无产阶级都是饿着肚子的人，难以认识到罢工和革命的政治因素，以及集体策略的坚持，这正表现了统治意识形态对贫苦阶级和无产阶级的思想控制。

在《流行体系——符号学与服饰符码》中，巴特选择流行体系的书写服装，从语言符号学的角度批判大众文化领域意识形态的控制性。在《流行体系——符号学与服饰符码》1967年出版之前的1964年到1966年期间，巴特在法国高等研究学院讲授"修辞学研究"的课程，其对流行服饰的分析受到其修辞学研究的影响。巴特认为亚里士多德的《修辞学》对大众文化具有启发意义，"在亚里士多德（修辞学由其开始），和我们的大众文化之间，存在有一种牢固的一致性"，西方的民主化过程"以一种'最大多数'的、以多数作为准则的、流行意见的意识形态为基础"。① "以多数作为准则的、流行意见的意识形态"正表现了意识形态的统治性。巴特在《符号学原理》中曾提出一个设想，他认为大多数非言语活动的符号系统的"语言"是由某一进行决定的集体达成的，这些非言语活动符号系统中的语言通过某一单方面的决定以一种人为的方式造成，使用者并不能参与制作"语言"，而只能服从集体的制约。在《流行体系——符号学与服饰符码》中，巴特对此做了更具体的分析：流行服饰的服饰符码是相对武断的，它每年都精心修饰，凭借绝对的权威时装集团或者时装杂志的编辑发布，它是突然产生、不断变化的一种专制行为——它有时候用世事的断片充斥其所指，并将它转化为用途、功能和梦想；有时候又清空这个所指，恢复到剥去所有观念实体的语言表达。所有这些变化过程，全凭时装集团或时装杂志扩大世事所指或者破坏世事所指，都表现了意识形态对大众的控制性。②

三、鲍德里亚对物体系的意识形态批判

鲍德里亚在《物体系》中指出，物体要成为消费的对象，必须成为符号。③ 在《符号政治经济学批判》中，他再次明确物体与符号的联系。④ 虽然鲍德里亚认为物体系与语言存在区别，但还是将巴特结构主义语言符号学中直接意指和含蓄意指的二元对立理论运用于对物品的分析之中：该书第一部分"功能性系统或客观论述"和第二部分"非功能性体系或主观论述"构成了物体系的直接意指，第三部分"后设及功能失调体系"和第四部分"物品及消费的社会——意识形态体系"构成了物体系的含蓄意指，并将含蓄意指作为意识形态，通过对含蓄意指的分析阐释物体系领域意识形态的控制功能。鲍德里亚说："我们已经分析了物品系统化的客观过程及主观过程，现在，我们要做的是，质问它们的引申意义场域，也就是说，它们的意识形态意涵。"⑤

---

① 罗兰·巴尔特. 符号学历险 [M]. 李幼蒸，译. 北京：中国人民大学出版社，2008：98.
② 罗兰·巴特. 流行体系：符号学与服饰符码 [M]. 敖军，译. 上海：上海人民出版社，2000：320.
③ 布希亚. 物体系 [M]. 林志明，译. 上海：上海人民出版社，2001：223.
④ 鲍德里亚. 符号政治经济学批判 [M]. 夏莹，译. 南京：南京大学出版社，2009：12.
⑤ 布希亚. 物体系 [M]. 林志明，译. 上海：上海人民出版社，2001：129.

在《物体系》中，鲍德里亚借鉴结构主义语言学家索绪尔将言语活动分为不依赖于个人表达的整体"语言"和个人表达部分的"言语"的观点，指出物品/广告是一个巨大的句法选项结构，是一个具有较强延伸性和适应性的"目录"，相当于"语言"，而大众各不相同的需要的"言语"分布其上。① 阿尔都塞认为统治意识形态通过诱使个体与它认同而从个体中"招募"主体，并将具体的个体传唤为主体：因为人的主体是一个受到现存的各种思想体制制约和束缚的"屈从体"，主体在统治意识形态中表现出来的不是主宰着个体生存的实在关系，而是这些个体身处其中的实在关系所建立的想象关系。鲍德里亚依据物体系的物品/广告对消费社会大众的需要的满足来分析物品领域意识形态的区分功能和主体幻想性。

1. 意识形态的区分功能

鲍德里亚认为，在现代西方社会中，随着竞争加剧、社会动态扩大、社会团体流动加速，以及语言交流的不稳定性，诸多传统社会体系如出身、阶级、社会功能等逐步衰竭，而只有地位作为一个清楚、直接、普遍的社会符号，构成了一个完全社会化和俗世化的社会识别符号体系：地位符号和一种至少是形式上的社会关系解放相关联，从而使人类社会有史以来第一次构成了一个普遍的符号体系。不过，虽然今天地位符号正在建立一个普遍的符号意义体系，它再现在各种规模的现代社会和团体中，它允许畅通无阻的交流和流通，但由物品体系所提供的这一地位符号，只是一个在意义生成中具有不确定性和不透明性的关系符号。由于这一符号的社会价值参考的单一性和所具有的强制性，它在代替传统社会中的出身、阶级、社会功能等体系后，只是使大众的区分和分级不断变化，而受不断变化的区分和分级影响的大众只能在不断变化中追求地位符号，从而显示出物品符号对大众的区分功能。正如鲍德里亚所说："在这个同质性体系本身的架构内，我们可看到一个不断更新的层级和卓越区分的强迫性顽念在发挥它的作用。"②

2. 意识形态的主体幻想性

鲍德里亚认为物体系领域意识形态的控制功能通过模范/系列的二元对立来体现：物体模范享有较长的持续生命，物体系列朝生暮死；物体模范

---

① 布希亚. 物体系 [M]. 林志明，译. 上海：上海人民出版社，2001：210.
② 布希亚. 物体系 [M]. 林志明，译. 上海：上海人民出版社，2001：216.

拥有和谐、统一和同质性，物体系列只是一堆细节的总和并与其他系列形成机械式的搭配；物体模范各部分间和谐一致，物体系列只是固定的或有可能获得的"技术元"的排列组合；物体模范代表的是风格、品位、真确性和独特性，物体系的时间属于一段立即的过去。通过模范/系列的对立，上层阶级透过模范所体现出来的特权已经被内化为现代社会大众内心的自然感受，成为大众的自然理想和力图接近的目标，大众都以为可以通过物品系统一点点实现模范的目标，使得自己的社会地位持续上升，但由于模范从根本上说只是一个理念，因此虽然物体系列建立了表面的平等，却掩藏了系列/模范之间严重的不平等；而且把物体模范当作一个可以追上的理想目标并没有出路：面对从根本上说只是一个理念的模范，社会的大部分阶层将之作为可以追上的理想而在物体系的梯级上不断前行，最终只是在无限的追求中得到一种虚幻的心理满足。

四、鲍德里亚对时尚和身体的意识形态批判

鲍德里亚不仅在《物体系》中对物体系的意识形态功能进行了研究，还在其后的《符号政治经济学批判》和《象征交换与死亡》中对时尚和身体领域意识形态的区分功能和主体幻想性做了进一步补充，使其对大众文化领域意识形态功能的阐释更加全面。在《象征交换与死亡》中，鲍德里亚指出时尚是意指系统的丧失与能指/所指区分的消解，它是一种为了变化而变化的纯粹的符号游戏，是一种符号能指的滑移和浮动，是一个普遍化的符号体系，但又不是一种一般等价物的交换，而是模式之间的差异交换。它是随意的、如儿戏般的符号之间的自由组合，它以仿真消除了表意，清除了传统符号的指意性，变成一种表象的狂欢。它具有一种对于游戏和仪式的激情，是一种解除了符号价值和一切情感的人为激情，它把交流变成毫无信息的意指，产生一种与美丑无关的美学快乐。

1. 时尚领域意识形态的区分功能

鲍德里亚认为，时尚领域意识形态的功能表现为社会等级的区分功能，虽然追逐等级的消费者表面上是自由的，但还是被纳入社会的不平等等级之中，时尚不过是那些试图最大限度地保持文化的不平等，以及社会区分的有效机制之一，通过在表面上消除这种不平等来建构不平等。在时尚中，个体对时尚的追逐使其觉得自己成了社会"共同体"中的一员。个体的行事原则都可以以"共同体"的面目出现，自我的单一动机被"共同体"遮

蔽，从而使自我的行动获得了普遍认可的合理性，不用担心受到他者的质疑。时尚代表着大众行为，在对时尚的追逐中，社会的一面压倒了个性的一面。一旦为社会所难以容纳的事物成了时尚，也就意味着它获得了大众的支持，使个性始终难以脱离时尚，使个体始终在追求时尚中受到意识形态的控制："人们不能逃离时尚，确实，尽管人们总可以逃离内容的现实原则，但人们永远不能逃离代码的现实原则。"①

2. 身体领域意识形态的主体幻想性

鲍德里亚指出，在消费社会中，对人的崇拜已经转化为对身体的崇拜，这种崇拜不是由于身体本身，而是对美的符号的崇拜。美的符号是人为制造出来的，隶属于封闭的体系。对美的符号的崇拜以一种无意识的形式使人们深陷其中而无知觉，这是更深层、更隐蔽的意识形态控制。鲍德里亚说："对我们而言，在此最为重要的是展现一般意识形态的过程，通过这种意识形态，美，作为一堆符号的集合，以及对符号的加工，在现有体系之中作为对阉割的否定，同时作为对身体的否定而发挥作用。"② 鲍德里亚认为，符号将身体美化为一种物，它最终去除了身体的本性，使其屈从于一种规则，屈从于符号的流通。这种对身体的美化最典型地表现在女性身体和脱衣舞中。

在女性身体方面，在紧身衣、紧身袜、贴身的长裙和上衣的包裹中，女性的欲裸非裸的身体成为一个光滑、闭合、完美的身体；它是符号的自我重叠，在这完美的抽象中实现了女性梦寐以求的身体幻觉，也满足了男性对自我形象的迷恋。这是被指称的身体，它不暗示自己所编织的符号网络下的任何东西，尤其不暗示身体，也不暗示享乐的身体，既不暗示性感的身体，也不暗示被撕裂的身体——它在安定的身体拟像中从形式上超越了一切。

脱衣舞是一个封闭的、抽象的符号系统，通过一系列手势语言符号来进行交换和自我指涉，缓慢的动作通过诗化的语言符号来实现对身体和色情的赞美，在这富有神话色彩的诗化语言符号中，裸体变得高雅和神圣，脱衣舞女也在这审美过程中升华为女神，它给身体罩上一圈神圣的光环，成为一种身体拜物教。同时，脱衣舞又是一种封闭的语言符号系统，在自己的系统内进行交换和游戏，不色诱观众靠近和参与，它虽然是色情的、诱人的，但只是把性的欲望内化为迷人的自我超越："因此，这不是下到性

---

① 波德里亚. 象征交换与死亡 [M]. 车槿山，译. 南京：译林出版社，2006：132.
② 波德里亚. 象征交换与死亡 [M]. 车槿山，译. 南京：译林出版社，2006：147.

深层的符号剥离的游戏，相反，这是向上的符号建构的游戏——每个标记都通过自己的符号作用获得色情力量。"① 这种身体领域意识形态的功能表现为：它是一种受到诱惑的自恋，是为了符号的增值和交换而展示的美的魅力，这种诱惑、魅力在工业生产过程中被程序化，以满足男性观众对女性美的主体幻想。

总之，鲍德里亚认为，在消费社会中，意识形态作为一种符号形式和叙事方式，遵循着符号统治的逻辑，符号自身构成一种体系侵占了意识领域，形成了意指过程的拜物教；只有通过符号学剖析，才能揭示其深层奥秘，对消费社会领域意识形态的区分功能和主体幻想性进行彻底批判。

第二节　布尔迪厄大众文化的符号权力批判观

布尔迪厄是法国著名社会学家和文艺理论家，出版了《区隔》《再生产——一种教育系统理论的要点》《国家的精英》《艺术的法则》《继承人——大学生与文化》《实践的逻辑》《学术人》等代表性学术著作，其中与大众文化有关的著作有《言语意味着什么——语言交换的经济》《论摄影》《关于电视》《艺术之恋》等。巴特在《神话——大众文化诠释》中剖析了在大众文化领域中意识形态对大众的欺骗和控制，布尔迪厄将意识形态转换为符号权力（Symbolic Power）②，将语言符号与社会学相结合，选择大众文化中的摄影、电视、政治选举和参观博物馆，对符号权力进行批判。

一、布尔迪厄的符号权力对巴特的意识形态的发展

巴特强调意识形态是主流思想对其他思想意识的压制，并将意识形态与语言紧密相连。布尔迪厄认为意识形态概念已经达到滥用的程度，自出机杼地提出符号权力的概念③，提出符号权力通过伪装的、习以为常的形式再现经济与政治权力，以强制性地推行个体理解与适应社会的方式。布尔迪厄的符号权力对巴特意识形态的发展表现在如下两方面。

---

① 波德里亚. 象征交换与死亡 ［M］. 车槿山，译. 南京：译林出版社，2006：149.
② Symbolic power 可译为"象征权力""符号权力""语言权力"等，本书译为"符号权力"。
③ 戴维·斯沃茨. 文化与权力：布尔迪厄的社会学 ［M］. 陶东风，译. 上海：上海译文出版社，2012：103.

1. 将巴特的语言符号学发展为一般符号学

巴特的结构主义符号学注重语言内部的分析，认为意识形态都是统治意识形态，并且在《符号学原理》中提出非言语活动的符号系统的直接意指和含蓄意指的二元对立，将意识形态与符号相结合，将含蓄意指的所指称为意识形态。① 巴特还在第一届国际符号学大会上明确指出："但是我仍然相信，任何意识形态批判，如果要摆脱对自身必然性的迷执，就必须是符号学的。"②

布尔迪厄的语言观则解开了对语言本身的封闭分析的束缚，将语言和社会相结合，提出语言的意义即语言的使用，只有在语言的实践活动中才能理解遵循规则的行为本身。布尔迪厄还提出，语言是权力关系的一种工具或媒介，必须把语言放在语言生产和流通的互动及结构环境中加以研究；言说者具有实践能力，言说者和他们分别所属的各种群体之间的力量关系以一种变化的形式表现出来。哪怕是最简单的语言交流，也涉及被授予特定社会权威的言说者与在不同程度上认可这一权威的听众的结构复杂、枝节蔓生的历史性权力关系。③ 布尔迪厄将语言作为其符号系统的一部分，并进一步扩大符号范围，从结构的角度阐述符号系统，认为形形色色的符号系统是具有结构功能的结构（Structuring Structure），它赋予社会以秩序和理解，并发挥社会的整合功能，如宗教、语言、神话、教育、科学等各自构成相对独立的结构，各自代表不同的理解世界的方式。符号系统还是被结构化的结构（Structured Structure）④，它是传递着一种文化的全体成员分享的深层意义的符码；发挥着交流工具和知识工具的作用，实现一种交流和社会整合的功能。作为占支配地位的符号系统，还可为统治集团提供整合，为社会群体的排列提供区别与等级，同时通过鼓励被统治者接受现存的社会等级而把社会的等级排列合法化。

2. 对巴特的意识形态批判进行深化

巴特在《关于布莱希特的〈大胆妈妈〉》中强调任何社会的人都生活

---

① 罗兰·巴尔特.符号学原理［M］.李幼蒸，译.北京：中国人民大学出版社，2008：46.

② 罗兰·巴尔特.符号学历险［M］.李幼蒸，译.北京：中国人民大学出版社，2008：4.

③ 布尔迪厄，华康德.实践与反思：反思社会学导引［M］.李猛，李康，译.北京：中央编译出版社，2004：190.

④ 戴维·斯沃茨.文化与权力：布尔迪厄的社会学［M］.陶东风，译.上海：上海译文出版社，2012：96.

在统治意识形态之中；他在《神话——大众文化诠释》中提出统治意识形态无处不在，法国的社会和文化都笼罩在统治意识形态的阴影之中；他还尝试从语言符号的角度批判意识形态："本书有一套双重理论架构：一方面是以所谓大众文化的语言工具作为意识形态的批评，另一方面，则是从语意学上来分析这套语言的结构。"①

布尔迪厄也认为符号权力弥漫在社会空间中。如在阐释宗教的符号权力时，他指出宗教要以集体的名义进行，具有格式化的象征，以呈现出合法性并且被信众认为是合法的；要让神父获得代表宗教群体讲话并且行动的授权，使其话语具有魔力；要将神父的讲坛置于一个突出的重要位置，通过这种预设的空间结构与信众构成互动结构；要通过形式化的严密语言来掩盖语义上的任意性，还要通过一种可能很不完美的技术能力的演练来进行操演，以发挥宗教的权威作用。再如剖析法国标准语时，布尔迪厄指出法国标准语言形式的统一与民族国家的创建同时发生，由此形成了一个受到标准语言支配的语言市场。这一标准语言在一定政治权威的管辖范围内被人们或多或少地了解或承认，反过来，它也有助于强化这种作为其支配性源泉的权威。这一标准已成为一种理论规范，一切语言实践都要接受其客观的衡量。一个人的用语习惯，包括词汇的丰富、口音、唇形、用词的雅俗、句型结构等因素都渗透着其在社会等级中的位置的影响，从而形成语言与资本丰富者有利的、支配的地位，贫乏者不利的、被支配的地位。如在国家行政机关和文职机关招聘合格人才时，只有精通法国标准语的职员才符合普适性办公人员的要求，此类职员符合科层制政治的可预测性和可计算性要求，具有对其地位的行政界定指派给他们的身份。

布尔迪厄不仅认为符号权力是"创造世界、整合社会的力量"，还进一步提出符号权力必须同时获得被统治者的赞同与认可：任何一种实施符号权力的权力，都会掩盖其权力关系，进而把意义合法地强加于人，即把符号权力附加于权力关系。符号权力还是一种"隐性权力"，其"具有合法化功能"，它通过符号"委婉转换"成社会等级、法律制度、管理规定，使它们变得像自然秩序那样天经地义；还通过塑造大众的习性得到大众的认同，得到那些不知道自己从属于它，并主动实施符号权力的人的"合谋"。在此

---

① 罗兰·巴特．神话：大众文化诠释［M］．许蔷蔷，许绮玲，译．上海：上海人民出版社，1999：再版序1.

基础上，布尔迪厄创造性地提出场域、资本和习性的概念，以进一步剖析符号权力对大众的控制不仅是外部的权力控制，同时也得到大众自身的"合谋"。

场域是斗争的场所："场（域）的结构，应被理解为不同位置之间客观关系的空间，这些位置是由竞争性权力和资本种类的分布来界定的，它们不同于或多或少是持续性的网络。"① 每个特定场域的内部都存在着为争夺权力来界定该场域的斗争，每个场域之间也是力量关系的场所。"资本"是积累的劳动，当这种劳动在排他性的基础上被行动者或行动者小团体占有时，这种劳动就使得他们能够以具体化的或活的劳动的形式占有社会资源。资本大致分为经济资本、社会资本和文化资本，经济资本以财产权的形式被制度化，文化资本以教育资格的形式被制度化，社会资本由社会联系组成，它以某种高贵头衔的形式被制度化。习性是一个持续的、可转移的性情系统，它介于社会权力结构和个体行为之间，是一种被结构化的起结构作用的认知—情感综合体。它受到特定的生存条件和历史文化传统等的制约，又作为个性生成性的建构中的结构，具有导向实践的功能。符号权力以参与其中的成员主动达成"合谋"的习性为先决条件，在与他们"合谋"的基础上将权力施诸其上：社会成员一旦降生于某个社会，就有一套将世界视为理所当然和"自然而然"的假定和公理存在，他们的认知结构来源于世界的结构，他们的感知和评价结构根据认知结构建构，他们对施诸其上的符号权力，"自然而然"地认可其受制的社会决定机制。

二、布尔迪厄电视和摄影艺术的符号权力的控制和区隔功能

二十世纪五六十年代，西方电子传媒艺术得到了极大发展。巴特在《神话——大众文化诠释》中批评了摄影照片的欺骗功能，如在《人类的大家庭》中，一场在巴黎展出的大型摄影展展示了全球各国"人类大家庭"日常生活中的普遍内容：出生、死亡、工作、知识、游乐等，但巴特却认为这些摄影照片是对人类生活的具体历史性的忽视。② 布尔迪厄对电子传媒

---

① 布尔迪厄. 言语意味着什么：语言交换的经济 [M]. 褚思真，刘晖，译. 北京：商务印书馆，
2005：133.
② 罗兰·巴特. 神话：大众文化诠释 [M]. 许蔷蔷，许绮玲，译. 上海：上海人民出版社，1999：
145.

艺术也相当关注，他在阿尔及利亚服兵役时，就对摄影产生了浓厚的兴趣；在进行人类学经验考察时，很多成果都附有具有很强说服力的照片；在1965 年发表了论文《论摄影》，1996 年出版了著作《关于电视》。本小节重点选择电子传媒艺术中的电视和摄影，阐述其对符号权力的控制和区隔功能的批判。

1. 电视的符号权力的控制功能

布尔迪厄在《关于电视》中将电视置于其创造性地提出的场域之中进行讨论。新闻场域是一个"有结构的空间"，其中的权力关系结构、场域中各个位置所采取的策略，以及媒介场域和各个场域相互作用。法国新闻场域中报纸杂志曾经占据优势，但现在随着国有电视台的垄断地位被打破，商业电视异军突起，包括电视在内的新闻场域既受到经济场域的强大影响，又作用于其他场域。经济场域作用于电视，主要是通过收视率这一工具的介入。收视率是电视各个频道、节目所拥有的观众的人数占电视观众总人数的百分比，是衡量观众中各大社会阶层变动的一把尺子，也是确定节目定位以及衡量节目好坏的重要指标。在收视率标准的制约下，电视节目制作人的选择成为与制作人的品位、去向及普通观众的兴趣、心理无关的选择。同时，电视借助于其日益强大的影响力，将其商业逻辑强加于其他文化生产的场域，例如司法、哲学、医学和政治场域。布尔迪厄将语言符号学和社会学相结合，批判了电视符号权力控制大众的多种途径。

（1）通过语言符号进行控制。布尔迪厄从新闻场域符号能指的差异的角度剖析电视对大众的控制，指出电视往往关注日常生活中的超常事件，不同的电视机构追逐"独家新闻""头条新闻"，但电视机构的相当多的精力都用于制造与竞争对手之间的细微差别。如要做午间的电视新闻，就要先温习一下前一天晚上八点的新闻和晨报的标题，结果并没有创造出具有独创性的新闻，而只是报道同样的事件的侧重点和角度略有不同。① 布尔迪厄还进一步阐述了电视主持人的语言控制机制。主持人通过其不自觉的言语、提问的方式和语气的改变来介入、干涉讨论，如主持人的"谢谢"，既可以表示"我感谢您，我对您不胜感激，对您的讲话打心眼表示欢迎"，也可以表示拒绝："够了，结束吧，让下一个说吧。"主持人还要自充裁判，如用"哦哦哦……"的方式让人意会到对话者的冷淡和不耐烦；还可以在

---

① 皮埃尔·布尔迪厄. 关于电视 [M]. 许钧，译. 沈阳：辽宁教育出版社，2000：17.

对方说话时，说几声"对对"，点几下头，或做几个所谓明白人的手势，以表示对对方的赞同和关注；还会以公众代言人自居："请允许我打断一下，我不明白您想说什么。"

（2）通过电视创造现实进行控制。布尔迪厄发现，电视记者们在搜寻新闻时，往往戴着特殊的"眼镜"，他们能看见某些异乎寻常的东西，与寻常割裂的东西，超日常的东西，为诸如火灾、水灾、谋杀等各种社会新闻赋予特殊的意义。如法国1986年的中学生罢课事件，本来青少年并没有很强的政治性，但是记者们刻意挑选了他们中政治性最强的作为代言人，把他们真的当成一回事儿，而最终那些代言人也真的把自己当成了一回事儿。布尔迪厄认为，电视已成为制造现实的工具，并举例说，如果今天想获得在五十岁退休的权利，不必举着标语牌去国家教育部前游行，而是要找一个能干的通讯顾问，借助大众传媒的力量，采取化妆、戴面具等一些令人吃惊的手段，通过电视媒体的传播可以获得与五万人参加的一次大游行相同的效果。电视通过创造现实，激发起人们强烈的感情，造成动员性或劝解的社会效果，从而有效实施对大众的控制。

（3）通过电视节目的通俗化和娱乐化进行控制。布尔迪厄以社会新闻为例，发现电视的社会新闻总是展现那些无关紧要的、茶余饭后的日常谈资，能够娱乐公众，以吸引受众的注意力、让公众心甘情愿地交出自己的时间。他进而具体分析了电影的通俗化和娱乐化。通俗化指电视节目符合所有人的心意，证实早已为人熟知的事，提供事先已经消化过的文化食粮，提供预先已形成的思想，丝毫不触及人们的思维结构。娱乐性指电视不惜代价地将政治话题变得有趣，以获得受众的好感，于是欧美社论和调查报道的记者逐渐被边缘化，让位给搞笑主持人。同时，深入的分析、对话、专家讨论或采访等有价值的信息，也逐渐被无意义的闲聊——脱口秀所替代。电视的娱乐时间抢占了政治空间，使受众完全沉醉其中而不自知。电视还为了迎合观众的口味，追求图像的感官刺激，追求轰动、奇特、耸人听闻的效果，把人们的注意力引向某场表演或某个丑闻，或以巧妙的手段把时事问题化为供人消遣的逸闻趣事。电视还发展出某种自由主义的蛊惑术：给公众提供一些粗俗的产品，如脱口秀、生活片段、赤裸裸的生活经历曝光等，通过这些颇为过分的节目满足某种偷窥癖和暴露癖，使大众热衷于参与电视节目。

2. 摄影艺术的符号权力的区隔功能

布尔迪厄在《论摄影》中指出，从事摄影艺术与参观艺术博物馆相比，准入的门槛较低：从事摄影实践使用的工具容易获得，经济上基本上不存在障碍，也不需要进行专门的训练。传统上摄影实践的主要功能有二：一是作为一种仪式化的手段来进行，如婚纱照、婚姻庆典、生日宴会等，它增进一个特殊时刻的节庆感；二是照片的保存与展示增强家庭体系的认同感，肯定家庭群体的持续性和整体性。布尔迪厄还将在艺术场域划分的正统与异端两大行动者阵营运用于摄影实践，认为摄影实践也大致分为传统功能实践和异端实践两大类别：传统功能实践指传统的家庭仪式化摄影，摄影异端实践则是更加追求摄影艺术效果的摄影实践，摄影异端者被称为"狂热爱好者"，一般是与社会整合度较低、与社会有着隔膜的人士。① 布尔迪厄通过对法国社会各阶层的调查，具体剖析了摄影艺术的社会区隔功能。

布尔迪厄将社会各类人群分为农民阶层、工人阶层、基层公务员、初级经理群体、高级经理群体五大阶层，其中农民阶层和工人阶层属于下层社会，基层公务员和初级经理群体属于中层社会，高级经理群体属于上层社会。布尔迪厄认为摄影艺术的社会区隔作用表现在下层社会只能按照传统的实践功能进行拍照，他们不具备相应的文化资本；上层社会也只通过否定的限定来完成对自身的确认，他们虽然具备相应的文化资本，但他们不愿为之。

对于农民和工人阶层来说，农民阶层认为从事普通的摄影实践尽管花费不多，但仍然是一件奢侈的事。一个农民在乡村拿着照相机四处拍照，首先被视为一种败家的行为，其次将被视为一种假装绅士的卖弄行为，所以农民除了请专门的摄影师在重大节庆上拍照外，一般并不从事独立的摄影活动。工人阶层在摄影实践方面受到的社会压力较小，但其摄影实践仍然完全受传统功能的支配，并与摄影"狂热爱好者"们有着本质的区别：工人一般不会将摄影当作一种艺术来对待，而是要求写实，愿意用自己拍摄的照片来作为装饰品装饰房间。对于高级经理群体来说，尽管他们有着丰富的经济、文化等各类资本，但他们中参加摄影实践的人数最少。这首先是因为摄影艺术是一种准入门槛较低的"艺术"，他们为了显示自身的与

---

① 布尔迪厄. 论摄影 [C] //吴琼. 上帝的眼睛：摄影的哲学. 北京：中国人民大学出版社，2005：25.

众不同，表达与其他阶层众多摄影者之间的区别，一般更愿意选择听一场音乐会或者参加一次绘画展等更为高级的艺术活动。其次是因为摄影艺术并不需要像其他艺术活动一样，要通过严格的训练与长时间的学习，这一阶层的人普遍认为摄影要比绘画、音乐等艺术形式低一等，因此并不愿参加。

对于基层公务员、初级经理群体阶层来说，公务员阶层与工人阶层在经济资本方面不分伯仲，但其文化资本比工人阶层高出一筹，他们在审美追求方面比工人阶层稍进了一层。他们一般倾向于承认摄影是一种艺术，但同时只把它看作一种次级艺术。尽管这个群体当中从事摄影实践的人数要少于工人阶层，但"狂热爱好者"的出现频率却比工人阶层高得多："公务员们急于摆脱此实践的仪式性际遇的限制，又不能摆脱能够供给他们一个能够承认，同时又对他们来说十分陌生的艺术文化的规条和模式来做出肯定的决定。他们经常注定要拥有一种空白的审美追求，这种追求完全是由在工人阶级的摄影中表达出的对'经典'的拒斥而以严格的负面方式界定的。"因此，"狂热的实践者，他们受挫于某种不合法感以及不确定的规条，唯一的选择就是立即将其划入私人偶然而独特的趣味之中，将其转变为一种仅能具有审美价值的实践，这样就能避免与合法的艺术形式相比较"。初级经理人尽管比公务员群体、工人阶层拥有更多的经济与文化资本，会采取一种更为外露与直接的方式：强烈地倾向于为摄影赋予艺术的身份，并且至少在他们的言辞里表现出某种焦虑，想要将摄影从收集家庭纪念品的功能中解放出来，他们经常拒斥流行的所谓摄影的定义，通常都基于一个扭曲的技术客体形象，将之作为一个服务于所有传统用途的机器，他们挑战时常与这个形象相伴随的现实主义美学原则，并且通常都赞同摄影需要与绘画同样多的工作。但由于他们不属于社会的上流阶层，所以很难进入上流社会的各种艺术活动，他们对传统的东西一直采取一种否定性的态度，借以完成对自身的确认："因为最高贵和稀少的实践对他们关上了大门，初级经理群体只能在摄影——穷人的审美主义中找到一种肯定他们的特殊性的手段，正如他们能在所有的次级文化实践中所做的那样，他的目标是完全否定的，在其对象选择，或者他抓取对象的方式中，爱好者们否定性的美学仍然是由他所否定的'流行美学'确定的。"①

三、布尔迪厄对政治选举和参观博物馆中的符号权力的批判

如果说观看电视和进行摄影实践属于个人事件，那么西方的政治选举和参观博物馆则属于公众事件，随着政治选举和博物馆等公共活动与设施的免费开放等西方所谓自由民主的显现，它们也成为大众文化的组成部分。巴特曾在《神话——大众文化诠释》中的《照片与选举诉求》中分析法国不少国会议员候选人在参选时，运用照片来展示其家庭和乐的迷人景象、法律与宗教上的规范，暗示其先天就拥有像周日弥撒、厌恶外国人、喜爱牛排与油炸马铃薯片，以及戴绿帽的笑话等中产阶级财产，通过这种方式来欺骗选民。② 布尔迪厄在《言语意味着什么——语言交换的经济》《艺术之恋》中选择政治选举和参观博物馆，揭开其自由民主的面纱，批判了其符号权力的控制和区隔功能，并进一步揭示了大众的自愿参与"合谋"的习性。

1. 政治选举和参观博物馆中符号权力的控制和区隔功能

（1）政治选举中符号权力的控制功能。布尔迪厄认为，在政治选举中，某一政党通过制度性架构选举出政治候选人，再通过对其进行培训，使其成为职业政客③，并将政治选举与符号权力紧密结合。他指出，政党候选人、政权领导者等政治人物往往采取包括"屈尊策略"（Strategies of Condescension）、委婉语、命名和异端颠覆等在内的策略发挥符号权力。"屈尊策略"指拥有较多符号资本的政客向处于弱势地位的大众靠拢，以争取他们的支持。如在一次纪念贝阿恩语诗人的庆典上，法国波城的市长对与会的大众用贝阿恩语发表讲话，受到大众的热烈欢迎。波城市长在庆典等重大场合一般使用官方语言——法语，但在这一场合中选择使用当地人更愿意接受、令当地人倍感亲切的贝阿恩语，从而赋予贝阿恩语一种人为的附加的符号资本，象征性地赋予大众更大的权力，但从本质上说这只是波城市

① 布尔迪厄. 论摄影 ［C］//吴琼. 上帝的眼睛：摄影的哲学 ［M］. 北京：中国人民大学出版社，2005：70.

② 罗兰·巴特. 神话：大众文化诠释 ［M］. 许蔷蔷，许绮玲，译. 上海：上海人民出版社，1999：132.

③ 布尔迪厄. 言语意味着什么：语言交换的经济 ［M］. 褚思真，刘晖，译. 北京：商务印书馆，2005：100.

长运用符号权力对大众的操纵。委婉语是考虑到发出者与接受者在不同种类资本的等级制度中的相对位置、性别年龄的区别和这种关系中所固有的限制，在必要时采用非直接表达的方式。如政客们在发言时用一个语气缓和的词语代替另一个语气直白的词语，通过运用引号显示明显的谨慎，通过独特性的定义使过于显眼的词语的普通含义明显中性化，如要表达"来"的意义，可用缓和命令口吻"这儿""来这儿"代替不礼貌的简单疑问句"你来吗?"，或考虑到拒绝的可能性而用否定疑问句"你不愿意来吗?"，或用一种做作的形式"你能赏脸来吗?"，或用一种谄媚奉承的形式"如果你赏光来"，抑或用对问句本身的合法性提出疑问的元语言学的形式"我可以请求你来吗?"。命名是通过称赞、批评、争论、流言、诽谤、谎言、辱骂等正式的和集体的行为行使创造世界的权力，它向被命名对象指认其本质，确定其社会命运，如在公众面前以某种权威方式告诉某人他是什么、他必须做什么，将这些东西与他联系起来，将之强加于他身上。异端颠覆是通过改变对世界的表征而改变社会的可能性，它通过言说、预见使之成为可以预见、想象和相信的，从而创造出集体的表征和有助于此表征生产的意愿。其方式是综合以前整个群体心照不宣或者被压抑的实践和经验，赋予以前孤立、分裂、分散的特殊情况一种合法性，一种由公众表达和集体认可所赋予的合法性。

（2）参观博物馆中符号权力的区隔功能。博物馆作为一个国家的集体记忆和民族集体身份的认同机构，往往会搜集与整理一个国家与民族具有代表意义的历史文物与艺术珍品，同时定时、公开地向每位民众展出。博物馆作为一种公共遗产，在经济要求上几乎并不设置任何的障碍，社会的各个阶层都可以自由出入。二十世纪六十年代，布尔迪厄与其领导的工作小组对法国 21 个博物馆及欧洲其他国家的一些博物馆进行了一场近万人的经验性调查，并对调查所得到的数据进行了细致且严密的统计学分析。① 布尔迪厄的调查结果打破了各阶层平等参观博物馆的幻觉：不同阶层首次进入博物馆的年龄不同，不同阶层进入博物馆的频率与时间不同，不同阶层对于博物馆所陈列的艺术作品与历史文物的解码能力与欣赏能力不同。处于社会上层、拥有较多经济资本与文化资本的阶层，出入博物馆的频率更

---

① Pierre Bourdieu. The Field of Cultural Production：Essays on Art and Literature ［M］. New York：Columbia University Press，1993：220.

高，在博物馆内停留的时间更长，对博物馆中所陈列的艺术品的欣赏能力也更强；处于社会底层、拥有较少文化资本的阶层则相反。可见，博物馆的这种表面的平等背后，隐藏了深层的社会区隔。

2. 大众接受控制和区隔的习性

布尔迪厄认为，符号权力只有从教条和观念转化为大众的习性，也就是使支配着的场域的逻辑被行为者体验为自己主动的选择，支配性被体验为主动性，强制被体验为自由时，才能发挥把社会秩序自然化的功能。对于政治选举的控制功能来说，政治场域这种符号权力的存在、延续与维持的途径，主要依赖家庭、学校来塑造被操纵者的习性。通过学校和教育灌输给大众的感觉、思维和判断，成为大众生存时无所不在却又难以察觉的"空气"，这种特定阶级的要求在无形中被强加给大众，从而蜕变成普遍性符号统治工具。当大众接受这套由理性化的统治者所制造并由学校强加于自身的思想时，大众的思想、意愿、行为方式等心智或精神结构也成为场域的塑造因素，这一整套的精神结构与社会结构相碰撞，使大众凭借这一整套的思想与行为范畴，认识他们在社会结构中的地位和身份层次，并内化为个人的习性。而西方现代国家政治与学校教育具有相通性：通过创建制度性架构和选举的方式，以法律许可的正式途径选举出某一政党的政治候选人，使其成为政党的代表，还对其进行培训工作，赋予其特殊技能和各种能力，包括塑造个人形象与举止，如发型、服装、装饰品等外观标志，以及仪态、讲话的方式和口音、走路和站立的姿势等合成标志。此外，他们还要遵循相应的社会礼仪，提高文化品位，以符合职业政客的身份要求；政治候选人的被推举也改变了其本人对自己的看法，感觉自己有义务采取相应的行为举止，享有相应的功能与地位。这样，政治候选人被赋予代表政党讲话和行动的全部权力和尊贵的头衔，使其与大众先已存在和未存在的差别得到承认，充满神秘感，使大众对政治代表盲目崇拜，并在误认现实生存条件的过程中接受并屈从这种控制。

对于博物馆的区隔功能来说，布尔迪厄认为，人们对艺术作品的欣赏与品鉴必须建构在掌握一定艺术符码的基础上，在人们获取对这些艺术符码的解码能力的过程中，家庭、学校教育发挥着重要作用。家庭在培养个体习性方面具有不可替代的作用，尤其是像艺术习性这种对文化资本要求更高的惯习培养，更是在行动者进入高等教育之前就已经基本完成。布尔迪厄经过大量的社会经验调查指出："处于最有利地位的大学生，不仅从其出身的环境中得到了习惯、训练、能力这些直接为他们学业服务的东西，而且也从那里继承了知识、技术和爱好。"① 他还进一步分析道："从戏剧、音乐、绘画、爵士乐或电影这几个文化领域来看，大学生的社会出身越高，他们的知识就越丰富，越广泛。如果说，在使用一件乐器、通过看演出了解戏剧、通过听音乐会了解古典音乐等方面的差异不会使人感到惊讶，因为这是各个阶级的文化习惯和经济条件所造成的，那么，不同出身的大学生在参观博物馆和对爵士乐及电影历史的了解方面的明显不同更引人注意，尽管爵士乐和电影往往被视为'大众艺术'。"② 在其专著《再生产——一种教育系统理论的要点》中，布尔迪厄更是指出，学校教育不但未能弥补这一先天不平等，反而加剧了这种不平等。这首先是因为在一个给定的社会结构中，被组成这一社会结构的集团或阶级之间的权力关系置于教育行动系统统治地位的教育行动，无论从它的强加方式来看，还是从它强加的内容及对象的范围来看，都最全面地符合统治集团或阶级的客观利益（物质的、符号的和此处涉及的教育方面的），尽管采取的形式总是间接的；因此，学校所进行的文化及艺术教育不过是最全面的符合上层社会审美趣味及艺术能力的教育。其次是因为学校教育强调一种艺术感知的先验神秘能力及先天禀赋，强调由天才作为权威划定艺术规范等，具有这些意识的专家学者在艺术教育的过程中扮演了权威角色。布尔迪厄说："教育权威是一种表现为以合法强加的权利形式实施符号权力的权力。作为专断性强加权力，只是因为它的性质不为人知，客观上被承认为合法权威，它才强化了它以之为基础并加以掩盖的专断权力。"③

　　布尔迪厄在将巴特的意识形态转换为符号权力后，将其意识形态分析从静态的研究转向动态的研究，从单一的语言研究转向语言和社会相结合的研究，还选择电视、摄影、政治选举和参观博物馆等大众文化领域，对其符号权力进行多角度批判。布尔迪厄的符号权力批判推动了意识形态批判的研究，为意识形态批判的研究提供了启示。

①布尔迪约，帕斯隆．继承人：大学生与文化［M］．邢克超，译．北京：商务印书馆，2002：20.

②布尔迪约，帕斯隆．继承人：大学生与文化［M］．邢克超，译．北京：商务印书馆，2002：21.

③布尔迪约，帕斯隆．再生产：一种教育系统理论的要点［M］．邢克超，译．北京：商务印书馆，2002：21.

第三节　对巴特意识域观的深化

后期的巴特在《中性》中提出了意识域（Ideosphere）的概念，强调意识域是意识形态的语言体系，指出意识域具有坚实度、杠杆和癖习三个方面的特征。巴特对意识域与意识形态的关系虽然有所论证，但对意识形态与语言符号的关系阐述得不够透彻，关于政治权力对大众的间接控制的分析也显得粗略。英国大众文化学者霍尔和意大利哲学家、符号学家艾柯在借鉴其符号学观点的基础之上，对意识形态与语言符号的关系进行了透彻深入的阐述，使对大众文化的意识形态对大众的控制的分析更加全面深入。

一、巴特的意识域观

巴特在《法兰西学院文学符号学讲座就职讲演》中借鉴福柯的权力观，将权力扩大到社会的各个领域，并将权力与语言、话语和文本相结合，在《中性》中则独出机杼地提出了意识域的概念，在强调意识形态是一种语言体系的基础上，将意识域与作为政治的和历史的权力相结合，从语言的角度对权力研究进行了深化。巴特的意识域指意识形态的语言体系，巴特说："在我看来，一切意识形态都是，而且只是言语行为而已：它是一套话语，话语的一种类型。"① 巴特还设想将意识域称为定见域、信念域或论说域，其目的是提出"言语行为是人类的一个名副其实的生物学环境，人类在其中生活，被它包围"，并提出只有意识形态根据其言语行为做出规定，言语行为根据话语的典型特征从结构上得到规定，才能在话语的典型特征与政治的历史的权力之间找到对应之处。巴特重点阐述了意识域的特征及政治权力对大众的控制。

1. 意识域的特征

巴特将意识域比喻为摩耶（Maya），意味着它是一个"幻化"的憧憬体系；又认为它正像英国哲学家培根所说的偶像或者幽灵，只是哲学家们创造的一个虚假体系。他提出意识域具有坚实度、杠杆和癖习三个方面的特征。坚实度指语言创始者先通过言语行为安放意识形态的各个部件，使之成为一个体系；接着意识域从内部开始独立运转，它是流通当中的一件自主的产品，具有一股独立的能量。杠杆指强势的意识域中那些有系统的熟

---

① 罗兰·巴特.中性[M].张祖建，译.北京：中国人民大学出版社，2010：138.

语和一些用于论证的修辞格，它们能够把某一条非议或保留意见纳入由体系词项组成的符码当中，从而起到反制的效果。由于意识域构成了言语行为的整个空间，主体置身其中，没有可用来摆脱它的外部杠杆。癖习指意识域与主体的关系不是赞成或反对的关系，而是对主体与这个语言体系的粘附力的亲疏程度的评价；意识域被完全置身其中的人感知为一种精神状态，一种感性诉求，因此可以把一个深陷某种意识域的主体与一个受麻醉品或癖习摆布的主体相提并论。

2. 意识域的权力控制

巴特认为意识域与作为政治的历史的权力之间的关系的议题很大，涉及整个政治范畴，但还是简明扼要地分析了意识域与权力的关系。一是意识域与权力联系时可以巩固权力。巴特认为意识域有形成独立的语言系统的趋势意识域。在语言运用者的经验里是一种普适的、自然的、不言而喻的话语，是一种没有被当作法律的法律话语，任何外在物均被贬为边缘和偏差之列，正如法国政治学家约瑟夫·迈斯特所说："我们所了解的人民之所以幸福和强大，只因为他们心悦诚服于这种民族的理性，后者恰恰在于消除个人说教和民族教义的绝对与普遍的统治，即一些实用的成见。"① 二是意识域与权力联系时可以维持权力。巴特认为，某一权力的意识域仿佛一部机械装置的传递和维持功能，它具有一种波及的、中继站式的效果，如果某一权力缺少这种强势语言，也就是一种为之起到中继作用的语言的帮助，任何权力都不够强大。正如迈斯特所说："一般而言，不妨认为任何君主制都不足以强大到统治数百万人民，除非借助宗教和奴隶制，或者二者之一。"② 巴特认为如果将迈斯特的宗教的意义当作一种意识域，那么其看法就是正确的。三是意识域与权力联系时可以强化权力。巴特还认为意识域是一个运行中的语言体系，它是一个有延续能力的体系，具有不知疲倦无限延续的力量。这种不知疲倦无限延续是通过不断重复来实现的，而重复就是反复地、着重地和规定地说出，"反复说出"与"独裁者"正好是同一词根，于是意识域的不知疲倦和无限延续正好显示了独裁的权力，正如法国学者布朗绍所说："让我们想想希特勒的可怕的独白，以及一切国家元首，如果君临一切地享受独白的乐趣，而且毫无顾忌地强迫别人接受，

① 罗兰·巴特. 中性 [M]. 张祖建，译. 北京：中国人民大学出版社，2010：143.
② 罗兰·巴特. 中性 [M]. 张祖建，译. 北京：中国人民大学出版社，2010：144.

似乎只有他的话才是至高无上的，那么他就加入了同样的反复说出（Dictare）的权力，即帝王的反复的独白。"① 巴特认为包括希特勒在内的一切国家元首的不断重复的意识域，正是为了毫无顾忌地强迫他人接受，是为了强化其独裁统治。四是意识域与权力联系时可以掩盖权力。巴特认为应该把意识域的概念和权力联系起来。尽管权力有法律的、国家的、工会罢工的权力等多种类型，但一种意识域的明确存在会减缓权力的效果，比如说国家权力是最强大的无所不在的权力，但因为说得太多，因为被一套广泛的、无时不在的意识域所包围，所以国家权力反而并不显现；相反，恐怖主义权力因为极少被谈论，其意识域很少得到明确的解说，人们弄不清楚恐怖主义权力与相应的意识域的联系，所以恐怖主义反而令人印象深刻。五是意识域与权力联系时可以限制个人。巴特认为意识域既然是一种普适的、自然的、不言而喻的话语，那么对于强势政体来说，脱离意识域是千夫所指的罪孽或疯狂的言语行为。巴特还设想意识域与权力联系时限制个人的途径，认为它可能是出于一种国家的马基雅维利主义，也可能出于个人的一种谨小慎微。面对国家为了维护君主至高无上的权威的马基雅维利主义，个人只能表示无条件地服从；面对个人在专制政体中的个体，个人只能通过谨小慎微来苟延残喘。由于意识域是一套语言体系，本质上可以复制或重复，因此个人可以通过不断复制或重复意识域来表示对权力的臣服。

巴特虽然对意识域的意识形态与语言的关系进行了论证，但其理论偏于形象，理论深度不足。他从多个角度辨析了意识域与政治权力的关系，这些设想有一定道理，但阐释比较简单，未能突出剖析意识形态与政治权力的内在联系，也未重点突出意识形态的控制性。其后霍尔和艾柯在借鉴巴特符号学观点的基础之上，对意识形态与语言符号的关系进行了透彻深入的阐述，全面深入剖析了大众媒介领域意识形态对大众的控制。

二、霍尔对巴特意识域的深化

霍尔是英国伯明翰学派大众文化研究的代表学者之一，提倡将伯明翰学派的文化主义研究与结构主义的方法结合，认为文化主义强调经验和个

---

① 罗兰·巴特. 中性 [M]. 张祖建，译. 北京：中国人民大学出版社，2010：146.

案研究，结构主义偏重抽象和整体性①，从而为伯明翰学派的大众文化研究提供了更广泛的思路。霍尔还肯定了巴特将符号学运用于大众文化研究的首创之功："与这种扩大'关于符号的科学'的观点最相关的人当属罗兰·巴特，他关于现代神话的作品《神话研究》是研究神话、语言和意识形态相互作用的最权威的作品。"② 霍尔在理论上提出了自己的意识形态观，并在巴特意识域阐释的基础上，将大众文化领域的意识形态与符号相联系，对意识形态与政治权力、大众的关系进行更细致的剖析，推进意识域的研究。

1. 霍尔的意识形态观

首先，霍尔赞成阿尔都塞意识形态建构性的观点："在一个社会形成中，他打破以往思考不同实践关系的整体化方式和表达；他尝试着用一种非化约论方式来思考决定性问题；他用一种变化的，甚至是断裂的方式来思考意识形态。"他还接受阿尔都塞关于意识形态是具体实践中的物质存在和对主体召唤机制的解释："意识形态其实并非个体意识的产物，而是在固有的意识形态氛围中形成了自己的信念。"③ 其次，霍尔认为葛兰西（Antonio Gramsci）的文化霸权（Cultural Hegemony）实质上是意识形态的领导权，文化霸权是资产阶级与被统治阶级"谈判"的结果，其确立是一个以"抵抗"和"融合"为标志的斗争过程，这样资产阶级文化就成了一种不同阶级的不同文化和意识形态的动态联合，在维护资产阶级文化霸权的前提下，两者的结合呈现为错综复杂、相互交叠的方式，表现为变化不断、游移不定的动态关系。而且文化霸权不仅仅局限于经济主导力和确立政权，而是与实践、日常生活和常识相连："（文化）霸权为我们的斗争确定了界限，这就是'常识'或'大众意识'的领域。"④ 霍尔综合阿尔都塞的意识形态理论和葛兰西文化霸权观，将意识形态从传统理论引向大众文化的实践，既强调了意识形态的控制功能，又强化了意识形态与人的密切关系，为意识形态批判提供了广阔的学术空间。

① 罗钢，刘象愚. 文化研究读本 [M]. 北京：中国社会科学出版社，2000：62.

② 奥利弗·博伊德-巴雷特，克里斯·纽博尔德. 媒介研究的进路 [M]. 汪凯，刘晓红，译. 北京：新华出版社，2004：435.

③ 阿尔都塞. 哲学与政治：阿尔都塞读本 [M]. 陈越，译. 长春：吉林人民出版社，2003：335.

④ Hall S. Cultural Studies and the Centre：Some problematics and Perspectives [M] //Hall S, eds. Cultural, Media, Language. London：Hutchinson，1980：32.

2. 霍尔意识形态与语言的关系观

霍尔在论述意识形态与语言的关系时，引用了苏联哲学家沃洛希诺夫在《马克思主义与语言哲学》中的观点。沃洛希诺夫认为语言符号是一种结构与意义的融合，其中蕴含了某种社会关系，是社会发展过程的结果；在实际的讲话活动中能看到一种活生生的社会语言，语言被整个社会活动所渗透，同时也渗透至整个社会活动，它是"一种活跃的具体的语言，这种语言不是一种对'物质现实'简单的'反映'或'表达'。我们所拥有的，更可以说是一种通过语言对现实的把握，语言就像实践意识一样，被所有的社会活动充满，同时充满了所有的社会活动"。[①] 语言能够激活已经或是将要被分享和交流的社会行为，进而产生新的社会意义，作为意识形态的物质存在方式，语言的运作和实践就是意识形态本身的运作和实践。霍尔也认为语言是意识形态的物质基础，他将以语言为基础的意识形态称为意识形态符号，认为以语言为媒介的文化记载具有分类性，语言的表意具有人为性，语言的实践具有斗争性，由此，意识形态符号内部必然是冲突性的："每个意识形态符号都交织着不同倾向的声音。……一般来说，多亏声音的交错，符号才保持了它的活力、动力，以及进一步发展的能力。……统治阶级想给意识形态符号披上一层超阶级的、永恒的色彩，想消灭符号内部社会价值判断之间的斗争，或使之向内转，使符号不再有轻重之分。在实际现实中，每个还活跃的意识形态符号都像贾纳斯一样，有两副面孔。"[②]

霍尔还将巴特的语言符号学发展为包括语言和图像在内的泛符号学，对意识形态对语言符号的渗透进行了理论阐释。

一是作为社会惯习和文化的符号隐藏了意识形态。霍尔以电视为例，认为电视分析必须同时分析发送者—信息—接受者的传播形式，才能全面分析信息传播过程，才能具体分析大众文化领域中意识形态对大众的控制。在这一传播过程中，社会事件必须在电视话语的视听形式范围之内符号化，必须在语言的话语规则的制约下运转，在这个环节中，话语和语言的形式规则占据主导地位，无论是电视符号的编码还是解码都要具有某种相互联合和依存的关系。霍尔还借鉴艾柯关于图像都是社会惯习和文化的产物的

---

① Williams R. Marxism and Literature [M]. New York：Oxford University Press，1977：30.
② 罗钢，刘象愚. 文化研究读本 [M]. 北京：中国社会科学出版社，2000：59.

观点，认为电视符码虽然表面上看起来"自然而然"，似乎与符码无关，但事实上电视符码不是"自然而然"，而是约定俗成的。虽然相比语言符号，图像符号的任意性较少，但这只是因为图像符号流传得非常广泛，只是意味着图像符码被深深地自然化了，实际上电视图像是社会惯习和文化的产物。电视符码由于明显的"自然"认知，产生了隐藏在场的意识形态的编码效果。

二是符号的直接意指和含蓄意指的结合使其容易被意识形态渗透。巴特提出含蓄意指的所指由于与文化、知识、历史密切相关，可以被意识形态渗透；霍尔则对这一观点做了进一步的论证：符号的直接意指和含蓄意指的二元区分只是一个分析的差异，在分析中能使用一个粗略的规则是有益的，但是分析的各种差别不能与现实世界中的差别相混淆。在实际的话语中，大多数符号会把直接意指和含蓄意指结合起来，在结合的过程中，符号的意义和联想的流动性完全被利用和转换，正是在符号的含蓄意指层面上，如何在话语中发挥作用，并积极地影响话语。如巴特在《流行体系——符号学与服饰符码》中提出毛衣的直接意指是外衣，其含蓄意指可以表示"保暖"；霍尔则认为在不同的具体的视觉背景下，毛衣的含蓄意指还可以表示"冬天的到来"，或者表示"寒冷的一天"，或者在时装的具体化符码中表示"最新女时装的流行款式"，或者意味着"长时间在树林中散步"。由于符号的含蓄意指有着各种各样的社会意义、实践和用途，符号与社会中广泛的意识形态相联系，意识形态也就更容易渗透进各种符号之中。

三是符号的主导意义使其被意识形态渗透。霍尔在对巴特的直接意指和含蓄意指做了进一步的推导之后，认为电视符码的直接意指由有限的符码固定，而含蓄意指服从于意义更为活跃的转换，往往具有多义性。但具有多义性的含蓄意指的地位并不平等，因为任何社会、文化都有着不同程度的封闭性，都倾向于强制推行其社会、文化和政治领域的主导意义。这一主导意义通过能力与使用中的逻辑规则，积极寻求强化某一语义领域，并使其凌驾于另一语义领域，并强行纳入另一语义领域的意义或使其脱离适当的意义。如果某个新的令人难以捉摸或令人困惑的事件，破坏了这一"常识建构"，与这一社会结构"想当然"的知识抵牾，那么这一事件只有被安排进现存的"领地"才"具有意义"；因此，虽然社会事件总是存在着不止一种符号意义，但任何社会总是要求在主导意义的限制之内加强对这个事件的解码，为其赢得似真性和合法性，使具有主导意义的电视符码镌刻着意识形态秩序。①

3. 大众媒介领域意识形态对大众的控制

霍尔在1978年出版的《监控危机——行凶抢劫，国家，以及法律和秩序》中，以报纸媒介对伯明翰一个黑人聚居区发生的一起行凶抢劫事件的报道为例，阐释国家权力机构对大众的间接控制。1972年11月5日晚上，在伯明翰黑人聚居区汉兹沃思发生了一起行凶抢劫事件，领养老金的白人老人罗伯特·基南遭到三名黑人青年的抢劫并受伤，1973年这三名黑人青年分别被法庭判处十至二十年有期徒刑。对此暴力事件，当时各大报纸媒介进行了连篇累牍的报道，如《每日镜报》（Daily Mirror）和《卫报》（Guardian）。1973年的暴力报道是18篇，非暴力报道是7篇，两者的比接近3∶1；特别是1973年4月到8月，暴力报道10篇，非暴力报道2篇，两者的比达5∶1。霍尔提出了"初级定义者"（Primary Definer）和"次级定义者"（Secondary Definer）的概念，对报纸上报道的这一事件进行了剖析。② "初级定义者"是身处强势地位的政治权力机构或人，如法庭、议会、警察局、其他权力机构及这些机构的发言者，他们建立起有关某一争议性话题的最初定义，这种定义在随后的论争中控制整个话题的范围，并设定后续论争在其中得以发生的话语边界，由此身处制度性强势地位的机构通过媒介产生间接的控制作用。如这一起行凶抢劫事件中参与破案的警察可信度最高，负责审判的法官可信度较高，他们都成为媒介的"初级定义者"。媒体则是"次级定义者"，它们为了对变幻莫测的社会事件做出反应，为了保持对信息源的快速获取，不得不系统地依赖掌握着新闻源的"初级定义者"，但它们具有一定的"相对自主性"，会对提供给它们的新闻源加以筛选，从中挑选出符合自身专业、特点、偏好的新闻加以再生产，通过"变形"来"创造"出独特的言说模式。其方法是将"初级定义者"的专业语言转换为大众所能接受的"公众习语"，使之通俗化、口语化、大众化，这一转换过程不仅是一种语言的转换，还在语言转换中渗透了主流意识形态。③ 如1973年英国警察总督查在年度报告中写道："在英国和威尔

---

① 罗钢，刘象愚. 文化研究读本［M］. 北京：中国社会科学出版社，2000：354.

② Hall S, etc. Policing the Crisis：Mugging, the State, and Law and Order［M］. London：Macmillan, 1978：57.

③ Hall S, etc. Policing the Crisis：Mugging, the State, and Law and Order［M］. London：Macmillan, 1978：61.

士，暴力犯罪案件发生率的升高引起了公众的正当关注。"而 1973 年 6 月 14 日的《每日镜报》则选择了更通俗化、口语化的标题"暴力英伦：暴力男孩的'无脑犯罪'困扰最高警官"。这种主动"变形"可以达到更好的传播效果，使大众接受意识形态的控制。媒体的"编者按"扮演着形成公众意见的重要角色，它除了按照新闻的方式生产外，还"对特定区域维护策略性沉默"，如通过"除了已经说的，还有什么能够说？""什么问题被忽略掉？""为什么这些问题——总是有某种特定的答案——会一再地出现？""为什么另外的那些问题就从来没有出现过？"等大众的疑问，就可以发现其"策略性沉默"的踪迹。由此可以看出，在编者按表面貌似自由、客观、公正的背后，隐蔽的是主流意识形态的再生产，是主流意识形态对大众的控制和欺骗。①

三、艾柯对巴特意识域的深化

艾柯自述其二十世纪六十年代的大众文化评论著作《误读》曾受到巴特《神话——大众文化诠释》的影响："从文学体裁来看，最初的文本，无论是我写的还是我朋友的，都类似罗兰·巴特的《神话学》。"② 艾柯 1975 年出版的《符号学理论》则在融合巴特和皮尔士的符号学的基础上，形成其全面系统且自成一家的符号学理论，也将意识形态与符号的关系阐述得更加透彻。作为欧洲著名的公共知识分子之一，艾柯在《倒退的年代——跟着大师艾柯看世界》等社会文化评论著作中，将其符号学运用于大众文化批评，深入剖析了政治权力领域意识形态对大众的控制功能。

1. 艾柯的意识形态观

艾柯大多数时候直接运用"意识形态劳作""意识形态内容""意识形态形式""意识形态基础""意识形态论点""意识形态话语""特定的意识形态""政治意识形态"等概念，如在《符号学理论》中交替运用"意识形态话语""最为流行的意识形态""特定的意识形态""意识形态形式""一般意识形态"等③，主要借鉴马克思主义和巴特的观点阐述意识形态的

---

① Hall S，etc. Policing the Crisis：Mugging，the State，and Law and Order ［M］. London：Macmillan，1978：221.

② 艾柯 . 开放的作品 ［M］. 刘儒庭，译 . 北京：新星出版社，2005：2.

③ 乌蒙勃托·艾柯 . 符号学理论 ［M］. 卢德平，译 . 北京：中国人民大学出版社，1990：332.

控制性。艾柯在《符号学理论》中除引用十八世纪法国专门研究人的观念意识的观念学和德国存在主义哲学家雅斯贝尔斯的观点外，主要引述了马克思、恩格斯的理论，以及法兰克福学派重要代表人物阿多诺的观点。艾柯在《符号学理论》的注释中提到马克思将意识形态作为为积极调节世界的社会目的而服务的知识和政治"武器"①，在《误读》中指出大众文化探求吸引和获得大众信任的途径，玩弄大众于股掌之中："意识形态？若真有的话，全盘接受被给予的一切，并把它当作说服辩论的工具。"② 艾柯还提出可以从符号学的角度研究意识形态："发送者赞同特定的意识形态，而意识形态对象本身，即预设的对象，则是一种组织起来的世界观，它必须听命于符号学分析。"③ 他认为，可以以巴特的研究为基础，从符码的角度推进意识形态的研究："在这一问题上，我们可以着手处理并推进巴特已经张扬过的问题，也就是，修辞公式和意识形态地位之间的关系问题。"④

2. 艾柯意识形态与符码的关系观

艾柯反对巴特将所有的符号分析都建立在结构主义语言学基础之上的分析模式，将巴特的语言符号发展为一般符号的符码（Code），认为符码是独立于任何一种能指或交流目的仍能存在下去的系统，并将各种类型的符码分为四类：不具备组接形式的系统，如交通灯；只具备一级组接形式的符码，如带有两位数字的公共汽车的路线；带有两种组接形式的符码，如普通语言；带有三种组接形式的符码，如摄影画面。艾柯主要从两个方面论证了意识形态与符码的关系。

（1）意识形态的符码建构的欺骗性。艾柯的符码是赋予世界形式的一种潜在方式，它构成了关于世界的某种局部解释，并借鉴语言学家奎连的模式 Q，阐述其符码的语义建构模型：假定某一符号 A 在不同语境下的意义分别为 A1、A2、A3，A1 的意义又可分为 B1、B2、B3，B1 的意义又可分为 C1、C2、C3，则符号 A1 的语义亚系统为 A1-B1-C1、A1-B1-C2、A1-B1-C3、A1-B2-C1、A1-B2-C2、A1-B2-C3、A1-B3-C1、A1-B3-C2、A1-B3-C3 共 9 种，假定 A2、A3 也可分别建立 9 种语义亚系统，由此符号

---

① 乌蒙勃托·艾柯. 符号学理论 [M]. 卢德平，译. 北京：中国人民大学出版社，1990：355.
② 安贝托·艾柯. 误读 [M]. 吴燕莛，译. 北京：新星出版社，2006：126.
③ 乌蒙勃托·艾柯. 符号学理论 [M]. 卢德平，译. 北京：中国人民大学出版社，1990：332.
④ 乌蒙勃托·艾柯. 符号学理论 [M]. 卢德平，译. 北京：中国人民大学出版社，1990：317.

A 可建立 27 种语义亚系统；而意识形态作为占统治地位的思想或观念体系，总是试图运用符码的方式选择其中某一种语义亚系统从理论上对其进行论证。对于意识形态的欺骗性，艾柯说："（意识形态的建构）掩盖或忽视了其他矛盾特性，它们对那一义素而言同样可以断定，只要其语义空间的非线性矛盾格局得到保证就行。"[1] 符码在建构意识形态的语义系统时，总以某一潜在环境为主要前提，排斥其他前提，而从其他前提出发的语义可能与从主要前提出发的语义产生矛盾；即使从某一主要前提出发，其语义系统内部也可能出现语义矛盾。意识形态的符码往往选择对其有利的语义陈述而掩盖对其不利的一面；如意识形态只选择 A1-B1-C1 这一对其有利的语义陈述时，将对对其不利的另一语义陈述如 A2-B2-C3 予以遮掩；如果有人提出另一语义陈述，则意识形态就会指斥这一语义陈述为虚假，是破坏了"法则和秩序"的恶意努力。因此，意识形态具有欺骗性。

（2）意识形态通过超编码（Hyper-code）强化传播效果。艾柯认为意识形态还可以通过超编码强化传播效果："意识形态因此就是一种消息，它一开始表现为事实描述，然后才试图从理论上证实它，并渐渐通过超编码过程而由社会加以接受。"[2] 在《开放的作品》中，艾柯曾设想可以对信息进行超量传播，如在语言系统中通过使用较多的拼法规则、语法系统和语义规则，使信息传播更有秩序，更易于理解和接受。在《符号学原理》中，艾柯更明确地提出超编码传播，超编码是语言系统在语词语言之中所实施的整体系列风格和修辞规则，它既通过一定的语法配置使其可以被理解和接受，又在特定环境下带有一定的风格内涵。超编码可以采取某种修辞手段，也可以将其分解为更具分析特性的实体，其一般规则是处于编码的既定规约和创新之间：遵守既定规约使其能被理解，创新则能强化其被接受。艾柯认为，通过符号符码建构的意识形态也属于超编码，它既遵守一般的拼法规则、语法系统和语义规则，又在此基础之上通过变形、扭曲、仿写、重复、改换、反转、反讽、夸张等多种多样的手段进行创新，以达到强化意识形态的效果。

3. 大众媒介领域意识形态对大众的控制

艾柯的《倒退的年代——跟着大师艾柯看世界》收录了二十一世纪前

---

① 乌蒙勃托·艾柯. 符号学理论 [M]. 卢德平，译. 北京：中国人民大学出版社，1990：336.
② 乌蒙勃托·艾柯. 符号学理论 [M]. 卢德平，译. 北京：中国人民大学出版社，1990：333.

后其对西方社会、政治、文化的时事评论，阐述了大众媒介领域意识形态对大众的控制，如贝卢斯科尼（Silvio Berlusconi）曾长期担任某国政府首脑，同时是一位媒体巨头，因此其对舆论的形成具有极大的影响。贝卢斯科尼除了通过政治权力机构控制大众，他还运用复杂的符码，通过其所掌握的大众媒介进行意识形态控制。艾柯认为其通过大众媒介的符码进行意识形态控制的方式大致有如下四种。

（1）通过符号转换进行意识形态控制。意识形态的符码并非始终选择某一语义系统，它还可以进行自我调节，比如意识形态选择 A1-B1-C1 这一语义实施控制，但当其不能控制时，它也可以另外选择 A1-B2-C2 的语义实施新的控制，即使这一选择与先前的存在矛盾，也可以使大众接受，从而继续对大众实施控制。贝卢斯科尼利用掌握大众媒介的条件，创造一种政府的传媒—民粹政体现象，即绕开国会在政府领导人和大众之间直接建立联系，利用大众传媒的符号调节来强化意识形态以控制大众，而且所采用的符号调节手段更为简单直接：贝卢斯科尼面对当时其所在国国内强烈的反战情绪，在电视上宣布准备撤军；可是几天后由于受到强大的外在压力，他又在电视上宣布自己从来没说过此事。由于看电视的民众很多，而看电视的民众往往隔天便会忘记贝卢斯科尼前几天的发言；又由于他总是绕过国会庄重严肃的议程，而是通过电视进行"空口无凭"的发言，因此贝卢斯科尼并没有给大众前后矛盾的感觉，仍然获得很多民众的认可。①

（2）通过符号创造进行强制性灌输。贝卢斯科尼利用其掌握大众媒介的优势，经常人为设置语境，抛出一些不可思议和让人无法接受的议题，让他的反对派忙于应付；然后马上通过大众媒介冠冕堂皇地澄清"各位没有听懂我的意思"，然后再抛出另一个同样招致批判的话题，借此维持大众媒介对他的高度兴趣。由于不断受到反对派的抨击，他又通过大众媒介进行符号创造，这些符号创造重复向大众证明：不管提出什么样的议题，他总是不分青红皂白地受到攻击，于是他又变成了受迫害的牺牲者。他这样做不仅强化了意识形态，而且获得了很多民众的支持。如在发表了西方世界的文化是高等文化等谬说，或通过某些以政府之名行私人敛财之实的法案后，贝卢斯科尼受到了国外媒体的批评。于是他通过所控制的大众媒介，

---

① 安贝托·艾柯. 倒退的年代：跟着大师艾柯看世界 [M]. 翁德明，译. 桂林：漓江出版社，2012：141.

设置了国外这些媒体立场左倾且受到国内左派分子教唆的语境，然后暗中命令那些奉命写文章的报社记者源源不断地发表反驳文章，批驳国外媒体将他妖魔化，将他抹黑成黑社会大哥的形象的阴谋，以此使国内大众信以为真，达到控制大众的目的。①

（3）在传播过程中进行符号欺骗控制大众。符号不仅本身具有欺骗性，而且在其传播过程中也可以利用传播途径进行强弱转换，以强化意识形态，通过欺骗控制大众。贝卢斯科尼为了获得某项私人利益，通过大众媒介调整舆论兴奋点，以转移大众的注意力，通过符号欺骗达到控制大众的目的。如贝卢斯科尼为了让能够使自己获得利益的解除媒体管制的加斯帕里（Gasparri）法案不引起大众的注意，在接掌欧盟主席不久，故意辱骂一位德国籍欧盟代表为"纳粹集中营囚犯中的工头"，于是国内的大众媒介长篇累牍报道他的外交失态，分析他的这番不负责任的言论是否会导致德国观光客的减少，分析他到底要不要向德国总理公开道歉，可是在大众媒介忙于争论不休时，国会通过了解除媒体管制的加斯帕里法案，该法案使隶属于贝卢斯科尼的各电视频道得以受惠。本来这一法案在正常情况下可能会受到反对派的猛烈抨击，掀起大众争论的热潮；可是由于大众媒介正在热议他引起争议的"辱骂"议题，于是贝卢斯科尼这一明显对自己有利的法案就不会引起大众媒介的关注，这样他就通过符号欺骗瞒天过海，达到了在不知不觉中控制大众的目的。②

（4）在传播过程中进行符号调节控制大众。符号不仅本身可以进行调节，而且在其传播过程中也可以将对方观点纳入己方，通过使己方观点更正确而强化意识形态以控制大众。由于贝卢斯科尼掌控了大众媒介，他在通过政府的方案时，并不需要把反对派关进监狱，也不会透过新闻检查制度让反对派闭嘴，他只需要让他们先开口说话即可：每当贝卢斯科尼掌权的政府在介绍一个计划后，从来不会是拥护政策的政府率先开口，而是等着反对派发言抨击，最后拥护决策的政府便开口否定反对势力的言论，结果最后说话的拥护决策的政府最有道理。由于掌握大众媒介的政府在陈述

---

① 安贝托·艾柯. 倒退的年代：跟着大师艾柯看世界 [M]. 翁德明，译. 桂林：漓江出版社，2012：160.
② 安贝托·艾柯. 倒退的年代：跟着大师艾柯看世界 [M]. 翁德明，译. 桂林：漓江出版社，2012：143.

己方的观点时，已先将对方的观点考虑进去，自然赢得了论争的优势，于是这种论证"严密"的论争牢牢控制了大众。如对于"家里到底适不适合养狗"的疑问，同意的理由如狗是人类最好的朋友、如果小偷来了它会叫、小孩一般喜欢狗等，反对的理由如每天得带出去遛、食物支出及医疗费用高、外出旅行时很难照顾等，那么假设贝卢斯科尼政府同意养狗，他的"让步"论述技巧如下："当然，养狗开销不小，而且天天伺候它们，就像它们的奴隶，还有外出旅行时也不便携带（这时，反对养狗的人已先被我们的诚实所打动），可是，我们也别忘记，要到哪里去找比狗更好的同伴？更何况我们的小孩那么喜欢和它们玩耍，最重要的是它们能看家，令小偷不敢贸然来犯。"①

巴特提出了意识域的概念，阐释了政治权力与语言符号的关系，霍尔和艾柯不仅全面细致地阐述了意识形态和符号的关系，而且剖析了资本主义国家大众媒介领域意识形态对大众的控制和欺骗，深化了大众对意识形态和语言符号关系的理解。

---

① 安贝托·艾柯. 倒退的年代：跟着大师艾柯看世界 [M]. 翁德明，译. 桂林：漓江出版社，2012：149.

第五章　符号学与大众文化的文化意蕴论

符号具有丰富的文化意义，巴特在《神话——大众文化诠释》《作为史诗的环法（自行车）大赛》《什么是体育》中阐述了日常生活、大众艺术、电影电视、摄影照片、体育运动等各种大众文化类型的文化意蕴。其后鲍德里亚将巴特的后结构主义符号学发展为拟真，阐述了美国文化艺术和社会文化的文化意蕴，托多洛夫、克里斯蒂娃等辨析象征和符号的关系，阐述了象征的文化内涵，为阐释大众文化的文化象征打下了基础。

第一节　巴特的符号观与大众文化的文化意蕴观

西方学者研究了符号背后的文化含义，英国学者布鲁斯-米特福德（Bruce Mitford）等在《符号与象征》中通过展现已经流传及沿用了数百年甚至上千年的中外符号，探寻和挖掘其中的文化含义。① 马克·奥康奈尔（Mark O'connel）在《象征和符号》中同样讨论了对人类具有"有意识"或"无意识"含义的符号，认为这些符号存在着更深层的文化意义，并通过讲故事、传播和书写将这些文化意义代代相传。② 巴特在《文艺批评文集》中的《有关符号的想象》中提出符号具有象征关系、组合关系和聚合关系三种关系，其中象征关系是符号的能指与所指的结合，是对深度的想象。巴特说："只要分析的目光对符号之间的形式关系并不感兴趣（或不知道，或怀疑），那么这种意识（象征意识）仍然是典型的，因为

---

① 布鲁斯-米特福德，威尔金森．符号与象征［M］．周继岚，译．北京：生活·读书·新知三联书店，2010：13．

② 马克·奥康奈尔．象征和符号［M］．余世燕，译．广州：南方日报出版社，2014：10．

象征意识基本上是对形式的拒绝。在符号中，是所指在使象征意识感兴趣。"① 巴特于二十世纪五十年代中期在法国率先开始对大众文化的研究，后撰写和出版《神话——大众文化诠释》《作为史诗的环法（自行车）大赛》《什么是体育》《埃菲尔铁塔》等著作和论文，将物体、汽车、建筑、广告、图像、自行车赛和体育运动等都作为符号，剖析了西方大众文化的文化意蕴。

一、《神话——大众文化诠释》中大众文化的文化意蕴

在《神话——大众文化诠释》中，巴特将政治、法律、文学评论、电影表演等各类大众文化都看作符号，他说："当我对显然与文学无关的现象投注兴趣时（一场摔跤赛、一道精致的菜肴、一次塑胶制品展览），我倒并不觉得是远离我们中产阶级世界一般的符号学范畴，而只能说是，我早期所研究的是这个符号学的文学层面罢了。"② 巴特试图从符号学的角度对这些文化现象进行阐释，但由于这部著作是一部文集，其对神话——大众文化的分析存在矛盾之处。在《形式与概念》一文中，他提出神话是一个语言的能指和所指构成的二级符号系统，神话的能指的意思在变成形式的过程中，出现了从意思到形式的退让，神话的所指吸收了能指的意思，此时神话的所指已成为文化的同义词："它受到一种情境填充。藉由概念，它是深植于神话的全新历史。"③ 但在本书的再版序中，他又明确指出这部著作是从符号学的角度批判神话的意识形态："本书有一套双重理论架构：一方面是以所谓大众文化的语言工具作为意识形态的批评，另一方面，则是从语意学上来分析这套语言的结构。"④

对此矛盾，中西学者分别进行了探讨。在西方，巴特的传记作者卡尔韦认为这部由文章组成的专著存在前后的不一致："事实上，透过这些文章，我们可以看出一个很清晰的演变过程：他最初是描述社会用来自我言

① 罗兰·巴尔特.文艺批评文集［M］.怀宇，译.北京：中国人民大学出版社，2010：249.
② 罗兰·巴特.神话：大众文化诠释［M］.许蔷蔷，许绮玲，译.上海：上海人民出版社，1999：初版序2.
③ 罗兰·巴特.神话：大众文化诠释［M］.许蔷蔷，许绮玲，译.上海：上海人民出版社，1999：178.
④ 罗兰·巴特.神话：大众文化诠释［M］.许蔷蔷，许绮玲，译.上海：上海人民出版社，1999：再版序1.

说的那些寓意，后来逐渐转向描述社会的谎言。"① "描述社会用来自我言说的那些寓意" 显然更多地指向大众文化的文化意义，"描述社会的谎言" 则指向意识形态批判。美国的巴特研究专家卡勒尔（Jonathan Caller）在论及其《神话——大众文化诠释》时也说："虽然巴尔特一开始就指出了神话的欺骗性，但很快又强调神话是一种通信形式，一种'语言'，一种二级意义系统。"卡勒尔以其中的《摔跤世界》为例，指出摔跤中的每一种因素都必须像戏剧场面一样可被观众理解，"神话的欺骗性"意味着神话的意识形态的欺骗性，而神话的"二级意义系统"则是神话的文化意义，摔跤的意义是文化的象征意义的积淀。② 我国学者屠友祥在其译著《神话修辞术——批评与真实》导言中提到，巴特的意识形态概念是人们对事物的固定看法和约定俗成的意见，也就是文化产物和人为结果。③ 仰海峰在《符号—物、虚像与大众文化批判——巴特〈流行体系〉解读》中则试图将这一意识形态概念与法国结构主义的马克思主义者阿尔都塞的意识形态概念相联系。④

由此可见，巴特《神话——大众文化诠释》中的"神话的所指"既可以理解为文化意义，又可以理解为意识形态，本节将其理解为文化意义，并选择该书中的日常生活、大众艺术、影片和摄影照片等大众文化形态揭示大众文化的文化意蕴。如在《葡萄酒与牛奶》中，巴特认为葡萄酒虽然只是一种饮料，但却是一种图腾式的饮料，它是法国文化的象征，是一种强制性的集体行为和全国性的技术，它可以使法国人提升地位，既畅快表演，又展现自身的控制力和社交能力。它为环境提供基础，可以涵盖法国人空间和时间的所有方面，它是法国集体的道德基础。在《牛排与油炸马铃薯片》中，巴特指出牛排同葡萄酒一样，不仅是一种多汁简便的食物，也是法国文化的象征。它植根于法国社会的各个层面，成为法国文化的重要组成部分，它的国家化的程度比社会化还深，它是法国国家身份的一部分，体现了法国的爱国价值观，它激励军人们在战时挺身而出，英勇战斗。

① 路易–让·卡尔韦. 结构与符号：罗兰·巴尔特传 [M]. 车槿山，译. 北京：北京大学出版社，1997：102.

② 乔纳森·卡勒尔. 罗兰·巴特 [M]. 方谦，译. 北京：生活·读书·新知三联书店，1988：34.

③ 罗兰·巴特. 神话修辞术：批评与真实 [M]. 屠友祥，温晋仪，译. 上海：上海人民出版社，2009：18.

④ 仰海峰. 符号—物、虚像与大众文化批判：巴特《流行体系》解读 [J]. 求是学刊，2003（3）：14–19.

在《脱衣舞》中，巴特认为巴黎的脱衣舞是一种仪式象征，脱衣舞女被毛衣、扇子、手套、羽毛、网状袜遮掩，发挥着神奇的特性，成为表演厅里格式化的因素，再伴随着伴奏音乐和舞蹈，将其性感上升为美感。

在《银幕上的罗马人》中，巴特指出马基维兹的影片《恺撒大帝》中所有的角色都留着刘海，所有的脸孔都经常汗淋淋，这些符号都有各自的象征意义：留着刘海是为了显示罗马人的标签，以表现自己的符号的历史似真性；所有角色的脸孔都经常汗淋淋是为了印证每个人都在内心交战，印证了他们的美德在行将产生罪恶前是由他们自己耗尽体力来维持的。在《照片与选举诉求》中，巴特指出法国国会议员候选人艺术照片的直接意指是一种日常的选择、一种穿着的方法和姿势，其象征意义则是表现他们对国家、军队、家庭和荣誉的道德价值及无畏的英雄气概。在《度假中的作家》中，巴特指出：作家纪德的一张期刊照片的直接意指是其正在研读波舒哀的著作，身体却是往刚果走的休假姿态，这张照片的象征意义则是作家是超人和非凡之人，是本质上与常人不同的存在者。

二、巴特论体育文化的文化意蕴

作为一种身体活动的体育，是一种社会符号，在体育比赛中，运动员们运用扎枪、机械、冰球、足球等器物作为中介而变得更强壮、灵巧和英勇，这同样是一种符号活动，对这一符号的驾驭程度体现了人对世界、对大自然的驾驭能力。① 巴特虽然身体较弱，在青少年时期断断续续治疗肺结核长达八年，但爱好观赏体育运动，1955 年 7 月当他的朋友勒贝罗尔在阿尔卑斯省巴斯洛内特附近休养时，他拉着勒贝罗尔去看路过当地的环法自行车大赛，还说："这让我激动，从社会学角度看，这很奇特，很有意思。"② 其后他撰写了《作为史诗的环法（自行车）大赛》，还在《摔跤世界》《什么是体育》中对体育运动的文化意蕴进行了阐释。美国体育社会学家艾伦·古特曼（Allen Guttmann）认为体育运动是"有组织的游戏"，这一游戏又分非竞争类游戏和竞争类游戏，可以分别称为非竞争类体育运动和竞争类体育运动，前者如巴特所分析的法国摔跤运动，后者的代表是环法自行

① Barthes R. What is Sport？［M］. New Haven：Yale University Press，2007：36.
② 路易-让·卡尔韦. 结构与符号：罗兰·巴尔特传［M］. 车槿山，译. 北京：北京大学出版社，
　　1997：123.

车大赛、西班牙斗牛、西方赛车比赛、加拿大冰球和英格兰足球运动等。①

1. 作为非竞争类运动的法国摔跤运动的文化意蕴

《摔跤世界》是巴特《神话——大众文化诠释》的开篇，也是这部大众文化研究著作中的长文之一。巴特认为法国的摔跤运动是带有娱乐表演性质的摔打角力活动，它不同于奥运会项目的自由式摔跤或古典式摔跤，而是源自古竞技场时代的一种表演。作为表演的摔跤是一种符号，它要符合古代剧场摔跤的"象征意义"。摔跤需要立即解读各种并存的意义，而且不必将它们彼此加以联系，它的每一时刻都自成完整的激情意义。巴特具体分析了摔跤的符号的象征意义：摔跤手的身体形象要让观众立即就明白他的角色意义，摔跤手在打斗过程的每一次关键转变中，都要在动作中找到自然的表现方式，以显示不同层次的意义。摔跤手不断地借动作、态度与模仿协助外界解读打斗的意义，如有时他们会丢给观众一抹虚伪的微笑，似乎预示复仇即将开始；当他们被压倒在地时，他们会夸张地拍打地板，以使他们的处境看起来难以忍受；有时他们会建立起一套复杂的象征，不停地絮叨着他们的不快，以体现他们唠叨鬼娱乐别人的形象；在被钳制动作（被锁臂或扭腿）中受苦时，他们向观众展示因受折磨而夸张地扭曲的脸部来呈现其痛苦；也会通过软弱倒下，或者因受撞击而跌入围绳，或者被围绳弹来弹去来表现完全挫败；有时还会通过双膝欲跪，手臂高举过头却被胜利者垂直压下表现哀求。②

2. 竞争类体育运动的文化意蕴

巴特1961年为加拿大电影纪录片《体育与人类》撰写解说词《什么是体育》，除了重述环法自行车大赛的象征意义外，还重点讨论西班牙斗牛、赛车、加拿大冰球和英格兰足球等竞争类体育运动，重点从仪式的再现和英雄崇拜两方面进行了剖析。

（1）竞争类体育运动是仪式的再现。德国哲学家霍克海默等的《启蒙辩证法——哲学断片》中提道："运动就已不是游戏，而是一种仪式。"③

---

① Guttmann A. A Whole New Ball Game: An Interpretation of American Sports [M]. Chapel Hill: University of North Carolina Press 1988: 2.

② 罗兰·巴特. 神话：大众文化诠释 [M]. 许蔷蔷，许绮玲，译. 上海：上海人民出版社，1999：4.

③ 马克斯·霍克海默，西奥多·阿道尔诺. 启蒙辩证法：哲学断片 [M]. 渠敬东，曹卫东，译. 上海：上海人民出版社，2006：69.

古特曼认为现代体育诞生之前体育一向保持与宗教仪式的关联，当代体育运动也体现出类似宗教仪式的作用，而且更具开放性。① 古希腊人崇敬和惧怕神灵，同时各城邦之间战争频繁，青年男子都要进行军事训练，推崇尚武精神，为了娱神和进行战争，各地举办了各类祭祀仪式，其中竞技运动是祭祀中的重要仪式。② 竞技体育充满宗教仪式感，具有浓烈的祈求和平的色彩，如古希腊奥运会在宙斯神的祭日举行，祈祷风调雨顺；同时按照神意各地实行休战，被称为休战日；还要举行各种祭祀仪式，运动员和他们的父兄、教练面对宙斯神像，宣誓保证没做过违背奥运会规章的事，运动员要保证遵守竞赛规则，服从裁判。当代西方体育运动也是古希腊体育运动仪式的发展和变化。③ 巴特也认为西方体育运动充满了仪式感，如西班牙式斗牛分为四步：第一步披肩的移动是同公牛搏斗的前戏，第二步骑马斗牛士在马上与公牛周旋，第三步斗牛士将一根根修长且带有饰物的扎刀插到公牛的身体上，第四步是公牛的死去；其中严格的规则、对手的力量、人的知识与勇气符合体育运动的范式和边界。再如作为加拿大国球的冰球是一项进攻性运动，由于冰球运动强大的力量，比赛过程中一直存在不合法性的潜在威胁，职业冰球比赛的规则也始终存在争议，例如规则允许两名运动员合法而有限度地进行身体攻击，这就可能使一场比赛演变成一个不折不扣的体育丑闻；但不管如何，冰球的比赛过程仍然是两支球队之间展开的一场符号仪式战役。再如英格兰足球开场的仪式正式而庄重，它像西方古代剧场一样，具有将整个城市聚集在共享的经历之中的功能；而且在今天地球已经成为"地球村"的背景下，它可以成为吸引整个国家甚至全世界目光的"一种伟大的现代机制"。

（2）竞争类体育运动体现了英雄崇拜。巴特认为人对扎枪、机械、冰球、足球这些符号的驾驭程度直接体现了人对世界和大自然的驾驭能力，它仪式化地体现了人在征服自然、与他人竞争中的英雄崇拜："人类追求的卓越只与特定的事物发生联系。谁是最棒的那个克服事物障碍、扭转大自然一成不变之状的人？谁是最棒的那个征服世界并将其展示给全人类的人？

---

① Guttmann A. From ritual to record：The nature of modern sports ［M］. New York：Columbia University Press，2004：35.

② 童昭岗. 人文体育：体育演绎的文化 ［M］. 北京：中国海关出版社，2002：225.

③ Fernández O，Cachán-Cruz R. Religion in Motion：Continuities and Symbolic Affinities in Religion and Sport ［J］. Journal of Religion & Health，2016（5）：13.

这就是体育所要讲述的。"① 古希腊在征服自然及各城邦之间进行战争的过程中，诞生了对古代英雄的崇拜，这种英雄崇拜广泛表现在古希腊神话、荷马史诗和古希腊奥林匹克运动之中。古希腊神话的英雄可以称为宗教英雄，他们具有超人的武艺、胆魄与智慧，宗教中"死亡即永生"的死亡荣誉观让他们无惧死亡、甘愿牺牲。如普罗米修斯因违背神的旨意在做出为人类盗火的英雄行为之后，被绑在高加索山上，每日忍受风吹日晒和鹫鹰啄食。在荷马史诗中，《奥德赛》中的奥德修斯带领船队出海返乡途中经历了一系列磨难：他们的船队或被海浪抛到一座孤岛，或被巨浪掀翻，遇到漫天迷雾和狂乱的波涛，或被主神宙斯用雷电劈碎；他们谢绝仙女的好意离开海岛，设计戳瞎巨人的独眼逃出山洞，用蜂蜡封住耳朵渡过塞壬居住的小岛。在古希腊竞技运动中，运动员在这一宗教竞技运动中为神献技，努力表现出信心、毅力、忠诚和勇气，以示愿意接受神的洗礼和考验，博得诸神的欢愉，求得宙斯及诸神的庇护。优胜者获得英雄般的待遇：在隆重的颁奖仪式上，裁判宣布优胜者的姓名和他们父亲的姓名、所属城邦，以及获胜项目，还给优胜者用橄榄枝冠、棕榈枝花杯、月桂冠等进行加冕；连续三次夺冠者可在宙斯神殿塑像留念，名字被刻成不朽的铭文；随后他们被簇拥着游行并参加各种庆祝活动，像英雄一样荣归故里，受到人们的夹道欢迎；故乡为他们举办盛大的庆典，并奖励他们金钱或财物，还委以官职，艺术家将他们作为创作题材的源泉，人们对获得胜利的冠军们的尊敬几乎到了崇拜的地步。②

西方当代体育运动是古希腊以来英雄崇拜的延续和发展，巴特在《作为史诗的环法（自行车）大赛》中指出环法自行车赛是荷马史诗英雄崇拜的现代体现：车手们有普罗米修斯式的英雄，有沉默寡言的孤独车手，有目空一切的青年才俊，有环法大赛的牺牲品；有人幽默优雅，有人好斗而自负，有人则成为环法大赛的叛徒和恶棍，当然也有兼而有之者，他们都是史诗的一部分。对于运动员在比赛中呈现出的各种关系，巴特认为一些运动员之间的争执和互相吹捧都成了荷马史诗般的表演；对比赛获胜选手的赞美之词是英雄世界在完美谢幕时必然要经历的巨大喜悦感的表达。大

---

① Barthes R. What is Sport？［M］. New Haven：Yale University Press，2007：42.

② 沃尔夫冈·贝林格. 运动通史：从古希腊罗马到21世纪［M］. 丁娜，译. 北京：北京大学出版社，2015：36.

赛的地理复杂性完全符合史诗中对于磨练的要求，车手只有对复杂的自然地形进行拟人化或人神同性化的处理，才能激励自己与之搏斗。环法自行车赛中的某些路段人迹罕至，光秃崎岖，条件异常艰苦，如同《奥德赛》中奥德修斯去过数次的世界尽头一般，具有典型的荷马史诗般的地理学意义。环法大赛中不时会遭遇严寒与酷热等极端天气，这种天气对于车手来说，要么得依靠纯粹的普罗米修斯式的精神，要么得借助神的力量，要么将自然之神人性化，要么将自己变成更为冷酷的魔鬼，从而使自己可以更充分、彻底地与令人诅咒的地形和天气进行直接的对抗和较量，而这种种磨难是对英雄的测试。对于在意大利、摩纳哥、美国等国广受关注的赛车比赛，巴特认为赛车是人对机械的驯服：在比赛开始后，赛车手要让赛车变得轻盈、敏捷、动力十足，风驰电掣般的速度仿佛要把整个世界包裹起来；在弯道行驶时，要能够充分利用空间，最快速的力量来自不同种类的耐心、测量、细节、无比精确和严苛行为的总和。再如作为加拿大国球的冰球，巴特认为加拿大漫长寂寥的冬季、坚硬无比的土壤、一成不变的生活因冰球而变得快捷、精力充沛和富有激情；它的攻击所带来的快感仿佛使得任何冒险都显得合情合理，每打进一球就是一次了不起的胜利，这项运动隐含了体育运动的道德价值：耐力、镇静、英勇、果敢。因此，伟大的运动员不是球星，而是英雄。

三、巴特论埃菲尔铁塔的文化意蕴

对于建筑的文化意蕴，西方古典美学家如黑格尔、叔本华都进行了阐述，西方现代建筑理论家则进一步从符号学的角度剖析现代建筑的象征意义。美国的查尔斯·詹克斯（Charles Jencks）在《建筑符号》中提出，建筑符号是表现层面和内容层面符码化的结合，而表现层面和内容层面可以在符码化的第二层次进一步结合，符码化的第二层次还可以在未符码化的第三层次结合。如"纳尔逊纪念柱"在第二层次由"柱子+纳尔逊"构成，这一层次又可以表现为"纪念性""胜利""英国"等第三层次的意义。[①]英国的 G. 勃罗德彭特（Geoffrey Broadbent）在《建筑的深层结构》中借鉴索绪尔语言符号的转换规律，提出建筑的实用型的、图像的、类比的和规

---

① 查尔斯·詹克斯. 建筑符号［G］//G. 勃罗德彭特. 符号·象征与建筑. 乐民成，等译. 北京：中国建筑工业出版社，1991：91.

构的设计等四种设计方式，认为现代建筑设计师力求创新，但不管如何创新，都应该具有为一个文化圈或亚文化圈所理解的文化象征意义。① 巴特的《埃菲尔铁塔》是公认的关于埃菲尔铁塔建筑美学和巴黎风景美学的一篇代表作，也从符号学的角度剖析了埃菲尔铁塔具有的四种象征功能：工业象征、巴黎的象征、人的创造性的象征和身体生命的象征。

1. 工业象征

巴特认为，埃菲尔铁塔由钢铁构成，"这种材料在象征的意义上与人对自然的一种粗暴而趾高气扬的支配观念相联系"。在西方工业革命以前，作为土质材料的砖石是基础性和不动性的象征；工业革命以后，既坚又轻的钢铁代替了砖石，它是由火这种崇高性因素和人类肌肉的能量所制成的，它的象征价值不在于其重量，而在于其能量。埃菲尔将钢铁作为建筑物的独特材料，创造出一种纯粹由钢铁构成的铁塔，并使其高耸于巴黎天空，它把大地、城市和天空统一起来，使空间被人性化。人类借助于既坚又轻的钢铁，使移动变得更轻更快，有能力跨越大河高山，这使得人类开始征服时间：似乎是在快速运动中越过障碍。巴特发现埃菲尔铁塔的建造技术令人叹为观止：埃菲尔铁塔由钢铁构成的四块基石极度倾斜地插入岩石块中，它以倾斜方式陡升，在爬楼梯的过程中，钢板、梁柱等由数不尽的相互连接和交叉的部分构成，给参观者一种令人欢快的挑战；埃菲尔还解决了风的阻力和铁塔的装配问题，建筑师将钢铁材料充分镂空，以便使铁塔施工过程中遇到的风没有丝毫肆虐之机，又设计出革命性的装配法，一切均预先精确计算，使铁塔在建筑过程中没有发生任何事故。而埃菲尔的美学意义在于：它挑战了传统造型艺术美的世俗观念，表明存在一种即将征服未来世界的功能美。埃菲尔铁塔赋予物体纯技术性力量，以使其至少能够部分驾驭艺术，其结果是改变了艺术，它将按新的规范重新塑造艺术的规范。埃菲尔铁塔表明人类精神具有对物质和对大自然的征服力，也证实了人类具有对时间的征服力。

2. 巴黎的象征

巴特认为，在社会性象征方面，埃菲尔铁塔并非民族的象征，而是巴黎的象征。他从历史和个人两方面进行了论述。从历史方面来说，游客从

---

① G. 勃罗德彭特. 建筑的深层结构 [G] //G. 勃罗德彭特. 符号·象征与建筑. 乐民成，等译. 北京：中国建筑工业出版社，1991：140.

上空俯视埃菲尔铁塔的塔顶时，会透过壮丽的空间景象沉浸于时间的神秘性之中，情不自禁地陶醉于巴黎的过往云烟。这幅巴黎全景图包含四种因素：第一种是史前史的因素，那时巴黎为一片水域所环绕，其中几乎没有几块陆地；第二种是中世纪历史的因素，埃菲尔铁塔与巴黎圣母院象征了巴黎；第三种因素则与一种大历史有关，它将法国从君主时代到帝国时代的历史尽收眼底，而法国历史的许多片段都与巴黎有关；第四种因素是当代人创造的历史，埃菲尔铁塔使互不相配的材料如玻璃、金属同往昔的砖石和圆顶相协调。因此，埃菲尔铁塔以其概念的大胆、材料的新颖、形式的非美学性及功能的无用性使历史时间的存积变得不再神圣，使这个时代的自由观与历史的妩媚与陷阱对立。它凌驾于巴黎大大小小的圆屋顶和尖屋顶之上，面对着巴黎本身而将其征服，它能够消解历史的重负并成为现代性的象征。从个人方面来说，对于从外省来到巴黎的青年来说，爬上铁塔以便好好眺望巴黎，它标志着向一种知识过渡的入口，是外省青年通过参观铁塔而完成的一种"入族礼"；对于外国游客来说，只有登上埃菲尔铁塔才能说到达了巴黎。登上埃菲尔铁塔也类似于一种宗教礼仪，因为纪念性建筑物相当于一个谜，进入其内就是为了破解此谜。而埃菲尔铁塔本身就是一个内部地区，在宗教礼仪中同在旅游活动中的情形类似，因此将人们围入建筑物乃是仪式的一种功能。但是，自旅游事业趋于民主化以来，这种休闲和旅游的现代混合物，注定会使游览巴黎成为一种广泛的制度化过程，而埃菲尔铁塔也就自然成为此制度之象征。

3. 人的创造性的象征

巴特认为，埃菲尔铁塔产生于人类征服自然的一种宏伟的梦想，参观埃菲尔铁塔的游客是为了参与一个梦幻，并将旅游的仪式转化为一种目光和智慧的历险。在埃菲尔铁塔的观景台可以将大自然的各种元素如水流、溪谷、森林尽收眼底，观赏自然美景蕴含着一种崇尚自然的神话观；而且游览者在观景台的位置使城市变成了一种自然，它使川流不息的人潮成为一种风景，给严酷的都市神话增添了一抹浪漫色彩和一种和谐松弛的气氛，它使一种新的大自然与人类空间的大自然相亲和。巴特还指出，游客在参观埃菲尔铁塔时，会将以往在文学作品中感受的全景图像物质化，面对巴黎的全景图像，游客会将自己的心智卷入其中，会去构造、协同运用记忆和感觉，以便在心中产生一个巴黎的模拟物，这个模拟物的各种成分展现在眼前，他必须在其中发现符号，去填充巴黎全景图，赋予它结构，破解它的各种功能或关联物，于是都市变成了亲近熟悉的东西。埃菲尔铁塔还被仿制成各种各样的微型纪念品，每一个纪念品购买者均以此替代性方式经历着铁塔的创造性经验。购买者在把玩这些微型纪念品时，仿佛把一个奇特的、难以接近的、不可拥有之物变成了个人的日常饰物，从而实现了一种深层的价值体验。同时，在幻想层面，这些微型纪念品的使用者仿佛化身为设计者、工程师，成为物质的征服者，在此过程中，他们发现了惊奇、力量，并对这种力量产生惊叹。

4. 身体生命的象征

巴特认为除了社会性符号，埃菲尔铁塔也促发了一般性象征的产生。它们不是来自某种视听一类的确定感觉，而是来自人们称作身体动感学的深层身体生命。① 埃菲尔铁塔首先是整体上升之象征，它既窄长又高耸，全部物质都被吸收入一种拔高的努力中，其倾斜的、圆形的、带有花纹装饰的横铁条鼓励人们继续攀登，一直到达尖细的顶端，这种升空的想象令人愉悦。埃菲尔铁塔又具有植物的要素，它具有来自地面和连接天空的两条线所具有的运动性和简单性，与植物的茎干相似，在接近它时，它还像绽放中的花卉，往上攀登时宛如进入由空气和钢铁构成的花朵之内，其中有挺直的纤维、参差的花瓣、密密麻麻的倾斜的花蕊、铺伸的枝叶，以及把如此复杂有序的物体拉向穹空的运动本身。它又像动物的变形，或者如切去足部的昆虫的硬挺前胸，或者像一只被切去翅膀的鸟正在努力飞向更高处的云层，或者如一头使巴黎人惊奇的巨大长颈鹿。这种潜在的动物性，表现了物质违抗活动在神性地增长。还可以将埃菲尔铁塔变形看作人的变形，它没有头部，有一个尖顶，没有臂膀，但有一个安置在两条岔开的小腿上的拉长的胸部，它像一个注视着、维护着、监督着、保护着巴黎的妇人，她把巴黎聚拢在脚下。因此，埃菲尔铁塔在其不可能性的界限处终结，通过这个无限性象征，人类处于与其有限性斗智的情境中，有如埃菲尔铁塔在呼唤着违抗法则、习惯和生命本身，按照一种危险的使命，激发着人们在此寻求一种怪异的成就感。

巴特对埃菲尔铁塔的文化意蕴的剖析影响了美国大众文化学家费斯克对芝加哥市西尔斯大厦的阐述，费斯克认为二者的相近之处在于它们都是技术的胜利。西尔斯大厦有 1454 英尺（1 英尺 = 0.3048 米）高，有 12000

① 罗兰·巴特. 埃菲尔铁塔 [M]. 李幼蒸，译. 北京：中国人民大学出版社，2008：29.

名工作人员，表面有 26 英亩（1 英亩 ≈ 4046.8 平方米）和 16000 个窗户，这些窗户由自动升降机进行清洗。西尔斯大厦也是其所在城市芝加哥的象征，可以从水平和垂直层面进行剖析，芝加哥坐落在五大湖和北美大平原之间，域内河流和水湾纵横交错，其城市地形规整有序，其间耸立的摩天大楼则是企业家资本主义精神的极致体现。埃菲尔铁塔与西尔斯大厦也有着不同之处。巴特认为埃菲尔铁塔是一个"纯记号，向一切时代、一切形态、一切意义开放"①，可意指一切；而费斯克眼中的西尔斯大厦则是一座彻头彻尾庄严的建筑，它充满了意义和规约：从底层开始就扎根于地下，抬头仰望则是在观看现实生活中可到达的物质"天堂"；它是对资本主义尤其是美国集团资本主义规范和结构的推崇和赞美，显示了西尔斯公司对其集团竞争者的优越感。②

第二节　鲍德里亚的美国大众文化的文化价值观

巴特在二十世纪六七十年代的《符号帝国》中从后结构主义符号学的角度对日本文化进行了独特的分析，鲍德里亚则在《象征交换与死亡》《拟仿物与拟像》③《美国》《冷记忆》等著作中将巴特的后结构主义符号学发展为现代科学技术背景下的拟真，从拟真的角度分析美国大众文化的艺术文化，又亲自到美国参观访问，感受美国大众文化的社会文化，并对美国大众文化进行了比较系统的阐述。

一、鲍德里亚的拟真观

转向后结构主义符号学的巴特提出符号的能指和所指分裂的观点，认为符号内部的能指和所指是分裂的，能指在所指的表面自由移动，成为"闪烁的能指的星群"。④ 巴特的后结构主义符号学的能指虽然脱离所指，但

---

① 罗兰·巴特. 埃菲尔铁塔 [M]. 李幼蒸，译. 北京：中国人民大学出版社，2008：33.
② 约翰·菲斯克. 解读大众文化 [M]. 杨全强，译. 南京：南京大学出版社，2001：231.
③ 南京大学张一兵教授和张新木教授建议将 simulacre 译为拟像，将 simulation 译为拟真（见鲍德里亚. 论诱惑 [M]. 张新木，译. 南京：南京大学出版社，2011）。洪凌翻译的《拟仿物与拟像》将 simulacre 译为拟仿物，将 simulation 译为拟像。为了避免混淆，除洪凌翻译的书名外，其他译名一律以张译为准进行修改；其他论文和著作中出现的 simulacre 和 simulation 也以张译为准进行了修改。
④ 孟悦，李航，李以建. 本文的策略 [M]. 广州：花城出版社，1988：93.

其所指对象还是存在的，而鲍德里亚在《象征交换与死亡》和《拟像与拟真》中提出的拟真（Simulation）则在当代科学技术的背景下将巴特的后结构主义符号学进一步推进。

在《象征交换与死亡》中，鲍德里亚将拟像分为仿造的秩序、生产的秩序和拟真的秩序三个等级：仿造的秩序在文艺复兴到工业革命阶段占统治地位，它以现实为参照制造和塑形物品；生产的秩序在工业时代占统治地位，它通过同一物品的连续复制使符号与现实只具有间接联系；拟真的秩序在当下符码时代占统治地位，此时由符号生产着现实。在《拟像与拟真》中的《拟像的形构进程》中，鲍德里亚将拟像对现实的反映概括为四个阶段：深度现实的反映；遮蔽了深度现实并使现实去本质化；遮蔽了现实的缺失；不再与任何现实发生关联，只是一个纯粹的拟像。在《拟像与科幻小说》中，他则更明确地提出拟像的三层秩序：第一层是自然的，它与原件的关系是乐观和谐的；第二层是生产性的，它是脱离原件的大批量复制；第三层是拟真，它在资讯、模型及电位操控的游戏之上得以建立，是全然的操作性和超现实。总之，鲍德里亚对拟真的论述虽然各有侧重，但都强调了第三阶段的拟真与拟像的前两个阶段截然不同：前两个阶段的拟像都是有对象性世界和指涉物的，而第三阶段的拟真则是无外部对象指涉物的自我繁衍的符码世界，它由符号生产着现实。鲍德里亚说："这是起源和目的性的颠覆，因为各种形式全都变了，从此它们不再是机械化再生产出来的，而是根据它们的复制性本身设计出来的，是从一个被称为模式的生成核心散射出来的，这里，我们进入了第三级的拟像，不再有第一级中那种对原型的仿造，也不再有第二级中那种纯粹的系列，这时只有一些模式，所有形式都是通过差异调制而出自这些模式。"①

巴特曾指出结构主义的符号学的二元对立对人文社会的研究具有启迪性："我们将指出，概念的二元分类法似乎常常存在于结构的思想中，好像语言学家的元语言'在深层'复制着它所描述的系统的二元结构似的。此外，我们将顺便指出，研究当代人文科学话语中二元分类的突出作用，无疑是极富教益的。"②鲍德里亚则将其后结构主义符号学发展为拟真，并在现代科学技术的背景下实现了二元对立的更高层次的回归。鲍德里亚说：

---

① 波德里亚. 象征交换与死亡 [M]. 车槿山，译. 南京：译林出版社，2006：71.
② 罗兰·巴尔特. 符号学原理 [M]. 李幼蒸，译. 北京：中国人民大学出版社，2008：2.

"人类建构的各种巨大拟真从自然法则的世界，走到力量和张力的世界，今天又走向结构和二项对立的世界。"他认为，拟真的世界以模型为先在特征，现实从模型的生成核心散射出来，模型由符码构成，符码主要包括生物学的 DNA、计算机中 0 和 1 的二元制符码、电视或录音带中的数字代码等，其中最重要的是 0/1 构成的二元制符码。鲍德里亚说："这就是第三级拟像，即我们的拟像；这就是'只有 0 和 1 的二进制系统那神秘的优美'，所有生物都来源于此，这就是符号的地位。"① 在分析了资本主义社会常见的以问/答为测试方式的民意测验之后，鲍德里亚将这一二元对立推广到监狱、学校、党派、种族等各种社会机构和团体等，认为它们各自构成了社会的基因符码，组合成为社会的生命机体，成为一种"社会遗传密码"，而这一"社会遗传密码"都是由二元对立的符码构成的："从最小的选言单位（问/答粒子）到那些管理着经济、政治、世界同存共处的巨大转换系统的宏观层面，母型都没有变化：永远是 0/1，永远是二元格律划分，它以目前系统的亚稳定或动态平衡的形式表现出来。它是那些统治我们的拟真过程的核心。"② 鲍德里亚将拟真和 0/1 的二元对立相联系的思路与比利时学者布洛克曼的设想有异曲同工之妙。布洛克曼在对法国包括符号学在内的结构主义进行全面梳理之后，认为包括符号学在内的结构主义与科学具有紧密的联系："生命科学（遗传学、进化生物学）和网络空间提供了两个例子来说明哲学思维如何进入了和消融在科学话语中。它们发展出来的语法最初极富吸引力，其后改变了结构主义的认识论方向。"他引用进化论生物学家艾德蒙·威尔森的观点指出："（结构主义）潜在地与来自自然科学和生物人类学的心智和文化观一致。"③ 鲍德里亚和布洛克曼将整个社会的基础符码都与二元对立结合，这还有待于证实，但至少说明社会的基本符码是包括二元对立的符码的。

　　鲍德里亚认为，在拟真的社会中，在新的以模型消解真实的社会中，在真实的空位上出现了由模型生成的拟真，它是想象与再生产相混合的产物，已经渗透到社会生活和人们的日常生活之中，构成了当代的文化景观，

---

① 波德里亚.象征交换与死亡［M］.车槿山，译.南京：译林出版社，2006：73.

② 波德里亚.象征交换与死亡［M］.车槿山，译.南京：译林出版社，2006：90.

③ J. M. 布洛克曼.结构主义：莫斯科—布拉格—巴黎［M］.李幼蒸，译.北京：中国人民大学出版社，2003：140.

甚至可以说，我们生存的当今社会就是以模型为根基拼贴起来的超真实王国。鲍德里亚说："超真实使我们被符号的拟真所包围，从而远离了客观世界，同时也改变了我们的感知觉和认知渠道，我们所感知的不是来自于对客观世界的真实感受和体验，而是来自于通过电影、电视、电脑和网络等媒介生产出来的拟真世界。"他进一步指出，不仅人们的日常生活被拟真世界控制，而且社会生活也被拟真世界控制，如民意测验、政治选举、罢工、抢劫、谋杀等，这一切都变得不重要，重要的是它们预先被铭刻在媒介精心制作的拟真世界中，它们就像符号一样，只是为了自身的复制而发生作用，而不再专心于它们的"真实"："一个指涉的秩序只能支配指涉，一个支配的权力只能支配一个被支配的世界。""侵犯和暴力并不严重，因为它们只是争夺真实的分配，拟真则更加危险，因为它总是在它的对象之上指出，这些对象的规律和秩序实际上只不过是拟真出来的。"①

二、对美国大众文化中艺术文化的拟真的阐述

鲍德里亚在将巴特的后结构主义符号学推向拟真之后，对西方社会的各种表现形态进行了广泛的论述。就美国文化而言，大众文化是其典型代表，美国学者认为，二十世纪三十年代大众文化在美国已开始产生全面的影响："在整个 30 年代，几乎没有什么比新闻影片、画报、广播节目以及好莱坞电影更能影响人们对世界的看法了。"② 美国政治家布热津斯基也认为大众文化是美国的代表："如果说，罗马献给世界的是法律，英国献给世界的是议会民主政体，法国献给世界的是共和制的民族主义，那么，现代美国献给世界的是科学技术和大众文化。"③ 鲍德里亚在《拟仿物与拟像》《冷记忆》《美国》等著作中，对美国大众文化的各种表现形态进行了阐述，其中《拟仿物与拟像》偏重于分析美国大众文化的艺术文化，《美国》偏重于分析美国大众文化的社会文化，并将其视为美国大众文化的代表。在《拟仿物与拟像》中，鲍德里亚从拟真角度分析了美国大众文化中的电影电视、迪士尼乐园和科幻小说等艺术文化。

① 波德里亚. 象征交换与死亡 [M]. 车槿山，译. 南京：译林出版社，2006：76.
② 李查德·H. 佩雷斯. 激进的理想与美国之梦：大萧条岁月中的文化和社会思想 [M]. 卢允中，严撷芸，吕佩英，译. 上海：上海外语教育出版社，1992：312.
③ 兹比格涅夫·布热津斯基. 两个世纪之间：美国在电子时代的作用 [M] //陈学明. 文化工业. 台北：扬智文化事业公司，1996：15.

（1）对美国电视的拟真的分析。美国影视文化高度发达，鲍德里亚在《拟仿物与拟像》中的《拟真的形构进程》中从拟真的角度指出，在美国不是真实控制电视，而是电视控制真实，并以美国的典型中产阶级家庭的代表罗德家庭为例，指出罗德家庭被电视媒体宰制。在1971年，美国电视媒介进行了七次电视直播的实验，对美国的罗德家庭进行了七个月不间断的录像，并连续播放达三百小时。这一做法的初衷是要逼真地展示一个美国家庭的日常生活状态。鲍德里亚认为，罗德这个家庭是一个典型的理想美式家庭，它本身已经是超现实的化身：家在加利福尼亚，有三个车库和五个孩子，有精心打扮的家庭主妇，他们各自拥有明确的社会与职业定位，它是美国一个标准的上等之家。因此美国电视上展示的罗德家庭生活只是电视塑造的真实，它是在探询和提问的测试中被安排的真实，是捣碎现实的真实，是保留住观众喜爱场景和规范家庭生活的真实，这样的真实是美国电视媒介控制罗德一家而产生的。

（2）对美国电影的拟真的分析。在《历史——退却的剧景》《中国症候》《现代启示录》等文中，鲍德里亚选择《中国城》《乱世儿女》《一九〇〇》《总统的人们》《中国综合症》《现代启示录》等美国当代电影，指出当代美国电影脱离了历史性的真实，只是在电影的技术程序操练下的程序进程：这些电影剽窃和翻拍自身，愈来愈接近壮丽的完美性，到达超越现实的"真实"，但只是在它的庸俗、解体、赤裸的表现中显示它的无趣，它与现实只是某种倒逆性、否定性的状态。如电影《中国综合症》主要讲述去核电站采访的电视台记者金伯莉等正巧赶上核电站出了事故，但后来核电站继续在事故隐患没有完全排除的情况下发电，于是他们努力想促使核电站检修并把事实公布于众。这部电影放映时，恰好当年的3月8日美国发生了三哩岛核电站事故，因此似乎这部影片预言了这起事故。但鲍德里亚认为，虽然这部影片预言了美国三哩岛核事件，但电影并非对这一事故的归纳，而是这一事故被归纳到电影之中，因为电影按照拟真的精巧进程，它凌驾于这一真实事件之上，于是在电影拟真中重构真实，以在电影中制作出一出灾难的虚拟景致。

（3）对迪士尼乐园拟真的分析。美国迪士尼乐园遍布全球，影响巨大，鲍德里亚在《拟真的形构进程》中指出，迪士尼乐园不仅是一个大公园，而且是一件艺术作品，是"所有纠缠于一体的拟像秩序的完美模型"。① 迪士尼乐园是以想象的形式表现出来的，它属于超现实和拟真的秩序，目的是让大众相信，只有迪士尼乐园对美国的拟真是真实的，而周围的洛杉矶乃至美国的一切都已不再真实。通过剖析迪士尼乐园与拟真之间的关系，我们得以追溯美国的客观侧影，并进一步洞察个体和群体的形态。迪士尼乐园是一个依照美国所谓真实、根本的价值体系创造出来的想象之物，它能够掩盖并消除一切不和谐、矛盾、冲突的因素，呈现为一个童话世界。迪士尼乐园甚至比真实的美国显得更为真实，更值得我们信赖。迪士尼乐园所代表的这种想象之物，已逐渐影响并改变了周围的洛杉矶乃至整个美国的形象，而与迪士尼乐园理念相违背的事物都将被看成虚假的，一切不和谐的、矛盾的、冲突的现实都被视为非真实。

（4）对科幻小说拟真的分析。鲍德里亚在《拟像与科幻小说》中将西方科幻小说的发展分为三个层次：第一层次的科幻小说居住于一个不断向外扩张的宇宙，以空间的探索和殖民为主要形式，在空间探索的层次上开辟出自身的路径；第二层次的科幻小说发生于太空间的征服游戏，它将太空转化为一个拟真的超现实，地球领土的日常生活性被提升到宇宙的价值；第三层次的科幻小说出现于电影网络与超现实之中，在被拟真法则统驭的世界里，真实成为模型的"不在场证明"。它极力赋予日常生活以真实、平庸，以及"活过"的常态性感受，将日常生活的真实再创新为虚构，只是这虚构并无实质，成为超现实的化身。如美国科幻小说作家菲利普·狄克的科幻小说《拟像》，以连续性的战争为主线，在三度空间的巨型立体投影之中，小说不再是一面映照出来的镜子，而是针对着过去，穷凶极恶地重现着幻境。在菲利普·狄克的科幻小说所营造的拟真之内，没有起源，没有过去与未来，所有心理的、时间的、空间的及符号的类似性共生共融，它既不是可能，也不是不可能，既不真实，也不虚假，它是超现实，是一个拟真宇宙，一个完完全全不一样的落成，这种拟真的境地令人昏眩神迷，不可被压制，呆板又平面化，没有外部性可言。

---

① 尚·布希亚. 拟仿物与拟像［M］. 洪凌，译. 台北：时报文化出版企业股份有限公司，1998：35.

三、对美国大众文化中社会文化的拟真的阐述

鲍德里亚在《美国》中用一种灵动的笔触描述他的旅行见闻，从中展现美国的特质。鲍德里亚说，当别人把时间花在图书馆里，在故纸堆中"从观念的历史中提取他们的材料"以寻找和把握美国的时候，他是把时间花在沙漠和路上，"从现在正在发生的东西中，从街道的生活中，从自然的美丽中"提取其研究美国的素材的。他说："我的猎场是沙漠，山脉，高速公路，洛杉矶，西夫韦超市，萧条的市镇或市区，而不是在大学的报告厅。"① 鲍德里亚认为，美国文化的新颖之处在于只有原始和狂野的第一层次和绝对的拟真第三层次的冲击，在科学技术和美国大众媒介的推动下，不仅美国的艺术文化已经拟真化，而且美国社会已经变成一个拟真的社会。美国既不是梦也不是现实，它是一种超真实，可能美国的真相只能被一个欧洲人发现，因为只有他在这里看到了完美的拟真，对一切价值的内在性和物质转换的拟真。鲍德里亚认为，美国所有东西都被拟真再现，通过拟真实现永恒的再生：风景被摄影再现，女人被性的场景再现，思想被文字再现，恐惧主义被时尚和媒体再现，事件被电视再现，世界本身被广告再现。美国没有欧洲的文化重负，他们通过现代科学技术对所有事物进行拟真，其城市、自然和文化的并置及政治等方面都是拟真的典型表现。

（1）美国城市的拟真表现。鲍德里亚以美国的盐湖城和洛杉矶为例，分析了美国城市的拟真表现。鲍德里亚发现，盐湖城具有某个来自别处的物体的透明度及超自然的、不属于地球的整洁感，具有对称的、明亮的、压倒一切的抽象性。在盐湖城整个由大理石、玫瑰和福音式营销构成的塔布奈口礼拜堂地区，电子报时钟在十字路口大声鸣响，但城市本身却像块宝石，空气纯净，居高临下俯瞰都市美景。而洛杉矶没有地铁，也没有高架火车，既无地上空间，也无地下空间，既无中心，也无标志性的纪念碑这种可以确定方位及赋予城市层次与等级的东西，这座城市有的只是平坦的无限延伸的表面。它伸展得如此之广，甚至大海也不可能与其相比，因为它没有从几何学上被分割。这个在夜里浓缩了未来人际关系网络的几何学的城市，在它们的抽象中若隐若现，在它们的延展中闪闪发光，在它们对无限的再生产中变得像星星一样。鲍德里亚把夜晚灯光下的洛杉矶比作

---

① 波德里亚．美国 [M]．张生，译．南京：南京大学出版社，2011：106.

希热尼莫瑟·布斯（Hieronymus Bosch）所画的地狱，其灿烂耀眼让人眩晕，也让人的思想深深震撼："没什么能与在夜里飞越洛杉矶相提并论，一种明亮的、几何学的、灿烂耀眼的辽阔之物，一眼望不到边，在云层的裂隙中突然显现。"① 当夜晚的广告渐渐消退，白昼的广告亮了起来，无处不在的灯光揭示并照亮了建筑的缺席，这一切令这座城市变得美丽，变得亲切和热情。

（2）美国自然和文化的并置。鲍德里亚发现，由于缺少一种文化的深度，美国具有一种奇特的匪夷所思的"共生现象"："必须全盘接受，不变的持续性和最疯狂的瞬间性。在空间和赌博的乏味之间，在速度和花费的乏味之间，存在某种神秘的亲缘性。这就是美国西部沙漠的独特性，一种暴力的、强烈的并置。整个国家也是如此：必须接受整体，因为正是这种冲撞造就了美国式的生活明亮、令人振奋的一面"。② 比如说死亡谷和拉斯维加斯的并置。拉斯维加斯的夜晚，各个角落都闪闪发光，是神秘的、没有文化的形式，是对建立于价值之上的自然经济的挑战，是处于交换边缘的一种疯狂。死亡谷则以其温柔、色彩的淡雅优美、化石面纱、矿物等给人以雾一般的感觉。死亡谷和拉斯维加斯之间崇高自然现象与可鄙的文化现象对立，它们一方是另一方的面纱，在沙漠中彼此呼应：一方是皮肉生意的顶点，另一方则是秘密和沉默的顶点。鲍德里亚提出，美国文化以一种野生的状态存在，它浑然天成，以一种自发的原始的状态展开，将无意中所融汇的各种矛盾事物和混乱性视作自然和当然，而丝毫不考虑这些事物在其原初的存在中所具有的美学和意义，但这种判断的缺席却起到了意想不到的作用，并因此形成一种新的文化。

（3）总统形象的拟真表现。鲍德里亚以美国总统里根的形象为例，指出美国总统形象也是拟真的典型表现。鲍德里亚认为，里根之所以受到美国人的推崇，在于他通过拟真的方式代表了美国的集体形象。托克维尔认为，美国社会是一种理想的结合，因为它既保留了对个人利益的敏锐意识，又保留被集体地赋予他们共同事业的意识。但鲍德里亚发现，从美国社会的历史发展来看，美国人保留了对个人利益的敏锐意识，但似乎没有保留被集体赋予他们共同事业的意识。而这种集体的共同事业通过里根总统得

---

① 波德里亚. 美国［M］. 张生，译. 南京：南京大学出版社，2011：87.
② 波德里亚. 美国［M］. 张生，译. 南京：南京大学出版社，2011：113.

以实现：里根复兴了一种集体理念，一种价值，他令美国的原始场景起死回生。但这种对集体理念的代表是通过拟真的方式得以实现的，鲍德里亚说："曾经的演员，曾经的加州州长，他将西部人造天堂电影化的和愉悦的、外向性的和广告化的视角扩展到了全美维度。"① 美国人并不愿意思考他们是否信任他们的领导人的功绩，或是否信任权力的存在，而且今天的统治正如广告一样，只需给出一些代表可信度的可接受的符号，就能获得与广告相同的效果。而里根无论在政治方面还是在广告方面都能融入某种剧情，进行拟真的表演，将从前有效的价值体系变得理想化，因此在政治上取得了巨大的成功。鲍德里亚进而推论道，在当今的美国文化环境里，一切都在片头字幕中，一切都在表演和事业的提纲中，其领袖很少受到政治真相的检测，只需生产出广告造型的所有符号就能被美国大众接受。美国令自己置身于闪光灯下，置身于广告促销中，使整个世界都笼罩在某种神秘的、广告式的美国权力中，通过这一指数的、自指的但没有真正依据的可信性，整个社会在广告的注射流中变得稳固，这是典型的权力的拟真。

四、对欧美文化的比较

面对美国大众文化的蓬勃发展，面对美国大众文化的独具风采，具有深厚文化传统的欧洲学者对其感受复杂，如曾在美国生活的德国大众文化学家阿多诺感到心里十分苦涩："在美国，我被告知的自明性不再具有任何合法性，与精神相关的东西不会得到明确的尊重，不像中欧和西欧，这种尊重渗透在所谓的受教育阶层那里；这种尊重的缺席导致精神朝着批评的自我决定方向发展。"② 同样作为欧洲学者的鲍德里亚则注重比较欧美文化的不同。他认为美国驱除了欧洲文化的起源问题，也没有立国的真理，它生活在当下，哲学以实用主义的公共哲学为核心，习俗建立在由整套规则和程序构成的某种道德协约之上，生活上显得特别自由、平等和解放。鲍德里亚将具有深厚文化传统的欧洲文化定义为符号学的第二层次，即结构主义符号学的能指指向所指；将美国文化定义为只存在于原始的和狂野的

---

① 波德里亚. 美国 [M]. 张生，译. 南京：南京大学出版社，2011：186.

② Theodor W. Adorno. Scientific Experiences of a European Scholar in America [G] //Donald Fleming and Bernard Bariyn, eds. The Intellectual Migration: Europe and America, 1930–1960. Cambridge: The Belknap Press of Harvard University Press, 1969: 367.

第一层次和第三层次绝对的拟真的复合。正由于欧洲文化处于符号学的第二层次，美国大众文化处于符号学的第一层次和第三层次的复合，欧美大众文化形成强烈的对比："美国和欧洲的对比与其说拉近了两者的关系，不如说显现了一种扭曲，一种不可逾越的断裂。分开我们的，不仅仅是时差，而是现代性的整个深渊。"①

（1）欧美城市景观的不同。鲍德里亚认为欧洲条分缕析，天空窄小，云彩如絮，城市是不规则地、分散地颤动的光影，无法产生同样的平行线和没影点，也无法产生同样的空间透视，它们是中世纪的城市；而美国完整无缺，浑然一体，天空辽阔，云朵厚重，美国的城市是现代的城市。如果将欧洲的城市景观比作绘画，那么美国的城市景观则是电影。在意大利或者荷兰，当你从一个画廊走出来的时候，会觉得城市像里面的绘画，欧洲城市不管是意大利、荷兰还是法国，它们都是按照绘画的规律或特点建设起来的。而美国最鲜明的特点就是整个国家的电影化，沙漠像是西部片的布景，城市像是一个符号和程式的屏幕。在美国当你从一幢房屋中走出来的时候，你会觉得外面的街道和建筑，甚至天空都像电影或者屏幕上显现的某种东西。美国的一切如高速公路、摩天大楼、中西部的小镇都是按照电影的规律和特点发明出来的，它是一个巨大屏幕的折光。鲍德里亚认为，美国这种电影或屏幕的机动性和对现实的控制能力，显然超越欧洲静止的平面绘画，如盐湖城那种"珠宝式"和"居高临下"的"骄傲"所造就的"魔力"，同沙漠另一边拉斯维加斯的魔力加以比较，可以感到沙漠的展开已经无限接近电影胶片的"永恒性"。由于美国的现代科学技术任意设计出来的拟像已抹除了历史的意义，只在人造的时空结构中存在，因此它比实际物体更接近美国人的实际生活。

（2）欧美文化理念的不同。鲍德里亚认为，欧洲人喜欢把现实转化为理念，他们永久地受缚于批判意识和超越意识：他们生活在遗迹之中，生活在某个濒死的批判文化的遗迹中，认为只有具有某种深刻道德性的东西才是美的，自然和文化之间的悲怆差别才是具有吸引力的。如意大利的绘画文化气息浓郁，品位高雅，一如收藏它们的城市和博物馆，它设定了边界，描绘出充满诱惑的空间，绘画意义的奢侈导致它最终成了奢侈品。这种传统文化背负着沉重的意义，因其自身的严肃性而令人难以忍受，也映

① 波德里亚. 美国 [M]. 张生，译. 南京：南京大学出版社，2011：124.

照出欧洲人文化的衰退和背负沉重负疚感的形象。而美国人的习惯是把理念建造为现实，并在现代科学技术的推动下将之拟真化，如美国的洛杉矶之所以如此迷人，是"因为一切深度问题在这里都得到了解决——明亮的、移动的、表面的中立性，对意义和深度的挑战，对自然和文化的挑战，外部的超空间，从此以后不再有起源，不再有参照"。① 美国的这种拟真文化具有一种绝对的魔力，它在某种无对象的中立性的辐射中，因生活的一切批判形式和美学形式的消失而产生魔力，诱发了一种令人兴奋的视野，令大众因摆脱了一切文化的限制而愉悦。

（3）欧美文化活力的不同。鲍德里亚认为，欧洲文化还停留于十九世纪的资产阶级梦想，而这一梦想历经时代变迁，已逐渐衰败，失去活力："在巴黎，跃入眼帘的，是十九世纪。从洛杉矶回来，在十九世纪着陆。每个国家都具有某种历史的宿命，它几乎明确标明了它的特性。对于我们来说，描绘我们的风景的轮廓的，是1789年的资产阶级模式，和这一模式无止尽的衰败。"② 由于美国文化只有原始和狂野的第一层次和绝对的拟像第三层次，没有其文化的发源地——欧洲的自反性、双重性、痛苦意识等第二层次，因此美国的大众文化较之欧洲更具活力。欧洲的街道只在革命和架设路障时才会挤满人群，汹涌不已；美国的城市空间开阔，始终充满了人群、喧闹的声音和各种各样的广告，使街道骚动不安，富有活力。例如，加州一点儿都不颓废，它拥有超真实的活力，它拥有拟真的全部能量，"它是不真实的世界根据地"；纽约的建筑夸大了所有维度，以天地为筹码下注，每幢伟大的建筑都统治着或一度统治过这座城市，纽约的拥挤让城市的每个组成部分都光芒四射，而且纽约旋转得如此迅猛，离心力如此之大，以至于仅仅是设想两人共同生活或参与某人的生活已经是超人类的行径了。鲍德里亚还将这种活力推广到美国全国，认为美国的每个细节都可以是可鄙或无足轻重的，但它的整体超越了想象，它的原始性已经转变成一个非我们所能控制的宇宙的夸张、非人性的特色，这种宇宙远远超越它自己的道德、社会或生态的固有情理。

鲍德里亚将美国文化定义为第一层次和第三层次的复合，一方面认为第三层次拟真的大众文化对文化构成了遮蔽性，另一方面又认为由第一层

---

① 波德里亚. 美国［M］. 张生，译. 南京：南京大学出版社，2011：211.

② 波德里亚. 美国［M］. 张生，译. 南京：南京大学出版社，2011：125.

次和第三层次拟真构成的美国大众文化充满活力，显示了一个具有欧洲深厚文化渊源的欧洲学者对美国大众文化的矛盾心理，也显示了其对美国大众文化的深刻认识。虽然鲍德里亚认为他对美国的思考"基本上是一篇虚构"，他的"观点因此将是十分的外行，属于某种文化形而上学"①，但事实上其对美国大众文化的思考十分敏锐，而且具有前瞻性和启发性。

第三节　对托多洛夫和克里斯蒂娃象征理论的拓展

象征是哲学、人类学、社会学、历史学、美学、心理学、文学等人文领域中的一个极其重要的概念，一般指通过物体、形象、情节、意象、观念、语言等表达另一种意义。无数学者从不同的角度对其进行了深入的研究。巴特二十世纪六十年代的《符号学原理》尝试从符号学的角度比较象征和符号，认为它们的共同点在于都是两个关系项之间的一种关系，并对瓦隆、荣格、黑格尔和皮尔士四位学者的观点进行了简要比较。② 其后托多洛夫的《象征理论》（1977）、《象征表达与诠释》（1978）及后结构主义符号学家克里斯蒂娃的《符号学——符义分析探索集》（1969）、《诗歌语言的革命》（1974）对象征理论进行了比较系统的研究，但仍不够全面系统，没有与大众文化的象征相联系。本节拟在阐释托多洛夫和克里斯蒂娃象征观的基础上，进一步阐释意大利符号学家艾柯和苏联文化符号学家洛特曼的象征和符号理论。

一、托多洛夫的象征和符号观

托多洛夫自述是在"研究语言的象征现象时遇到古代的象征理论的"，他在二十世纪七十年代后期转向对象征理论的研究。在《象征理论》中，托多洛夫借鉴巴特符号学直接意指和含蓄意指的论述，提出符号由能指和所指构成，符号的能指和所指构成象征的能指，象征具有直接意义和间接意义，由此对象征做了宽泛意义的解释："联想加在直接意义之上，以及在某些言语应用（如诗歌）中这种联想使用得别处广泛。"托多洛夫提出象征可以看作一种特殊的符号，象征是符号的一部分："如果把'符号'一词当作统称，其中包括了象征（后者反过来也确定了符号的概念），那么可以

---

① 道格拉斯·凯尔纳.鲍德里亚：一个批判性读本［M］.南京：江苏人民出版社，2008：25.
② 罗兰·巴尔特.符号学原理［M］.李幼蒸，译.北京：中国人民大学出版社，2008：24.

说对象征的研究属于普通的符号理论，即符号学的范围，而我的研究则属于符号学史的范围。"① 以此为基础，托多洛夫对象征和符号理论进行了阐述。

（1）象征的表面意义和深层意义。托多洛夫在《象征理论》中指出奥古斯丁根据象征关系的性质将符号分为本义符号和移用符号：本义符号用来指称专门创造的事物，移用符号指用本义称谓的事物被用来指别的事物。后来托多洛夫在《象征表达与诠释》中阐述奥古斯丁《圣经》的释义理论时，区分了其概括的四种意义：文学意义要求解释，精神意义要求解释并可细分为寓意，道德意义指出人们从中获得的教益，奥秘解说的意义让人思考最终结果。其中第一种意义为本义，也就是表面意义（Surface Meaning）；后三种意义都是深层意义（Deep Meaning），属于象征意义。② 托多洛夫借鉴西方文论家的观点对象征与寓意、隐喻进行了比较。在象征和寓意的关系方面，在引述歌德关于象征和寓意的观点之后，他提出二者都具有直接意义和间接意义，但寓意以直接的方式表达，其能指层即刻被穿透以便理解所指的东西，而象征以间接的方式表达，能指层保持它自身的价值。在象征和隐喻的关系方面，托多洛夫在引述杜马塞、博泽等的观点后，指出象征和隐喻都有双重意义，但象征保留本义，隐喻排除本义。他在《象征表达与诠释》中进一步提出象征和诠释彼此关联，是单一现象的两个观点，也就是生产和接受的关系，一段用象征表达的文本或论述必须经由诠释才能从中发掘其字面意义和寓意。象征的诠释要通过语言符号进行研究：首先诠释文字本身，这是字面意义，下一步诠释字面意义背后的寓意，字面意义和寓意就是表面意义和深层意义，它们可以相容或不相容、含括或排他。③

（2）象征必须放在文化背景中进行考察。文化一般指知识、信仰、艺术、道德、法律、习俗等精神创造活动及其结果，托多洛夫在《象征理论》中指出，象征来自广泛深远的文化传统，并随着这一文化背景不断变化，通过梳理古希腊符号学、古典修辞学、浪漫主义美学、新古典派的学术发展流程，可以对象征的文化史进行考察。古典修辞学倡导自然语言的普遍

---

① 茨维坦·托多罗夫. 象征理论 [M]. 王国卿，译. 北京：商务印书馆，2004：3.
② Todorov T. Symbolisme et interprétation [M]. Paris：Seuil，1978：104.
③ Todorov T. Symbolisme et interprétation [M]. Paris：Seuil，1978：46.

一致性，如博泽的《普通语法》对自然语言的共性进行了系统的研究；浪漫主义美学则强调自然语言的多样性和历史可变性，如洪堡的《人类语言构造的多样性》提出民族的精神体现在语言之中。与此相应，古典修辞学和古典美学认为艺术的功能是摹仿自然，言语是及物的，用于复现或交际，如迪博提出，语词首先应该唤起它们作为任意符号表达的概念。然后这些概念再在我们的想象中组织成使我们感动和有兴趣的画面。而浪漫派拒绝一切功能，提出为艺术而艺术，言语具有不及物性，如莫里茨认为，一件真正的艺术作品、一首优美的诗都是自在的尽善尽美的东西，它的价值在于它自身，在于自己各部分间的条理关系。由此，托多洛夫提倡一种象征与语言符号"分类的、功能的、异向的"的研究："既非古典主义，又非浪漫主义，而是分类的、多功能的、异向的——我认为这就是我们今天用来对待过去的态度。"① 托多洛夫还将人类学家列维-布留尔、精神分析的创始人弗洛伊德和结构主义语言学的创立者索绪尔都称为新古典派，指出他们都以研究符号为基础，认为象征只是一种偏离的、不充分的符号：列维-布留尔研究原始社会具体的、多样的语言符号，认为象征在原始人看来是语言符号所再现的存在或事物；弗洛伊德重点研究梦符号，象征只是用于解释部分梦符号的固定的意义；索绪尔是现代结构主义语言符号的创始人，他基本上否定语言符号的象征，认为语言符号开始时只有直接意义，象征是因其流传中的错误而产生的，语言符号是任意的，象征则是有理据的符号。

托多洛夫梳理了两千多年以来西方主要思想家在象征问题上的看法，学术视野开阔，资料丰富，对西方象征理论进行了比较全面的阐释，推动了巴特的象征和符号理论的研究，但是从符号的角度对象征和符号理论的阐释不够深入：其象征理论涉及语言学、心理学、逻辑学、修辞学、诠释学等多个学术领域，但只是将众多思想家在象征问题上驳杂的看法汇聚在一起进行评述，缺少一种更高程度的理论归纳和提炼，正如托多洛夫自己所说："我们像注意符号与象征之间的系统对立一样注意到了古典派与浪漫派的历史对立；然而这并不是一种简单的结合。我知道在这问题上自己并没有谈得很多，但要这样做，就要自己设法建立一种象征理论——这里已

Infinite① 茨维坦·托多罗夫. 象征理论 [M]. 王国卿，译. 北京：商务印书馆，2004：395.

无法开始了。"①

二、克里斯蒂娃的象征和符号理论

克里斯蒂娃在《语言，这个未知的世界》中指出，象征范围广泛，语言、文学、艺术、哲学、科学、宗教等文化系统都是人类创造的象征体系，并引用法国结构主义人类学家列维-斯特劳斯和弗洛伊德的观点作为证明，如列维-斯特劳斯提出，任何文化都是一个由多个象征系统组成的集合体，而语言、联姻规则、经济关系、艺术、科学、宗教则是其最为首要的。符号的范围也十分广泛，克里斯蒂娃引用巴特《符号学原理》中提出的从语言符号发展为非语言符号的观点，认为符号学应将语言、肢体语言、音乐语言、绘画、照片与电影等看得见的语言、动物符号等都看作符号。② 象征与以语言为主的符号是交叉关系：语言把实在世界象征化，以命名的方式来表现它们；在寻找社会这一庞大的各种能指系统的集合体运转的象征起源时，可以认为它与语言一样是建立在交换（交流）之上的。

（1）文学从象征符号到符号象征的转换。克里斯蒂娃在《封闭的文本》中追溯了欧洲文学从象征符号到符号象征的转换过程。在十三世纪以前，象征符号体系弥漫于整个欧洲文学之中，它通过一些具有象征性的事物来代表一个或多个无法表现和认知的宇宙超验力量，象征和所象征的对象不相关联，主要文学类型是史诗、民间故事、武功歌等，符号实践是排他性析取方式或不相容析取式，也就是说原本相互对立的事项一直相互排斥，如在法国的《罗兰之歌》中，英雄与叛徒、善人与恶人、战士的职责与内心的爱情成为不可调和的冲突，没有任何折中的可能。十三至十五世纪是欧洲文化的转型期，此一时期从史诗开始向小说发展转型，符号象征逐步代替象征符号。在这一转变过程中，象征和所象征的对象类似，其符号实践是非析取式，也就是说原本相互对立的事项现在被融入一个充满多样性和可能性偏离的复杂系统。如在法国小说家安托万·德·拉萨尔的小说《让·德·圣特雷》中，贵妇的性格是双重性格，贵妇既是被神化的爱情主宰，也是不忠的女子，是忘恩负义、卑鄙无耻的人；圣特雷也是这样，"少

①　茨维坦·托多罗夫. 象征理论［M］. 王国卿，译. 北京：商务印书馆，2004：395.
②　朱莉娅·克里斯蒂娃. 语言，这个未知的世界［M］. 马新民，译. 上海：复旦大学出版社，
　　2015：338.

年与战将，侍从与英雄，情场受骗却从战场凯旋，既受到保护也曾被背叛，他是贵妇的情人同时也是国王或是战友布希科的情侣"。①

（2）象征态与符号态的"对应物"献祭，以及诗歌创作的象征和符号观。克里斯蒂娃在《诗歌语言的革命》中借鉴拉康想象界和象征界的区分，区分了前符号态和符号象征态："前符号态"是符号象征态形成之前的婴儿身体欲动的空间，其语言的节奏和韵律是非确定的、非表现性的，但它是语言的情感和驱力的基础；"符号象征态"处在语言的逻辑和律法意义层面，是主体得以确立之后的抽象而正式的领域。② 克里斯蒂娃还提出命名时段（Named Phase）的概念，命名时段是在意指过程中产生意义立场的分界，是主体与对象分离的时段，也是婴儿主体与母亲分离并开始对语言进行分节的时段。她指出，献祭（Sacrifice）和诗歌创作是象征的命名时段的"对应物"："我们相信，社会秩序中存在着两种类型的'事件'，尽管它们没有依据结构人类学在社会象征中检测到的能指消耗的逻辑展开，但是它们可以被看成是形成象征的命名时刻的对应物。"③ 对于献祭，克里斯蒂娃认为，原始社会的献祭这种暴力的行为终止了先前符号态的暴力，它通过将暴力集中于献祭者，在社会秩序建立的这一特定时刻将暴力替换到象征秩序之上，建立起象征符号和象征秩序，它表明原始社会的象征是通过一种暴力和动机不明的飞跃从物质的连续体中产生的。献祭在社会和象征形成的层面划出了分水岭：命名时段将暴力限制在某个单独的位置并使其成为能指，它展示了如何通过再现暴力来阻止暴力和重建秩序，使得暴力无法渗透这一象征秩序，从而避免了暴力改造或粉碎这一象征秩序。相同的献祭结构会依据生产和生产力之间关系的发展而采取不同的形式，献祭的祭品可以是人、动物、植物，甚至可以是一种纯粹能指的上帝。祭品承担着再现命名时段的任务，而命名时段则建立了社会的象征秩序，它表现了对物质、自我意识和指称物的保留，一种契约的建立，一个"图像的游戏"，一个理想社区的建立，一个将愉悦的对象引入"社会规范"的举动，

---

① 克里斯蒂娃. 符号学：符义分析探索集［M］. 史忠义，等译. 上海：复旦大学出版社，2015：70.

② 茱莉亚·克里斯蒂娃. 诗性语言的革命［M］. 张颖，王小姣，译. 成都：四川大学出版社，2016：192.

③ 茱莉亚·克里斯蒂娃. 诗性语言的革命［M］. 张颖，王小姣，译. 成都：四川大学出版社，2016：54.

它确保了逻辑阶段与社会历史的具体关系，重置了社会的象征结构。

对于诗歌创作，克里斯蒂娃认为，诗歌、音乐、戏剧、舞蹈等艺术创作实验一方面遵循象征秩序，这类象征秩序包括道德的、科学的、日常的、新闻的、现代的、家庭的、经济的等多个维度；另一方面通过破解社会象征秩序，将其打开，改变词汇、句法和词本身，以释放由声音或者动能差异所携带的，隐藏在词汇、句法和词之下的驱力，使享乐渗入社会和象征之中，使主体跨越象征态的界限，到达处于社会界限的另一端的符号态。如在马拉美的诗歌创作中，马拉美将文本之上的诗行分解为音节：根据从句子细分到单词、从单词包含着的种种声音获得物质音响性、音节被散布在纸面上的情况，描述出种种音响；音响所进行的不同意义既加强逻辑的意义，又由于身体的欲动回归将带来的快乐导入文本，如唇音与鼻音、闭锁音与狭窄音的分类可以看作身体欲动的基础，由此每个音节既属于参与决定符号意义的辨别特征的音素意义层面，又成为超越音素之上的东西，并使前符号态的场与现象文本合流。马拉美还在《诗的危机》中分析了法语作诗法的历史，认为音节作诗法、音节音调作诗法和音色的韵律法这些传统的定型诗，最终形成一种制度起着支配作用，但完全受这一做法约束毫无益处。他提出将碎散诗句分解为无数细微的单纯要素、发出多种声音的语言管弦乐法这一未来的作诗法。管弦乐作诗法指语言好似每个人独自使用的乐器，并且演奏着无休止地拥有意义的语言的音乐。它以在语词中产生的音的生起，以及与其对应的表记法为出发点，通过将音色作为意义生成的差异化，同时配置被身体欲动支持的前符号态装置，创作出作为韵律的新意义网眼。①

克里斯蒂娃追溯欧洲文学从象征符号到符号象征的转换过程，实质上既阐释了象征的多义性，又剖析了象征的文化意蕴，从文学发展史的角度补充了象征的多义性和文化意蕴研究。她还运用符号态和象征态从献祭和诗歌创作两个方面揭示象征的超越意义，其设想包含丰富的想象，具有一定的科学性，但也存在明显的缺陷。对于献祭来说，克里斯蒂娃曾引述法国人类学家莫斯关于献祭"处于伪装之下，渗入宗教中，上升到信仰和实

---

① 西川直子.克里斯托娃：多元逻辑［M］.王青，陈虎，译.石家庄：河北教育出版社，2002：185.

践中"① 时文化象征意义才能获得最高层次的表达的观点，这表明其对献祭的剖析停留于社会层面，未能深入到人的心理层面。对于诗歌创作来说，诗歌通过运用节奏、韵律和语调等符号态的形式贯穿于象征态之中，的确使诗歌产生了一种动态的、愉悦的、非意义与意义混杂的效果；但仅仅将诗歌创作视为从象征态向符号态的回归，其观点还不够全面。

三、艾柯的象征和符号理论

艾柯在 1968 年发表的《功能与符号——建筑的符号学》中从符号学的角度剖析了以建筑为代表的大众文化的象征；其后在《符号与语言哲学》中又对象征和符号理论进行了总结。艾柯认为象征的范围十分广泛，象征定义繁多，如象征是以引出不存在或不可理解的某物为目的的任何具体的符号，是语句中各词汇都代表着另一系统的因素，是涉及"教义"和"正教仪式"的各种意义。同时在《符号学理论》中，艾柯提出符号疆域广阔，包括自然语言符号、书面语言符号、形式化语言、副语言符号、视觉符号、听觉符号、嗅觉符号、动物符号、情节结构、修辞学和各种文本。② 在此基础上，艾柯认为象征虽然要运用符号，但其特点既不在于符号的特殊类型，也不在于符号的创制模式；符号虽然具有象征意义，但符号学研究并不限于象征，象征和符号这两个范围庞杂的概念之间构成交叉关系。

（1）丰富托多洛夫和克里斯蒂娃对象征的阐释。艾柯发现象征和符号的关系主要有象征作为符号、作为规约—随意性的符号、作为难度推理维系的符号、作为间接的和修辞的意思、作为浪漫主义的象征等观点，托多洛夫是象征作为间接意义的代表③，同样对象征与寓意和隐喻进行了辨析：象征与寓意和隐喻都具有双重意义，其区别在于寓意与文化传统联系紧密，而象征总是在表面意义之上创造一种新的符号功能；隐喻具有某种隐含的意义，但不能从字面上进行解释，而象征的意义同时具有本义和象征意义。④ 艾柯认为克里斯蒂娃符号态的实质是前符号学，而象征态则是符号

① 茱莉亚·克里斯蒂娃. 诗性语言的革命 [M]. 张颖，王小姣，译. 成都：四川大学出版社，2016：55.

② 乌蒙勃托·艾柯. 符号学理论 [M]. 卢德平，译. 北京：中国人民大学出版社，1990：13.

③ 翁贝尔托·埃科. 符号学与语言哲学 [M]. 王天清，译. 天津：百花文艺出版社，2006：257.

④ 翁贝尔托·埃科. 符号学与语言哲学 [M]. 王天清，译. 天津：百花文艺出版社，2006：308.

学。① 对于献祭观，克里斯蒂娃的献祭观偏于社会象征的论述；艾柯则通过引用神秘主义者的观点将象征和符号与人的心理相联系，强调了象征的心理整合功能。神秘主义者认为象征由文化传统和权威暗示，是超主体和超文化的某种真理的各个方面。但神秘主义者在把自身的经验导向极端的经验中，会对权威产生一种虚无主义的破坏，这种革新和对教义的尊重会形成紧张关系，于是神秘主义者成为象征的指示者，这是个人的象征，这种集二者于一身的权威解释具有类推能力，即使科学已表明，甚至公众的意识都知道心不再是爱的住所，但对圣心的崇拜却仍然可以强化；即使圣心的内容只是任何信徒的心的象征中映射出来的一系列不可控制的情思的联想，象征仍然可以将这些联想和冲动整合有序。② 对于诗歌创作观，克里斯蒂娃阐述了诗歌创作从象征态向符号态的回归，艾柯则重点论述了近代西方象征主义诗歌对象征的发展：在近代艺术特别是象征主义诗歌中，象征是战略地安排各种符号的一种特殊方法，目的是使这些符号脱离它们的编码意义，并成为能载有内容的模糊性的东西③，象征不是要获得表面的真理，而是要使百科全书的全域全面地运行起来，是语言讲述自己和自己可能性的世俗化的象征主义。如法国象征主义诗歌的代表波德莱尔的狩猎和信天翁的象征，不是退回到某种原始的象征，而是在其诗作的语境中创造出个人的象征。

（2）剖析大众文化的象征的复杂性。巴特在《符号学原理》中指出，非语言系统与语言符号相比，大都具有不介入意指作用的表达内质，他将这些本来是实用物品的符号按其功能称为功能—符号。④ 如雨衣是为了防雨，但符号"雨衣"则既具有防雨的功能，又具有语言符号的功能。以此为基础，艾柯在主要剖析以建筑为代表的符号时，将建筑符号分为符号载体、直接意指和含蓄意指⑤，并将建筑符号的直接意指称为初始功能，将含蓄意指称为二次功能，提出了建筑的初始功能和二次功能的六种复杂变化：一是初始功能的意义失去，二次功能的意义大部分尚存。如希腊帕提农神

---

① 翁贝尔托·埃科. 符号学与语言哲学［M］. 王天清，译. 天津：百花文艺出版社，2006：252.

② 翁贝尔托·埃科. 符号学与语言哲学［M］. 王天清，译. 天津：百花文艺出版社，2006：276.

③ 翁贝尔托·埃科. 符号学与语言哲学［M］. 王天清，译. 天津：百花文艺出版社，2006：293.

④ 罗兰·巴尔特. 符号学原理［M］. 李幼蒸，译. 北京：中国人民大学出版社，2008：28.

⑤ 恩伯托·埃科. 功能与符号：建筑的符号学［G］//G. 勃罗德彭特. 符号·象征与建筑. 乐民成，等译. 北京：中国建筑工业出版社，1991：14.

庙不再被认为是一个供奉神明的大殿，但原来的大量象征性含蓄意指依然被人们把握，因为人们可以借助与希腊人类似感受的语言来理解。二是初始功能依然存在，二次功能的意义失去。如古代的灯的初始功能保留，它仍用于照明，但原有的二次功能将由别的功能取代，甚至可能复原加以变形。三是初始功能和二次功能的意义均被新的初始功能和二次功能的意义取代。如金字塔本是古埃及君王的墓，这是其初始功能，其占星术和几何学的符码是其二次功能，但金字塔现在已经意指"旅游业"，以及拿破仑告诫的"四十世纪"等许多稀奇古怪的二次功能。四是初始功能逐渐转向二次功能。如李奇顿斯坦的漫画中哭泣女人的画像不再意指一个女人哭泣，而是成为表现一个女人在哭的一种方式。五是原来的初始功能被别的初始功能取代，二次功能用更丰富的符码加以变形。如墨西哥乡村的篮子变成了放杂志的筐，篮子原来的初始功能被新用途取代，与篮子及其装饰有关的原有的二次功能转变为与原始艺术的共鸣、纯朴的民间风格、"拉丁美洲"等。六是初始功能和二次功能都显得含糊不清。如巴西首都巴西利亚的"三权广场"中，两座会议厅凸出和凹下的形式及中央的垂直形式含义模糊，有人将会议厅凹下的形式恶意解释成是个大盘子，人民代表坐在里面吞噬从人民那里抽取的大块税金。

艾柯进一步将建筑分为形式系统、功能系统和人类学系统，阐释以建筑为代表的大众文化的象征受到各种外部因素的影响。人类学系统是符码化的文化体系，它使建筑成为一种多意指体系基础上的文化意指体系。建筑设计师在进行建筑设计时，不仅要考虑建筑设计本身的问题，还必须考虑城市空间、城市的形象和环境认识、商业和交通的迫切需要等，必须与许多外部体系相联系，找到许多不同的体系之间的联系，把它们还原到一种基本的城市符码之中去，因此建筑师在工作中要成为一个社会学家、心理学家、人类学家和符号学家。如巴西的首都巴西利亚本来是一片荒野，其设计只有一项设计前提：把巴西利亚设计成一个创立新生活方式的城市，同时传播民主生活的理想，并逐步影响整个未开发的国家，希望为一个仍在寻求自己特色的年轻国家成功地塑造一种个性。于是它被设计成一架飞机的形状，它的两翼伸展在广阔的平原上，欲使作为公共建筑的它包含这个年轻国家所要求的平等、民主、创新等象征性内涵。但在实际建造过程中，由于社会、历史、文化传统等各方面因素的影响，其象征功能没能实现，某些没有预见到的功能却又出现。如建筑工人参与城市建造，希望在工作时住在那里，这样人口就大大超过了城市可以容纳的数量，于是在城市的周围出现了闯江湖的社会团，还建成了许多贫民区；由于南面的街区建得较早而且比北面的质量好，结果高级官员都被吸引到城市的南翼；移民的速度超出了所有人的预料，于是卫星城应运而生；工业和商业职工的住房建在同"两翼"平行的一些大街上，这些非常朴实的私密的小住宅与超级社区的公共性相反；从街道除去一些平面交叉口的后果是增加了人们从一点到另一点的距离，这使人们和附近的邻居很难保持社会性交往，加剧了由于居住地点的隔离而产生的社会分化。结果巴西利亚并没有被建成一座象征平等的城市，而是形成了一种社会分离的形式。

四、洛特曼的象征与符号理论

洛特曼（Yuri Lotman）是苏联莫斯科-塔图学派文化符号学派的代表，发表《艺术文本的结构》（1970）、《文化符号学研究纲要》（1973）、《电影符号学与电影美学问题》（1973）、《电影语言与电影符号学》（1987）、《文化系统中的象征》（1987）等著作和论文，对象征理论和大众文化的象征进行了全面系统的研究。洛特曼认为象征和符号是交叉关系。象征的范围十分宽泛，它既可以是几何形状、基本色彩和声音等的简单象征，也可以是特定语境下的社会意识形态和价值观念关联的复杂象征；既可以十分古老，又能穿越不同的时代依然保持活力；既可以研究一个族群的象征，又可以剖析全人类文化中起主导作用的象征，并与符号关系紧密："我们将'象征'理解为一种符号，它意指一组内容丰富的文本。象征符号的运用包含某种文化意义索引，一个大的文化意义领域。"① 同时，符号的范围也十分广泛，人类文化符号主要包括以语言符号为代表的离散符号和图像符号两大类型，洛特曼还将文学文本、神话文本、民俗文本、电影文本、戏剧文本等各种文本都看作具有象征性的符号系统。

（1）象征的表面意义和深层意义的个性化剖析。托多洛夫认为联想导致了象征，洛特曼和莫斯科-塔图学派的学者也认为，象征的表层意义往往与某种"形"联系，这一"形"可呈现于多种物质化的结构中，比如来自原始蒙昧时代的"十字形"可用手势表达，可体现在图画、建筑、雕塑中，可表现在戏剧或戏剧化的仪式中，也可用诗歌或散文来书写，这种"形"

---

① 康澄. 文化符号学中的"象征"[J]. 国外文学，2018（1）：5.

表达的深层意义不是基于外形上的真正相似或概念上的等价，而是一种对联想和记忆的激发。但洛特曼对象征和联想进行了区分：象征的表面意义和深层意义都可以独立，而联想需要依附于文本，离开文本无法实现意义的自足。洛特曼与托多洛夫、艾柯都认为象征同时具有表面意义和深层意义，这两层意义都是边界清晰、形态独立的文本，都携带着完整的意义并具有传递、记忆和生成意义的文本功能。洛特曼还进一步提出某个象征的表面意义在另一个象征中也可以是深层意义，如"圣彼得堡"可象征沙皇，"青铜骑士像"又可象征圣彼得堡，如此"圣彼得堡"既可以是象征的表面意义，也可以成为象征的深层意义。托多洛夫、克里斯蒂娜和艾柯都提及象征的文化传统，洛特曼和塔图学派也认为每一种文化都有一个古老的文本层，象征是这一古老的文本层最重要的组成部分："象征永远不会表明某种特定的内容，而是指向意义领域，指向某种文化传统，指向所有人共同记忆的某个领域。"①

（2）电影象征的深层意义与表面意义的不一致。洛特曼的电影符号包括画面、声音、灯光、音乐等在内，是图像符号和离散符号的融合。洛特曼说："电影实际上就融合了两种不同的编码组织方式，一方面它是移动的绘画，另一方面，它以线性方式来叙述故事，电影从未放弃过口语符号和其他日常语言等分离性符号。"② 洛特曼认为，电影的本质是进行叙事，而电影以图像符号为主，电影画面要进行叙事就必须在图像符号的基础上建立起抽象的语言系统。而具有造型功能的图像符号要进行叙事就需要模拟言语符号，其方法是通过不同镜头的连接和相同镜头的连接造成意义的交叉和转换，通过俯拍、仰拍、斜拍等不同角度，以及镜头的推拉摇移等表现客观和主观的视角，并通过导演的精心剪辑使一系列的画面形成连贯性的叙事。同时，电影中的离散符号的文字符号和声音符号也可以发挥一定的造型功能，如戈达尔的影片《已婚妇人》中女主人公手中所拿的那本小说，不仅指明那是艾莉莎·特里奥拉写的书，还标明了书的出版社，借助这一图像符号不仅揭示出了女主人公的思想境界和文化品位，而且暗示出了女主人公所属的社会文化圈子。影片《华氏451度》中焚书的画面也是

---

① 康澄. 文化符号学中的"象征"[J]. 国外文学，2018（1）：1-8.
② 康澄. 文化及其生存与发展的空间：洛特曼文化符号学理论研究 [M]. 南京：河海大学出版社，
2006：15.

由文字符号充当，镜头中熊熊燃烧着的词语形成了整个火焰，书的名称和书中的文字在影片中既充当了词语符号，又充当了造型符号。

洛特曼还将象征的表面意义和深层意义运用于电影，强调电影象征的深层意义与表面意义的不一致："现代电影对矛盾冲突的描述在很大程度上介乎于陈述的直接语义和涵义之间。"[1] 洛特曼援引苏联语言学家塔吉娅娜·米哈依洛夫娜·尼古拉耶娃对谎言机制的研究观点，尼古拉耶娃认为谎言中的蛊惑式陈述是把需要证实的东西置于已经证实的位置上，如"我惊异的是，她这么愚笨的女人竟能获得如此成功"，"她这么愚笨"的陈述本来应该加以证实，但在此却被当作既定的事实。洛特曼进而将之与电影《悔恨》联系起来，认为这部电影的象征几乎从未以言词形式出现，而是体现为视觉形象或音乐形象，这些视觉形象或音乐形象如同语言符号一样，如果将其放在由文化语境和上下文语境构成的语境中，就会发现其深层意义与表层意义完全不同，由此而体现出复杂象征在具体语境中所体现的穿透性。如一架在鲜花盛开的草丛中的白色钢琴的复杂象征一般是自由和希望，可是它却出现在审讯室里，出现在被逮捕的理想主义代表米哈依尔·科利舍里与画家桑德罗·巴拉捷里的对质中。科利舍里作为一位勇敢而诚实的公民，往自己身上揽下各种荒唐透顶的罪行，他说自己是蓬多斯的间谍，受命挖通从孟买到伦敦的隧道，间谍组织中有包括桑德罗·巴拉捷里在内的几千名成员。在经过一段痛苦与羞辱的折磨之后，他呜咽着倒在白色的钢琴上，用头撞击着钢琴，此时的钢琴已与审讯联系，象征着监禁和绝望。贝多芬的《欢乐颂》，其复杂象征本来是快乐、自由、平等和兄弟般的情谊，可是在电影中听起来却是时代的悲惨象征：短视而狂热的宗教信徒、女教师艾列涅·科利舍里正低声用纯正的德语唱着席勒的《颂诗》："拥抱吧，千百万的人们！"桑德罗的妻子尼诺·巴拉捷里绝望地朝她跑来，艾列涅相信这只是一个令人遗憾的错误。可是就在此时桑德罗·巴拉捷里却在这段音乐声中步履艰难地通过污水漫淌的下水道，那里站着以前曾与他四手联弹门德尔松《婚礼进行曲》的忒弥斯，她时而用围巾把自己装扮成一个甜美的少女，时而又解下围巾俨然是一位严厉的法官。于是观众对音乐的欢乐和幸福的所有联想或所见所闻都生发出被迫害和走向死亡的意味。

---

[1] 洛特曼，远婴. 电影语言与电影符号学 [J]. 世界电影，1992 (1)：146.

第六章　符号学与大众文化的文本论

转向后结构主义符号学的巴特提出开放、动态、文体交融的文本。克里斯蒂娃提出了互文性、基因文本和现象文本等原创概念。索莱尔斯是文本理论家和小说家，他从文本的角度分析法国电影导演波莱的影片《地中海》。利奥塔在继承并发展包括巴特在内的后结构主义理论的基础上，提出通过小叙事反制技术大叙事，利用内在于又对立于霸权话语的其他话语反制霸权话语。热奈特的跨文本性理论基于印刷媒介，还需在电子媒介、计算机网络媒介和融合媒介的背景下发展。

第一节　索莱尔斯的文本观与影片《地中海》评论

二十世纪六十年代，由于一批青年作家和知识分子对当代法国资产阶级统治的不满，加上以巴特为代表的结构主义批评和新小说派的推动，法国文学现代派原样派（Tel Quel）① 应运而生。索莱尔斯既是原样派的代表作家，又是一位文学理论家，转向后结构主义符号学的巴特对其在文本写作创造方面的勇敢尝试赞赏有加。索莱尔斯和他的妻子克里斯蒂娃作为巴特在巴黎高等研究院的学生和同事，与巴特一起进行学术研究，一起参与

① 原样派又称泰凯尔派，是二十世纪六十年代在法国成立的后结构主义团体，原样派的团体刊物《原样》主要发表文学、哲学、科学和语言等方面的文章，在其时的法国人文社会科学领域一度影响较大。原样派主要成员有索莱尔斯、让·蒂博多、克里斯蒂娃、德里达、普利内等，罗兰·巴特与原样派关系密切。原样派在文学创作方面的代表是索莱尔斯、让·蒂博多、让-皮埃尔·法耶，其主要的文学观点是文学应是文字科学，应打破文学体裁的限制，具有明显的后结构主义色彩。原样派在文论方面的代表是德里达、克里斯蒂娃，其文论观是后结构主义理论观。（见陈焘宇，何永康. 外国现代派小说概观［M］. 南京：江苏文艺出版社，1996：525.）

原样派主办的杂志《原样》的活动，一起在 1974 年访问中国。索莱尔斯还从文本观的角度对法国导演波莱 1963 年拍摄的影片《地中海》进行评论，将巴特的文本观发展为电影文本的批评，在大众文化领域推进了巴特文本观的研究。

一、巴特对索莱尔斯文本写作的评论

索莱尔斯在六七十年代创作了一系列具有创新意识的文本，主要包括 1961 年的《园》、1965 年的《戏剧》、1968 年的《逻辑》和《数字》、1973 年的《H》等，其文体的杂糅、片段的写作、叙事的混乱、字谜般的语言、个别作品标点符号的去除等文本创作试验在法国文坛引起了激烈的争议，但却受到了巴特的赞赏。巴特称索莱尔斯是"一位亲近的朋友，一位我喜爱的、敬重的和赞赏的人"①，并在《对话》《戏剧，诗歌，小说》《拒不因袭》《蔑视》《当前情况》《波动》等一系列评论索莱尔斯的论文中，运用其文本观阐释索莱尔斯的文本写作。

（1）索莱尔文本写作的生产过程。巴特的文本观注重文本的生产过程，其意指实践指文本的意指作用随运作过程、作用而变化，生产力意味着作者可以不断引申文本的"文辞游戏"，意指过程是文本通过次生、引申、联想呈现一个多义的空间，生成之文是能指脱离所指的符号的运作过程。索莱尔斯的文本写作与法国传统写作决裂，其创作将文学语言的能指和所指分离，将写作变成来去无踪的语言轨迹。巴特在《虚构的逻辑》中将移动的、内在于言语活动的关系称为"虚构"，认为"虚构"是调和可能和实在的有节奏和有逻辑的地方，它使文学文本中的事件、绘画、思考的引发、遭遇和追求永远是在走向一个颠覆之地的过程中，而写作就是这一梦幻似的颠覆之地："不正是支配自己身体而无须考虑高或低、左或右的权力吗？因为这一切存在于同一瞬间，存在于同一酣畅淋漓的状态，这是天高任鸟飞的无限空间。"他在《作家索莱尔斯》中指出，"索莱尔斯似乎认为有必要与那些父辈人物的政治性言语活动有某种断裂"，"索莱尔斯要求和实践的写作是否定文学言语活动的习惯即再现习惯的"。② 在评论《戏剧》时，巴特认为这部作品只是表现为语言本身的运动，是一种带有个性化的语词

① 罗兰·巴特. 罗兰·巴特自述［M］. 怀宇，译. 天津：百花文艺出版社，2002：212.
② 罗兰·巴特. 罗兰·巴特自述［M］. 怀宇，译. 天津：百花文艺出版社，2002：189，191.

的游戏：在内容的表现方面，通过言语活动废除内容，废除所有的分配，最终废除存在于言语活动内部并且一方面指名事物另一方面又指名词语的分配；在叙述的经验层面，不是事物先于词语，而是词语先于事物，通过词语看见、发现和发起要存在的事物；在言语活动的表现方面，言语活动是过分的、充满符号的，在编织的故事中被滥用，且由"提前规定的段落"构成；在句法关系方面，推动句法关系的是词语本身，词语既是句法的单位，也是句法的操作者，词语通过其能指或者所指来打开、连接话语的序列。

（2）索莱尔斯文本写作的作者之死和读者复活。转向后结构主义的巴特提出了与文本观相关的"作者之死"和"读者复活"：所有文本最终来说都是由既定的语言秩序写就的，作家写成的一个新文本，都是对过去的文本重新混合与组合，由此，原创的作者已经死亡。文本分为可读性文本和可写性文本①，可写性文本具有意义的撒播、多元性、不确定性等特征，读者可以发挥个性化创造能力，自主处理文本所具有的意义，拥有随意理解文本意义的自由。巴特认为索莱尔斯的文本写作也体现了作者之死和读者复活，在《戏剧，诗歌，小说》中，"戏剧"把角色与叙述者结合在模糊的"我"的名下，其叙述者完全被融入唯一的叙述动作之中，作为主体基本行为的叙述活动，不被任何人称承担，只是叙述活动在说话。虽然句子中的动词变位要求任何句子都要在它和"我"之间做出选择，但其实"我"每一次都是那个虽已开始写作但又重新回到使其产生前的创造物之中的人。这个"我"没有个性，而只有写作的完全是肉质的手的个性，由于作品言语活动的表现，它成为表达方式的多余之物，借助这种多余之物，叙述者被它自己排除，为意识所烦恼，为无法解释的"个人重量所压弯"，由此作者的地位被抹去。在《作家索莱尔斯》中，巴特以《H》为例，提出读者是复数的，"不仅有不同的个人，而且在每一个躯体中根据是一个星期的哪一天和在阅读哪一页还有不同的智力节奏"②，在进行个人阅读时也可以运用点击式、赏识式、展开式、低空式、满天式等多种阅读方式，由此读者对同一文本的理解必然各不相同。

（3）索莱尔斯的片段写作。后期的巴特在转向文本后，不仅提出文本

① 罗兰·巴特. S/Z [M]. 屠友祥，译. 上海：上海人民出版社，2006：56.
② 罗兰·巴特. 罗兰·巴特自述 [M]. 怀宇，译. 天津：百花文艺出版社，2002：205.

理论，而且大量采用片段写作。片段是能指和所指的分离，相对于整体，它是对中心意义的解散。片段写作是巴特的文本观在写作上的表现，如《罗兰·巴特自述》《恋人絮语——一个解构主义的文本》《文之悦》《符号帝国》《中性》《如何共同生活》等后期代表著作都是如此。巴特认为索莱尔斯也运用了片段写作，如在《蔑视》中，他指出《H》"采用的是片段：我们可以希望，只是这些絮语在评论中阻止产生《H》一书恰恰尽力解散的'整体性幻觉'"①。《H》这部作品把东拉西扯的东西大胆安排在一起，主语刚刚在一个类似于句子的成分中固定，就开始松动，结果读者被各个主语之间的距离、先后出现的惊人速度和它们之间交换场所的狭窄弄得头晕目眩，只感到其再现活动是"具有各种比例的可视荧屏"，感到其画面"还有电荷而变得粗糙"。《H》还借助言语活动来排除言语活动以尽力生产不可标记的言语活动，这部作品的不可标记包括时事回想、现成的句法、细小的"知识浓缩"、模糊可鉴的碎片、可读性内容的浮现、源自他人话语的简短絮语等种种片段，而且它的话语不断向前奔走，向前跑动，向前滚动，不断膨胀，又借助于各种想法、词语、声音、字母、写作物等不同的"点火"点重新迸发。它不是在组织句子，而是在组织句法活动，组织智力碎片、言语活动的斑点，也没有主题、观念、故事等传统文学的构成观念，而是类似色调音乐的散落、突发和扬逸。

二、索莱尔斯的文本观

索莱尔斯不仅在六十年代以来创作了一系列文本，还总结了文本理论，其文论代表作主要有《一个现代文本的新语义》《写作与革命》《例文的理论》等，对文本的互文性、作者、读者、写作、文本引用、文体混杂、中国汉字等进行了颇具个性的阐述。这些理论分析是原样派集体智慧的思想和理论结晶，与巴特的文本理论既相应和，又具有个人的特色。

（1）论文本的互文性。巴特注重剖析文本的生产过程和互文性，索莱尔斯也强调文本的互文性，与巴特的观点相通。他在《写作与革命》中指出，任何文本都是一个铺天盖地的巨大意义网络上的纽节，都处于多个文本的结合部，它既是复读，也是强调、浓缩、位移和深化；它是由另一些文本写出来的，不管作者是否参照先前的作者，他所写的与其他文本都是

---

① 罗兰·巴特. 罗兰·巴特自述 [M]. 怀宇，译. 天津：百花文艺出版社，2002：202.

相互关联的；它既是作者这个时代的产物，同时也是所有时代的产物，其价值在于对其他文本进行积分式的、破坏性的行动。文本之间的相互渗透能够使一连串的作品复活，使它们相互交叉，在一个普及本里走到极限意义的边缘。索莱尔斯否定传统作者的主体性，认为作为主体的"我"，不仅指现在的"我"和"我"现在的生活，还包括"我"的过去乃至将来的一切，因为今后的"我"根本不会知道现在的"我"究竟是谁，正如现在的"我"不知道过去的"我"究竟在什么地方。① 如在《H》中，印在扉页上的"Philippe Sollers"只是作家的笔名，"sollers"由词根"sollus"（完全的）和后缀"ars"（艺术）构成，合在一起就是"完全的艺术"之意；作家的真名茹瓦约（Joyaux）则隐藏在文本之中，被不断地变形为"oyaux""ojayaux""joyeux""noyau"等。对于读者，索莱尔斯与巴特一样推崇可写性文本，贬斥可读性作品，主张读者对文本的解读是一个意义增加的过程，这种增加不但反映在读者对文本添加新意义，而且揭示了文本各种潜在意义的可能。如在《中介》中，索莱尔斯提出莫奈、普桑（Nicdas Poussin）的绘画文本中心是"虚的、自由的，或者说是一种无名的实"，在中心内部形成一种"环环相扣的字谜"，一种失而复得的"辩证类比"，读者需要通过阅读来复现其显而易见而又莫测如谜的意义。②

（2）论文本写作的形式化。巴特认为写作是作家对语言进行个性化运用并形成自己风格的过程，索莱尔斯则将作家个性化写作的形式化推向极端。在《战斗中的写作》中，索莱尔斯主张文本的写作要跟句子和词语做斗争，也就是文本语言要同意义进行斗争，其方法是文本语言"能指"的排列不再出自表达意义，而是根据具有关联性的语音按照韵脚的格律重复，根据发音的不同规则对"能指"进行有意的组合。③ 对此，文本理论家克里斯蒂娃基于对其基因文本（Geno-text）和现象文本（Pheno-text）的区分，从表意微分的角度进行了更具体的阐述。表意微分（Signifying Defferential）是文本种种能指的无限性的标记，是没有"意味"的能指领域，是提供读者同时阅读多种功能的熔炉。表意微分的标记使基因文本过渡到现象文本，

① 刘成富.法国作家索莱尔斯与"文本写作"[J].法国研究，2001（2）：69-78.
② 安娜·丹尼丝-唐妮.思想的躁动：论索莱尔斯[M].杨国政，译.北京：中国社会科学出版社，2018：67.
③ 菲利普·索莱尔斯.无限颂：谈文学[M].刘成富，等译.郑州：河南大学出版社，2018：75.

文本的线性陈述亦被转向囊括型空间。克里斯蒂娃以索莱尔斯的《数字》为例，具体阐述了其表意微分的表现。一是将文本语言转化为听觉对象："如果语词没有首先成为（听觉的）对象，那么意义就没有昭明。"① 在元音字母中，它们以"行动元"众多活动者的身份浮现在文本里，在能指如云的空间里驰骋。如 A 是平淡的元音字母，是梵语的基础音，在开头的重读音节里标识：voix［VWA］、cela、voix、śélevant［selvã］、brulant［brjulã］；E 则混杂在若干 I 和 JU 之间，统摄着句子，然后任其被 U 所关闭，如 jéntendais、voyelles、suivaient、séchangeaient、paraissaient、texte、travers、souffle 等。字母 v 经常被邻近的 v 或 f 强化，在第一句里就有 voix、śélevant、vision、fond、fluide、voyelle、suivant、travers、souffle 等，而"声音"一词在节段里被多次重复，在 fluide、voyelle、vocal、vol、ondulation、note 等词语里发挥强调作用。二是表意组的运用。表意组（Signifying Lexia）是语言片段成义过程的无限生产程序，是两次停顿之间的产物，呈半结束、半停顿式的起伏状，以贴合的方式与其他表意组联结。它由一个修饰语和一个被修饰语组成，但不标示时态，也不标示主语和任何其他言语类型，而是变成了"名词化"形式。它可以呈现为种种缺失主句、自己变成独立句的从句，通过副词或连词引出，如"'犹如'我们承受了某场爆炸的后果，这场爆炸的场面仅以片段的形式存在于我们的脑海里"；可以是种种名词的罗列，如"运河的褶皱，皱纹，体积，言语"；可以是动词服从于限定表意组的名词，如"在我的大脑所保留的踪迹里"中的"保留"限定"踪迹"，而被限定的名词代表整个表意组，并将它应用到前面的系列中。由此动词除了句子的联结和断定功能之外，还指向无限化功能，即指向作为某种生产程序的成义过程，表示被陈述的东西永久的增长过程。②

（3）论中国汉字的革命性。巴特后期常论及中国传统文化，索莱尔斯则在《写作与革命》中以自己的作品《数字》《戏剧》涉及的中国文化阐述中国汉字的革命性。索莱尔斯认为中国文化的实质是"没有上帝，没有法律"，汉语是革命性的语言，汉字既不是概念，也不是空洞抽象的符号，

---

① 克里斯蒂娃. 符号学：符义分析探索集［M］. 史忠义，等译. 上海：复旦大学出版社，2015：271.

② 克里斯蒂娃. 符号学：符义分析探索集［M］. 史忠义，等译. 上海：复旦大学出版社，2015：295.

它可以摆脱表达机制的限制，体现行动的活力。他将汉字运用于《数字》《戏剧》之中，以表明汉字的革命性：抑制本能的回归，一种从内外触及西方的语言系统，强调一种无声和沉默，这种无声和沉默能够让读者理解更多的东西，以对它进行深刻的反思或超越。① 索莱尔斯在《戏剧》中采取《易经》的结构，这部作品共分六十四章，相当于六十四卦，单数与偶数、第三人称和第一人称分别对应于阳爻和阴爻。其故事情节是片段的、不连贯的，通过这种写作方式串联一个个片段，目的是用包容性强的语言揭示一种快速出现的思想。《数字》大部分片段的结尾处都出现了汉字，以破折号与字母文本隔开，这些汉字在一定程度上与该片段的含义相关，约有一半为前面法文词语的直译。对于不懂汉字的大部分西方读者而言，文本中汉字的出现如同在法语文本中嵌入了一种神性的符号，它以一种十分直接，甚至流于形式化的方式呈现出来，带给读者更多的是视觉上的冲击而非意义上的启示。克里斯蒂娃也从表意微分的角度阐释了《数字》中的汉字，指出汉字"異"表示"不同"的意义，它由上下两部分构成，上半部分意味着"田野"，下半部分意味着"共同"，还蕴涵着"一个人举起双臂自我保护"或"做出某种尊敬的姿势"的意义；但《数字》中的"異"不是追踪如何从"田野""共同""有礼貌之人和自我保护之人"演变为"不同"的漫长历程，而是让西方读者在习惯于西方文字毗邻的和线性的语言过程中，通过汉字这种音、形、义结合的象形字的插入，使文本成为一种空间与另一空间相结合的链接合页，使读者产生阅读的断裂。②

三、索莱尔斯对影片《地中海》的评论

法国导演波莱是一位处于新浪潮边缘的电影导演，其 1957 年拍摄的影片《但愿我们都醉了》受到法国当时兴起的新浪潮导演的重视，其后又拍摄了《地中海》《想象鲁滨逊》《秩序》《意外变故》等影片。其中 1963 年拍摄的影片《地中海》参加法国一个实验电影节时落败，直到 1967 年才在各影院上映，但依旧在法国和世界电影界悄无声息。索莱尔斯不但负责这部影片的画外音解说的写作，还通过发表评论文章《另外一种逻辑》肯定

---

① 刘成富. 法国作家索莱尔斯与"文本写作"[J]. 法国研究，2001（2）：69-78.
② 克里斯蒂娃. 符号学：符义分析探索集 [M]. 史忠义，等译. 上海：复旦大学出版社，2015：283.

其作为电影文本的创新价值。①

（1）与新小说、新浪潮电影和索莱尔斯本人的文学文本类似。波莱在二十世纪五六十年代曾与索莱尔斯、皮埃尔·布唐（Pierre Boutang）、让·蒂博多（Jean Thibaudeau）等新小说作家或新浪潮导演来往，受到置身其中的文学与电影艺术革新的启发。波莱说："电影与小说以各自不同的方式，相互影响着进入同一段历史进程，它们尝试周期性地救治'熟知形式的厌烦情绪'，尤其是在叙述技术上做出变更，它们是敏感性与知识发展的见证者与工具。"② 索莱尔斯认为这部影片与一般影片注重时间和地点的时空统一不同，而与法国"当代文学中的某些尝试完全一致"③，结合波莱的生平经历和这部电影的创作实际，可以发现所谓与"当代文学中的某些尝试完全一致"是指这部电影与法国当时兴起的新小说、新浪潮电影和索莱尔斯本人的文学文本的类似。新小说、新浪潮电影和索莱尔斯的文学文本都在二十世纪五六十年代对法国的文学艺术进行创新，他们打破叙事作品完整明晰的故事情节，在文学艺术领域进行了全面的探索。仅就其重复描写或分析同一件事物的反复手法来说，如新小说作家罗布－格里耶（Robbe Grillet）的小说《橡皮》围绕杜邦教授被害的事件和瓦拉斯到文具店买橡皮一再重复，杜邦教授被说成受伤致死又突然出现，瓦拉斯一直买不到他要买的橡皮，但这些事件在重复中又有变化。新浪潮电影的代表之一雷乃的影片《去年在马里昂巴德》的叙事结构繁复，充满了真假难辨的元素：影片看似呈现了男主角 X 向女主角 A 叙述一年前他们曾经相爱并许诺重逢后一起出走的情节，但 A 无法记起 X 所说的这段往事，她与 X 提及的女主角是否是同一个人并不确定，X 向 A 叙述一年前他们的爱情是否真实也无法肯定。索莱尔斯在文学作品《园》中运用"类比"（Analogie）手法，写到过去的场景、物品、词语或句子时，中断原来的情节和叙述，然后通过联想使叙事朝新的方向分叉，由此时间重叠交叉，回忆和想象的内容在重复中有所变化，又在变化中重复。④ 同样，在《地中海》中，除缺少小说和电

① Sollers P. Une Autre logique［J］. Cahiers du cinéma, 1967（187）：37.

② Jean-Daniel Pollet. Qeustions aux cinéastes［J］. Cahiers du cinéma, 1966（185）：123.

③ Sollers P. Une Autre logique［J］. Cahiers du cinéma, 1967（187）：37.

④ 安娜·丹尼丝－唐妮. 思想的躁动：论索莱尔斯［M］. 杨国政，译. 北京：中国社会科学出版社，2018：4.

影的完整的故事情节外，也十分注重运用与新小说、新浪潮电影和索莱尔斯"类比"类似的反复手法，如一家诊所的走廊、大海的涛声、一位躺在手术台上闭着眼睛的女孩的脸在镜头反复中有变化，埃及的神像、金字塔、果园、古代剧场的废墟、城堡的墙面、冶炼的熔炉、荒原上的石头、古代神庙的石柱等也反复出现，其背景、文字、喷泉也呈现出反复的效果。

（2）通过观众的"看"呈现意义。索莱尔斯还将自己的"类比"文本写作试验运用于《地中海》评论，认为这部影片基于他所说的"类比"手法，可以比作屏幕上呈现的一部著作，其意义呈现方式表现为"辩证连续"："从第一幕开始直到最后一幕结束，更像一部著作在屏幕上慢慢呈现，这似乎是随机积累的东西，这是必不可少的揭示意义的过程，慢慢地从右到左，从左到右，经过，回来，再次开始……这种运动是一种连续类比。"由此他提出，这部影片并非展现地中海沿岸的文化，而是将地中海文化如古埃及文化、古希腊文化转化为文化的载体，让这些元素相互受到影响，再次相互"激活"；但是这种"激活"并不意味着这部电影可以概括为某种中心意义，而是"通过融合和位移，通过多元素的深层积累（通过时间或空间呈现的脸庞，真正的或雕刻的面目）及其参与其中的生命链条的扩充（活、死亡、神话、真实），这些相互矛盾的因素在展示过程中找到自己的存在感，它们聚集，彼此加强，同时保存其矛盾性"。而这种非中心的个人主观意义的"激活"途径是观众的"看"，索莱尔斯认为，观众"通过不连贯的交叉点与离散交叉点连接，最终在屏幕上可以看到一种系统探索的立方体空间"，并自省自己观看这部电影的强烈感受："我越来越能感受到整部影片于我产生的影响，（当下）立即产生的影响，并且可以告诉自己，就像是通往这篇写作的动力和道路，它对我的影响仿佛电击一般。"[1]

现代心理学家和艺术理论家认为，"看"不是一个被动的过程，而是主动发现的过程，是一个追寻"要看"之物的过程。英国艺术理论家贡布里希提出，"看"就是图式的透射，一个艺术家的"绘画是一种活动，所以艺术家的倾向是看他要画的东西，而不是画他所看到的东西"。[2] 同样，观众的眼睛总是积极主动地看他"要看"的东西，而不是看他"所看"的东西。

① Sollers P. Une Autre logique [J]. Cahiers du cinéma, 1967 (187)：37.

② 贡布里希. 艺术与人文科学：贡布里希文选 [M]. 范景中，译. 杭州：浙江摄影出版社，1989：32.

美国阿恩海姆进一步提出视觉思维的观点，认为视觉思维也存在抽象、推理、分析、综合等种种思维过程：任何一个人的眼力，都能以一种朴素的方式展示出艺术家所具有的那种令人羡慕的能力，这就是通过组织的方式创造出能够有效地解释经验的图式能力。因此，眼力也就是悟解能力。① 索莱尔斯在《中介》中评论法国画家普桑的绘画时，也认为普桑区分了两种"看"——一种是"目光"，它看物体是中性的，其唯一的目的是"看见"；另一种称为"眼光"，它是一种认识行为，不仅凝视作品，而且设法理解它——并肯定了普桑后一种称为"眼光"的"看"。② 因此，索莱尔斯设想，观众在"看"《地中海》这部影片中手术台上的女孩的沉睡的多次反复时，这个女孩处于生死的临界点，处于将要消逝的历史与正在涌现的生命的过渡之中，可能因此会在某种程度上唤起他们各自共有的和个人主观的特有意义；而且可以进一步推测，观众也可能选择布满铁丝网的海岸、埃及的神像、金字塔、果园、古代剧场的废墟、城堡的墙面、冶炼的熔炉、荒原上的石头、古代神庙的石柱、周而复始的海浪等，通过自己的"看"对这些景物或场景进行个性化的联想和创造，正如波莱所希望的，他要观众观看这部电影时如同"看""一位女性的身体"一样，"看到""一千个映像、一千个侧面"。③

四、伯奇和波德维尔对《地中海》的否定和怀疑

美国电影理论家伯奇（Noel Birth）提出电影"辩证的结构"（Dialectical Structure）的观点，认为"任何影片都包含若干辩证的结构，哪怕仅仅是由于段落之间必然要有某种程度的对比（哪怕是很不明显的），以及在一个段落之中镜头变换之间有着某种相互的作用（哪怕是很不明显的）"，而《地中海》是一部"无辩证关系"的失败之作。④ 另一位美国电影理论家波德维尔结合伯奇提出的包括《地中海》在内的"有关电影序列理论的有力论述"，以及电影的"参数叙述"（Parametric Narrative）理论，

① 鲁道夫·阿恩海姆. 艺术与视知觉［M］. 滕守尧，朱疆源，译. 成都：四川人民出版社，1998：9.

② 安娜·丹尼丝-唐妮. 思想的躁动：论索莱尔斯［M］. 杨国政，译. 北京：中国社会科学出版社，2018：5.

③ Jean-Daniel Pollet. Tour d'horizon［G］. Edition del'ceil，2004：95.

④ 诺埃尔·伯奇. 电影实践理论［M］. 周传基，译. 北京：中国电影出版社，1992：65.

认为《去年在马里昂巴德》和《地中海》是"参数电影的里程碑"，但综合其叙事影片的"参数叙述"理论和对非叙事影片的联想式影片的分析，可以认为《地中海》并不成功。①

（1）伯奇对《地中海》的否定。伯奇"辩证的结构"指影片总是以一种有强烈反差或至少有微妙对照的方式来进行结构，通过连贯性和不连贯性之间的关系产生意义。他进一步提出影片有机的辩证关系，有机的辩证关系更多地在影片段落之间发挥作用，它与一部影片的叙事骨架密切相连，包括段落之间的持续时间、速度、景调和场景的对比，还包括对话、表演的风格、布景、化妆和服装等其他辩证关系。对于《地中海》来说，这部影片的画面只是时间上的水平连接，只是或长或短，或者以不同频率出现，由于它们仅仅相异而被选中，在电影中部分由空间和时间的表述形式，以及由剪接所创造的造型关系所提供的镜头之间的垂直关系全然不存在，所以观众会感觉到张力的匮乏和单调感。其画外音没有建立自身的时间结构，只是使影片原地踏步，或分解为毫无含义的只鳞半爪，由于未能通过"辩证的结构"推动故事前进，这使观众感到影片毫无意义："只不过是一再令人作呕地重复看见同一个镜头，而镜头持续时间的变化似乎是影片创作者的一种智力练习。"②伯奇还通过对《霍尔拉》、《一个爱情故事》、《一个普通的故事》与《地中海》的对比分析证明，影片的画外音对画面意义具有替代、背离和赘述作用，它们的交汇不应当是偶然的，其关系不一定是不可破译的，甚至可以这样认为，一部作品的含义越是隐晦，作为它的基础的结构张力的原则应当更为明显。可是《地中海》的画外音解说与画面"各行其道"，"似乎是天真无邪地没有意识到身旁对方的存在"，由此它们之间缺少一种"有组织的相互作用"，缺少作为影片"基础的结构张力"，其结果是这部影片的画面只是无辩证关系的不断重复。因此，这部没有产生"辩证的结构"的激进作品是失败的，它既难以达到索莱尔斯所设想的非中心的"个性化"意义呈现，也难以形成波莱所说的关于地中海文化的"一千个侧面"。

（2）波德维尔对《地中海》的怀疑。波德维尔"参数叙述"理论认

---

① 大卫·波德维尔. 电影叙事：剧情片中的叙述活动 [M]. 李显立，等译. 台北：远流出版事业股份有限公司，1999：579.
② 诺埃尔·伯奇. 电影实践理论 [M]. 周传基，译. 北京：中国电影出版社，1992：68.

为，为了使电影的风格事件受到观众的注意并使观众记忆其形态，风格与情节的关系必须符合充足的赘述、先前的图模、对自然倾向的认知和对有限的频道承载量的认知四个标准；为了让风格突显于整部电影之上，影片必须具有内在的连贯性，通过"稀疏"和"饱满"的手法建立一个独特的内在风格常模。参数叙述中的风格和情节主要以三种方式互动：风格全面控制情节，与情节平起平坐和与情节互相转换。① 波德维尔还将非叙事电影分为分类式（Categorical）、论证式（Rhetorical）、抽象式（Abstract）和联想式（Associational）四类②，其中联想式影片是将一连串看似无关的东西并置在一起，传达某些信息及概念。联想式影片的形式结构表现在三个方面：一是运用类似于比喻的技巧或者通过影像的并置和对照制造联想，二是以大格局的形式结构整部电影，三是使用重复性的"母题"加强联想之间的关联性。综合波德维尔叙事影片的"参数叙述"理论和非叙事影片的联想式影片的剖析，可以认为《地中海》并不成功。从其"参数叙述"理论来看，虽然《地中海》建构了某种内在常模，并对这一内在常模进行发展变化，具有"参数叙述"的独特风格，但由于这部影片并非以叙事为主，其风格和情节之间并不构成互动关系，难以形成二者之间的张力，这使其创造的独特风格大打折扣。从波德维尔对非叙事影片的联想式影片的剖析来看，《地中海》倒是相当接近这一影片类型，它通过影像的比喻、并置和对照、母题的重复等技巧来加强观众的联想，观众可能联想到地中海沿岸的古埃及文明、古希腊文明，联想到地中海沿岸曲折多变的历史变迁，联想到自然和文化的对比关系，联想到人的生命的生死关系。但这些联想的含义十分模糊，而且由于观众对地中海文明的了解和观影状态的不同，观众的联想有的天马行空，有的贫乏单调，其含义也各不相同。这种联想的含义模糊和不同使《地中海》失去了电影含义基本的明晰性和共同性，只能成为一部探索性的前卫电影。

法国在文学艺术领域一向富于探索精神，索莱尔斯等受具有革新精神的新小说派的影响，创立了"原样派"，在文学创作和文论方面进行创新，

---

① 大卫·波德维尔. 电影叙事：剧情片中的叙述活动［M］. 李显立，等译. 台北：远流出版事业股份有限公司，1999：572.

② 大卫·波德维尔，克莉丝汀·汤普森. 电影艺术：形式与风格［M］. 彭吉象，等译. 北京：北京大学出版社，2003：119.

对波莱的前卫影片《地中海》进行了个性化的评价。但作为艺术门类之一的电影有其自身的艺术规律，当《地中海》违反其基本艺术规律走向电影艺术的极端后，它自然难以摆脱失败的命运。但波莱通过影片《地中海》大胆进行艺术实践，也显示出其敢于不断拓展艺术的边界，不断创新艺术创作的技巧，不断尝试艺术发展的可能性，这在今天也是十分宝贵的艺术创新精神。

第二节　利奥塔的小叙事观及启示

转向后结构主义的巴特认为符号的能指脱离所指，文本既无开始也无结束，并将符号、话语和文本统一，提出主体的复活。法国后现代理论家让-弗朗索瓦·利奥塔在其主要著作《话语，图像》《力比多经济学》《后现代状态——关于知识的报告》《后现代性与公正游戏》《歧异》等中继承和发展巴特的文本观，将文本、话语和叙事结合，对叙事进行了透彻深入的研究，提出通过小叙事反制大叙事，发展和深化了巴特的文本观。

一、利奥塔的叙事观对巴特的后结构主义的继承和发展

美国学者凯尔纳在《后现代理论——批判性的质疑》中指出，包括巴特在内的后结构主义者发展了用多符号系统群和符号系统分析社会这一符号学计划，这一理论对利奥塔的观点产生了影响。中国学者高宣扬则明确指出："（利奥塔）同当时其他法国思想家一样，从结构主义那里获得了必要的启示。"[①] 利奥塔的叙事研究属于法国后结构主义的一个组成部分，它既继承了巴特的后结构主义，也对其后结构主义进行了拓展与发展。

1. 利奥塔对巴特后结构主义的继承

（1）都赋予语言符号优先地位。转向后结构主义的巴特提出能指脱离所指，由自由移动的符号构成的文本建构阅读的主体。如在《作家索莱尔斯》中，巴特强调作为阅读主体的读者是复数的，因为"对于一篇文本来说，有着众多的读者：不仅有不同的个人，而且在每一个躯体中根据是一个星期的哪一天和在阅读哪一页还有不同的智力节奏。"[②] 利奥塔在《歧异》中同样强调人不是语言的主人，语言和事件在结构上先行，人只是进

---

① 高宣扬. 当代法国思想五十年：下 [M]. 北京：中国人民大学出版社，2005：383.

② 罗兰·巴特. 罗兰·巴特自述 [M]. 怀宇，译. 天津：百花文艺出版社，2002：205.

人由语言开始的游戏；一个语句正在发生，它首先需要的不是人，连接的逻辑并不来源于人的意图和所欲，而来源于有关的话语种类的自有倾向。①在《后现代性与公正游戏》中，他又强调"语言是一个理念的对象，它不像是当'说话者'在交流表达自己的意见时就伸手掏摸的一盒子工具"，而是就是实在，就是思想本身。②

（2）都注重符号的动态生成过程。转向后结构主义的巴特认为符号的能指在所指的表面自由移动，能指的指涉过程只是一场"能指的增值"。③利奥塔同样注重符号的动态生产和意义的不稳定性，在《利比多经济学》中提出要对后结构主义的符号进行发展："我们必须掌握的是：符号不仅意味着术语、阶段、处于关系之中并在一连串的征服中明晰化，符号还可以是不可区分的、单一的和逃亡中徒劳的紧张感。"④ 利奥塔将符号和心力的结合称为"张量"，以表示一种张力，意味着彼此不能相容的紧张感的共存。符号一方面通过差异和对立产生意义，同时通过心力制造紧张感。专有名词是"张量"符号的最好例证，它直指一个外在的存在，是直证式的，但它涉及存在的属性问题，因为有血有肉的存在可能与符号的体系相对抗。如弗洛伊德曾经分析过的施莱伯的医生弗赖西斯，弗赖西斯是一个名叫"弗赖西斯"的人的名字，但在施莱伯被谵妄控制后，就会把大量不相容的属性如警察、上帝、受施莱伯女性魅力诱惑的情人等置于他身上。⑤

（3）都从符号和话语的角度进行分析。转向后结构主义的巴特将符号、话语和文本统一，话语既包含单位语段又包含以文学文本为主的篇章，在《法兰西学院文学符号学讲座就职讲演》中他对话语和语言不做区分，相互混合："按照今日演讲中选择的相关性（Pertinence）标准，语言结构和话语未加区分，因为它们都沿着同一权势轴在滑动。"⑥ 利奥塔的话语理论则对其进行扩展，把所有的社会现象都看作依照一定的符码和规则建立起来的符号性建构物，认为可以运用意指模式和意指实践进行语言学分析。在《后现代状态——关于知识的报告》中，利奥塔大致按时代顺序分析各个时

---

① 沃尔夫冈·韦尔施. 我们的后现代的现代 [M]. 洪天富，译. 北京：商务印书馆，2004：376.

② 利奥塔. 后现代性与公正游戏 [M]. 谈瀛洲，译. 上海：上海人民出版社，1997：63.

③ 孟悦，李航，李以建. 本文的策略 [M]. 广州：花城出版社，1988：93.

④ Lyotard J-F. Libidinal Economy [M]. London：The Athlone Press. 1993：50.

⑤ 秦喜清. 让-弗·利奥塔：独树一帜的后现代理论家 [M]. 北京：文化艺术出版社，2002：81.

⑥ 罗兰·巴特. 写作的零度 [M]. 李幼蒸，译. 北京：中国人民大学出版社，2008：192.

代占据主导地位的叙事：前现代社会叙事占据知识的主导地位，现代社会"科学知识的大叙事""思辨理性的大叙事""人性解放的大叙事"等占据时代主导地位，后现代社会"技术大叙事"占据主导地位。① 可见没有放之一切时代皆准的叙事，叙事的主导地位只是在某一时代某种制度中被人为建构起来的。

2. 利奥塔对巴特后结构主义的发展

巴特的后结构主义符号学只是符号的能指自身的漂移，利奥塔则将语言符号和具体的运用结合，从语用学的角度发展了巴特的后结构主义的语言符号观。

（1）从语言游戏角度的发展。利奥塔在《后现代状态——关于知识的报告》中把社会关系看作语言游戏，尽管并非"'一切'社会关系都属于这一范畴，这是悬而未决的问题。但一方面，语言游戏是社会为了存在而需要的最低限度的关系"。② 利奥塔发展维特根斯坦的语言游戏观，强调语言在实际运用中的异质性、多元性或多样性，其中每一种使用方式和其他方式都不相同，各种使用方式遵守着不同的规则，正是这些规则确定了语言中各种类型的表达，说明了这些表达的性质和用途。如"这所大学是不健全的""大学开学了""给大学一些资助吧"就分别代表指示性陈述、执行性陈述和规定性陈述这三种表达类型，而它们所陈述的发话者、受话者和指谓的语用关系各不相同，因此，它们代表着三种不同的语言游戏。利奥塔认为所有语言游戏都遵从如下三个结论：语言游戏的规则本身并没有合法化，它仅是游戏参与者之间明确或不明确的规则，规则的"一致"或者"共识"是"临时的（Temporary）"和"局部的（Local）"，有多少游戏就有多少游戏规则，不存在一个普遍有效的适用于所有游戏的"元规则"；没有规则就没有游戏，即使稍微改变一条规则也将改变游戏的性质；语言中的任何陈述都应被看作游戏中使用的"招数"。

（2）借助语句规则系统和话语种类的语言分析的发展。利奥塔在《歧异》中借助语句规则系统和话语种类的语言分析，以阐述后现代的多元性，

---

① 让-弗朗索瓦·利奥塔尔. 后现代状态：关于知识的报告［M］. 车槿山，译. 南京：南京大学出版社，2011：156.

② 让-弗朗索瓦·利奥塔尔. 后现代状态：关于知识的报告［M］. 车槿山，译. 南京：南京大学出版社，2011：62.

以及生活方式、行为方式和思维方式的异质性问题。语句规则系统指陈述理由、认识、描述、讲述、提问、说明等，它为有关的语句和语言行为预先确定某些规则，话语种类是连接不同的语句规则系统的语句，包括对话、授课、审判、招徕等；话语种类要将不同的语句互相联结起来，或从一种语句规则系统过渡到另一种。利奥塔发现，人们不仅可以在同一个话语种类内部用不同的语句规则把交谈继续下去，也可以用不同的话语种类把交谈继续下去，但是由于选择什么样的语句规则系统和话语种类并没有任何标准，且不同的话语形式是异质的，每一种话语种类都有自己的特性，所以某一种话语种类的规则完全不适用于其他的话语种类，因此，按照某一种话语种类的规则进行裁决，对于其他参与冲突的话语种类来说，就意味着一种不公正。而事实上，没有一个语句是最初的，每一个语句已经出现在不同的话语种类的紧张状态的范围以内，而每一种话语种类力图通过使用即将来临的语句使自己现实化，如果某一种话语种类能够把正在出现的语句作为自己的继续逻辑的环节据为己有，那就意味着那些未得到实现的话语种类将遭到拒绝和排挤。①

二、利奥塔的大叙事作为小叙事反制的基础

巴特的叙事仅限于小说、神话、寓言、童话、史诗、电影、连环画、社会新闻等叙事作品，利奥塔则将其扩充为还可包括文明人称为历史和社会理论之类的东西。转向后结构主义的巴特只将符号、话语和文本结合，利奥塔则在《多神教的启示》中指出一切话语都是叙事性的②，在《后现代状态——关于知识的报告》中又以维特根斯坦的语言游戏观为基础，将语言符号和叙事统一，提出在传统知识的表达中叙事占主导地位，是知识最完美的形式，历史由叙事的云层构成，叙事被报道、发明、听说和表演，因而利奥塔将其研究重心放在对叙事的分析上。他总结了叙事的五大特点：叙事能够实施多种语言游戏的规则和标准；叙事的内容常被重复，过去、现在，或根本就没有发生过的常常同时被罗列在一起；与叙事相关的语言行为由发话者、受话者和被谈论的第三者共同实现；叙事具有正面的或反

---

① 沃尔夫冈·韦尔施. 我们的后现代的现代 [M]. 洪天富，译. 北京：商务印书馆，2004：348.
② 凯尔纳，贝斯特. 后现代理论：批判性的质疑 [M]. 张志斌，译. 北京：中央编译出版社，2011：180.

面的社会教育的作用；叙事建立和维系社会体制的合法性。在《后现代状态——关于知识的报告》中，利奥塔对大叙事的背景和类型的剖析为小叙事的反制奠定了基础。

1. 大叙事的背景

巴特在《神话——大众文化诠释》中曾将其符号观运用于社会活动的符号分析之中，利奥塔的叙事观则是对包括巴特在内的后结构主义的发展，它发展了用多符号系统群和符号系统分析社会这一符号学计划。利奥塔的话语理论吸纳了结构主义的符号学理论，认为心理、社会及日常生活乃是由语言、符号、形象、符码及意指系统组织起来的。① 在《后现代状态——关于知识的报告》中，利奥塔大致按社会发展的过程阐述叙事的发展过程：前现代社会叙事占据知识的主导地位，进行正面或反面建构，接纳多种多样的语言游戏，具有转述性；西方自文艺复兴和启蒙运动以来，"科学知识的大叙事""思辨理性的大叙事""人性解放的大叙事"等占据时代主导地位，代替前现代社会的叙事，成为大叙事的代表；随着十八世纪工业革命的到来，人们越来越强烈地感受到举证的需求，而举证所需的技术装置需要一笔投资，于是技术和财富结合的"技术大叙事"代替了"科学知识的大叙事"。

2. 大叙事的类型

利奥塔将西方文艺复兴和启蒙运动以来的大叙事概括为"科学知识的大叙事""思辨理性的大叙事""人性解放的大叙事""技术大叙事"四种类型。

（1）"科学知识"的大叙事。现代人认为科学知识是可靠的、可验证的，是人类伟大复兴的力量。但利奥塔发现，科学理论的所谓自明公理并不真正存在，科学理论建立在假说之上，任何科学理论都包含在自己的系统中得不到验证的"定理"。为了说明这些定理，就要求助于该理论之外的叙事，如"它们来自公理系统""它们是专家达成的共识""它们可以被由之推导出来的事实所证明"等。因此，科学知识如果不求助于叙事知识，就不能知道和使之被知道"真"的知识，科学知识的真理性是值得怀疑的。

（2）"思辨理性"的大叙事。现代社会崇尚思辨理性，现代哲学家借助

---

① 凯尔纳，贝斯特. 后现代理论：批判性的质疑 [M]. 张志斌，译. 北京：中央编译出版社，2011：29.

思辨理性把知识统一起来，建立一种包罗万象的普遍知识体系。黑格尔的哲学是这类叙事的典型代表，其哲学把自然、社会、个人、家庭、宗教、国家都汇集起来，使之成为绝对精神的自我阐释的中间环节或必要阶段，它们自身没有真理性，其真理性要依其在用思辨话语讲述的哲学全书中占据的位置确定。但利奥塔发现，思辨理性具有暧昧性，需要通过假设的精神的生命作为预设前提，而这种假设是值得怀疑的。而且随着科学的发展，学科的生灭和重叠出现，研究的边界不断变动，知识的思辨等级被一种内在的，几乎可以说是"平面"的研究网络代替，更使"思辨理性的大叙事"的权威受到削弱。

（3）"人性解放"的大叙事。现代的主流思想家把现代社会标榜为人性解放的时代：英雄的名字是人民，合法性的标志是共识，规范化的方式是协商。现代社会设想通过建立"由人民作主和为人民"的议会民主制度，把人民从封建的特权中解放出来。但利奥塔认为，科学知识属于指示性陈述，因而与真理相关；而人性解放属于规定性陈述，只与公正相关。这两类不同的语言游戏之间不具有推论关系，其差异是相关的差异，现在把科学的合法性和真理建立在投身于伦理、社会和政治实践的人性解放者身上，这种合法化是不能得到证明的。

（4）"技术"的大叙事。技术装置改善了人类器官和生理功能上的不足，有利于科学知识的真理性的证明。但技术装置遵循最小的输入换取最大的输出的基本原则，它追求的不是真理、正义和美，而是效率。如果科学需要证明，证明则必须求助于技术，而现代技术又很费钱，这就使科学的语言游戏现在变成了财富的语言游戏，拥有最多财富的国家和公司拥有最大的正确机会。它们不仅被当作对科学知识的证明，还构成政治、法律和道德的基础，但显然这种只是具备"可执行性"的实力并不代表科学的真理性。①

3. 大叙事的主体

巴特在《显义与晦义》中将阅读主体的阅读分为文化性、专家性、记忆性、享受性和创造性主体，这显示阅读主体的身份不仅是可变的，而且

---

① 让-弗朗索瓦·利奥塔尔. 后现代状态：关于知识的报告 [M]. 车槿山，译. 南京：南京大学出版社，2011：79.

是自由的。① 利奥塔则将语言符号和社会学结合，对社会主体进行了更具体的阐述。

（1）主体是社会性主体。利奥塔认为，在语言游戏中，虽然不同的游戏确定不同的社会关系，但主体始终被镌刻在社会关系的节点之上。如一个尚未出生的婴儿，仅仅因为人们给他取了一个名字，他就成为语言游戏的一部分，就被纳入人们的叙述历史之中；婴儿出生和长大以后，也"必须通过与这种历史的关系来移位"，即成为其他语言游戏的说者、听者或所指。利奥塔说："社会关系的问题，作为一个问题，它是一种语言游戏，询问（Inquiry）的语言游戏。游戏立即确定了提出问题的人、接受问题的人和问题的所指：这已经是社会关系了。"尽管社会在向离散状态过渡，个人变得微不足道，但自我并不孤立，"它处在比过去任何时候都更复杂、更多变的关系网中。不论青年人还是老年人、男人还是女人、富人还是穷人，都始终处在交流线路的一些'节点'上"。②

（2）主体之间的斗争。利奥塔认为："说话就是斗争（意思是参加游戏），语言行为属于一种普遍的竞技。"③ 他从语言和社会结合的角度阐述了主体之间的斗争。在语言游戏中，任何人都有陈述的权利，这些陈述确定一个人的位置：或者是发话者，或者是受话者，或者是指谓。同时，在语言游戏中，一个人使出"招数"，即新的表达方式，会使语言游戏发生某种创新，而对手受到打击之后必然产生移位，发生变动，这又促使他采用新的"招数"给予反击，正是在这种"打击"与"反击"的"战斗"中，语言游戏得到增加和发展。

三、对利奥塔摄影和电影的小叙事反制大叙事的设想的拓展

巴特在《明室——摄影纵横谈》《第三层意义——关于爱森斯坦几幅电影剧照的研究笔录》中初步分析了观者的个性化体验：在《明室——摄影纵横谈》中区分了观看摄影时的"研点"和"刺点"，认为"刺点"是一

---

① 罗兰·巴特. 显义与晦义 [M]. 怀宇，译. 天津：百花文艺出版社，2005：202.

② 让-弗朗索瓦·利奥塔尔. 后现代状态：关于知识的报告 [M]. 车槿山，译. 南京：南京大学出版社，2011：61.

③ 让-弗朗索瓦·利奥塔尔. 后现代状态：关于知识的报告 [M]. 车槿山，译. 南京：南京大学出版社，2011：38.

些使照片有生气的细节，蕴含画面之外的某种东西①；在《第三层意义——关于爱森斯坦几幅电影剧照的研究笔录》中，认为观看电影时的第三意义晦义层是观者所感受到的某种微不足道的东西，如游戏、诙谐、双关语之类，它突破了电影的普遍意义②。利奥塔早在《多神教的启示》中就提出，对"多神教"来说，不存在特权叙事，不存在关于真理或宏大历史叙事的元理论；在《公正游戏》中，又对启蒙普遍性和信仰绝对标准进行了攻击。③ 在《后现代状态——关于知识的报告》中，利奥塔进行了全面总结，认为在后现代社会，不可确定的现象、精确控制的限度、不完全信息的冲突、量子、"碎片"、灾变、语用学悖论等，将自身的发展变为一种关于不连续性、不可精确性、灾变和悖论的理论。而小叙事虽然在通常情况下受到大叙事的排斥和贬低，但人们可以借助小叙事来反制大叙事。利奥塔以技术叙事背景下的摄影和电影为例，发现摄影和电影技术的发展使得大规模复制和摹本变得轻而易举："工业和后工业科技的大量涌入——摄影术只是一个方面——明显地意味着精细的程序化，用光学、化学和电子照相的方法来制造美丽的形象。"④ 利奥塔还在《后现代状态——关于知识的报告》中将其个人感受发展为普遍模式，提出了反制后现代社会的技术大叙事的差异模式："它生产的不是已知，而是未知。它暗示了一种合法化模式，这完全不是最佳性能的模式，而是被理解为误构的差异的模式。"⑤ 利奥塔虽然未对这种"差异的模式"在大众文化中的表现进行具体分析，却为摄影和电影通过个性化的小叙事来反制技术大叙事提供了启示。

1. 摄影的小叙事

摄影的大叙事一般表现为对外界事物或人物的复制，摄影的小叙事则打破了复制的桎梏。如在美国摄影家尤斯曼（Jerry Uelsmann）1967 年的摄影作品《与自我邂逅的小树林》中，女主人公的喜悦与悲伤达到完美的平衡，也会让人一步步地跟随画面展开想象：看似平分又带有不对称的摄影

---

① 罗兰·巴特. 明室：摄影纵横谈 [M]. 赵克非，译. 北京：文化艺术出版社，2003：73.

② 罗兰·巴特. 显义与晦义 [M]. 怀宇，译. 天津：百花文艺出版社，2005：45.

③ 凯尔纳，贝斯特. 后现代理论：批判性的质疑 [M]. 张志斌，译. 北京：中央编译出版社，2011：181.

④ 让-弗朗索瓦·利奥塔. 非人：时间漫谈 [M]. 罗国祥，译. 北京：商务印书馆，2000：135.

⑤ 让-弗朗索瓦·利奥塔尔. 后现代状态：关于知识的报告 [M]. 车槿山，译. 南京：南京大学出版社，2011：204.

画面本身带有韵律，树如同人的存在一样具有生命周期，都是从中心的根部生长发育。一潭黑水表面宁静而又深不可测，但也可能是净化的象征。摄影照片构图的二分之一以上的部分显示一位年轻女子站在水岸边：左侧的她，手握小树干，表情略显沮丧；中心处的她又焕发出生命的活力，转过脸来以积极向上的姿态面对观众；右侧的她肩膀微耸，脸上带着不确定的表情。这位年轻女子不再是摄影中的单一自己，而是邂逅了不同的自己，如同真实世界中的观众遭遇不同的环境时所展示的不同自己。

再如英国摄影家大卫·霍克尼（David Hockney）。传统照片多为实际需要才进行拼贴，追求完美无痕的图片效果，霍克尼却一反常态地刻意强调、保留这些痕迹，面对同一对象的不同局部、视角、动态、时间、光线等拍摄若干照片，再有意通过重叠、错位、偏移视角拼合成整体。其摄影作品《巴黎的弗斯腾贝格》是一幅巴黎街景拼贴照片，它将不同的时间段、多重的视角、空间的挪移拼贴在一起，打破了人们将自己眼睛视为正确视角的习惯，颠覆了传统的时空观，使作品具有很大的包容性与兼容力，也使作品有了不同角度的解读。

2. 电影的小叙事

电影的大叙事一般表现为叙述一个完整的遵循因果联系的有头有尾的故事，可是个性化的电影小叙事却打破了这一模式。如波兰导演基耶斯洛夫斯基（Krzysztof Kieslowski）导演的《盲打误撞》（Blind Chance）中，就读于医学院的维托克在得知父亲病重的消息后，急忙赶去火车站，然而当他到达车站时，却发现火车已经开动了，万分焦急的维托克开始疯狂地追逐火车。电影接下来向观众展示了三种结果：第一种结果是维托克最终追上了火车，并在火车上结识了一名共产党员，受到这名共产党员的影响，维托克变成一名革命分子。第二个结果是维托克没有追上火车，原因是他殴打了车站里阻拦他登上火车的警卫，他被警察局关押，并在被关押期间认识了一名持不同政见的人士，他受此影响成了一个不与政府合作的人。第三种结果是维托克没有追上火车，也没有殴打铁路警卫，而是遇见了热恋他的女同学，于是他决定回到医学院和她完婚，并过着普通人的生活，不参与任何政治事件，后来在乘飞机到国外参加学术会议途中，因飞机失事爆炸而遇难。

再如马其顿导演曼彻夫斯基（Milcho Manchevski）1994 年导演的《暴雨将至》由三个独立的片段组成，这三个片段环环相扣，形成了一种非线性叙事的环形结构。第一个片段中，修道院年长的马克神父在菜园找到塞尔维亚族的年轻神父柯瑞，说了一段谚语似的话："时间不逝，圆圈不圆（Time never dies，the circle is not round）。"柯瑞回屋发现一个年轻的阿尔巴尼亚族女孩——萨米娜，她乞求柯瑞让她留下来。第二天，塞尔维亚族的米特尔带着几个村民来修道院寻找杀害他弟弟的凶手萨米娜，最终马克神父将萨米娜和柯瑞赶出修道院，柯瑞打算带着萨米娜去伦敦找他当摄影师的叔叔亚历山大，不料此时萨米娜的爷爷带着族人找到他俩，狠狠打了萨米娜，萨米娜想追上柯瑞离开的身影，却被她的哥哥开枪打死。第二个片段中，生活在伦敦的女记者安和她的丈夫尼克陷入了情感危机，曾获得普利策奖的马其顿摄影师亚历山大是安的情人，他提出让安随他搬回马其顿，却被安拒绝了。亚历山大在路边等车的时候，看到了墙上出现的涂鸦"时间不逝，圆圈不圆"。回到办公室的安在翻看照片，照片里所展示的正是萨米娜死时的场景。夜晚安在餐厅里与尼克会面，安告诉尼克她怀孕了，兴奋的尼克想要开酒庆祝，可是一名外国人带着手枪，朝餐厅里进行疯狂的射击，受到惊吓的安在地上发现中弹的尼克时，他的脸已经血肉模糊。第三个片段中，亚历山大回到村子里，在聚会时问起他过去的阿尔巴尼亚族情人汉娜的近况，村民波真被汉娜的女儿萨米娜杀害，汉娜夜里在亚历山大家里请求他帮助萨米娜。亚历山大第二天在村子里的一间农舍里找到被关押的萨米娜，不顾表弟的阻拦放走了她，自己被表弟开枪打死。在萨米娜朝修道院的方向跑去时，马克神父和柯瑞望着远处密布的乌云，说"时间不逝，圆圈不圆"。电影这三个章节首尾相接。隐喻发生巴尔干地区的无休止的战乱，让人窒息的噩梦在不断上演。

四、对利奥塔的内在于又反制霸权话语的拓展

转向后结构主义的巴特提出通过个人写作使原文本的能指和所指分离，如他的《恋人絮语——一个解构主义的文本》选择歌德的《少年维特的烦恼》中的场景或情境，让能指任意自然地衍生出一个个爱情场景，这是通过个人话语的写作来反制原文本，但巴特并未进行理论阐释。① 利奥塔在1978年的《论弱者的力量》中指出，设想处身于霸权话语的规则之外是不

---

① 罗兰·巴特. 恋人絮语：一个解构主义的文本［M］. 汪耀进，武佩荣，译. 上海：上海人民出版社，2004：65.

可能的，必须通过运用与霸权话语相对立的其他话语来动摇它们，或者指出其困境，以此来搅乱、困扰并瓦解这些霸权话语。① 这种霸权话语正是另一种形式的大叙事，而内在于霸权话语又与其对立的其他话语正是利奥塔倡导的小叙事的另一种表现。但利奥塔并未在大众文化领域对霸权话语的反制的小叙事做具体论述，我们拟以后现代主义小说和网络小说进行剖析。

1. 后现代主义小说的小叙事

小说的大叙事一般表现为对现实生活的模拟，而后现代主义小说为了表现与传统伦理道德观念的决裂，往往与传统小说的表现手法决裂，并表现出明显的向大众小说靠拢的倾向。如美国作家多克托罗（Doctorow）的《鱼鹰湖》在体裁、欧洲传统、美国经典作品、大众文化和历史文本等方面进行了戏仿。如在体裁层面上，乔尔在路上的历险过程和对这些经历的叙述，是对欧洲流浪汉小说的戏仿；美国通讯兵彭菲尔德 1918 年冒着敌人的炮火发电报，发的却是华兹华斯的《童年记忆之永恒启示录》的开头几行；彭菲尔德在矿区长大，母亲认为他将大有作为，但他却是笨手笨脚的老粗，也不清楚自己是否真是位艺术家，这是对英国小说家劳伦斯的《儿子与情人》中莫雷尔的戏仿；婴儿时的彭菲尔德的身体和语言的关系，令人想起爱尔兰作家乔伊斯的《年轻艺术家的画像》中的斯蒂芬，但他引发不了对别人名字的联想；小说的标题"鱼鹰"让人想起济慈的夜莺，但也让人想起"蠢得像只鱼鹰"的老话；小说还大量引用了美国二十世纪三十年代大师们的大众文化，如卡普拉的戏剧、匪帮电影、罢工小说、凯恩的情节剧等。这些对欧洲传统的戏仿和与美国生活的契合，表现了作者对人生功利和道德的选择的思考。

再如美国作家巴塞尔姆（Donald Barthelme）的《白雪公主》是对格林童话的同名之作的戏仿，其白雪公主在外貌上具有格林兄弟描绘的一些基本特征，如头发乌黑如乌木、皮肤白皙如雪等，但她却长了许多美人痣，她每天开车购物、洗衣做饭与收拾屋子，并且身为七个小矮人公共的妻子。为了逃离这种单调又有损名誉的生活，她常将乌黑的长发垂下窗台，期望吸引一位王子来拯救她。可期盼着的王子保罗虽然被其美貌吸引，却不敢靠近，于是发明了一套监视警报系统远距离地观察白雪公主。后来，当女

---

① 凯尔纳，贝斯特．后现代理论：批判性的质疑 [M]．张志斌，译．北京：中央编译出版社，2011：182．

巫简同样因嫉妒打算用毒酒害死白雪公主时，保罗替白雪公主喝下药酒身亡。白雪公主每天在保罗墓前撒花祭奠，最终憔悴而死。巴塞尔姆笔下的白雪公主不再美丽纯洁，而是性感妖冶，具有一切足以引诱众多男人的女性特征；对七个小矮人的救命之恩丝毫没有感激之意，而是处处表现出不满。七个小矮人的形象也不是始终心地善良、充满同情心，他们喜欢白雪公主一方面存在同情的因素，另一方面则是因为白雪公主的美貌，而且他们的喜欢也只是一时兴起，不是一件持久的事。

2. 网络小说的小叙事

小说的大叙事一般表现为线性叙事，而计算机网络技术为网络小说打破传统的线性叙事。网络小说是二十世纪八十年代以来借助计算机网络技术而创作的与传统线性叙事有别的小说，代表作有美国作家米歇尔·乔伊斯（Michael Joyce）的《下午，一个故事》（Afternoon，A Story）、斯图亚特·莫斯洛普（Stuart Moulthrop）的《胜利花园》（Victory Garden）和《漫游网际》（Hegiroscape）、卡洛琳·盖亚（Carolyn Guyer）的《找茬子》（Quibbling）、马修·米勒（Mattlew Miller）的《旅程》（Trip）、雪莱·杰克逊（Shirley Jackson）的《拼缀姑娘》（Patchwork Girl）等。如世界上首部电子超文本小说《下午，一个故事》通过四个工具栏和一个键入区为读者提供了不同的选择：四个工具栏中一个是表示返回上级界面的左指向箭头，一个是向下供阅读的链接列表，一个是用以回答文本提出问题的 Yes/No，一个是允许用户将当前屏幕上的内容打印出来的打印按钮；键入区则方便用户回答文本的提问及键入文本中可能的链接性词汇。它们都有默认和选择两种链接，其中选择链接是读者通过激活链接、前进或返回，在文本之间移动，鲜明体现了文本的开放性和无边界性。《下午，一个故事》设计了多个窗口，读者可以选择不同的链接路线，进行不同路径的阅读。这部小说是一次丰富的、关于知识和记忆纠缠的探索，这些互相联络的片段阐明了后现代人有趣的生活。小说的第一句话是："我想说，我可能已经见到我儿子在今天早上死去（I want to say have seen my son die this morning）。"这个句子中的不同词语如"儿子""今天早上""死"等被设为跳转链接，读者点击它们便会被带向不同的阅读路径，就会被带入完全不同的故事中去。这部小说有 539 个文本块，它们之间建立了 951 个链接。读者在阅读时可以随意选择，点击不同链接，就可以形成不同的文本，读者可以将这些链接组装成的文本创造出不同的意义，随着各个不同的意义，文本的功能也各不相同，伴随着功能的标志也各不相同。

《胜利花园》虽然大致有两条平行线索，一条是汇集了大量新闻报道的海湾战争的残酷现实，一条是虚构的塔拉大学发生的种种怪异的事件，但其情节遵循多路径开放式的情节发展方式，读者很难辨认出其中的主人公，或者一个条理分明的故事世界。除了工具栏和键入区，《胜利花园》还有"地志地图"，它为读者提供超文本多样化的入口，大约有1000个断片和2000个超链接。读者在阅读过程中的选择更多，文本的变化也更加多样，随着不同的文本所承载的多种功能，标志亦随之发生相应的变化。如小说的开篇"Starting Point"就有5个超链接，即5个可能的开端，读者可以选择任何一个开端随机链接断片。每一个断片内部还有数个词或短语作为链接，数量从1至10不等，引领读者走向下一个路径。《胜利花园》的众多断片和超链接组成超文本特有的多重叙事结构（Poly-form Narrative Structure），导向一种永无止境的阅读。如读者点击鼠标开始自由阅读时，可能出现不同的文本状态：有的读者读到的是阿拉伯地区战争不断升级，导致美国对伊拉克发动1990年至1991年的海湾战争，艾米丽·兰伯德应征入伍，成为后备军；有的读者读到兰伯德在前线写给家里的恋人、以前的情人、老师和朋友的信，还有电视对导弹轰炸巴格达的报道，这是个战争故事；再次选择链接，可能就会链接到美国后方，读者读到的就不再是战争故事，而是放荡狂野的性爱场景；还有围绕塔拉大学的学院生活展开的故事，教授和学生抗议沙漠风暴行动，读者读到的是一部反战小说；再继续点击，读者可能读到的是传统的学院小说，西娅教授与其他教授就大学的文学经典课程的修订发生争执，海湾战争由此转化成激烈的文化之争。传统叙事的时间连线被中断了，前面所概述的不同故事链并不能在同一个路径中找到，而是需要读者通过不同的结合方式把它们拼凑起来。在《胜利花园》中，作者在情节发展的每一个转折点都为读者提供多种"航线"，读者选择的航线不同，事件发展的过程和结局不同，伴随其主要事件的标志也不相同。

第三节　对热奈特跨文本性理论的拓展

媒介既可指通讯、信息、娱乐的渠道或系统，也可指艺术表达的物质或技术手段。美国媒介学家罗杰·菲德勒（Roger Filder）概括西方媒介的三次形态大变化，这三次形态大变化分别与口头语言、书面语言和数字语言联系，它大致对应于口语媒介、印刷媒介、电子媒介及计算机网络媒介。① 二十世纪六七十年代，转向后结构主义的巴特和克里斯蒂娃倡导的文本观，从静态的、封闭的作品转向动态的、开放的文本。在这种学术氛围的影响下，法国文论家热奈特在基于印刷媒介的文本研究中提出了"跨文本性"（Transtextuality）理论，对文本进行了独具个性的全面阐释，但囿于单一印刷媒介的语言文本而存在明显不足，其后西方学者从传统印刷媒介、电子媒介和融合媒介的跨文本性等方面对其理论进行发展。

一、热奈特跨文本性理论的学术背景

　　二十世纪七十年代以后热奈特从叙事学转向文学体裁研究，又从文学体裁转向文本理论研究，先后发表了一系列论文和著作，主要有 1979 年的《广义文本之导论》、1982 年的《隐迹稿本》、1987 年的《副文本——阐释的门槛》、1988 年的《普鲁斯特副文本》等，在这些论文和著作中，热奈特提出了跨文本性理论。热奈特的跨文本性理论受到内外因素的影响：外部因素是二十世纪六七十年代法国结构主义向后结构主义的转向，特别是巴特和克里斯蒂娃的文本观的影响；内部因素是热奈特在梳理西方文学体裁的发展过程中，发现当时的体裁研究非常丰富而混乱，必须过渡到文本研究，才能解决体裁研究所面临的学术困境。

　　1. 巴特和克里斯蒂娃文本观的影响

　　二十世纪六七十年代之后巴特和克里斯蒂娃相继提出了各自的文本理论，这些理论对热奈特的跨文本性理论产生了影响。转向后结构主义的巴特认为符号的能指在所指的表面漂移，能指的指涉过程成为"闪烁的能指的星群"；由此从前期的作品观转向后期的文本观。热奈特还借鉴了克里斯蒂娃的互文性观点："第一种是几年前克里斯蒂娃以互文性名义所挖掘的类型。"作为后结构主义符号学家的克里斯蒂娃的解析符号学（Sem-analysis）强调语言的异质性，关注意指系统的能指衍生及文本的多层表意实践，在此基础上率先提出了互文性的观点：文本通过对语言持续不断的破坏和重建，重新分配语言内部的类型关系，可以看作一种生产力；它通过语言与以前或同时的各种文本产生关系，成为众多文本的排列与转换；每一文本都是其他文本的亚文本或互文本，所有的文学作品都是从社会、文化等因

---

① 罗杰·菲德勒. 媒介形态变化：认识新媒介 [M]. 明安香，译. 北京：华夏出版社，2000：46.

素构成的大文本中派生的，它们之间相互参照。正如巴特对此所做的阐释："所有文（本）都处于文际关系里；其中在不同的层面、以或多或少可辨识的形式呈现出另外的文（本）；先前的文化之文（本）和周围的文化之文（本）；一切文（本）都是过去的引文的新织品。"①

2. 热奈特从文学体裁到文本研究的学术发展历程

热奈特通过梳理西方文学体裁三分法的发展历程发现，柏拉图提出广义的叙事有纯叙述形式、摹仿形式和混合形式三种形式，亚里士多德在《诗学》中删除了纯叙述形式，只分析了摹仿形式的悲剧、喜剧，混合形式的史诗和滑稽史诗这四种文学体裁，并重点选择悲剧和史诗两种"高级"体裁进行研究。但从古代社会末期直到中世纪，西方一些文论家都竭力把抒情诗纳入柏拉图和亚里士多德的文学体裁类型，由此文学体裁变成了悲剧、史诗和抒情诗三种类型。如英国诗人弥尔顿在亚里士多德、贺拉斯，以及其他作家的评论中发现了"真正的英雄诗、剧诗或抒情诗"的规律；文论家德莱登区分了剧体诗、史诗和抒情诗三种方式；格拉维纳用两个章节的篇幅讨论史诗、剧体诗和抒情诗；现代作家拉莫特自诩为"英雄诗人、戏剧诗人和抒情诗人"；德国美学家鲍姆加通提到抒情诗、史诗、剧体诗，以及它们的子体裁划分。在将文学体裁三分为抒情诗、史诗和戏剧之后，文论家在此基础上进行了更细致的三分，将抒情诗分为颂歌、赞歌和短诗，将史诗分为英雄史诗、小说和短篇小说，将戏剧分为悲剧、喜剧和市民剧等。哈特曼简单地把这一三分法引入三种类型的每一种之中：抒情诗分为纯抒情诗、史诗式抒情诗和戏剧式抒情诗，史诗分为纯史诗、抒情式史诗和戏剧式史诗，戏剧分为纯戏剧、史诗式抒情和戏剧式抒情。德国美学家彼得森则用三角形来表达这三种文学体裁的关系。史诗是对行为的单一叙述，戏剧是以对话形式表现行为，抒情诗则是对情境的单一表现，它们形成一个三角形，每种体裁由于拥有自己的特征而占据其中一个角，每条边则表示相邻两种体裁类型的共同特征：抒情诗和戏剧的共同特征是表现，抒情诗和史诗的共同特征是独白形式，史诗和戏剧的共同特征是拥有情节。彼得森还将文学体裁的三角形变成车轮，其中"诗的萌芽"占据车轮的中心位置，三种文学体裁史诗、抒情诗、剧体诗如车轮的三大辐条，中间形式占据辐条之间的三块区域，它们又被分割为同心的冠状段：第一圈为叙

---

① 罗兰·巴特. 文之悦 [M]. 屠友祥，译. 上海：上海人民出版社，2002：95-96.

事诗、童话、丧歌、哑剧、歌谣、合唱、赞歌、伴舞歌、情诗、劳动号子、祈祷文、咒语、英雄歌谣等；第二圈包括第一人称叙事、插入叙事、书信体小说、对话体小说、戏剧画、抒情戏剧、对话体牧歌、抒情对话、独幕剧、抒情诗、抒情组诗、书简诗、幻想曲、田园叙事诗、抒情小说等；第三圈包括诗体编年史、训教诗、哲学对话、会演、死者的对话、讽喻诗、短诗、箴言诗、寓言故事、寓言等。彼得森称这一分类可以成为"体裁体系各个方向的指南针"。但热奈特反对这种最终的体裁机制是唯一体裁机制的思想，也反对用脱离历史性的语言进行界定，因为文学体裁分类与其他分类一样，没有任何机制本质上更"顺理成章"或"理想"，也没有哪一种体裁层面比其他层面更具"理论性"，或者更易通过"演绎"方式达到。

　　热奈特一方面反对文学体裁分类的等级制和某种最终的体裁机制，另一方面也反对克罗齐等人无视文学体裁和其他体裁的观点。他指出，西方自荷马的《伊利亚特》以来，许多作品自觉遵循体裁观念，而一些作品如《神曲》在创作之初则有意摆脱体裁的束缚，这两组作品的对比足以印证文学体裁体系的存在。通过对文学体裁发展历程的梳理和辨析，热奈特提出，文学的研究作为一门"学科"，仅仅是一种工具、一种过渡性手段，它在末期时会很快被摧毁，由另一种手段或"学科"所代替，而后者也将被摧毁，又被新的手段或学科代替，由此推动文学理论的革新。因此当代对文学体裁的研究不再是研究某种最终的体裁机制，而是从文学体裁的研究走向文本研究。"通过体裁走出文本，通过方式走出体裁"，再"通过文本，并借此更弦易辙，或者从二级意义上说，走出出口"，由此从体裁研究走向跨文本性研究："眼下文本的超验性（这一点），确实使我感兴趣，即所有使文本与其他发生明显或潜在关系的因素。我把它称作'跨文本性'。"①

二、热奈特的跨文本性理论

　　热奈特在《隐迹稿本》中将跨文本性定义为"所有使一文本与其他文本产生明显或潜在关系的因素"，按抽象程度、蕴涵程度和概括程度大体上递增的顺序将其分为互文性（Intertextuality）、副文本性（Paratextuality）、元文本性（Metatextuality）、承文本性（Hypertextuality）和广义文本性

---

① 热拉尔·热奈特.热奈特论文选［M］.史忠义，译.开封：河南大学出版社，2008：53.

（Architexture）五种类型，并对这五种类型进行了辨析。①

1. 跨文本性的五种类型

一是互文性，它是两个或若干文本之间的互现关系，最经常的表现是一个文本在另一个文本中的实际出现，是五种文本关系中最局部、最直接、最明显的一种，包括引语、秘而不宣的借鉴和寓意形式。寓意形式在于发现自身与另一文本的关系，如德·洛吉夫人在与瓦蒂尔玩弄成语的言外之意时说："这种（酒）一文不值，拿另一种来穿肠过肚吧。"其中动词"穿透"（Percer）用作建议（Proposer）的意义，只有当读者知道瓦蒂尔是酒商的儿子时，这一动词才易于理解。二是副文本性，副文本是与一部文学作品所构成的整体正文源文本相关的文本，如作品的标题、副标题、互联型标题、前言、跋、告读者、前边的话、插图、请予刊登类插页、磁带、护封及作者亲笔留下或他人留下的标志等，它为文本提供一种变化的氛围，或提供一种官方或半官方的评论，是作品影响读者方面的优越区域之一。如爱尔兰作家乔伊斯的小说《尤利西斯》以小册子形式试销时，每个章节的标题都注明与荷马史诗《奥德赛》中一个典故的关系，如"赛壬""瑙西卡""珀涅罗珀"等。热奈特还提出草稿、梗概和提纲等各种"前文本"形式也可以发挥副文本的功能，如法国作家斯汤达的小说《吕西安》吕西安与夏斯特莱夫人的最后重逢并未出现在正文中，却出现在其一份结局提纲中，表明这也是小说发展的一种可能结局。三是元文本性，它是源文本与谈论此源文本的另一文本之间的评论，它不一定引用此源文本，甚至不必提及此源文本。如德国哲学家黑格尔的《精神现象学》只是暗示性影射了法国启蒙学家狄德罗的《拉摩的侄儿》。四是承文本性，它是任何联结源文本与先前另一文本的非评论性攀附关系，也就是对源文本的删节、扩写、改编和翻译，如古罗马诗人维吉尔的《埃涅阿斯纪》和乔伊斯的《尤利西斯》就是同一源文本《奥德赛》的两个改编程度不同、书名各异的承文本。五是广义文本性，包括言语类型、文学体裁、叙事模式等，它是一种秘而不宣的关系，可以表现为《诗集》《评论集》《玫瑰小说》等书名，也可以让"小说""叙事""诗"等字眼与书名一起出现在封面上。

---

① 热拉尔·热奈特. 热奈特论文选［M］. 史忠义，译. 开封：河南大学出版社，2008：53.

2. 跨文本性五种类型的关系

热奈特分别分析了跨文本性的五种类型之后，提出这五种类型并不是封闭的、没有交流或切割的等级，它们之间是开放的、相互交流的或融合的关系。如广义文本性的体裁总是通过摹仿渠道而形成，如《埃涅阿斯纪》摹仿荷马的《奥德赛》，这同时是承文本性；广义文本性还经常通过副文本的标志来宣示，这些标志本身又是评论性元文本的片段，如"这本书是小说"；副文本的序言或其他形式可以包含许多评论，承文本也经常具有评论价值，如《乔装的维吉尔》即以自己的方式对《埃涅阿斯纪》予以"批评"，这是元文本的表现；而元文本进行批评时，必然需要数量不菲的引语作为支撑，承文本也需要一定的引语，这是互文性的表现；承文本作为一种文本类型，本身是广义文本的一种体裁；承文本最经常使用副文本来公布自己的属性，如《尤利西斯》的宣传小册子引导读者关注该小说与《奥德赛》之间的关系。热奈特还发现，除广义文本性不是某种类型外，其他类型都是体裁类型；任何文本都可能成为引语，因此都具有互文性；任何文本的副文本和元文本都可以是一种体裁；某些作品的承文本性比其他作品更明显、集中、外露，在研究时要注重先分析从源文本到承文本的派生过程，原则上要求这一派生过程要厚重明显，或多或少公开宣告过，先把调查范围限制在正规的承文本体裁，如滑稽模仿、乔装、仿作等，再向愈来愈不正规的体裁深入，并为之创造出一些术语。①

法国电影学家麦茨在评价热奈特时说："他的研究，像我一样，关注的对象稳定而持久。他一本书、一本书地默默地耕耘于诗学领域。"② 热奈特在前期修辞学、叙事学研究之后，在二十世纪七八十年代转向跨文本性理论，相对于巴特和克里斯蒂娃文本理论的开放、运动特征，其跨文本性理论更显稳定和明晰：以源文本为中心，对围绕源文本的互文性、副文本、元文本和承文本进行了比较全面的辨析，让读者认识文学形式的丰富多样，理解文学形式之间的内在联系。但其跨文本性理论基于单一印刷媒介的语言文本，主要以传统的经典文学作品为例，没有涉及大众文化文本；在剖析基于印刷媒介的文学作品时过分强调源文本和语言的主导作用，忽视读

---

① 热拉尔·热奈特. 热奈特论文选［M］. 史忠义，译. 开封：河南大学出版社，2008：65.
② 麦茨等. 电影与方法：符号学文选［M］. 李幼蒸，译. 北京：生活·读书·新知三联书店，2002：308.

者与文本的关系。在西方媒介不断发展和大众文化已经占据主导地位的背景下，其跨文本性理论必须继续进行发展。

三、印刷媒介背景下跨文本性的拓展

西方印刷媒介曾经在十六至二十世纪前期处于媒介的中心地位。1455年德国的约翰尼斯·古登堡发明了金属活字印刷，它使大多数普通人也有机会学到人文和科学知识，也促使热奈特关注的印刷媒介走向包括报纸、杂志、图书出版在内的大众媒介。1704年美国约翰·坎贝尔出版第一份连续发行的报纸——《波士顿新闻信札》，一直到1920年报纸都是快速传递新闻的唯一大众媒介①，此后电子媒介异军突起，印刷媒介开始受到影响。对此美国媒介学家大卫·博尔特（Jay David Bolter）和菲德勒分别提出了取鉴（Remediate）和媒介形态变化（Media Morphosis）观，阐述了印刷媒介背景下的文本在电子媒介冲击下的发展。

（1）博尔特的取鉴观。博尔特在《取鉴——理解新媒体》(*Remediation：Understanding New Media*) 中指出，印刷媒介曾经作为人类的一种文化理想而存在，但计算机网络媒介的出现建构了一种新的写作技术，人类现在已经生活在印刷媒介的晚期，印刷媒介不再是人们的唯一选择，它被取代的威胁始终存在，因此印刷媒介不可避免地走向衰落。当今印刷媒介与计算机网络媒介并存。代表传统形式的语言文本和代表新形式的超文本并存。但由于计算机网络媒介中的超文本将语言、数字、静态图像、动态图像和视频结合在一起，它们统治了计算机屏幕，已经并且继续对基于印刷媒介的语言文本造成冲击，使其不断边缘化。当然，基于印刷媒介的文本不会马上被取代，也不会马上消失，它们之间是并存竞争的关系。博尔特创造了"取鉴"这一词语，"取鉴"意指某一类媒介对其他媒介的取用、合并与重制，如计算机网络媒介几乎吸纳并重制了语言、广播、影视等印刷媒介和电子媒介，而印刷媒介也在向电子媒介、计算机网络媒介靠拢，其文本形态不再限于传统的语言文本，而是展现出丰富多样的文本特性，正如博尔特所说："在印刷晚期，书籍无法再维持它们所宣称的'纯粹'（即与其他媒体的分离），印制的书籍和它们所容纳的散文正在变得更

---

① 雪莉·贝尔吉. 媒介与冲击：大众媒介概论 [M]. 赵敬松，译. 大连：东北财经大学出版社，2000：43.

像网页、图像、电影等。"①

（2）菲德勒的媒介形态变化观。菲德勒在《媒介形态变化——认识新媒介》中提出的媒介形态变化指所有媒介同时发展所产生的激烈变化，他在将媒介分为口语媒介、印刷媒介、电子媒介及计算机网络媒介之后，要求在研究媒介形态时，"不是孤立地研究每一种（媒介）形式，而是鼓励我们考察作为一个独立系统的各个成员的所有（媒介）形式，去注意存在于过去、现在和新出现的各种（媒介）形式之间的相似之处和相互关系"②。在阐述各种媒介的关系时，他认为一切形式的传播媒介都在一个不断扩大的、复杂的自适应系统内共同相处和共同演进，而不是相继进化和取代，如果每一种新媒介的诞生都导致一种旧媒介的同时死亡，那么就不可能有当今我们习以为常的丰富多彩的传播媒介：一方面，新媒介在出现和发展的过程中，会在不同程度上影响旧媒介的存在与发展；另一方面，旧媒介在新媒介出现时，会去适应并且继续进化。菲德勒说："当比较新的传媒形式出现时，比较旧的形式通常不会死亡——它们会继续演进和适应。"如电子媒介的广播兴起时，印刷媒介的代表——报纸更新了内容和样式，比如推出了针对特定人群的专版、栏目和组合，采用专版、分科化的设计结构，通过解释性报道的方式为读者提供更多的背景信息和分析。在电视迅速扩散时，印刷媒介曾被宣布没有能力与电视的及时性和形象性竞争而行将死亡，但它在二十世纪六十年代末引进计算机排版技术和新的印刷技术，大大降低了成本，还增加了色彩和图像的运用，使其图文并茂，从而被证明其比想象的更有活力和更具适应性。

（3）以印刷媒介为主的传统公司对跨文本性的拓展。博尔特和菲德勒的取鉴和媒介形态变化观为印刷媒介与其他媒介的并存奠定了理论基础，以印刷媒介为主的传统出版公司则积极向新的"内容提供商"的运营形态转型，为读者提供多样化的文本形式。当代美国的黑马漫画公司、IDW 出版公司、阿奇漫画等陆续组建娱乐部门，并将旗下众多的 IP 内容制作成影视剧或电影等形态。如转型后的 IDW 媒介旗下拥有出版机构、影视制作机构、游戏工作室、数字平台等部门，推出的《狼人管制部》《狙魔女杰》等

---

① Bolter J D, Grusin R. Remediation：Understanding New Media［M］. Combridge：MIT Press，1998：46.

② 罗杰·菲德勒. 媒介形态变化：认识新媒介［M］. 明安香，译. 北京：华夏出版社，2000：19.

一系列文本中，用图像文本再现漫画内容，表达方式更加形象、直观和生动，给接受者带来更加丰富的视听感受，同时吸引对原版漫画感兴趣的接受者，使其持续沉浸于叙事文本的情境中。西方一些出版公司还借鉴影视产业的发展思维，通过推出书籍预告片向读者推广书籍。书籍预告片时间短、信息量大、趣味性强，让书中的故事情节、人物形象等都得到立体化的呈现，尤其是将关键情节和重点人物进行图像化呈现，增强了文本内容的感染力和吸引力，直接激发读者的阅读兴趣。美国出版公司学乐集团购买了动画文本 RWBY、动作类恐怖游戏《班迪与油印机》、电视剧《自由之缰》和手游程序"小偷猫"等各类电子媒介内容的版权，以其为主题进行二次文本创作。① 这些以印刷媒介为基础的传统公司的转型表明：源文本既可以是语言，也可以是电子文本，既可以通过语言也可以通过图像进行表现；作为商业公司应注重文本形式的多样，持续关注接受者的文化需求。

四、电子媒介背景下的跨文本性理论与实践

在热奈特所生活的二十世纪中后期，以美国为代表的西方电子媒介相对纸质媒介已处于优势地位：二十年代以后美国的 RCA（美国广播公司）、NBC（国家广播公司）、CBS（哥伦比亚广播公司）相继创办，三十年代好莱坞的华纳·布劳斯、米高梅、派拉蒙、RKO 和二十世纪福克斯等电影公司占据电影产业的统治地位，电视则在五六十年代"飞入寻常百姓家"后拥有了最普遍的观众。② 正如美国信息学家比尔·麦克本（Bill McKibben）所说："我们的社会正在稳步地由自然信息向电子信息资源过渡，从大山和田野向电视时代过渡。这种伟大的转变现在已接近完成。"③ 传统的纸质媒介以语言为中心，而电子媒介以图像为中心。西方一大批文论家重视对电子媒介的研究，其中美国叙事学家西摩·查特曼（Seymour Chartman）和法国电影学家让·米特里（Jean Mitry）分别提出可译性理论和电子图像意义理论，对电子媒介的跨文本性理论具有启示意义。

（1）查特曼的可译性理论。查特曼在《故事与话语——小说和电影的

---

① 杨扬，张虹．媒介融合与内容拓维：融媒时代西方出版业的创新实践 [J]．科技与出版，2019（9）：136-143.

② 雪莉·贝尔吉．媒介与冲击：大众媒介概论 [M]．赵敬松，译．大连：东北财经大学出版社，2000：167.

③ Bill McKibben. The Age of Missing Information [M]. New York：Penguin Books, 1993：10.

叙事结构》中以叙事研究为中心，借鉴美国叙事学和包括巴特、托多洛夫和热奈特在内的法国结构主义理论，提出了印刷媒介的代表之一——小说，以及电子媒介的代表之一——电影的可译性问题。热奈特在《叙事话语新叙事话语》中区分了作为故事的叙事和作为话语的叙事，查特曼同样将叙事分为故事和话语，故事主要是内容或行动的链条，即内容，话语是内容被传达所经由的方式，即表达；又借鉴语言学家关于语音质料和形式的区分，将故事分为内容的质料和内容的形式，将话语分为表达的质料和表达的形式，其中表达的质料包括语言、电影、芭蕾、哑剧等不同媒介，由此提出小说和电影的叙事结构具有可译性（Translatability）。可译性指某一叙事可以在不同的媒介中存在，但不会改变叙事的内部结构。其原因在于，叙事自身是一个独立于媒介的深层结构，这一基本的文本组织、模式可以通过不同的媒介现实化，小说以语言文字来表达，电影则主要借助人物动作、姿态和地点的影像来表现。如西方童话故事《灰姑娘》可以通过小说成为语言组成的故事，也可以改编成以影像为主的电影，小说和电影这两种不同的媒介只会改变故事的话语，但不会改变《灰姑娘》的故事本身。查特曼不同媒介的可译性理论表明，文本可以以印刷媒介的语言文本作为源文本，也可以以电子媒介的影像作为源文本。在电子媒介中，语言虽然仍然是广播的基础，在影视中仍然是主要的组成部分，但影视文本的影像已经占据明显优势。

（2）米特里的电子图像意义理论。米特里在《电影美学与心理学》中以电影影像为例剖析电子图像的意义。首先，电影影像的意义并非其表现的自然物象的本来意义，而是由其前后影像和电影的整体意义确定："尽管富有含义，影像也不可能比作义素，因为它所反映的意义并不是它的固定意义。""影像的意义是事先难以确定的，因为影像的形式和内容的极端多样性使影像的意义取决于无限可变的组合。"在具体分析有声电影的影像时，"影像应当优先于语言，始终享有优先权"。[①] 米特里以电影影像的结构轴作为主体，将影像的发展看作电影表意系统的主要轴线，电影中的主要语言——对白则发挥着链接的作用，在此基础上系统剖析了电影意义产生的一般方法：电影一方面保持着影像的视觉连续性，表示为镜头 A-B-C-D，另一方面保持着语言的连续性，表示为对白 A′-B′-C′-D′。其中镜头 A

---

① 米特里. 电影美学与心理学 [M]. 崔君衍，译. 南京：江苏文艺出版社，2012：291.

与对白 A′分别具有自己的含义，它们的直接关系 AA′构成了镜头 A 的真正含义。镜头 A 又导入镜头 B，镜头 B 是镜头 A 的含义或最初内容的合乎逻辑的延伸，一定的意义来自 A/B 的关系，但是这个意义被对白 A′修正，也就是说，A/B 的关系实际上是 AA′/B，因此而有含义 X。同理，镜头 B 与对白 B′相关联，并在视觉上涉及镜头 C，镜头 C 在 BB′+X 的作用下产生含义 Y。由此，电影的表意系统和逻辑发展主要由影像的发展建立，对白内容并没有逐步链接在一起，它们的意义与影像的视觉含义相关，如果在影片连续性之外把 B′和 A′放在一起，就可能没有任何意义。米特里的分析表明，传统的印刷媒介以语言作为源文本，而以影视为代表的电子媒介虽然包含语言，但其意义主要由影像文本决定，相对于语言来说影像已经占据主要地位。

（3）电子媒介背景下媒介集团跨文本性的实践。查特曼和米特里的可译性和电子图像意义理论为电子媒介在各种媒介中占据主导地位提供了解释，当今西方大型媒介集团往往集电子媒介和印刷媒介于一身，但其经营重点和主要利润来源均是电子媒介文本。如美国维亚康姆集团是以电子媒介起家的大型媒介集团，旗下除派拉蒙电影公司、哥伦比亚广播电视公司、MTV 音乐电视网、尼克罗迪恩儿童电视频道等公司或频道之外，还有西蒙和舒斯特出版公司。派拉蒙电影公司的《勇敢的心》《阿甘正传》《星际迷航》《泰坦尼克号》《星球大战》等影片取得成功之后，又在哥伦比亚广播电视公司通过广播和电视文本进行播放，还开发出 VCD、DVD、录像带、电影改编的书籍等各种文本。其尼克罗迪恩儿童电视频道主要以 2~11 岁儿童为对象，它通过电视创造了受到追捧的尼克儿童晚间频道的家庭喜剧节目，又由派拉蒙电影公司拍成影片，在哥伦比亚公司每周六上午播放尼克罗迪恩的节目组合，由 MTV 播出动画音乐，还在集团出版机构出版尼克罗迪恩的书籍。① 又如，美国默多克的新闻集团虽以印刷媒介报纸起家，但现在已经是集报纸、杂志、图书出版、广播、电影、电视等于一身的综合媒介集团，而且电子媒介二十世纪福克斯公司、福克斯广播网和电视台的收入和利润已经占据主导地位。该集团在福克斯电视台播出电视剧《辛普森一家》时，在播放前通过各种媒介推出节目预告、海报、明星简介、明星接受记者的采访；在电视剧取得成功后又制作成光盘、改编成书籍进行销

---

① 周鸿铎. 世界五大媒介集团经营之道 [M]. 北京：经济管理出版社，2005：171.

售。该集团还注重通过多种途径吸引观众，在 2000 年美国总统小布什和戈尔竞选时率先宣布小布什获胜，在 2003 年第二次海湾战争中通过记者维拉在现场进行报道，吸引了大量观众；还通过记者"演员"加瑞多·里维拉以煽动、耸动、戏剧化的方式进行新闻报道，推出反映种族歧视的具有较大争议性的节目，使其始终受到观众的注意。① 由此可以看出，电子媒介往往以图像文本作为源文本，它可以通过媒介之内或之间的文本转换使形式更加丰富，注重接受者的文本需求。

五、融合媒介背景下的跨文本性理论和实践

二十世纪八九十年代以后西方计算机网络媒介飞速发展，成为新旧媒介的分水岭。美国媒介学家马克·波斯特（Mark Poster）区分了第一媒介和第二媒介——前者指广播、影视等电子媒介；后者实质就是方兴未艾的计算机网络媒介，并认为现阶段这两种媒介相互涵盖、相互补充且同时存在。② 加拿大的戴维·克劳利（David Crowley）等将计算机媒介之前的其他媒介称为旧媒介，计算机媒介称为新媒介，现在其他媒介都可以用计算机媒介进行处理，但其他媒介也曾经与计算机媒介并行。③ 在当今各种媒介并存和计算机网络技术日新月异的推动下，计算机网络媒介与印刷媒介、电子媒介融合成融合媒介（Converging Media），其跨文本性又呈现出新的形式。

（1）融合媒介的含义。菲德勒引用美国大众文化学家埃弗里特·罗杰斯的观点指出："传播的历史是（媒介）'越来越多'的历史……新的（媒介）形式往往是偏离和增加媒介大家庭的品种，而不是巩固或替换旧的形式。"④ 在印刷媒介、电子媒介和计算机网络媒介并存的当今时代，各种媒介已走向融合媒介，并引起了西方一批媒介学家的关注。早在二十世纪七八十年代，美国媒介学学家尼古拉斯·尼葛洛庞帝（Nicholas Negroponte）和索勒·普尔（Sola Pool）就提出了融合媒介的设想：1979 年尼葛洛庞帝

---

① 陆生 . 走进美国电视 [M]. 上海：复旦大学出版社，2007：62.
② 马克·波斯特 . 第二媒介时代 [M]. 范静哗，译 . 南京：南京大学出版社，2000：21.
③ 戴维·克劳利，保罗·海尔 . 传播的历史：技术、文化和社会：第 6 版 [M]. 董璐，何道宽，王树国，译 . 北京：北京大学出版社，2018：337.
④ 罗杰·菲德勒 . 媒介形态变化：认识新媒介 [M]. 明安香，译 . 北京：华夏出版社，2000：22.

提出的媒介融合意指不同媒介产业相互作用的过程①；1983 年普尔提出的融合媒介意指各种媒介呈现出多功能统一的趋势，并将数字电子技术的发展视为媒介融合的重要动力②。其后李奇·高登（Rich Gordon）分别从所有权、策略性、结构性、信息采集、新闻表达融合等方面论述了融合媒介的具体类型，论述更加全面。③ 安得烈·尼奇森（Andrew Nachison）则认为融合媒介是印刷的、音频的、视频的互动性数字媒介组织间战略的、操作的、文化的联盟，侧重从媒介介质形态、载体渠道的融合对媒介融合实践过程中的现象进行总结。④ 本节所讨论的融合媒介指印刷媒介、电子媒介和计算机网络媒介有效结合，通过大数据技术对信息资源进行共享集中处理，衍生出不同形式的信息文本，然后通过不同的平台发送给接受者，以实现更好的文本传播效果。

（2）大数据技术背景下融合媒介的发展。美国知名咨询公司麦肯锡首先提出了大数据（Big Data）的概念，认为大数据是通过新处理模式使公司具有更强的决策力、洞察发现力和流程优化能力的海量、高增长率、多样化的信息资产。大数据技术经历了关系型数据库、数据仓库、联机分析、数据挖掘和数据可视化等发展阶段，在二十一世纪之后已能够对结构化和非结构化的数据进行收集、整合、处理、储存、分析和传播，以进一步提升数据信息的传播效率。大数据技术现已渗透到社会、经济、管理、商业、文化、教育、新闻等各个领域。对于融合媒介来说，可将数据的融合机制自下而上分为数据特征、表现形式和媒介内容，再从不同层面进行剖析：微观层面是从数据的角度出发，阐述融合媒介数据的多种特性，以及大数据环境下的存储、转化、分析及融合等原理；中观层面是从数据的表现形式出发，利用多源数据融合技术对文本、图片、视频等多种形式的媒介数据进行理论上的融合；宏观层面是从内容文本出发，关注不同媒介平台之

---

① 罗杰·菲德勒. 媒介形态变化：认识新媒介 [M]. 明安香，译. 北京：华夏出版社，2000：21.

② De Sola Pool I. Technologies of Freedom [M]. Cambridge：Belknap Press, 1983：39.

③ Gordon R. The Meanings and Implications of Convergence [G] //Kevin Kawamoto. Digital Journalism：e-merging media and the changing horizons of journalism, Lanham, MD：Rowman & Littlefield Publishers, 2003：67.

④ Nachison A. Good business or good journalism? [C] //Lessons from the bleeding edge, Hong Kong：World Editors Forum, 2001.

间内容的融合。① 也可以从平台处理数据的过程进行剖析：数据融合汇聚平台支持文件数据信息、网站信息、实时流量数据信息及新闻内容等各种类型的数据，通过数据清洗选取媒介需要的数据内容；实时搜索分析平台在内部构建各种数据信息分析模块，为媒介接受者提供真实可靠的实施方案；媒介数据处理平台可以对视频、图像、音频及文档数据等多种数据信息实施处理。大数据技术对数据的融合和平台的建构使融合媒介摆脱了单一媒介的各种限制，能发布接受者所需要的各种信息文本。

（3）融合媒介使各种媒介文本都可以成为源文本。印刷媒介以语言文本为源文本，电子媒介主要以图像作为源文本，建立在大数据技术之上的融合媒介则使各种媒介的文本都可以成为源文本，可以根据接受者的个性化需要推送不同的文本。仅以融合媒介的新闻文本来说，融合媒介通过大数据技术建设全媒介传播资源库，在这些数据资源中分析和挖掘有用的数据，从中筛选出有用的数据信息，根据接受者的兴趣爱好进行节目策划，通过多渠道发布信息文本达到传播效果的最大化：可以印刷媒介的语言文本先行，随后照片、音频、视频和信息图等其他信息文本跟进；也可以将这些信息文本进行综合，以电子媒介的图像视频文本为主；还可以与接受者共享最新获得的数据，与其共同创造以计算机网络媒介为基础的"众包新闻"文本。融合媒介还能通过大数据技术，统计接受者的网站访问量、用户活跃度、内容受欢迎程度，了解接受者的特点和爱好及内容的影响力，然后针对不同接受者实施不同的策略，创造相应的各类文本进行个性化、定制化推送，从而达到最佳的传播效果。融合媒介的文本根据信息文本发送及接受者的需要创造文本，它可以将语言作为源文本，也可以将照片、音频、视频、信息图等作为源文本，从而使各种媒介的文本都可以成为源文本。

（4）融合媒介背景下媒介公司跨文本性的实践。融合媒介突出表现在西方以大数据技术作为支撑的谷歌、脸书、推特、You Tube 等高科技公司，但当今即使是印刷媒介和电子媒介公司也在积极转向融合媒介，其文本形式更加丰富多样，其对接受者的反馈更加精准及时。如英国具有影响力的《卫报》早在 2006 年就开始建设网络平台和其他数字化平台，通过这些平

---

① 徐婧，马晓悦. 媒介技术视野下数据科学与媒介研究的新进展［J］. 西安交通大学学报（社会科学版），2020（4）：146-152.

台搜集大量丰富的数据，再运用谷歌提供的大数据处理工具进行加工整理，找出数据的核心价值。在进行新闻文本的报道时，新闻文本首先发表在网络平台上，编辑部门再根据接受者的即时反馈确定印刷文本中不同新闻的版面位置与报道篇幅，同时可以将接受者的评论作为进一步跟进报道的依据；还通过推出"数据博客"与接受者共享最新获得的数据，再根据接受者的反馈刊发连续报道文本。① 英国最有影响的广播公司 BBC 公司在 2006 年就提出"马提尼媒介"概念，向融合媒介转型。它在 2012 年前后设立"新闻实验室""编辑部视窗""媒体资讯"系统，运用强大的大数据技术为融合媒介的内容生产文本提供支撑与服务；同时将广播、电视、网站等各种媒介所属的三千多人集中在一起办公，建立"唯一的、统一的、多媒体的新闻编辑部"，设置"值班责任编辑"岗位，负责统一安排当天广播、电视、网络等各种媒介新闻节目的采编传运作，让每条新闻文本在不同媒介中实现资源共享和开掘，还让内容文本生产根据大数据技术的发展进行调整变形，甚至依托其产生出新型的内容文本；还根据越来越多的年轻人喜欢通过手机收看视频的信息反馈，研发推出 iplayer 网络视频客户端，让客户直接通过自有的 iplayer 收看 BBC 节目，现在 BBC iplayer 已经成为英国本土用户量仅次于 You Tube 的视频客户端。②

　　热奈特基于印刷媒介的跨文本性理论为文本理论的发展奠定了基础，而电子媒介、计算机网络媒介和融合媒介的发展推动了其跨文本性理论，随着以大数据技术为基础的现代科学技术的突飞猛进，它还将进一步推动文本的变革。当今中国计算机网络技术的迎头赶上和大众文化的全面渗透，将为中国大众文化的媒介融合和文本发展提供"弯道超车"的历史机遇，这值得中国学术界关注，并提前进行具有前沿性和前瞻性的研究。③

① 西蒙·罗杰斯. 数据新闻大趋势：释放可视化报道的力量 [M]. 岳跃，译. 北京：中国人民大学出版社，2015：225.

② 刘敬源. BBC 推进新闻融媒体平台建设的经验与启示 [J]. 新闻窗，2018 (3)：56-57.

③ 蒋传红. 媒介背景下的跨文本性理论与实践 [J]. 江西社会科学，2022 (3)：110-117.

第七章 符号学与大众文化的主体抵抗论

西方知识分子具有抵抗社会的传统，在巴特所生活的二十世纪，法国的一些著名学者如萨特、福柯、鲍德里亚、布尔迪厄都积极参加社会活动，反对社会的不公和强权统治。巴特则始终倡导文本的抵抗，在《神话——大众文化诠释》中设想通过无权阶层人工制造的反神话来对抗神话。鲍德里亚将其符号学与现代科学技术等结合，具体阐释了大众的主体抵抗；德勒兹将巴特的后结构主义符号学文本观发展为生成理论，阐述了大众传媒社会的大众符号抵抗；克里斯蒂娃的解析符号学发展了巴特的符号和主体理论及拉康的"想象界"与"象征界"，分析了阿伦特（Hannah Arendt）、克莱因（Melanie Klein）和柯莱特（Sidonie-Gabrielle Colette）三位女性天才在学术和文学创作领域的主体抵抗。

第一节 巴特和鲍德里亚大众文化的主体抵抗观

巴特不仅从结构主义符号学的角度论述了神话——大众文化对主体的控制，而且通过创造反神话（Countermyth）来使主体抵抗。鲍德里亚将其后结构主义符号学与现代科学技术相结合，在拟真（Simulation）的背景下提出大众通过沉默和涂鸦对社会进行反抗。其后费斯克和布尔迪厄借鉴包括巴特在内的理论家的观点，进一步发展大众的主体抵抗观。

一、巴特的反神话观

巴特在《符号学原理》中对直接意指和含蓄意指的区分，既是对索绪尔的结构主义语言学的发展，也是在大众文化批评领域长期进行符号学批评的实践结果。巴特说："另一方面，（对神话的分析）则是从语意学上来分析这套语言的结构。我最近才研读了瑞士语言学家索绪尔的著作，结果得到了一个结论，那就是，如果我们将'集体征象'视为符号体系，那么我就能超越过去，仅基于单纯、虔诚地揭露它们的做法，就能详细地将符合小中产阶级的文化转型为共通文化神秘化的目的加以说明。"① 巴特借鉴索绪尔将语言分为能指和所指的结构主义语言学的观点，将语言的能指 1 和所指 1 称为符号 1，由语言的能指 1 和所指 1 构成的符号称为神话的能指 2，神话的能指 2 和所指 2 构成神话的符号 3。如图 7-1 所示：

图 7-1　神话符号

巴特认为，神话是一个由语言构成的二级符号系统，神话的能指、所指都不同于语言的能指和所指：神话的能指在变成形式的过程中出现了"一个从意义到形式，从语言符号到神话能指的不正常倒退程序"；神话的所指"在形式中枯竭的这个历史，将被（神话）的所指全部吸收"。但由于神话的能指由语言的能指和所指构成，因而神话的所指已经"是既历史而又意向鲜明的；是动机使得神话清楚表明"。②

巴特在《神话——大众文化诠释》中解析神话时不仅分析了神话制造者的方法，揭示了神话的欺骗性和隐蔽性，而且预言"活在我们这个矛盾已达极限的时代，何妨任讽刺、挖苦成为真理的代言"③，还进一步提出反神话的观点，强调通过人工制造的反神话来对抗神话，从而在反神话和神话之间达到一定程度的平衡。巴特说："对抗神话的最佳武器，也许反而是

---

① 罗兰·巴特. 神话：大众文化诠释 [M]. 许蔷蔷，许绮玲，译. 上海：上海人民出版社，1999：再版序 1.

② 罗兰·巴特. 神话：大众文化诠释 [M]. 许蔷蔷，许绮玲，译. 上海：上海人民出版社，1999：178.

③ 罗兰·巴特. 神话：大众文化诠释 [M]. 许蔷蔷，许绮玲，译. 上海：上海人民出版社，1999：初版序 3.

神话自己，并且产生一个人工制造的神话。"① 巴特认为，在神话的生成过程中，神话通过盗窃原初的语言，对其意义进行篡改，并把它压缩成适合神话的超级意指形式，由此，神话制造了一个扭曲变形的符号系统。巴特提出了一个推翻神话的方法，即通过人工制造的反神话来对抗神话：这一人工神话把神话的能指 2 和所指 2 作为能指 3，也就是对神话的能指 2 和所指 2 再进行变形和扭曲，再由人工神话的能指 3 和所指 3 构成人工神话的符号 4。由此创造的人工神话可用作反神话，与原来的神话斗争。巴特说："既然神话掠夺了某事物的语言，那又为什么不掠夺神话呢？此处所需的是视它为第三个符号学链的出发点，并视意指作用为第二个神话的第一个名词。"② 如图 7-2 所示：

图 7-2　反神话符号

巴特提出，在人类的符号系统中，有权阶层和无权阶层在控制神话上处于不平衡的地位。有权阶层已经达到含蓄意指的水平，通过神话的欺骗性和隐蔽性来愚弄无权阶层，而无权阶层仍停留在直接意指的水平，受到有权阶层制造的神话的欺骗和愚弄。巴特说："被压迫者什么也不是，他只有一种语言，就是他的解脱语言；压迫者是每个事件，他的语言是丰富的，多形状的，灵活的，使用任何可能程度的尊严。"③ 任这种神话制造的不平衡状态发展下去是很危险的，有权阶层不但继续愚弄群众，而且会毁灭自己。但是，借助有关历史事实和找到相应的理由，可以使无权阶层还处于直接意指水平的语言运转起来，而且反神话也可以由一部分有权阶层或者

---

① Kyong liong Kim. Caged in our own signs：A book about semiotics ［M］. New Jersey：Ablex publishing Corporation，1996：166.

② Kyong liong Kim. Caged in our own signs：A book about semiotics ［M］. New Jersey：Ablex publishing Corporation，1996：169.

③ Kyong liong Kim. Caged in our own signs：A book about semiotics ［M］. New Jersey：Ablex publishing Corporation，1996：169.

教育一部分无权阶层来制造，结果通过采取反讽、反转、夸张、比喻、对比等手法，在无权阶层中制造人工神话，这种人工神话能够对有权阶层的神话进行拆解、反拨和制约，从而在反神话实践中达到一定程度的平衡，进而促使社会的有权阶层和无权阶层之间实现一定程度的平衡。

巴特还将其反神话用于对文学作品的分析。在分析福楼拜的《布华尔和贝居舍》时，他指出，布华尔和贝居舍几乎是人类百科全书式的人物，是人类知识和智慧的神话：在贝居舍获得巨额遗产后，布华尔和贝居舍两人放弃做副本抄写员的工作，退休到乡下买了一座田庄，开始对农学、化学、医学、地质学、考古学、史学和文学进行研究，后来两人又转向体育、方术、哲学、神学、教育学、法学的研究；但福楼拜又对他们的百无一用和一事无成进行嘲讽，通过反神话对他们的神话进行反制。巴特说："在布华尔与贝居舍论述的假设性重制和它们的无效性之间，有一种符号学的平衡。"① 在《文艺批评文集》中，巴特分析法国超现实主义作家凯诺的《扎齐在地铁里》时，认为女主人公扎齐是童年与成熟之间的结合，是"我年纪小，我不在成人世界里"与"我深刻地体验过"之间的结合。扎齐反神话的主要方法是扎齐式的句末重音：这种句末重音突然抓住神话句子，一瞬间就以回溯以往的方式从她的心安理得之中排除了神话句子。如小说中有"扎齐，如果你有兴趣真想去看荣军院和拿破仑的墓的话，我带你去"，扎齐则以"我的傻瓜拿破仑"的反神话来进行消解。"扎齐，如果你有兴趣真想去看荣军院和拿破仑的墓的话"的直接意指是参观拿破仑的墓，含蓄意指是高贵的语调，而扎齐借助于她不尊敬人的句末重音这一反神话使这一高贵语调受到揶揄，从而对拿破仑的高贵进行消解。② 但巴特只是从文学的角度分析了文学的反神话，没有通过大众文化的实例阐述主体反抗，这为其他大众学家从大众文化的角度阐释主体反抗开辟了学术空间。

二、鲍德里亚论大众的沉默和涂鸦抵抗

巴特转向后结构主义符号学之后，虽然提出符号的能指脱离所指，但所指仍然存在。鲍德里亚则在《生产之镜》和《象征交换与死亡》中将其

---

① 罗兰·巴特. 神话：大众文化诠释［M］. 许蔷蔷，许绮玲，译. 上海：上海人民出版社，1999：196.

② 罗兰·巴尔特. 文艺批评文集［M］. 怀宇，译. 北京：中国人民大学出版社，2010：147.

后结构主义符号学与现代科学技术、大众媒介结合，强调拟真的秩序在当下符码时代占统治地位，此时符号不仅脱离所指，而且生产着现实。在《生产之镜》中，鲍德里亚将巴特的后结构主义符号与现代科学技术相结合，认为现代资本主义社会的生产已不是物质的生产，而是符号的模拟生产，它已成为一种"模拟的装置""抓捕装置、网络装置以及强制性的认同装置"①；还认为大众媒介也是一种模拟工具，它从属于符号的模拟生产，使大众别无选择。在《象征交换与死亡》中，鲍德里亚将巴特前期的符号学理论进行了全面的总结，进一步将这种模拟发展为拟真的秩序，指出拟真的秩序在当下符码时代占统治地位，此时符号不仅脱离所指，而且生产着现实。② 鲍德里亚在《生产之镜》和《象征交换与死亡》中指出，大众媒介的单向控制功能，使得大众文化的任何直接反抗都是无效的，只能采取策略性的抵制："策略性的抵制是对意义与言说的拒绝，或者是对这个体系机制的超符合模拟的拒绝，这是通过过度接受而实现的另一种拒绝形式。这是大众的现实策略。这种策略并不排斥其他策略，但它是今天能够取胜的策略，因为它最适合这个体系的当下阶段。"③ 鲍德里亚具体提出了沉默和涂鸦这两种大众进行反抗的方式。

（1）大众的沉默抵抗。鲍德里亚在《生产之镜》中指出，在模拟背景下，由于资本主义社会高度发达的媒介系统，其媒体是在制造一种话语权的垄断，它排除了任何应答。大众在深深地认识到无法决定自我的命运后，他们没有期待、求知和欲望，必须服从民意测验、公共性、统计学，必须面对预测他们行为的统计学证明。鲍德里亚说："这就是我们的命运：屈从于民意测验、信息、宣传、统计学；总是面对着事先对我们的行为进行的统计学确认，并被对我们行动的这种折射所吸收，我们不再面对着我们自己的意志。我们甚至不再被异化，因为要想被异化，主体必须是能够在自身中被分解，并矛盾地面对他者。"④ 在这样的一种社会空间中，大众的唯一反抗形式就是沉默。沉默就是把模拟体系当作游戏，当作一种景观，当作嘲笑社会和政治的方式。鲍德里亚说："他们（大众）的所作所为就像布

---

① 鲍德里亚. 生产之镜 [M]. 仰海峰，译. 北京：中央编译出版社，2005：225.
② 波德里亚. 象征交换与死亡 [M]. 车槿山，译. 南京：译林出版社，2006：94.
③ 鲍德里亚. 生产之镜 [M]. 仰海峰，译. 北京：中央编译出版社，2005：234.
④ 鲍德里亚. 生产之镜 [M]. 仰海峰，译. 北京：中央编译出版社，2005：219-220.

雨西默一样，通过某种不负责任的、嘲讽性挑战的、缺乏意志的、秘密诡计的游戏，以君临一切的方式代表着他人的选择能力。"① 鲍德里亚以民意测验为例具体分析大众的沉默的反抗。民意测验由各种无用的信息组成，它并不是真实的现实，而是对现实的模拟，是用一种模拟来代替现实："一个统计学的、以信息为基础的、模拟的操作体系，被投射到传统价值体系之上，被投射到表现、意志和公众意见的体系之上。两者间的这种拼贴、这种勾连，引发了含糊的和无用的争论。……原因很简单，因为在意义体系和模拟体系之间没有任何关系。"② 面对这种民意测验，大众通过对其嘲讽和戏弄，导致民意测验效果大打折扣，使测验结果具有非确定性和游戏性。

鲍德里亚还设想大众的沉默是通过他们的"消失"来实现的，"消失"并不意味着大众不存在，而是意味着他们不再再现出来，因为他们已经脱离了再现的秩序。鲍德里亚说："在这种用来抓住他们的模拟的装置中，这构成了大众逃避现实的方式。这是事件消失于电视屏幕之后的方式，或者说是信息普遍屏幕化的方式……而这种新的屏幕只是消失的方式。但这种消失是一种非常复杂的方式：客体，个人，不仅被宣判为消失了，而且消失自身也是它的策略。这是对这种抓捕装置、网络装置以及强制性的认同装置的回应方式。""他们将自己变成无法穿透和毫无意义的平面，这就是消失的方式。"③ 鲍德里亚还将大众的沉默反抗比作孩子对家长意志的服从，孩子越是彻底地服从家长的意志，家长的意志就越无效，孩子的高度顺从使得家长的权威成为没有施加对象的权威，成为权威的悬搁，孩子表面的完全服从从根本上瓦解了家长的权力。鲍德里亚进一步提出，大众的沉默不仅仅是一种被动的抵抗，更是终结意义的一条途径，是终结庞大的政治和信息的操纵制度的一条途径。大众的这种沉默，甚至游戏的抵抗方式很好地瓦解了广告、民意测验、政治选举等一切真实事件，使它们成为一种不确定性的符号交换或政治演出。

（2）大众的涂鸦抵抗。鲍德里亚在《象征交换与死亡》中指出，西方现代城市已经不再是生产的场所，不再是实现工业商品、工业集中和工业

---

① 鲍德里亚. 生产之镜 [M]. 仰海峰，译. 北京：中央编译出版社，2005：230.
② 鲍德里亚. 生产之镜 [M]. 仰海峰，译. 北京：中央编译出版社，2005：218.
③ 鲍德里亚. 生产之镜 [M]. 仰海峰，译. 北京：中央编译出版社，2005：225.

剥削的场所，而是"处理符号"的场所："城市的母型不再是实现一种力（生产力），而是实现一种差异（符号操作）……城市不再是 19 世纪那种政治、工业多边形，它现在是符号、传媒、代码的多边形。"① 现代城市成为被区分性符号分割的空间，一个巨大的分类禁闭中心，一切日常生活实践都被符码分配到确定的时空，并且在水平和垂直两个方向上发展出第三个维度——这种确定的、有内容的符号对一切社会性的包围、分区、粉碎的维度，实质上已成为拟真的典型表现。美国的涂鸦运动则是对这种无所不在的拟真的反抗。这一涂鸦运动通过成千上万的年轻人用标记笔和喷墨罐武装起来，以戏拟的笔法对一些毫无意义的符号进行复制，如 SUPERBEE、SPLX、COLA、139、KOOLGUY、CRAZY、CROSS、136 等，其内容既不是政治的，也不是色情的，而是一些来自地下连环画的名字和绰号，通过涂鸦运动对城市的拟真状态进行反抗，干扰城市的信号系统，打乱城市的符号秩序，其声势之浩大、影响之强烈，造成了整个城市的恐慌和瘫痪，以至于政府不得不出动警察对参与者进行镇压和逮捕。

鲍德里亚认为，西方现代城市的符号已通过拟真对社会进行包围、分区、粉碎，涂鸦运动中的符号是一种空虚的能指："它用来对抗匿名的不是一些名字，而是一些化名。它努力走出组合，不是为了重新获得无论如何不可能获得的同一性，而是为了让不确定性反过来对抗系统——让不确定性反过来成为毁灭性。这是对符码的报复和转换，是按照代码自己的逻辑，在代码自己的强项上战胜代码，在无参照中超越代码。"② 这些符号完全没有意义，甚至不是专用名，只是象征性的注册号；也完全没有任何独创性，只是来自连环画，或者是随手地胡乱拼贴。它们是作为反话语，作为拒绝一切句法、诗歌和政治的设计而存在的。它们逃离了一切意指原则，只是作为空虚的能指闯进城市充实的符号领域，所以它们能够抵制一切内涵和阐释，仅仅通过自身的在场来消解一切："从这个意义上说，涂鸦与所有传媒符号、广告符号截然相反"，"它们攻击载体本身，让墙面恢复一种野蛮的变动性，一种图文的突发性，这等于把墙面废除了"。③ 鲍德里亚认为，涂鸦运动的反抗之所以成功，就在于它用一种特殊的符号来攻击符号。城

① 波德里亚. 象征交换与死亡［M］. 车槿山，译. 南京：译林出版社，2006：102.

② 波德里亚. 象征交换与死亡［M］. 车槿山，译. 南京：译林出版社，2006：103.

③ 波德里亚. 象征交换与死亡［M］. 车槿山，译. 南京：译林出版社，2006：105.

市符号依赖的不是力量，而是差异，所以涂鸦运动通过差异来进攻——用不可编码的绝对差异来拆毁代码的网络，拆毁被编码的差异的网络，系统遇到这种绝对差异就会崩溃。城市的符号系统是能指和形式，而涂鸦没有内容，也没有信息，它是无内容和无信息的符号，它攻击的不是内容而是形式，不是所指而是能指，使传媒第一次在自己的形式本身中受到攻击，正是在这里，系统最容易受伤害，最容易被摧毁。

三、费斯克论大众文化的主体抵抗

费斯克对大众文化的影视、报纸、游戏、摔跤、录像等各种类型进行了广泛研究。费斯克是美国当代著名大众文化学家之一，其代表作有《解读大众文化》《理解大众文化》《解读大众》《传播研究导论：过程与符号》《关键概念：传播与文化研究》，其大众文化理论对包括巴特、鲍德里亚在内的西方大众文化学家的理论兼收并蓄，他在《理解大众文化》一书的前言中说："事际上我所运用的'理论'，其源泉来自欧洲——布尔迪厄、德塞图、巴特、霍尔……"① 费斯克通过创造性地运用符号游击战、生产者式文本和符号生产力等概念，阐述了大众文化的符号主体的抵抗。

（1）通过符号游击战进行符号主体抵抗。"符号游击战"指强势者利用城市、商城、学校、工厂车间等"场所"传播主导意识形态，弱势者则混迹其间，使这些"场所"为我所用。费斯克以电视文本为例，对作为弱势者的电视受众的"符号游击战"进行了详尽的阐述。电视文本具有开放性和多义性，而这种开放性和多义性恰恰给电视受众留下了更大的"符号游击战"空间。电视受众的"符号游击战"是作为弱势者的电视受众的防御性攻击，防御是电视受众拒绝被电视文本所传播的主导意识形态控制，攻击是电视受众对电视文本的"裂隙"运用间接、迂回、偷袭等"权且利用"的战术，采取选择性和断续式的方式进行解读。② 在电视剧、电视录像、电视播放的电影、电视游戏、电视智力竞赛和电视新闻等各种电视文本中，电视受众的"符号游击战"分布广泛，处处可见。如西方资本主义婚姻一般由男性主导，女性的活动往往被限定在对丈夫和儿女的责任之上，但澳

---

① 约翰·费斯克. 理解大众文化［M］. 王晓珏，宋伟杰，译. 北京：中央编译出版社，2001：前言 2.

② 约翰·菲斯克. 理解大众文化［M］. 王晓珏，宋伟杰，译. 北京：中央编译出版社，2001：255.

大利亚大受欢迎的游戏节目《龙凤配》却让年轻男女自由选择对方，并在下次节目中向电视受众报告他们的约会情况。费斯克认为这一节目大受欢迎的原因在于它通过电视符号挑战了男性权力的主导意识，使男女处于平等地位，而且约会后的男女可以自由讲述他们可能不太融洽的关系，打破了现实婚姻必须稳固的主导意识。

（2）通过生产者式文本进行符号主体抵抗。巴特提出了可写性文本和可读性文本，费斯克则在此基础上提出了生产者式文本，生产者式文本既适合各类读者，又具有可写的开放性。费斯克说："'生产者式文本'为大众生产提供可能，且暴露了不论是多不情愿，它原本偏向的意义所具有的种种脆弱性、限制性和弱点；它自身就已经包含了与它的偏好相悖的声音，尽管它试图压抑它们；它具有松散的、自身无法控制的结局，它包含的意义超出了它的规训力量；它内部存在的一些裂隙大到足以从中创造出新的文本。它的的确确超出了自身的控制。"①作为生产者式文本的大众，会通过双关语、过度表达、浅白话语和陈词滥调等实施对社会控制的消解。如双关语是一种对特定的语言在特定的语境中所具有的独特关系的使用，在诸如广告、标题、流行音乐、标语等商业文化中相当普遍，它通过对语言进行嬉戏与零碎地使用，蕴含着不受规训、无视礼俗与冒犯性的潜力。如1988年2月5日的《纽约邮报》刊登一则新闻："一位多愁善感的共和党领袖，参议员罗伯特·多尔在惊觉于参议院否决了3600万元援助议案的'严重错误'后，昨天给尼加拉瓜反抗军签发了一张500美元的私人支票。"②这则新闻的标题是《多尔买进了有争议的新股》（*Dole Buys Into New Contraver* $Y），contraver $Y是将contras（反抗军）和controversy（争议）两个字做了词义的结合，这种结合把美国的政治斗争琐碎化，从而表现出一种不恭的态度。

（3）通过符号生产力进行符号主体抵抗。符号生产力指大众通过选择和创造，打散文本的整体结构，避免主流意识的限制。费斯克指出，大众认为大众文化的"文本的价值在于它可以被使用，在于它可以提供的相关性，而非它的本质或美学价值。大众文本所提供的不仅仅是一种意义的多

---

① 约翰·费斯克. 理解大众文化［M］. 王晓珏，宋伟杰，译. 北京：中央编译出版社，2001：128.
② 约翰·费斯克. 理解大众文化［M］. 王晓珏，宋伟杰，译. 北京：中央编译出版社，2001：131.

元性，更在于阅读方式以及消费模式的多元性"。① 大众通过符号生产力对大众文化进行创造的途径是相关性、"拼装"和写作。相关性指大众在接受大众文化时，可以通过选择性地参与生产出相关性意义。"拼装"指接受者通过选择性或部分阅读文本的阅读方式打散文本的整体结构，使之成为一个非既定的文化资源，从文本中选择性地生产出意义。如 MTV 与麦当娜合作策划了以她的歌曲《真正的蓝调》为主题的"拍我自己的录像带"的比赛，该比赛参赛者众多，其中长得像麦当娜的参赛者以精心编排的舞步，在精心挑选的场地上跳着麦当娜式的舞蹈，部分参赛者将少女们日常生活的细节加入麦当娜的歌曲世界中，如卧室、服装、家庭照片、家庭轿车及他们喜爱的海滩和江滨；也有参赛者依照麦当娜来装扮自己，成为富有权力的、自由的和公共的明星世界与无权力的、受压抑的和私人的少女世界之间的相关点。写作指针对肥皂剧的集与集之间较大的间隙，许多电视受众会参与对电视文本的"创作"，如肥皂剧迷布伦斯顿在看《溪畔》时，自己提前"写作"出了剧本，以与即将播出的剧情进行比较。有时写作是对电视文本的"拼贴"，有些懂得电视文化的年轻受众，运用他们的电视文化知识不断切换电视频道，观看类似后现代主义拼贴艺术的电视文本。② 这些利用电视文本的相关性、拼装和写作的创造，都是大众符号抵抗的途径。

四、哈克的大众艺术的符号主体抵抗

布尔迪厄将巴特的语言符号学扩展为一般符号，认为形形色色的符号系统是具有结构功能的结构，宗教、语言、神话、艺术、教育、科学等都是符号系统；符号权力通过伪装的、习以为常的形式再现政治和经济权力，以强制性地推行个体理解与适应社会世界；文化艺术场域既是相对自主的，又受到政治、经济权力场域的支配，处于被支配的地位："不论是艺术还是科学，其研究活动必须有国家的支持才能进行。既然作品的价值大致与市场的大小成反比，那么，文化企业只能靠国家资金才能生存，才能苟延残喘。文化电台或电视台、博物馆、凡是提供'高级文化'（这是你们新老保的用语）的机构，只有靠国家才能生存。"③ 艺术家、作家、学者必须学会

---

① 约翰·费斯克. 理解大众文化 [M]. 王晓珏，宋伟杰，译. 北京：中央编译出版社，2001：171.
② 约翰·菲斯克. 解读大众文化 [M]. 杨全强，译. 南京：南京大学出版社，2001：176.
③ 布尔迪厄，哈克. 自由交流 [M]. 桂裕芳，译. 北京：生活·读书·新知三联书店，1996：68.

对国家的支配保持警惕，必须对国家、经济等权力场域的侵蚀进行反抗。布尔迪厄认为，美国观念艺术家汉斯·哈克的艺术作品往往以一种毫不妥协、直截了当的姿态参与到各种社会文化批评中，他的作品包含了对艺术作品产生条件本身的批判性分析。

1. 哈克的大众艺术抵抗的政治和经济场域背景

布尔迪厄认为，西方资本主义发展到二十世纪中后期，国家政治、经济场域越来越多、越来越有效地介入文化艺术的领域，加强了对文化艺术的控制。如在政治场域，美国纽约艺术家安德鲁斯·塞拉诺所创作的一幅展现耶稣被钉在十字架上，画面前方有一层琥珀色的小水珠的摄影作品，在参加温斯顿–萨勒姆现代艺术东南中心组织的年轻艺术家的巡回展览会时，美国北卡罗来纳州的共和党参议员杰西·赫尔姆斯以该摄影作品存在渎圣行为为由，提出了一项禁止国家艺术基金资助"被国家艺术基金会或国家人文社会科学基金会认为淫秽的作品"的法案，这是自 1965 年美国国家艺术基金会成立以来，头一次将政治标准强加给专家评审员。在经济场域，西方一些工业组织通过将他们的财产与受资助人的符号资本进行交换，打着文艺资助的幌子给自己戴上利他主义的花环，从而扩大自身的影响，如出售奢侈品的卡蒂埃公司在巴黎城郊设立卡蒂埃现代艺术基金会，多次举办展览，其董事长阿兰–多米尼克·佩兰就说过文艺资助不仅是巨大的交际手段，而且是诱惑舆论的手段。

2. 哈克的大众艺术的主体抵抗

哈克的大众艺术表现形式多样，可以单一或综合运用摄影、油画、拼切、装置、现实取材、文字论述等。布尔迪厄认为，哈克的表现策略一是将大众艺术与社会紧密联系。哈克曾说："我非常有意地为一个特定环境创作。于是，展览场地的社会与政治环境也像空间的建筑特点一样起作用。环境的文化状况往往是我的基本材料。"二是哈克善于利用已有的各种文化符号，在此基础上进行创造性加工，以其人之道还治其人之身。正如布尔迪厄所说："你的一个原则是利用对手的力量，有点像柔道那种摔跤运动。某家企业家利用了新闻，于是你也利用新闻告诉人们它利用了新闻。你的工作逻辑使你逐渐形成一种战略思想，它包含在你的作品之中。"[1] 下面试对哈克的两件大众艺术作品的主体抵抗进行分析。

---

[1] 布尔迪厄，哈克. 自由交流 [M]. 桂裕芳，译. 北京：生活·读书·新知三联书店，1996：108.

一是 1990 年的装置艺术作品《赫尔姆斯宝路之国》的主体抵抗。这幅作品的创作背景是美国北卡罗来纳州参议员赫尔姆斯和莫里斯公司私下勾结，莫里斯公司资助赫尔姆斯当选为参议员，赫尔姆斯利用职权之便做一些对该公司有利的事情。哈克这幅作品的主要材料就是莫里斯公司生产的一包万宝路（Marboro）香烟的烟盒，但香烟盒的中部镶贴上了赫尔姆斯的照片，下面写着赫尔姆斯宝路（Helmsboro）。哈克将万宝路的符号创造性地改为赫尔姆斯宝路，正是要指控像赫尔姆斯一样的政客与像莫里斯公司一样的大工业财团互相勾结，任意践踏人权自由的恶劣行径。

二是 1991 年的临时公共装置作品《举起旗帜》的主体抵抗。《举起旗帜》创作的社会背景是：在德国慕尼黑生活的人文化生活落后，他们拟举办一次重要的文化活动，柯尼希广场上的展览会就是其文化活动的组成部分之一。哈克考虑到慕尼黑是德国纳粹发源地之一，于是在慕尼黑的柯尼希广场挂上了两面旗帜，利用临时公共装置制造一件观念性艺术作品《举起旗帜》。这部艺术作品以纳粹歌曲《霍斯特——韦塞尔之歌》的第一句歌词"举起旗帜"为题，中央那面旗帜上写着"号召——德国工业在伊朗"，上面是一幅象征纳粹德国党卫军的骷髅头，其他旗帜上列着当时向伊拉克出售军火的德国公司的名单。这件临时装置艺术品将作为纳粹德国党卫军标志的骷髅头与出售军火的德国公司并列，以强烈批判这些德国公司只顾追求利润不顾他国人民死活的丑陋行径。

巴特的反神话模式限于符号学的分析，只是对大众文化的主体反抗提供了方法论。鲍德里亚则在发展其符号学的基础上与信息传播学、大众媒介相结合，使其分析更全面，使其大众文化的主体反抗的研究更具时代性。费斯克发展巴特的后结构主义符号学，布尔迪厄将其符号学与社会和时代结合得更加紧密，他们都推动了巴特的大众文化的符号主体抵抗研究，使其主体抵抗观更加全面深入。

第二节　德勒兹大众文化的生成主体抵抗观

吉尔·德勒兹在《如何辨识结构主义》中提出，辨识法国结构主义的准则是象征、设定、微分与奇异、分化、系列、空格和从主体到实践。[①] 这

[①] 吉尔·德勒兹.《荒岛》及其他文本：文本与访谈（1953—1974）[M]. 董树宝，胡新宇，曹伟嘉，译. 南京：南京大学出版社，2018：253.

实际上是对后结构主义（Poststructuralism）准则的概括。作为法国结构主义到后结构主义转变中的重要角色，德勒兹的重要著作如《差异与重复》《意义的逻辑》《感觉的逻辑》《反俄狄浦斯：资本主义与精神分裂》《资本主义与精神分裂：千高原》《卡夫卡：走向少数族裔文学》《电影Ⅱ：时间—影像》等都具有强烈的后结构主义色彩，正如美国研究德勒兹的学者霍兰德所说："就'后–结构主义'这个词的两个意义而言，我们都可以把德勒兹与加塔利的贡献看作是后结构主义的。"① 作为一位对当代西方影响巨大的学者，德勒兹在人文社科各个领域都作出了突出贡献。本文仅在剖析德勒兹发展巴特后结构主义符号学的基础上，辨析其在后结构主义背景下提出的生成主体（Becoming Subject）理论，并对其大众文化领域生成主体的抵抗观进行阐释。

一、德勒兹对巴特符号学和主体观的发展

德勒兹在《关于〈一千个平台〉的谈话》中对巴特的后结构主义符号学颇为肯定："首先是罗兰·巴特的进展：他经历了语言学、语义学和句法学，但是他日益成功地创立了他自己的语用学，一种内心语言的实用学。"② 德勒兹这里所说的巴特的"内心语言的实用学"实质就是巴特的后结构主义符号学和文本写作。德勒兹的符号学与后结构主义的巴特的符号学具有相通之处：都认为符号学范围广泛，运用片段进行写作，阐释主体的抵抗。③ 但巴特的后结构主义符号学更多地关注文学和学术文本，德勒兹则在广阔的社会文化领域，在系统阐释符号学的基础上，推进了生成主体的研究。

（1）对巴特的后结构主义符号学进行全面发展。巴特的后结构主义符号学提出符号的能指在所指的表面自由移动，他在《S/Z》中选择巴尔扎克的小说《萨拉辛》，通过能指的移动对这部小说进行解构，但其研究局限于文学文本。德勒兹则在《资本主义与精神分裂：千高原》中将巴特的后结构主义符号学和皮尔士的符号学理论结合，对巴特的符号学进行全面发展。

---

① 尤金·W. 霍兰德. 导读德勒兹与加塔利《千高原》[M]. 周兮吟，译. 重庆：重庆大学出版社，2016：163.

② 吉尔·德勒兹. 哲学与权力的谈判：德勒兹访谈录 [M]. 刘汉全，译. 北京：商务印书馆，2001：33.

③ 罗兰·巴尔特. 写作的零度 [M]. 李幼蒸，译. 北京：中国人民大学出版社，2008：196.

他提出符号学由构图性的、机器性的、发生学的和转化性的成分四个部分组成，前两者着眼于符号学未成形的物质，后两者着眼于符号学本身。其中发生学的成分是对具体符号学的研究，分为表意符号学（Significant Semiotics）、前—表意符号学、反—表意符号学和后—表意符号学四种类型：表意符号学的特征是符号总是指向另一个符号，符号的网络无限循环，符号指向另一个循环，具有一种随着情境变化的动态分布，符号的阐释使一个所指的部分与一个符号或符号的集合对应，使符号得以被认识；前—表意符号学极为接近不通过符号进行运作的"自然"编码，如肉体性、姿态、节奏、舞蹈、仪式的形式；反—表意符号学尤指可怕的、尚武的、畜牧的游牧民族的符号学，标志着一种多元和动态的分布；后—表意符号学的要素与意指过程对立，为一种独特的主体化过程所界定。德勒兹还指出，所有的符号学都是混合性的，每种符号学都不可避免地捕获着来自另外一种或多种符号学的碎片，但没有一种符号学处于支配地位。其中转化性的成分揭示一种抽象机制被转译、转化为另一种抽象机制的过程，包括类比的、象征的、策略性的和模仿的转化，通过转化使一种新的符号学凭借自身的力量被创造出来，但没有普遍的符号学，而只有一种转化—符号学。①

（2）将巴特的文本发展为生成理论。转向后结构主义的巴特通过文本的意指实践、生产力、意指过程、生成之文和互文性等概念，指出文本是一种运动和活动，一种生产和转换过程。而德勒兹在《资本主义与精神分裂：千高原》等著作中创造性地提出了生成理论。生成是从所拥有的形式、所代表的主体、所具有的器官或所实现的功能出发，进入某个相邻的区域之中，它始终处于异质事物之间的动力学变化过程之中，并不趋向某种目的论或最终形态。② 如克分子是人类建构的家庭、社会、群体、国家、男人等压迫性的历史情境，分子是原初的非辖域状态的无目的、无意向、非指意、非再现的自然状态，那么分子的生成就是要摆脱各级各类克分子的桎梏，从克分子的形式中逃逸。德勒兹的生成理论包括但并不限于生成—艺术符号。生成—艺术符号指在艺术文本中来自各个领域的符号脱离了自身的应用领域，成为纯粹的符号，每个符号随时可以和毗邻的符号连接形成

---

① 德勒兹，加塔利.资本主义与精神分裂：千高原：第2卷［M］.姜宇辉，译.上海：上海书店出版社，2010：202.
② 麦永雄.德勒兹哲性诗学：跨语境理论意义［M］.桂林：广西师范大学出版社，2013：38.

新的符号系统，随时可以被赋予新的内容和应用领域而生成意义。它们也没有单一固定的理解方式，可以从各自的视角随时和其他的符号连接起来，而不同的连接产生不同的理解方式和意义。这种开放的、碎片式的艺术文本创造了全新的语言符号用法，这种符号的全新用法就是艺术符号的生成。

（3）将巴特的文本主体发展为社会主体。转向后结构主义的巴特在提出文本观的同时，也提出了复数主体："主体不复有笛卡尔我思的完美统一体；它是个复数的主体，迄今为止，惟有精神分析能够探讨这复数的主体。"① 但巴特的主体偏重于文本和学术主体。德勒兹则既阐释了少数文学创作主体，又广泛涉及游牧民、精神分裂、先锋绘画、现代电影等各种生成主体类型。与生成总是少数、弱势、逃逸、变化相对应，生成主体也打破了传统的稳定、封闭、理性的主体，在生成过程中受到持续不断、变化多端的力量的装配，成为发生于语言、组织、社会、法律和主流文化等机缘巧合的附带现象，表现为少数文学（Minor Literature）创作主体、逃逸主体、先锋绘画主体、精神分裂症主体、游牧主体等多种多样的生成主体类型。② 对于少数文学创作主体来说，多数文学（Majority Literature）是占据主导状态的定型文学，少数文学创作主体更多地表达集体的声音和欲望，描绘在艰难状态下少数群体的小人物的生活，表现他们意图逃离强大的国家机器和文化体制的各种欲望，它产生在多数文学内部却对其具有某种抵抗作用。③ 对于游牧主体（Nomadic Subject）来说，国家机器（State Machine）对其自身辖域范围内的各种解辖域化流进行反复制码，而战争机器（War Machine）的职能是以各种形式逃避或反对国家机器的捕获和辖域，游牧主体因循着惯常的路径，分布于一个开放的、不确定的、非共通性的空间之中，当一个国家机器未能成功地辖域其内部或邻近的空间时，游牧主体就会以穿透的力量出现，并运用战争机器抵抗国家机器。

二、德勒兹论生成主体的抵抗方式和途径

德勒兹的各种生成主体类型都具有抵抗社会文化的功能。如在《反俄

---

① 罗兰·巴特. 文之悦［M］. 屠友祥，译. 上海：上海人民出版社，2002：92.
② Parr A. The Deleuze Dictionary［M］. Edinburgh：Edinburgh University Press.，2005：21.
③ 陈永国. 游牧思想：吉尔·德勒兹 费利克斯·瓜塔里读本［M］. 长春：吉林人民出版社，2011：109.

狄浦斯：资本主义与精神分裂》中，他剖析了精神分裂症主体
（Schizophrenic Subject）对精神分析的抵抗。精神分析主体（Psychoanalytic
Subject）都具有俄狄浦斯情结，是只与爸爸—妈妈相关的可怜虫。而精神
分裂症主体的革命是过程和突破，是潜在的无意识的革命力量，是无所定
向而能量巨大的欲望之流的化身。① 它重塑关于对历史、文明与社会结构的
感觉，创造自己的符码，或者对其进行滑稽的戏仿，以对精神分析主体进
行抵抗。在此基础上，德勒兹在《资本主义与精神分裂：千高原》中全面
阐述了生成主体的抵抗方式和途径。

（1）生成主体的抵抗方式。德勒兹认为，国家、社会到个人都由不同
的线（Line）组成："无论是作为个体还是群体，我们都被线穿透"，"更准
确地说，我们是由线簇所构成，因为每种线都具有多样性"。② "线"是事
物或事件的组成部分，也构成了主体的生命和生活，还喻指着主体对世界
的认知。德勒兹认为存在三种不同类型的线，分别是有克分子线（Molar
Line）、分子线（Molecular Line）和逃逸线（Line of Flight）。生成主体的抵
抗方式是通过逃逸线进行反抗。克分子线对世界进行二元化分割，国家、
社会和个体被这种节段之线切分在不同的辖域之中，每个辖域有不同的编
码方式，其最终结果是走向一种同一性和总体性，克分子线是一条僵化的
线。分子线处于克分子线和逃逸线之间，它试图挣脱阶层、性别、个人所
定义的克分子线，开始进行解辖域化运动，其断片通过各种强度的流进行
生成。逃逸线是克分子线和分子线的爆裂和震荡，它不容忍节段，超越各
种断片和门限，以达到一种绝对的解域。

在逃逸线的断裂之中，不仅过去的内容消失不见，而且所发生的事件
的形式、发生于某种不稳定物质之中的某个难以感知的事件的形式也不再
存在，德勒兹说："存在着一条逃逸线，它已经是复杂的，因为它具有其特
异性。"③ 逃逸线并非从克分子的节段性之线、分子性的节段线衍生出来，
它从一开始就存在在那里，时刻期待着另外两种线的爆裂。逃逸线可以与

---

① Deleuze G, Guattari F. Anti-Oedipus: Capitalism and Schizophrenia［M］. Minneapolis: University of
　Minnesota Press, 1983: 9.

② 德勒兹，加塔利. 资本主义与精神分裂：千高原：第2卷［M］. 姜宇辉，译. 上海：上海书店出
　版社，2010: 282.

③ 德勒兹，加塔利. 资本主义与精神分裂：千高原：第2卷［M］. 姜宇辉，译. 上海：上海书店出
　版社，2010: 284.

其他线相互交错，在某一瞬间它们彼此交叉，在某一段时间又前后相继，正是在交叉相继之中，形成了某种不再从属于任何一条线的事物。逃逸线并非逃离世界，而是使世界得以逃逸，而且任何的社会系统都将沿着各个方向逃逸。逃逸线不是通过表意的分断进行，而是具有能动性，甚至历史也不可避免地通过逃逸线进行。逃逸线不是劝导生成主体逃离现世和回避社会，而是倡导生成主体寻求解辖域，得到精神和思想上的解放。逃逸线不是单一的，每个生成主体都有其自身的逃逸线：从学校之中奔跑而出的孩子们的逃逸线不同于为警察所驱逐的示威游行者的逃逸线，也不同于某个越狱的囚徒的逃逸线。逃逸线的生成主体的界域不在掌控之中，而是处于勾勒出这些界域的过程之中。生成主体不是在世界之中描绘出自身，而是在自身之上描绘出整个世界；不是循着逃逸线发挥功能，而是自身创造出逃逸线，成为自身的一种旅程，以感知其他世界的可能和"一种新的幸福"。

（2）生成主体的抵抗途径。德勒兹提出，生成主体存在着"渐进"、秩序或"体系"，它沿着生成女人（Becoming-woman）、生成动物（Becoming-animal）和生成无感知（Becoming-imperceptible）这一途径进行反抗。生成链条中的第一步是生成女人，生成女人不是模仿，也不是装扮出女人的形式，而是放射出粒子，进入一种微观—女性的动与静的关系或邻近性之中，也就是在我们身上产生一种分子性的女人。德勒兹说："生成女人是指在我们内部生产一个分子女人，创造一个分子女人。作为克分子实体的女人必须生成女人。"因为"我们所说的克分子实体是由她的形式所界定的女人。被赋予了器官和功能、并被指定为主体的女人。生成女人并不是模仿这个实体，抑或把自身改造成这个实体"。即使是女权主义政治也难逃克分子政治的厄运，"女人必然要实施一种克分子的政治，其目的就在于重新赢得她们自身的有机体、历史和主体性"。但是，女权运动不能停留在克分子政治上，而必须越过克分子政治的藩篱，向着生成女人的分子政治方向发展。而且生成女人也不是男人的特权，作为克分子实体的女人应该生成为女人，其目的就在于重新赢得她们自身的有机体、历史和主体性。①

生成动物不是人变成动物，而是与一个集群、集团、种群、多元体相

---

① 德勒兹，加塔利. 资本主义与精神分裂：千高原：第2卷［M］. 姜宇辉，译. 上海：上海书店出版社，2010：390.

关，它打破了家庭、社会、宗教和国家的组织形式，表现为狩猎社团、军事集团、秘密团体、犯罪团伙。生成动物的首要原则是集群的传染，它通过另外一些内容和表达的形式，不停地从内部作用、从外部扰动着家庭类型的血缘机制、国家类型的属性、宗教类型的系统秩序。第二个原则是集群、多元体与异常者的结合。多元体通过强度之线和维度在某个时刻构成一个集群，异常者是一种边缘，每个多元体、集群都为一个作为异常者运作的边界所界定，它是生成所必需的结盟条件，还引导着始终在逃逸线上延伸得越来越远的生成的转化。生成动物表现为被压制、被禁止的群体，该群体与被建立起来或试图被建立起来的家庭、社会或国家等中心机构决裂，对它们进行反叛。

生成的最终目标是生成不可感知之物，不可感知首先要像众人那样存在，因为并非所有人都如众人那般生成，都能使众人成为一种生成，这需要更多的苦行、节制、创造性的缠卷，包括清除所有的相似和类比，清除在事物之间滑动和生长的东西，消灭所有那些超越于这个时刻的东西，使个体潜入其中，并通过一种透明的介质潜入其他个体之中，将自身简化为一条抽象线条，以便发现这一个体自身与其他线条之间难以分辨的区域，由此进入个体和创造者的非人格之中，从而使整个世界和所有人形成一种生成，创造出一个互通性的世界。如中国书画家在画鱼时，所画的鱼浑身遍布着抽象线，这些线既不是模仿性的，也不是结构性的，它们是如此缺乏组织和统一，以一块岩石、沙和植物之线来创造世界，从而生成难以感知者。

三、德勒兹论影视文化领域的生成主体的抵抗

在资本主义社会进入大众传媒社会之后，德勒兹发现大众传媒越来越霸道，如法国电视中由著名节目主持人皮沃主持的读书节目，以其强大的组织和画面技术力量将文学变成了一种文学演出形式；广播电视总是在传播着夫妻式的喋喋不休，它们策划命题的意义就在于其受关注性；电视节目真正的客户是广告商，而哲学家在电视节目中穿着背上印满品牌商标的衣服，发表对某一问题空洞的议论。德勒兹痛恨时时为社会统治阶级及各种权势力量服务的大众传媒[①]，强调对于大众传媒的生成主体的抵抗，在

---

① 高宣扬. 当代法国思想五十年：下 [M]. 北京：中国人民大学出版社，2005：622.

《代言者》中提出，"创造者就是这样一种人：他创造着自己的不可能又同时创造着可能"，"因为如果没有一系列的不可能，就不会有那种逃逸线，那种构成创造的出口，那种构成真理的错误的力量"[1]。德勒兹主要从三方面阐释了在影视文化领域生成主体的符号抵抗。

（1）非好莱坞电影导演对好莱坞生成主体的符号抵抗。作为电影研究专家，德勒兹区分了西方的古典电影和现代电影。古典电影的影像分为感知—影像、动作—影像和情感—影像，其目的是呈现完整的具有逻辑的意义，这以美国好莱坞电影为代表。现代电影的画面则获得了一种自身的时间化，其意义复杂甚至混乱，使得人们的感知不再在运动中延伸，也阻碍了人们在情境中进行反应；而时间不再依靠运动，它稀释了运动，发现了自身新面相，结果促成了一种无法定位的直接的"时间—影像"（Time-image），这以第二次世界大战后的意大利新现实主义、法国新浪潮和与好莱坞决裂的非好莱坞电影导演为代表。[2] 如在好莱坞电影中，日常生活表面的平静中蕴藏和积蓄着某种力量，这种力量会在某个关键时刻爆发，使得人物和故事的关系发生变化；但在现代电影中，由于时间的无序无限和中心的消失，一切剧烈的亦是日常的，只存在日常性。如在意大利导演德·西卡的作品《温别尔托·D》中，小女仆清早起床做过一系列家务后目光看向怀孕的肚子，若依照传统好莱坞电影的模式，观众会期待接下来是关于女仆怀孕的故事，或叙述女仆的身世。然而这部电影并未提供任何答案，目光仅仅是落在肚子上而已，在这背后不说明任何意义。传统好莱坞电影中人物置身的空间是相继的或有目的的，静物必须具有一种功能属性，但现代电影中的任意空间和纯粹静物不参与影片的情节发展，它的功能性属性被搁置，特殊意义被抹杀。再如日本导演小津安二郎的电影《晚春》中，女主角踮起脚尖向前走，想给餐馆中的某人一个惊喜，但接下来却是女主角家中的过道，由于女主角的位置转换没有承接上一个动作或预先揭示，于是观众无法在运动中理解女主角行动的目的和意义，此时时间便在空间的断裂中流泻出来；而里面的静物花瓶静止不动，没有任何动作把它与某

---

① 吉尔·德勒兹. 哲学与权力的谈判：德勒兹访谈录 [M]. 刘汉全，译. 北京：商务印书馆，2001：152.

② 吉尔·德勒兹. 电影Ⅱ：时间—影像 [M]. 黄建宏，译. 台北：远流出版事业股份有限公司，2003：19.

种因果联系起来，于是它只是时间的一个容器和载体，成为时间的"纯粹和直接的影像"。

（2）电影导演对电视的生成主体的符号抵抗。德勒兹认为，电视技术的完善使其与审美和思维的绝对消弭吻合，成为与社会没有任何间距的直接技术，具有一种控制和权力的功能，但在审美上毫无价值，而电影导演通过强化电影的审美功能来反抗电视的控制功能。在《在塞尔日·达内的信——乐观主义、悲观主义和旅行》中，德勒兹指出，达内提出电影审美功能的不稳定与权力相对立，能够创造出一种将会作为新的抵抗的艺术，电影保存并将继续保存审美或思维的功能。如电影保存了美国导演汉斯·德赖尔《格特鲁德》中男人的唯一一次哭泣，保存了瑞典导演斯约斯特罗姆或施特劳伯作品中的风，保存了法国导演瓦尔达《无法无家》或日本导演安次郎作品中的儿童、空房、法国梧桐等。德勒兹进一步提出，电影可以停止仅仅限于做电影，而扩展与录像、电子、教学画面的特殊关系，创造新的抵抗和反对电视的监视与控制功能，由此发展出一种风格主义。如美国导演科波拉让画面在摄影机之外制作完毕，创造了一种用录像机"预现画面"的风格主义；迈克尔·斯诺的《中心区》使用自然在艺术上转动的最简洁的艺术，将电影推向纯空间；法国导演西贝尔贝格的剪切介入其所主张的新组合的探索，以简洁的技巧表现出迥然不同的风格。德勒兹特别强调了法国导演阿伦·雷乃、戈达尔、施特劳伯和杜拉斯在电影画面—音响—音乐方面的探索，指出他们各自的风格光怪陆离，并无共同的价值尺度，但他们共同抵抗电视权力的控制。如雷乃的电影采用非理性剪切，这些剪切不再是清醒的剪接，也不是幻梦或噩梦的剪接，而是轻轻掠过某种思想的东西。在其电影《我爱你，我爱你》中，观众看到一个与其生活的一个瞬间联系在一起的人物，这个瞬间每次都纳入不同的组合，这就像一些画面不断地搅乱、改变、重新分配，以至在一个层面上很近的东西在另一个层面上十分遥远。

（3）戈达尔作为电视导演对主流电视生成主体的符号反抗。德勒兹在《关于"2×6"（戈达尔）的三个问题》中指出："戈达尔超越并影响了所有的人，而这并不是通过成功或可称之为成功的途径，更主要的是还是由于他坚持不懈地抓住了他自己的线，那是一种积极的逃脱的线，一种曲折的、

"Z"字形的、隐密的线。"① 戈达尔虽然主要是电影导演，但也做电视导演，他以六部两集的电视节目占据电视屏幕，提出了关于劳动和信息的生成思想。在劳动的生成思想方面，如在职业技工的一个画面中，这位职业技工在钟表组装台上和剪辑台上的动作惊人地相似，他很愿意为自己在钟表台上的专业劳动获取酬金，但是拒绝为作为电影业余爱好者而进行的业余劳动（电影剪辑）获取报酬。由此戈达尔让观众发现：劳动力的概念专横地将一个领域孤立起来，将劳动与他的热情、创造乃至生产的关系割裂开来。在信息的生成思想方面，语言一般被看作一种交流的信息，但戈达尔认为语言是一种指令系统。如在电视的一个声音画面上，法国工会领袖塞古张着嘴传递命令或口号，而一位孩子夭折的妇女同样张着嘴，但前一个声音取得对一系列画面的权利。德勒兹由此认为，一些有声画面背后有一些可称之为思想、含义、语言、表达的东西，它使有声画面掌握了感染或捕获其他画面的权力，这些思想成为一个制约中心，它排除观众不应该感知的东西，对画面的意义进行规范。于是在一个画面的链条里，每个人都有其位置，都是一个画面，而每个人又都被编入了一个像号令一样发生作用的思想大网中。而戈达尔的电视画面与声音一方面恢复了外部画面的完整性，使观众的感知与画面相等；另一方面使权力拥有者的语言在声波上断续结巴，从而达到拆散其权力的目的。

四、德勒兹论社会领域生成主体的符号抵抗

作为积极参与社会运动的法国"左派"知识分子，德勒兹始终积极地参与各种抗议非正义和种族歧视的社会运动，并称自己是"一位普通的左派分子"。② 他反复阐述了社会领域生成主体的反抗，在《控制与生成》中，指出社会领域生成主体的抵抗一直是而且不断重新"敞开"的；在《资本主义与精神分裂：千高原》中指出了社会抵抗的许多方向，在《控制与生成》中重点概括了社会抵抗的三个方向："其一，由于极限的简单推扩（这个不是"专家可控"的），（欧洲）在青年、妇女中间发生在爆炸……《一千个平台》中还有另一个方向，它不仅较之矛盾更多地考虑了逃脱线

---

① 吉尔·德勒兹．哲学与权力的谈判：德勒兹访谈录［M］．刘汉全，译．北京：商务印书馆，2001：44.

② 高宣扬．当代法国思想五十年：下［M］．北京：中国人民大学出版社，2005：623.

路，而且较之阶级更多考虑了少数。最后，第三个方向，是寻找一个'战争机器'的地位。"① 下面拟从这三个主要方向具体阐述社会领域生成主体的抵抗。

（1）西方少数群体沿逃逸线的抵抗。德勒兹在《资本主义与精神分裂：千高原》中指出，国家和社会组织并未掌控所有中心点，它们只是构成了一个共振箱，以弥散的、分散的、增强的、微观化的状态存在，对主体只能进行转换或者与其进行共振，却不能最终控制或决定它们，由此在缺口处导致生成主体的逃逸线。他在《控制与生成》中强调："社会到处有缺口，试图在某一时刻沿着正在形成的逃脱线路而行是很有意思的。"② 在《关于哲学》中，德勒兹质疑欧洲又在准备 1968 年风暴的主体生成，而且他的质疑不幸言中：由于法国失业率高居不下、各种赋税沉重、物价不断上涨、种族矛盾持续恶化，2018 年法国总统马克龙为履行《巴黎气候协议》上调燃油税，终于引爆了以法国为主并席卷欧洲的巴黎"黄背心"运动。2018 年 11 月 17 日超过二十八万法国民众参与抗议示威，12 月 1 日"黄背心"抗议运动的抗议者聚集在巴黎市香榭丽舍大街凯旋门的周边地区，12 月 15 日法国民众第五次上街游行抗议，12 月 22 日巴黎的示威游行仍在进行，12 月 29 日数十名抗议者涌向法国 BFM 电视台总部，2019 年 1 月 5 日巴黎发生第八次"黄背心"抗议活动，一直到 2019 年 1 月 20 日"黄背心"示威仍在法国各地上演。抗议活动还影响了比利时、荷兰、德国、意大利、爱尔兰等欧洲国家，这些国家也相继出现骚乱抗议现象。法国巴黎"黄背心"运动是巴黎自 1968 年以来的最大骚乱，马克龙因此取消了对塞尔维亚的访问计划，并发表电视讲话，对"黄背心"运动做出一些让步，其中包括提高最低工资、减轻退休者税负、鼓励企业发放年终资金等措施。

（2）社会少数群体对多数群体的抵抗。德勒兹在《资本主义与精神分裂：千高原》中还阐释了少数群体对多数群体的抵抗。少数群体与多数群体并不以群体内部的数目多寡来区分，少数群体内部数目可以比多数群体多。确定多数群体的是一种必须与之相符的类型，如中等、成年、男性、

① 吉尔·德勒兹. 哲学与权力的谈判：德勒兹访谈录 [M]. 刘汉全，译. 北京：商务印书馆，2001：196.
② 吉尔·德勒兹. 哲学与权力的谈判：德勒兹访谈录 [M]. 刘汉全，译. 北京：商务印书馆，2001：196.

欧洲城镇居民，他们占据社会的主导地位，处于强势阶层。少数群体则是青年、妇女、非欧洲裔、无业者、贫困阶层等，他们在社会上处于被剥夺地位，属于弱势阶层，他们相对于多数群体，总在生成过程之中，总在通过逃逸线抵抗社会。如 2011 年英国伦敦爆发青年骚乱，就是社会少数群体对多数群体进行反抗的典型事例。2011 年 8 月 4 日非洲裔黑人马克·达根乘出租车在伦敦街头遭警方拦截，双方发生枪战，马克·达根身中两弹后当街死亡。2011 年 8 月 6 日约三百人聚集在伦敦托特纳姆路警察局附近抗议，一百多名青年在晚间朝警察密集投掷砖块、酒瓶、鸡蛋等物品，焚烧多辆警方巡逻车、公共汽车和沿街建筑，切断交通，占领高速路，劫掠数十家店铺。2011 年 8 月 7 日晚间伦敦市中心的牛津街，发生五十多名年轻人肆意毁坏公物事件；在伦敦北部恩菲尔德等地区，一些商店的窗户被砸碎，一辆警车被损毁；在伦敦东部，一辆警车遭一辆汽车冲撞；在伦敦南部的布里克顿地区，有两百多名年轻人抢劫商店、攻击警察。2011 年 8 月 9 日伦敦又有至少五个地点爆发新一轮暴力事件，很多社区都能看到青年暴徒肆意破坏商业街设施或闯进大楼，而且骚乱已经蔓延至英格兰中部城市伯明翰。英国伦敦青年发生骚乱的原因在于：2008 年世界性金融危机以后，英国经济衰退，社会发展停滞，以青年失业者、移民群体和贫困阶层为主的少数群体首当其冲，特别是 20% 左右的年轻人没有工作，他们是被社会遗忘的年轻人，而且由于英国政府大幅削减未成年人的教育支出，英国大学学费提高，年轻人失业率不断攀升，一些年轻人强烈感觉自己被社会遗弃。

　　（3）战争机器对未拥有国家主权的符号抵抗。德勒兹在《资本主义与精神分裂：千高原》中分析了战争机器对国家主权的抵抗，还引用法国前总统德斯坦的话提出：局势越是在东西方处于均衡的状态，在南北关系上就越处于不稳定的状态。在《哲学与权力的对话》中，德勒兹多次以巴勒斯坦和巴解组织为例，剖析其作为战争机器对未拥有国家主权的抵抗："革命运动（比如巴解组织）也包括艺术运动在内，都是这样的战争机器。""过去有巴勒斯坦民族吗？以色列人说没有。过去无疑有一个巴勒斯坦民族，但是问题不在这里。问题在于，自巴勒斯坦人被逐出他们的土地之时起，当他们奋起反抗时，他们便进入了一个民族构成的进程。"[①] 巴勒斯坦

---

① 吉尔·德勒兹. 哲学与权力的谈判：德勒兹访谈录 [M]. 刘汉全，译. 北京：商务印书馆，2001：142.

人和以色列人都曾经在巴勒斯坦地区生活，1948 年 5 月 14 日以色列国宣告成立，但巴勒斯坦国却始终未能诞生。二十世纪六十年代以来巴解组织成立后，开始为巴勒斯坦的建国而斗争：六七十年代巴解组织以武装斗争为主，声称"武装斗争是唯一行之有效的方式"，七十年代后转向军事与政治、群众性斗争等其他一切形式的斗争相结合的方式，八十年代则将政治外交斗争摆在首位，武装斗争开始销声匿迹。1988 年巴解组织通过了《政治纲领》和《独立宣言》，采取和平战略，首次承认以色列国的合法存在，标志着巴勒斯坦在战略目标和斗争方式上的重大变化。由于巴解组织贯彻执行和平战略，1993 年 9 月巴以双方在华盛顿签署了第一个和平协议——巴勒斯坦自治《原则宣言》，巴勒斯坦首先在加沙—杰里科地区实行自治；1995 年 9 月巴以双方又签署了塔巴协议，巴勒斯坦在约旦河西岸的七座主要城市实现自治；1996 年 5 月巴以开始就关于巴勒斯坦的成立举行最后阶段的谈判，这些都为巴勒斯坦的最终独立奠定了基础。

第三节　对克里斯蒂娃的女性主体抵抗理论的拓展

克里斯蒂娃作为保加利亚裔法国文论家，二十世纪六十年代在保加利亚读书时就读过巴特的《写作的零度》，在 1965 年到达法国留学后，参加了巴特的研讨班，肯定其《符号学原理》对符号学所作出的贡献①，并发展其后结构主义符号学，提出了解析符号学、文本理论等观点，对女性主体理论进行了个性化的阐释。克里斯蒂娃还将女性主体理论运用于"女性天才系列"三卷本《阿伦特》《梅兰尼·克莱因》《柯莱特》之中，分析了这三位女性天才的主体抵抗理论，但与大众文化的联系不够紧密。英国大众文化学家安吉拉·麦克罗比（Angela Mcrobbie）和美国的约翰·费斯克（John Fiske）对大众文化的女性抵抗进行了多角度的研究，其中包括从符号和身体的角度阐释女性主体的抵抗，是在大众文化领域对女性主体抵抗研究的拓展。

一、克里斯蒂娃的女性主体观

克里斯蒂娃的女性主体理论既受到巴特的符号理论和主体观的影响，

---

① 朱莉娅·克里斯蒂娃. 语言，这个未知的世界 [M]. 马新民，译. 上海：复旦大学出版社，2015：11.

又对拉康的主体理论进行改写，形成了独具个人特色的女性主体观。

1. 对巴特的符号理论和主体观的继承和发展

（1）一是对巴特符号理论的继承和发展。巴特的结构主义符号学仍限于以语言为基础的符号学，克里斯蒂娃则除了将语言纳入符号学之外，还将包括人的肢体语言在内的其他符号囊括其中。转向后结构主义符号学的巴特提出能指在所指的表面自由滑动，由此文本也是动态的、开放的和多元的中心；还区分了已然存在之文和生成之文，已然存在之文是"呈现于具体发话内容结构中的言语现象"，生成之文则是符号学的运作过程，它是"已然存在之文的构造活动的场所"，已然存在之文只是生成之文这一运作过程中的偶然呈现。[①] 克里斯蒂娃在此基础上，提出解析符号学（Semi-analysis）的观点。其解析符号学同样认为语言符号的能指与所指之间并无紧密的结合，符号系统并非封闭的，符号具有异质性：符号的能指除了经由语言区分原则而指涉所指之外，仍然含有不能被系统化的否定性和物质性，即某种无法表现的情感和驱力。克里斯蒂娃还区分了现象文本和生成文本：现象文本是作为意义作用和传达机能的表层文本；生成文本则是作为生产活动而被理解的文本，它由能指不断产生、活动，并不断扩散、异化，处于无穷变化过程之中。[②] 她还将文本视为在语言过程中被激发而产生的"历史记忆"，从而将文本与特定的历史、文化、社会的变化紧密联系。

（2）对巴特主体观的继承和发展。转向后结构主义的巴特将作家的语言与对社会的反叛结合，认为作家的写作是对文本的"偷窥"，如萨德、傅立叶和罗犹拉这三位作家采用自我隔离，通过分节、秩序化和戏剧化运作等操作程序对自然语言进行变形，以对文本进行分割，因此，写作可以透过符号的象征秩序，记录写作主体的动力的转移、宣泄、集中等。克里斯蒂娃在解析符号学的基础上，提出文学处于一个能指和一种历史之间的分界性区域，主体隐没于该能指中；随着文学艺术的实践，主体既达到了其界限，又达到了其移位的客观可能性。主体把自我的各种张力纳入历史的矛盾之中，并使他们在彼此斗争中相互协调，克里斯蒂娃说："'自我'成为外于自我之物，它被客观化了，或准确地说，它既非客观的又非主观的，

---

① 罗兰·巴特. 文之悦 [M]. 屠友祥，译. 上海：上海人民出版社，2002：95.

② 西川直子. 克里斯托娃：多元逻辑 [M]. 王青，陈虎，译. 石家庄：河北教育出版社，2002：45.

而是同时成为二者，因此成为它们的他者。"① 由此，写作的物质性使其同语言学、逻辑学、符号学接触，但又与其区分；它没入历史中导致对社会和历史条件的思考；它的性多元决定论使其朝向精神分析学，并通过后者通向一系列身体的、物理的和实体的秩序。因此，写作不仅与语言密切相关，还包括生理的驱力和分裂的主体，与"一种冲动的缺位、推进、释放性能的辩证法"紧密相连。克里斯蒂娃将主体观与生理的驱力和主体的分裂联系，为其阐述女性主体奠定了理论基础。

2. 对拉康的主体理论的继承和发展

拉康的主体理论区分了想象界和象征界。想象界与前俄狄浦斯阶段一致，此阶段的儿童认为自己是母亲的一部分，自己与世界之间没有任何区别，也没有压抑和缺失。象征界受现代社会中父权法律和社会文化秩序的支配，此阶段父亲的出现离间了母子关系，儿童在运用语言的过程中进入了父权秩序。克里斯蒂娃以"前符号态"和"符号象征态"发展拉康的"想象界"与"象征界"，认为"前符号态"同前俄狄浦斯阶段的各种驱力、多类型的性感区相对应，此阶段的基础冲动主要表现在肛门和口腔，它在本质上是流动的、没有模式的、不定型的，与声音和节奏类似，可以将之视为一种"前符号态"的语言。在婴儿进入"符号象征态"之后，为了使真正的语言产生，必须切断这条复杂的欲动之流，将其分割为稳定的语词。然而这种压抑是不完全的，因为符号学仍然可以辨认出来，它作为一种向前推进的压力存在于语言本身之内，存在于语调与节奏、语言形体及材料的性质之中，而且还存在于矛盾、无意义、中断、沉默之中。② 因此，克里斯蒂娃建构的"符号语言"由"符号象征态"与"前符号态"两部分构成："符号象征态"使语言保持必不可少的意义和句法结构的统一性，以确保社会交流成为可能；"前符号态"的语言则持续不断地破坏这种固定的倾向，努力在"符号象征态"的控制当中进行语言革命，使新意义的诞生成为可能。

克里斯蒂娃还将"前符号态"和"符号象征态"与女性主体关联，大

① Kristeva J. How does one speak to literature? ［J］. Desire in language：A semiotic approach to literature and art，1980：92.
② 茱莉亚·克里斯蒂娃. 诗性语言的革命 ［M］. 张颖，王小姣，译. 成都：四川大学出版社，2016：45.

致说来，女性主体对应于"前符号态"，男性主体对应于"符号象征态"，男性主体代表父权象征秩序，女性主体受父权象征秩序压制而边缘化，但又可以在其内部进行抵抗。克里斯蒂娃将女性的符号活动置于一个特定的"子宫间（the Chora）"空间，认为"子宫间并非一种符号；同时，它也不是一个位置，能够为另一种假定再现某人，即子宫间也非一个能指。然而，它生成的目的在于获得这个意指的位置。子宫间既非模型也非复制品，它先于形态和其镜像存在且是后两者的基础"①。"子宫间"是一个暧昧的、混沌的、背叛的、不可言说和充满愉悦的空间，是前俄狄浦斯的母性空间，是充盈着无意识驱力的空间；它是"逻各斯"话语的断层，是受父权压制而又对其反抗的异质性空间。女性在"子宫间"的符号活动对应于被父权律法压抑的、异质的"前符号态"，对父权律法也是一种颠覆性的力量。女性主体在发展过程中，一方面，积极向着符号象征态的方向发展，产生和遵守社会的秩序，使自己符合规则和秩序的制约；另一方面，女性主体又对既定社会规则和秩序起颠覆作用，促进社会的更新与发展变化。因此，女性主体通过自身的努力，既找到合适的方式进入男性主体的象征秩序内部，又保持其自身特有的异质性。克里斯蒂娃的女性主体研究走出了女性反抗研究的僵化模式，被巴特称为"吹进我们周围的一缕清风"②。

二、克里斯蒂娃论三位女性天才的主体抵抗

克里斯蒂娃先后剖析了法国斯塔尔夫人、雷卡米耶夫人和柯黛等著名女性的风采，并且集中论述阿伦特、克莱因、柯莱特这三位"应当作为对大众文化女性主义的回应来阅读"③ 的女性天才，认为她们虽然处于二十世纪的边缘，在主流、制度、正常和学派之外，但是实现了女探险家的自由："（她们）试图超越女性的条件，就好像超越一般人的条件那样，超越生物学、社会和命定的界限；这也就是要强调主体有意识地或无意识地反抗各种决定因素的规定而创造出来的价值。"④ 克里斯蒂娃既注重分析她们本人生活对男性象征秩序的超越，又注重通过剖析她们在政治学、精神分析和

① 茱莉亚·克里斯蒂娃. 诗性语言的革命［M］. 张颖，王小姣，译. 成都：四川大学出版社，2016：12.
② 朱丽娅·克莉斯特娃. 爱情传奇［M］. 姚劲超，等译. 北京：华夏出版社，1992：1.
③ 克里斯蒂娃. 克里斯蒂娃自选集［M］. 赵英晖，译. 上海：复旦大学出版社，2015：121.
④ 高宣扬. 论克里斯蒂娃的新女性主义［J］. 同济大学学报（社会科学版），2009（3）：9-18.

文学写作方面的突出贡献，以阐述她们在学术领域对男性象征秩序的超越。克里斯蒂娃说："生命、疯狂、词语——这几位女性通过自身的存在和思想的介入，用一道道独特的光芒为我们照亮了时代的主题，并由此成了理智清醒而又激情澎湃的探险家。"①

1. 阿伦特的政治学与主体抵抗

阿伦特1906年出生于德国汉诺威的一个犹太家庭，是美国著名的犹太政治学家，其主要代表作有《极权主义的起源》《精神生活》《人的条件》等。阿伦特强调政治生活的意义在于参与公共事务，献身"宏伟"和"公共福祉"事业；政治自由是人与人平等相待，通过言语和行动融入世界之中，从而构成人格的同一性；极权主义是一种现代形式的暴政，它将权力归属一人，通过恐怖来使民众臣服。阿伦特的政治学研究在"左派"和"右派"政治学观点中自成一家，克里斯蒂娃指出："阿伦特的思想处于各种学科的交叉点上（哲学？政治学？社会学？），横贯宗教、美学和政治学范畴，与'左派'、'右派'势力集团都格格不入。"② "左派"政治学强调在政治上建立政治权威和道德权威，在思想上遵循传统来建立社会秩序，在道德保障上通过宗教重建社会道德秩序。"右派"政治学强调自由权、平等权等个人权利不可侵犯，个人权利通过每个人的政治参与实现，正义原则必须建立在个人一致同意的契约基础之上。阿伦特的政治学强调个人主义，坚信每一个人类个体的独特性和不可替代性，强调人类的活动必须在公共和私人领域之间划一条界线，这似乎与"右派"政治学接近；但是她又强调唯一真正的自由是公共自由，人类应从参与政治行动的高尚生活中获得自由，还攻击资本主义的消费主义，强调保护公共领域不受私人领域的侵犯，这又似乎与"左派"政治学接近。可见阿伦特的政治学观点超越了"左派"和"右派"，自成一家，显示出其在政治学研究领域的独创性。

2. 克莱因的精神分析与主体抵抗

克莱因1882年出生于维也纳一个传统的犹太教家庭，年轻时读过弗洛伊德的著作《释梦》并在1917年与其结识，后成为著名的儿童精神分析学家，其主要著作有《嫉妒与感恩》《对精神分析的贡献，1921—1945》《精神分析的进展》《精神分析的新方向》等。克莱因认为儿童可以被分析，只

① 克里斯蒂瓦. 汉娜·阿伦特 [M]. 刘成富，译. 南京：江苏教育出版社，2006：243.
② 克里斯蒂瓦. 汉娜·阿伦特 [M]. 刘成富，译. 南京：江苏教育出版社，2006：243.

需像解译成人的自由联想那样解译他们的游戏。克莱因将弗洛伊德提出的三至五岁儿童的俄狄浦斯情结推进到儿童的前俄狄浦斯情结期的研究，提出儿童精神病中的偏执—分裂样心态和抑郁性心态：偏执—分裂样心态大约存在于婴儿从出生到三至四个月左右，其特点是此时婴儿还没有"人"的意识，其对象关系是与部分对象的关系，占优势的机制是分裂过程和偏执焦虑；抑郁性心态大约存在于第五六个月至一岁，其主要特征是否认对对象的依赖和矛盾性，认为对象的丧失将不再引起痛苦或犯罪。克莱因创造性地提出，儿童精神分析学家要用儿童的语言观察儿童的感受，并用儿童的语言表达出来，如用"小号""大号"指婴儿的生殖器，用"便便"指婴儿的"小便"和"大便"；还提出内化的乳房、粪便、尿液和未出生的婴儿等概念。克莱因创立了游戏治疗中的解释技术，使她在儿童分析中充分采纳移情分析这一最具分析特色的技术手段，解释儿童的游戏内容、在游戏中扮演的角色，分析儿童在情境中的举动、言语、绘画等，儿童的迟到、犹疑和不合作也成为她解释的内容。克莱因把分析情境的建立和移情的形成看作相辅相成的两个方面，形成了独具特色的纯粹分析性的儿童精神分析，受到克里斯蒂娃的高度评价："关于精神病和自闭症的现代精神分析，没有他们，没有梅兰妮·克莱因将其作为研究中心，今天的我们就不会拥有标示现代文化的印记。"①

3. 柯莱特的文学创作与主体抵抗

柯莱特1873年生于法国约讷省的圣索沃昂皮赛，是二十世纪上半叶法国最重要的女小说家，主要作品有《亲爱的》《心爱人的结局》《麦茜》《西多》《母猫》《二重唱》《朱莉·德·卡奈汉》《姬姬》《长庚星》《蓝灯》等。柯莱特的文学创作成就在于其在法国文学史中独特的位置，克里斯蒂娃说："她毫不避讳地与母语的权威进行较量，这使她不得不同时面对理性与女性气质，一视同仁地爱着这两个方面，并在两者间进行转换。"②法国传统写作无论是在理性语言还是在女性气质的语言方面都取得了突出的成就，而柯莱特的写作打破了理性的控制，通过其异乎寻常的敏锐感官来表现大自然和社会生活。如在视觉方面，她在《岁末炉火》中发现初春娇嫩的紫罗兰有白色、紫色、蓝色、白蓝混杂的颜色；在味觉方面，她在

---

① 克里斯蒂瓦. 汉娜·阿伦特 [M]. 刘成富，译. 南京：江苏教育出版社，2006：242.
② 克里斯蒂瓦. 汉娜·阿伦特 [M]. 刘成富，译. 南京：江苏教育出版社，2006：243.

《灰色的日记》中描绘家乡的"森林散发香气"，人"闻到果子气味"，"吞饮其间（涧谷中）若有神灵的凉气，你会一阵阵寒噤震颤"。柯莱特的小说还表现出其敏锐的直觉，她在《流浪女伶》中描绘著名的喜剧演员在台上笑逐颜开，神采奕奕，可是他在没有节目表演的夜晚"坐在自己的化妆室的小梳妆台前，胳膊支在小台桌上，脑袋深深地埋在双手中，就是这样死气沉沉地伏在桌上，一言不发地消磨凄惨的夜晚"。她发现歌舞剧场的普通演员为了谋生四处奔走，都"装模作样，身上套着一件早已过时的风衣"，因为这件风衣"能遮住一切，如穿坏了的破背心，膝盖处发黄了的裤子，一件华而不实的风衣，能给经理和代理人以深刻的印象，最终使他们得到一碗饭吃"。

三、麦克罗比论女孩的主体抵抗

二十世纪七十年代英国伯明翰学派内部的女性主义研究崛起，作为妇女研究小组领军人物的麦克罗比，其主要代表作有《女孩与亚文化》《闭上嘴，跳舞吧：青年文化和变动中的女性模式》《女性主义与青年文化》《后现代主义与大众文化》等。麦克罗比认为，大众文化是斗争的场所，对于她所研究的以女孩为代表的女性来说，社会受男性和男权主义控制，这既表现在学校、家庭、青年俱乐部等各个社会空间，也表现在摇滚音乐、服装等各个文化领域，还表现在包括女性自身在内的社会各类人群之中的男权主义心理。如工人阶级家庭出身的女孩与男孩相比，其生活被束缚在安全牢靠的家庭、学校和俱乐部的环境中，言行举止被家庭、学校和青年领袖监管。[1] 她们在学校里被教导将来要从事教师、职业顾问、社工等"女性化"职业，在家里要学习做饭和照顾小孩等持家本领，在社会上却被青年/社区工作者、社区管理员，以及兼职人员忽视。[2] 克里斯蒂娃只阐述了天才女性在学术和写作上对男性的超越，麦克罗比则转向普通女孩生活的大众文化领域，从符号和身体两方面阐述了女性主体的抵抗。

---

[1] 安吉拉·默克罗比. 女性主义与青年文化 [M]. 张岩冰，彭薇，译. 开封：河南大学出版社，2011：41.

[2] 安吉拉·默克罗比. 女性主义与青年文化 [M]. 张岩冰，彭薇，译. 开封：河南大学出版社，2011：43.

1. 女性主体的符号抵抗

作为伯明翰学派领军学者霍尔的学生，麦克罗比早在 1977 年的《〈杰姬〉杂志：青年女性的意识形态》中就借鉴巴特和霍尔的符号学观点，开始进行符号学分析。① 她认为《杰姬》这本以女孩为主要读者对象的流行杂志有浪漫符码、个人生活符码、时装和美丽符码与流行音乐符码四种符码，还在自注中指出"杂志中的广告、个性问答游戏、现场访谈和短篇故事"等都可以看作符码，可见其符号不仅指语言符号，还包括各种社会符号和文化符号。麦克罗比将符号学和社会学结合，既分析了女孩在家庭、学校和青年俱乐部的社会抵抗，也分析了女孩通过对流行音乐的参与和对服装的改造等文化创造活动对社会的抵制。如在学校文化空间里，男权主义文化强化学校纪律，要求上课认真听讲、尊敬教师和少议论他人隐私，可女孩们常上课走神，比如在回答"走神的时候你做什么"时，一位名叫琼的女孩回答说："在桌子上刻名字。想所有跑到我脑子里的事。做完这些，我在我的帆布鞋上写字。"② 当有某个教师讨厌一个女孩的，她们的朋友会集结起来保护她，以减缓学校的压制，如一位名叫安的女孩说："她（教师克利弗夫人）讨厌我们，特别是苏珊。我们受得够够的了。所以我们开始一直瞪着她，一见到她就瞪她。我想这把她吓回去了。"③ 女孩们对学校的课程毫无兴趣，但喜欢谈话，诸如晚会上穿什么，某人姐妹肚中的孩子在长大，怎样对待父母，等等，而近期发生的事件会引发她们大范围的讨论。如一个十六岁就结婚的女孩必须在学期结束前继续上学，于是她们没完没了地说起她，一位名叫吉尔的女孩说："我是说，我不喜欢自己这样。但她真的很幸福。你可以在她的脸上看到她的幸福。上星期，我走近她说：'比利好吗？'然后我问她上学然后回家感觉怎样。"④

再如在改造二手服装方面的女性主体的抵抗，麦克罗比发现，购买二

---

① 安吉拉·默克罗比. 女性主义与青年文化 [M]. 张岩冰，彭薇，译. 开封：河南大学出版社，2011：74.

② 安吉拉·默克罗比. 女性主义与青年文化 [M]. 张岩冰，彭薇，译. 开封：河南大学出版社，2011：47.

③ 安吉拉·默克罗比. 女性主义与青年文化 [M]. 张岩冰，彭薇，译. 开封：河南大学出版社，2011：47.

④ 安吉拉·默克罗比. 女性主义与青年文化 [M]. 张岩冰，彭薇，译. 开封：河南大学出版社，2011：50.

手服装不一定出于生活的需要，而是体现了女性对个性化、多样化情调的追求。在挑选和购买二手服装的环节，女性拥有一双能够辨认出值得改造的旧衣的慧眼，她们掌握了修补恢复二手服装的技巧。如在男士西装风格的改造方面，男士西装套装一般追求典雅挺括、做工精致的风格，而女性在改造的过程中更多地赋予其女性特征。她们对男士西装的改造包括上装、衬衣和紧身裤，用倒金字塔式的线条代替紧身装，其宽松肥大的穿着效果体现了她们的解放观念；还将原本过长的衣袖改为卷起袖口，露出柔软的衬里的设计，再搭配胸针、贝雷帽、口红等装饰品，显示出一种轻松愉悦的风格；女性设计师还用粗厚的腰带将肥大松垮的男士衬衣扎成一个漏斗状，任由衬衣的肩线滑落至女性半臂处，形成一种新的"蝙蝠袖"时尚，以其肩袖宽松、腰身紧窄的倒金字塔形状显示极强的女性气息；将原本以奶油色针织棉制成的男士紧身裤染成黑色，又将原本宽松的腰带和腹部系钮开口改成突出女性曲线的新样式，这种改造的紧身裤成为二十世纪八十年代中期许多年轻女性的共同选择。①

2. 女性主体的身体抵抗

麦克罗比认为研究青年文化除了从阶级、性别、种族等角度进行研究外，还应该补充"流行""休闲""快感"三个概念，但又声称"要给这一设想找一个充分的正当理由，怕是不可能的"②，而是具体阐述了女孩通过舞蹈表现出的女性主体的身体反抗。麦克罗比认为，舞蹈作为一项身体运动，其实质是一种肢体语言符号，她将跳舞看作女孩和青年女性摆脱男权符号统治的一种休闲活动，是一种具有创造性的、身体的快感满足，其自恋性意味着女孩对自身关注度的提高。在《工人阶级女孩文化》中，麦克罗比以十三至十六岁的工人阶级女孩为研究对象，以"她们的第二个家"青年俱乐部为中心，具体分析了女孩通过舞蹈表现出的女性主体的身体抵抗。在青年俱乐部中，从男权符号统治视角出发的俱乐部管理者们认为跳舞轻浮且毫无价值，具有潜在的不道德性质。而工人阶级女孩在俱乐部里沉浸在一种欢乐的活动中，她们打扮整齐，穿上传统的女性化服装，大部

① 安吉拉·默克罗比. 后现代主义与大众文化 [M]. 田晓菲，译. 北京：中央编译出版社，2001：192.
② 安吉拉·默克罗比. 女性主义与青年文化 [M]. 张岩冰，彭薇，译. 开封：河南大学出版社，2011：33.

分女孩身穿长及小腿中间的"蓬蓬裙"，配以无袖上装和厚底鞋，画蓝色眼影，涂粉色唇膏，涂抹香粉。由于俱乐部里少有男孩出现，她们不需要遵循男孩邀请女孩的传统仪式，而是自己跳迪斯科，她们花很多的时间努力学习用不同的舞步适应不同唱片，跳出许多完美的风格，以应和 DJ 放送的不同种类音乐。她们还巩固女孩友好群体，自然地结成对子，形成各不相同的小团体。她们跳舞时也会想象在一种更浪漫的情形下，一切可能是怎样的，如一位名叫萨莉的女孩说："这里从来没有男孩……但你仍然可以永怀希望！"①

　　麦克罗比还剖析了在公众舞厅中女孩通过舞蹈进行的身体抵抗。公众舞厅主要由男性管理，反映了男性的符号统治和社会管制，但在英国传统中一直是女性占多数的休闲场所。八十年代出现一种大规模的派对文化狂欢集会，它由青年男女自发兴起，且广泛活跃于"地下"，在由公共舞厅转向地下派对的过程中，为了自我保护，一些女孩选择使用玩偶、冰糖棒和口哨等玩具把自己装扮成类似儿童的幼稚形象，从而完成对男性社会的身体抵抗。女孩还借鉴英国黑人雷鬼少女舞蹈，这种少女舞蹈是围绕一种起源于牙买加舞厅的黑人"雷鬼"音乐发展起来的舞蹈形式，黑人女孩以过于性感甚至秽亵的舞蹈给其带来活力，它反映了"年轻的黑人女孩依靠突出的性语言，为她们自己找到了一种新的自我形象——大胆、扎眼、混合了不同的民族传统、富于挑战性"②。这种自我形象建立在雷鬼少女足够自信的基础上，她们以自己的性魅力为骄傲，以突出、大胆的女性化视觉形象出现在公众面前，通过对自身关注度的提高显示出自我的女性气质，这种女性精神的高度觉醒形成对男性社会的反抗。

四、费斯克论女性主体的抵抗

　　费斯克认为，符号是各种人为制品或某种行为，它起到承载和传递意义的作用；符码是一套符号系统，它有组织地建立在社会成员的共识之上；意识形态是某一统治阶级所拥有的信念体系，具有主导性和控制性，它将

---

① 安吉拉·默克罗比.女性主义与青年文化 [M].张岩冰，彭薇，译.开封：河南大学出版社，2011：58.
② 安吉拉·默克罗比.后现代主义与大众文化 [M].田晓菲，译.北京：中央编译出版社，2001：236.

各类符码连接形成一套上下连贯、前后一致的意义，以符合社会基本常识并为社会所接受，包括个人主义、种族主义、阶级区隔、资本主义等，男权主义就是其中之一。① 费斯克从阶级、种族、性别、年龄等角度阐述了主体对男权主义意识形态的抵抗，对女性主体的符号抵抗进行了多方面的研究。

　　1. 女性主体的符号抵抗

　　费斯克以电视为例，阐述了电视观众利用"符号游击战"（Semiological Guerrilla Warfare）对主流意识形态的抵抗。一个好的受众是"符号游击队员"，他们施行"有啥用啥"的艺术，其解读往往是有选择性的和断续式的：这种周旋既不是激进的对抗或者拒绝，也不是全盘的认同与臣服，而是在斗争中有妥协，且进且退，进中有退，退中有进，进退自如。正如费斯克所说，弱势者是"创造性的、敏捷的、灵活的"，"弱势者采用游击战术对抗强势者的战略，偷袭强势者的文本或结构，并不断对该体制玩弄花招"。② 同样，女性观众在接受大众文化时，虽然大众文化受到男权主义意识形态的控制，但她们也能通过"符号游击战"反制男权主义意识形态。如女性观众在观看电视剧《查理的天使》时，她们只看到三位女侦探侦破案件、开枪射击、逮捕罪犯的过程。虽然这三位女侦探在每一集中都至少有一次要依靠男主角的"拯救"，还需要由另一个男人来分配任务，但调查显示，很多女性观众观看此片时往往把注意力放在这三个非凡和强有力的女侦探身上，她们甚至故意回避某些情节，在影片还没结束时就离开电视机去做别的事情，她们不愿看到影片结尾男老板命令女侦探的场景，她们不愿看到男权主义意识形态的出现。再如一位美国家庭主妇定期购买言情小说，她挑选言情小说并不取决于特定的文本，而取决于该言情小说能否带她走出社会性的自我：这类言情小说的女主人公往往性情刚烈、生机勃勃，她忍受着男主人公的铁石心肠，并幸存下来；而男主人公也被"女性化"，他开始对女主人公表露温柔，并以关爱和多愁善感对待她，但只有当他足够女性化之后，她才会考虑与他谈婚论嫁。通过阅读言情小说，这位家庭主妇挑战了美国传统的父权制在家庭中的权力，在挑战中扩大自己的

① 约翰·费斯克.关键概念：传播与文化研究辞典［M］.李彬，译.北京：新华出版社，2004：258.
② 约翰·费斯克.理解大众文化［M］.王晓珏，宋伟杰，译.北京：中央编译出版社，2001：255.

空间，从而打破了男权主义意识形态的控制。①

2. 女性主体的身体抵抗

费斯克的身体抵抗的实质是一种肢体语言符号，他将身体的快感称为躲避式的快感，其实质是一种暂时摆脱男权符号统治的快感："一种是躲避式的快感，它们围绕着身体，而且在社会的意义上，倾向于引发冒犯与中伤。"② 费斯克以艾伦所分析的芝加哥的酒吧进行的女子泥浆摔跤比赛和美国明星麦当娜为例，具体阐述女性通过身体进行的主体抵抗。

对于女子泥浆摔跤比赛，费斯克认为，男权符号统治下的女性气质强调洁净，洁净意味着社会和道德意义上的秩序，也意味着符号学意义上的秩序；而肮脏的身体是不恰当和具有威胁性的，它意味着紊乱、威胁与无法无天，不仅意味着行为和社会的混乱，也是符号学意义上的失控。而女子泥浆摔跤比赛打破了符号学和社会学意义上对女性洁净的控制，对抗着男权的符号统治。参加女子泥浆摔跤比赛的女性要扮演男性角色，要具有攻击性，而且这是一种非常湿滑的场地，无法进行任何一项体育运动，它将"食物"插入到通常为"泥浆"或"肮脏"所占据的范畴，使得厂商的代言人抱怨泥浆摔跤比赛使他们的商标代理人变得歇斯底里。正如一位参加比赛的女选手所说："我花了整整两年时间，才获得足够的攻击性，以便成为一个好的摔跤手。以前我从未打过任何人。我必须学会有攻击性，而这对一个女人来说很难，因为我们被教导着，应该温柔、体贴、可爱。"③

对于麦当娜的身体抵抗，男权符号统治通过男性对女性的幻想，秉持圣女和荡妇二元对立的女性观，而麦当娜作为二十世纪八九十年代美国著名的女影视明星和歌星，其唱片《麦当娜》和《宛若处女》在美国保持了几周的冠军名次，其影片《迫不及待找苏珊》确立了"麦当娜形象"，她还成为《倒计时》1985 年评选的"二十位性感人士"中唯一的女性。麦当娜通过凸显女性以自己为中心的性特征，来展现女性的独立性，这种女性独立性表现为对男权符号统治的形态进行戏仿，她所使用的镜头既遵从又嘲笑女性的性特征：如过多的唇膏是对调色板一样的嘴唇的质疑，过多的珠宝是对父权社会的女性饰物的质疑，唇膏和珠宝显示她对男权社会的遵从，

---

① 约翰·费斯克. 理解大众文化 [M]. 王晓珏，宋伟杰，译. 北京：中央编译出版社，2001：49.

② 约翰·费斯克. 理解大众文化 [M]. 王晓珏，宋伟杰，译. 北京：中央编译出版社，2001：68.

③ 约翰·费斯克. 理解大众文化 [M]. 王晓珏，宋伟杰，译. 北京：中央编译出版社，2001：120.

而过多的唇膏和珠宝是对男权符号统治的反制。在《燃烧起来》的录像中，她穿着一袭白衣躺在马路上的屈服姿态表明女性的从属地位，"碗中的金鱼"则是在男性注视下的女性的反讽隐喻，作为一种现代注视的激光束不再是传统的男性目光，它"让金鱼从碗中挣脱"象征女性从束缚中解脱；她的演唱使原先紧紧绕在她脖子上的链子松开，同样象征女性获得的精神自由；她摘下墨镜看观众的画面是她控制男性的注视的标识，这一画面让观众只能看到她允许观众看的东西，从而以积极的、电子的洞察一切的眼睛代替了其显而易见的屈服。① 正如麦当娜最好的朋友瓦伦加所说："我撰文的目的在于，对所有因为麦当娜在性问题上比较开放、露脐及她从不因说自己迷人而羞愧而称她为荡妇的人表示不满。我尊重她，我认为她对成为她自己充满了勇气。"②

---

① 约翰·菲斯克. 解读大众文化［M］. 杨全强，译. 南京：南京大学出版社，2001：121.
② 约翰·菲斯克. 解读大众文化［M］. 杨全强，译. 南京：南京大学出版社，2001：106-107.

结语：巴特符号学背景下的大众文化理论对
中国大众文化研究的启示

  巴特的结构主义和后结构主义符号学是西方具有代表性的八种符号学理论之一①，巴特符号学背景下的大众文化学家或发展其符号学，或将其符号学运用于文论或大众文化的阐释，推动了其符号学和大众文化的研究。二十世纪七八十年代中国的改革开放使中国学者开始逐渐深入理解其大众文化理论，而九十年代前后兴起的大众文化又为应用其理论提供了条件，这些都使其大众文化理论为中国大众文化研究提供了启示。巴特符号学背景下的大众文化理论对中国大众文化研究的启示主要表现在三个方面。

一、巴特符号学理论对中国符号学建构的启示

  巴特的符号学受到曾在法国任教的索绪尔和法国结构主义学者的影响。索绪尔曾在 1881 年至 1891 年在法国巴黎高等研究学院教授语言学，兼任巴黎语言学学会秘书，在整整十年间培养了一批法国语言学家；其《普通语言学教程》1922 年在巴黎出版，并在法国产生了影响，如其学生梅耶（Meillet）的学生马丁内（Martinet）就在法国传播和研究结构主义语言学②。法国结构主义的创始人列维-斯特劳斯在二十世纪四十年代设想将结构主义语言学的分析方法用于人类学的研究，二十世纪五十年代拉康、格雷马斯分别提出将其运用于精神分析、文学等人文社科领域的研究。巴特

---

① 王铭玉，宋尧. 符号语言学 [M]. 上海：上海外语教育出版社，2005：15.
② 冯志伟. 现代语言学流派 [M]. 西安：陕西人民出版社，1999：150.

也在五六十年代出版《符号学原理》，将索绪尔适用于日常语言的结构主义语言学运用于非语言活动的符号系统，1968 年又从结构主义符号学转向后结构主义符号学，巴特符号学背景下的一些大众文化理论家也对其符号理论进行发展。巴特的符号学理论表明符号学受到时代、国别和个人的影响，那么，中国大众文化的研究也可以建立在中国传统符号学的基础之上。

1. 中国古代丰富的符号学思想

中国古代具有丰富的符号学理论，旅美中国符号学家李幼蒸先生提出，作为沟通中西学术传统桥梁的新兴学科——中国符号学，须采取独立于西方符号学主流观点的批评立场，以期创造性地参与促进今后世界符号学理论的多元化发展。① 王铭玉进一步具体提出了建立中国符号学学派的总体构想，认为中国符号学具有十三类独具中国特色、占有得天独厚优势、其他国家和地区难以比拟的符号学领域，包括易学符号学、名学符号学、训诂学符号学、汉字符号学、《文心雕龙》符号学、佛教哲学符号学、术数符号学、典故符号学、古典文学符号学、艺术符号学、音韵符号学、人类符号学、马克思主义符号学。② 在这十三类符号学中，前十二类都以中国传统文化为主或与之有关，是建构当代中国符号学的基础。而巴特符号学背景下的少数大众文化学家对中国的传统符号学兴趣浓厚，他们以自己的理解阐释中国传统符号，虽然往往浅尝辄止或不得要领，但从侧面表现出中国传统符号学的魅力。如巴特在阐述不动心、不介入的中性写作思想时，借鉴了中国的佛道思想③；克里斯蒂娃设想作为表意文字的汉字突破了拼音文字中能指和所指组成的定义明确、界限清晰的结构，成为空间维度上融汇了指涉物、能指与所指的复杂构造，汉字表意符号是不同符号相互组合的"合成品"，根据组合方式的差异会产生不同的意义④；索莱尔斯在《戏剧》《数》《法》三部作品中，尝试借用中国的表意文字以颠覆西方的表音文字⑤。

① 李幼蒸. 略论中国符号学的意义 [J]. 哲学研究，2001（3）：47-53.

② 王铭玉. 中国符号学的理论依归和学术精神 [J]. 天津外国语大学学报，2016（1）：64-66.

③ 田乐乐，郝雨. 意义与心镜：智媒时代中国语境下罗兰·巴特神话思想新视角 [J]. 新闻大学，2020（7）：94-104.

④ 张颖. 汉字与"互文性"：克里斯蒂娃后结构主义理论的中国维度 [J]. 天津社会科学，2019（2）：120-125.

⑤ 刘宇宁. 借东方以反诘西方：索莱尔斯与中国文化 [J]. 外国文学，2015（1）：79-87.

2.《易经》的符号学思想

巴特符号学理论典型地体现了符号学的二元对立观点，中国古代符号学思想也包括言与意、名与实、阴与阳等多种二元对立关系，其中《易经》的二元对立符号学思想最为典型和系统。对此，李建钊在论文《〈易经〉：中国古代的符号逻辑》中提出，《易经》从符号学的角度详细阐述了世界的二元对立及其变化：它以阴（— —）阳（——）爻画为基本人工符号，阴阳这一符号是中国古代圣人对人类在生活中感受到的昼夜、日月、男女、明暗、冷热、动静等二元对立的高度抽象。阴（— —）阳（——）爻画构成二元对立，并通过"二二相耦，非复即变"的方式构成六十四卦："二二相耦"指每两卦为一对，互相配合；"非复即变"中的"复"指卦的上下颠倒相象，"变"指卦的六爻交错相反。由阴阳爻画构成的卦画则有同一关系、反对关系、颠倒相象关系、同异关系、从属关系、交叉关系等多种关系：同一关系是卦画经重复而成，反对关系是阴阳爻位互相反对，颠倒相象关系是一个卦的上下颠倒构成另一个与之相象的卦，同异关系是下卦相同上卦相异或反之，从属关系是以乾坤两卦居首而统率其余诸卦，交叉关系是卦的爻画的内外交叉关系，这又产生了多种多样极其丰富的变化。李建钊还认为，卦画的象征意义根据卦爻符号进行类比而引申，它可以从待人接物、品德修养方面进行阐释，也可以从时令、方位、称呼、人体等方面进行分析；其象征意义具有含蓄性、多义性和模糊性，因时、因地、因人而异，而非绝对化的。①

苏智在专著《〈周易〉的符号学研究》中对《易经》的二元对立进行了更全面系统的研究。她首先将《易经》的符号分为卦画、卦辞和《易传》三部分：卦画是运用"象"对意义进行的直观表达，又可分为阴爻和阳爻；卦辞是对卦画所指物简明直接的表达，它充当了"言"的角色；《易传》则集中阐释卦画的"意"，是对意义的集中阐释，由此构成了象、言、意的意义阐释体系。从其符号系统的结构上来看，在组合轴方面，其符号系统由六十四卦组成，它们共同描绘了事物变化运转的过程，从一卦中诸爻的结构来看，其排列顺序是自下而上，构成了现实中纷繁复杂的形态；在聚合轴方面，其卦象取自自然的形态，但更多来自当时政治、军事及日常生活

---

① 李建钊.《易经》：中国古代的符号逻辑 [J]. 徐州师范学院学报（哲学社会科学版），1990（1）：124-132.

中的事物，而《易传》和其后的许多衍生解释，是在特定的文化观念上对符号意义做出的价值选择；在意义方面，其阴阳是中国古代圣人对世界万物本质的纯粹抽象，需要根据具体事物所处的具体语境阐释事物的具体意义，由此其意义具有多义性和时代性。但在《易经》的阐释中，又贯穿了弃恶扬善、持中守下、顺时而为、吉凶由人的伦理道德思想，并积淀为中国的文化传统。同时，《易经》的二元对立充满辩证关系，《易经》中卦画的六位排布，每一位都由阴爻和阳爻占据，它们存在着消长互变的规律，在高低不同的位次中以不规则的频率反复交替出现，喻示着事物的运动变化过程：事物的运行从初始到壮大，最终会走向事物的反面。而且六卦的整体排列顺序也蕴含了不同时空场域之间的转折变化规律：天地自然和人类社会的行为伦理也在发展的过程中走向完善，但最后都会走向败乱，陷入相反的状态之中。①

　　巴特符号学背景下的符号学观点只能作为中国符号学研究的参考，根本的出路还在于中国传统符号学的现代转化。中国《易经》的符号学具有高度的概括性，其思想具有系统性、辩证性和伦理性，这使其适用于人文社会科学的各个领域。历代《易经》阐释学的发展使《易经》的符号学在文学和文化领域获得了丰富的发展和应用，但由于中国现代以来对《易经》重视不足，故其对中国现代文化的影响不够大。在当今中国传统符号学复苏的背景下，一方面要以符号学为指导，另一方面要通过阐释当代具体的文学和大众文化来丰富、发展《易经》的符号学，将其转化成为中国符号学的理论支撑之一。

二、对巴特符号学背景下的大众文化理论的推进

　　1974 年四五月间，包括巴特、克里斯蒂娃、索莱尔斯在内的法国五人代表团曾访问中国，但此时中国正处于"文革"时期，他们并未能与中国学者进行符号学、文学和文化理论的对话。② 西方大众文化理论是伴随二十世纪七八十代中国的改革开放而被中国学者关注的，作为西方符号学和大众文化理论的一个派别，巴特符号学背景下的大众文化理论虽然在叙事结构、修辞、意识形态、文化意蕴、文本和主体研究等方面成就斐然，却也

① 苏智.《周易》的符号学研究 [M]. 成都：四川大学出版社，2018：68.
② 罗兰·巴尔特. 中国行日记 [M]. 怀宇，译. 北京：中国人民大学出版社，2012：102.

存在一些不够完善之处，中国当代符号和文学文化理论学者已经对其叙事结构、修辞、意识形态、象征、文本、主体等观点进行了拓展和深化，这主要表现在三个方面。

1. 对叙事结构理论的推进

巴特符号学背景下的大众文化学家对大众文化的结构进行了多角度研究，这为中国学者的大众文化结构研究提供了启发性思考。刘佳在硕士论文《服饰语言符号传播研究——以 20 世纪 60 年代中西服饰为例》中指出，巴特只选择流行服装的书写服装剖析其结构，随着时代的发展和理论分析的深入，应该选择真实服装进行符号分析；对于流行服装的语言符号来说，被感官感知的流行服装就是能指，其想要传达的信息和指示的意义就是所指；这样不必再区分真实服装和书写服装，而是可以从符号学的角度直接对真实服装进行论述。刘佳还提出可以将巴特对书写服装的对象物、支撑和变相的分析直接运用于对真实服装的分析，如一件衬衫的前后衣襟为"对象物"，袖子为"支撑物"，袖子的合体与否为"变项"；在服装语言符号文本的横向关系上，服装设计的要素如款式、色彩、材料等为横组合轴；在服饰语言符号文本的纵向关系上，服饰的风格、识别等为纵聚合轴。① 张雅蒙等在论文《〈万延元年的足球队〉中对侦探小说叙事的借用与超越》中借鉴托多洛夫叙事作品叙事的接续原则和转换原则，剖析日本作家大江健三郎荣获诺贝尔文学奖的代表作《万延元年的足球队》，认为这部侦探小说既遵循着托多洛夫归纳的一般推理小说叙事的基本规则，又创造出了独特的转换原则，还设计了"双重的真假错位"情节，使小说具有更大的张力。② 针对巴特和托多洛夫叙事结构分析缺少叙事动力的缺陷，中国当代学者杨义在《中国叙事学》中提出了叙事势能的概念，认为势能是各物体或物体各部分之间相互作用所具有的能量，在叙事作品中则指结构运转中的动力，可分为本体势能、位置势能和变异势能：本体势能来源于叙事作品人物性格的双构性或多构性及其在特殊情境中能量释放的反应；位置势能指各人物之间的关系相互间形成张力，从而推动叙事的向前发展；变异势

---

① 刘佳. 服饰语言符号传播研究：以 20 世纪 60 年代中西服饰为例 [D]. 广州：广东工业大学，2014.

② 张雅蒙，杨伟.《万延元年的足球队》中对侦探小说叙事的借用与超越 [J]. 日语学习与研究，2019（2）：95-101.

能是内在的本体势能和外在的位置势能结合而产生的势能。① 如唐代元稹的小说《莺莺传》中赴京赶考的张生身为"才子"，崔相国（已故）的女儿崔莺莺身为"佳人"，"才子""佳人"晚上隔墙对诗，相互倾慕，这是本体势能；在崔莺莺的母亲崔夫人许诺退贼兵者可娶莺莺为妻之际，张生请白马将军解围，这是位置势能；张生和崔莺莺二人既心有灵犀，又得到崔相国夫人许诺，二者结合成为变异势能。

2. 对图像修辞理论的推进

中国在二十世纪七八十年代开始改革开放，视觉文化迅速兴起，这为中国学者借鉴巴特符号学派的大众文化的图像理论提供了契机。王迅在硕士论文《广告图像的视觉修辞研究》中提出，都兰德的图像修辞分析方法具有启示意义，但只是语言修辞在图像中的运用，未能充分揭示出图像所具有的独特修辞。他在此基础上提出广告图像的视觉象征、视觉比喻、视觉排比、视觉对比、视觉变形、视觉拟人、视觉留白、视觉夸张、视觉借代、视觉摹状十种视觉修辞：视觉象征是用一幅具体的图像表达一个抽象的意义，视觉比喻是两个图像之间具有比较的关系，视觉排比是多幅图像构成一组并置的关系，视觉对比是两幅画面构成对照的关系，视觉变形是对原有的图画进行变化处理，视觉拟人是将物体的画面与人相关联，视觉留白是视觉画面的空白给观众留下想象的空间，视觉夸张是对视觉画面进行夸大或缩小，视觉借代是用视觉画面的部分、颜色代指全体或事物本身，视觉摹状是用视觉画面模拟形状、声音甚至味道。② 当代学者藏策在论文《对话罗兰·巴特》中对巴特的摄影照片的理论进行了发展超越，这种发展超越表现在：巴特认为摄影照片是无编码的信息，而藏策认为摄影照片从摄影者取景构图时就已开始编码；巴特将广告中的照片分为语言讯息、广告照片的直接意指和含蓄意指三种讯息，而藏策将之分为隐喻、换喻、讽喻和提喻，逼真的是隐喻，组照或拼接是换喻，后设性的摄影是讽喻，研究摄影快门瞬间的修辞是提喻；对于文字和图像之间的关系，巴特只论及了文字对图像的锚定功能和中继功能，藏策则认为文字和图像是两种符号系统的对话，它们彼此互为语境，互相改写着各自的意义，具有隐喻、换

① 杨义. 中国叙事学 [M]. 北京：人民出版社，1997：77.
② 王迅. 广告图像的视觉修辞研究 [D]. 苏州：苏州大学，2007.

喻、讽喻和提喻四种方式。① 当代传媒研究学者冯丙奇等在论文《平面广告图文关系分析框架："锚定—接力连续轴"的概念》中重点对巴特的图文关系进行推进。在讨论广告的图文关系时，巴特只从语言的角度剖析其对图像的锚定功能和接力功能，冯丙奇等选取 2008 年《三联生活周刊》的平面广告作为分析对象，将"锚定—接力连续轴"作为对大量平面广告图文关系进行分析的框架：以图像系统为主导的广告的语言系统对图像加以锚定，图像系统中得到重复的内容即广告的核心含义，以语言系统为主导的图像系统对语言系统加以锚定，语言系统中得到重复的内容即广告的核心含义；接力指图像系统与语言系统之间不存在信息重复的现象。两者中的任何一方都难以成功地独自传达广告的含义，它们在相互协作、补充的更高层面上共同组成一项整体性的讯息，最终完成广告的核心含义。②

3. 对大众文化领域意识形态控制理论的推进

二十世纪九十年代以来，中国消费社会和计算机网络媒介同时兴起，大众文化形态更加丰富，单小曦等在《自媒体文艺短视频的媒介神话学阐释——以李子柒古风艺术短视频为主要考察对象》中提出，应该将巴特语言神话——大众文化的意识形态控制理论扩展为媒介神话，媒介神话的初级系统由原来的语言符号系统扩展为媒介系统，即符号、载体、制品及渗透其中的技术共同构成这一系统的表达面，它们的复合运作指向原初所指意义，这一表达面和所指意义的结合形成第一层级的媒介意指。在此媒介意指过程中，初级系统的所指意义逐渐退化，最终成为次级系统的形式要素，与初级系统中的诸多媒介要素共同形成次级系统的新的表达面，指向一个新的所指意义，并最终通过一种文化意识形态控制大众。以自媒体文艺短视频为例，自媒体文艺短视频主要通过诉诸接受者的视听感官达成意指实践，其媒介分为视觉媒介系统和听觉媒介系统，两大媒介系统之中又各自包含着符号、载体、制品、技术等不同层次和类别的具体媒介：视觉媒介系统以字幕文字、图画、图像为符号媒介，以屏幕、摄影、摄像器具对符号的各种承载形式为载体媒介，以符号与载体结合制作而成的视频文件为制品媒介，以符号、载体、制品媒介的制作技术即应用于其中的数字

---

① 藏策. 对话罗兰·巴特 [J]. 文学自由谈, 2007 (4)：154-160.

② 冯丙奇, 王媛. 平面广告图文关系分析框架："锚定—接力连续轴"的概念 [J]. 国际新闻界, 2009 (9)：90-94.

技术为技术媒介；听觉媒介系统以人物语言、配乐和音响的乐音、韵律、节奏、声响等为符号媒介，以各种声音依凭的声波、人物发音器官、外物物体本身、乐器发音设备等为载体媒介，以这些符号和载体结合制作而成的音频文件为制品媒介，发音技巧、音乐、音响技术和贯穿制作过程中的数字技术为技术媒介。这一视听媒介系统结合为动态的短视频画面、镜头景别和蒙太奇等各种拍摄技巧，共同构成文艺短视频一级系统的表达面，在观者头脑中输入影音形象，构建相关的概念意义。这些能指或表达面与所指概念的结合形成了简单明晰的直接意指，如在李子柒古风艺术短视频中，主人公李子柒过着简单古朴的田园生活，一日三餐的食材皆来自自然的馈赠，展现着美好、自然、诗意等情感。李子柒艺术短视频还将初级媒介系统中表达面指向的"纯粹"所指概念搁置起来，突出和强化其中的美好、自然、诗意等情感，将中国传统社会的自给自足的农耕田园生活不断美化或诗意化，于是一种理想生活或应该追求的价值指向被逐渐标示出来。它在当今"消费文化"盛行的背景下，给当代人的精神生活凿开一个缺口，为大众文化所指的形成创造条件；再将"拟像化"处理的"传统牧歌式田园生活"样态和观念填补其中，对其精神价值指向不断强化，从而达到文化意识形态对大众的控制目的。①

西方大众文化在二十世纪初的西方社会兴起，西方大众文化理论随之产生，并伴随西方大众文化逐渐占据文化的中心地位而发展壮大，这使西方大众文化理论占据了"先发优势"，也为中国当代大众文化理论研究提供了借鉴。中国当代学者对巴特符号学背景下的大众文化理论进行深入研究，剖析其学术观点的成败优劣，辨析各学者观点的相互影响和个人创造，并阐释中国当代大众文化的各种文化现象，在阐释这些文化现象时对相关理论进行拓展、延伸，或进行辨析、取舍，或进行转换、提升，所有这些都为中国大众文化理论的建设提供了有效的借鉴。

三、基于电子媒介和计算机网络对巴特符号学背景下的大众文化理论的运用

二十世纪七八十年代以来，国外优秀影视作品大量涌入国内，它们丰富了当代中国人的文化生活，也推动了中国影视作品的发展。伴随着中国

---

① 单小曦，支朋．自媒体文艺短视频的媒介神话学阐释：以李子柒古风艺术短视频为主要考察对象 [J]．内蒙古社会科学，2021（1）：195-203.

大众文化的发展和国内影视剧与国外影视剧的"与狼共舞"，中国影视作品既受到了观众的欢迎，也在不断提高艺术作品的质量。特别是进入二十一世纪之后，中国基于计算机网络媒介的大众文化异军突起，如以网络文学为代表的大众文化在各网络文学平台如火如荼地发展，并已得到传统主流文学的认可；基于计算机网络的网络剧、短视频不但在数量上呈"指数级爆炸式增长"，而且以其类型多样吸引了越来越多的观众；计算机网络科技如推荐算法、搜索引擎及各类资讯 App 等的应用，不仅促进了现代商业的发展，也在催生一种新的大众商业文化；随着中国当前 5G 建设的高潮和应用时代的到来，大众文化类型又将呈现出更丰富的形式。所有这些在电子媒介和计算机网络媒介背景下中国大众文化的发展，都为巴特符号学背景下的大众文化理论的应用打下了基础。

其一，基于电子媒介对巴特符号学背景下的大众文化理论的运用。徐涛在《八大组合段论〈我的女友是机器人〉》中借鉴麦茨电影叙事结构的八大组合段理论，认为《我的女友是机器人》中导演最完整展现的是插入性组合段（过去时空），本应成为叙事主体的"段落"（现实时空）反倒像一段段插曲。插入性组合段实际上起到了段落的作用，更容易引起观众持久的情感投入与共鸣，表现了主人公二郎对过去的回忆和缅怀，以及对因救己丧生的机器人女友的深深思念。① 常斐在《麦茨镜像理论下的〈快乐王子〉》中指出，麦茨在电影领域发展了拉康的镜像理论，在鲁伯特·艾弗雷特自编自导自演以奥斯卡·王尔德为传主的《快乐王子》中，银幕照射出艾弗雷特和观众的自我镜像，当主人公王尔德将自己编码为快乐王子时，艾弗雷特则将自己编码为王尔德，他们各自重塑了自己的精神世界，观众则在对《快乐王子》的欣赏中，完成了对"我"的寻找和建构，分隔百余年的心灵于电影中实现相会。② 姚睿远在《中国公路电影中的时间叙事艺术》中以热奈特的《叙事话语》为主轴，分析中国公路电影的时间叙事艺术。他指出，中国公路电影往往以一到四个人物为核心角色进行类型化叙事，他们通过不同的工具踏上征程，而不同的人物带给主角不同的经历；时间叙事在中国公路电影中至少承担两大功能，一是为影片表意奠基，进行基础叙事，二是平衡影片结构，为更为合适的空间叙事让渡。时间叙事

---

① 徐涛. 八大组合段论《我的女友是机器人》[J]. 电影评介，2010（8）：45-46.
② 常斐. 麦茨镜像理论下的《快乐王子》[J]. 电影文学，2019（16）：141-143.

的时间也有自己的多重层次，第一层是故事发展的实在时间，第二层则是人物个体内在精神世界的发展时间。① 谢秋菊在《试用托多洛夫的句法理论分析〈聊斋志异·画皮〉》中借用托多洛夫的句法结构理论，以中国清代著名小说家蒲松龄的《聊斋志异》中的《画皮》为例，通过对全篇文本进行命题、序列、叙事转化等方面的分析，探索在封建家庭中丈夫与妻子的不同角色扮演，认为在中国封建社会丈夫"重色"，常常"见色起心"，导致不平衡状态的发生，妻子"执着"于依附丈夫的平衡状态，从而揭示出《画皮》所折射出的封建男权社会中夫妻不平等的地位及关系。②

其二，基于计算机网络背景对巴特符号学背景下的大众文化理论的运用。刘颖在《数字化时代文学写作的主体性——以罗兰·巴特理论为视角》中指出，巴特"作者之死"的断言似乎在数字化时代得到了证实。数字化时代最受欢迎的"巨型词典"由层出不穷的"爆梗"、热点、网络词汇等组成，这些能指大量充斥于文本中，借此引起读者解读的欲望，而文本背后的作者在创作之后便消失得无影无踪。在作者让位后的数字化时代，文本的同质化、模式化问题越来越突出。对于巴特去主体、不介入的"零度写作"，清华大学研发了中文诗歌自动生成系统"九歌"，2017 年 5 月，微软小冰出版原创诗集《阳光失去了玻璃》，它能根据电脑算法从大数据中按照规律对语料库中的词汇进行搭配，并根据诗歌格式、韵律规则进行反复修正创作，但其创作的诗歌缺乏情感与想象，不能使读者产生"精神性愉悦或思想性启蒙"。③ 在《推荐算法的消费主义视域反思——基于鲍德里亚消费社会理论》中，田晓功从鲍德里亚消费社会的符号消费视角出发，认为在消费主义盛行的今天，推荐算法已成为消费主义符号消费的推手，它使商家有效判断消费者的喜好，及时推荐符合消费者喜好的产品甚至诱导消费者改变消费结构模式；它常通过类比的方式，促使消费者在结构模式上形成符号链，从而更大规模地促进消费，并使消费者深陷其中而不自知。④ 王建等在《"拟像"视角下的短视频媒介景观狂欢——以抖音短视频沈巍事

① 姚睿远. 中国公路电影中的时间叙事艺术 [J]. 视听，2020（5）：92-93.

② 谢秋菊. 试用托多洛夫的句法理论分析《聊斋志异·画皮》[J]. 学理论，2015（24）：96-97.

③ 刘颖. 数字化时代文学写作的主体性：以罗兰·巴特理论为视角 [J]. 广东开放大学学报，2021（1）：70-74.

④ 田晓功. 推荐算法的消费主义视域反思：基于鲍德里亚消费社会理论 [J]. 佳木斯职业学院学报，2021（3）：40-41.

件为例》中以鲍德里亚的"拟像"理论为视角，以沈巍事件为案例，分析沈巍成为"流浪大师"的过程：媒介景观操纵者创造了一位具有名牌高校背景、跳出体制机制、遭遇家庭意外却放浪形骸、不以物喜不以已悲的"圣人"，也为社会边缘化的受众人群通过短视频提供了发声和展现自我的舞台，从而引发受众在虚拟场和现实中的狂欢。① 在《自媒体脱口秀节目的叙事话语分析——以〈罗辑思维〉为例》中，梁军童借鉴热奈特的叙述话语理论，以当今国内较有影响力的知识性自媒体脱口秀节目《罗辑思维》为例，指出这一节目具备口语叙事的一般特点，如话语主线主要包括时间单线叙事与话题多线叙事：时间单线叙事按照时间的先后顺序来安排故事的发生和发展，话题多线叙事根据不同叙事内容的特点逐一叙事；还需要使用必要的修辞技巧、多样化的词汇和语式等，给受众创造出生动具象的视听效果。② 官炳新在《跨文性理论视角下纪录片的可靠性研究》中主要借鉴热奈特跨文本性理论，认为基于计算机网络技术的新媒体时代的到来，给纪录片的创作方式与接受方式带来了革命性的巨变。在创作方面，数字虚拟技术、VR 技术、AR 技术等多种新媒体技术的出现，使纪录片的艺术表现手段更加丰富，影片类型也更加多元，动画纪录片、交互纪录片这些新纪录片形态已逐渐映入观众眼帘；在观众接受方面，移动媒体、视频网站、社交媒体的发展壮大，使受众不断走向影视艺术的中心，以受众为导向的创作已然形成。③

当代中国对计算机网络背景下对巴特符号学背景下的大众文化理论的运用相对零散，而单小曦在计算机网络媒介背景下对中国文艺学的研究体现了一定的原创性。虽然其系列论文和著作并非完全针对巴特符号学背景下的大众文化理论，也不完全限于国内大众文化理论，却为当今基于计算机网络的中国大众文化理论提供了启发性思考。仅以主体研究为例，巴特符号学背景下的巴特、克里斯蒂娃、热奈特、麦茨和鲍德里亚对大众文化的文本、互文性、作者之死、读者复活、身体抵抗和主体解体进行了剖析，但都未涉及计算机网络背景下的主体研究，而单小曦对计算机网络背景下

① 王建，陈雨豪．"拟像"视角下的短视频媒介景观狂欢：以抖音短视频沈巍事件为例 [J]．新闻前哨，2019（12）：104-105.

② 梁军童．自媒体脱口秀节目的叙事话语分析：以《罗辑思维》为例 [J]．出版广角，2020（20）：74-76.

③ 官炳新．跨文性理论视角下纪录片的可靠性研究 [D]．长春：东北师范大学，2017.

的主体进行了较全面的阐释。如巴特、克里斯蒂娃提出了文本、互文性、作者之死、读者复活观，单小曦等在《论新媒介文艺的场景化生产——以新媒介交互艺术为主要考察对象》中提出，计算机网络背景下文艺"场景化"的生成机制主要表现为"生产—传播—接受"的场景"交互"活动，三个文本已经统一为一个"交互文本"，这一"交互文本"不是独立自主的符号体系，更多地呈现为需要用户重组再造的动态媒介信息系统，其接受者既是审美主体，又是文本装置设备捕捉的对象。① 这一研究既表明计算机网络媒介文本的互文性，又揭示了作者和读者的参与性和创造性。单小曦等在《虚拟艺术体验中的身体及其理论问题——基于VR电影身体实践的考察》中提及麦茨研究电影主体的陷落，进而提出在VR电影中观众通过不同"自由度"的身体体验活动，使身体通过技术得以延伸，形成功能性的技术身体甚至虚拟化身，以技术身体化方式参与审美意义生产；另一方面，身体覆盖意识，身体活动覆盖意识活动，以意识身体化方式获得审美体验。由此传统的身体主体成为"技术—身体—意识"主体，这一新型主体是非实体性的边界模糊的主体，它通过自身的技术媒介要素将身体与世界关联，在虚拟艺术体验的交互性实践过程中得到身体的多样展现。② 这一研究揭示出计算机网络背景下的身体解构。麦茨和鲍德里亚都剖析了电影媒介和大众文化背景下的主体解体，单小曦则在《媒介性主体性——后人类主体话语反思及其新释》中提出，主体是在一定关系、历史、场域中关于生命的呈现方式和活动状态，而计算机网络媒介背景下的媒介化赛博格作为"生控体系统"，具有与世界联接、交融、交流、形成信息系统的能力，已经构成了人类身体不可分割的一部分，由此一个"个体（肉体—意识）—媒介—身份"的生命结构体得以形成。处于生命结构体中的个体通过媒介直接联接、邀请、聚集、容纳、谋和对象或其他世界要素，从而制造、储存、处理、接受信息，此时的主体已是多样变化的身份主体。③ 这揭示了计算机网络媒介下主体的身份解体。

① 单小曦，张玉青.论新媒介文艺的场景化生产：以新媒介交互艺术为主要考察对象 [J].中州学刊，2019（10）：141-146.

② 单小曦，李雪莉.虚拟艺术体验中的身体及其理论问题：基于VR电影身体实践的考察 [J].文艺理论研究，2020（5）：66-77.

③ 单小曦.媒介性主体性：后人类主体话语反思及其新释 [J].文艺理论研究，2018（5）：191-198.

巴特符号学背景下的大众文化理论主要适用于传统的纸质媒介和电子媒介，可以用于对二十世纪七八十年代以来中外影视作品的解读，从而丰富中国当代影视文化的研究方法。而中国二十一世纪前后基于计算机网络媒介的现代工商业业态已处于全球发展的前沿，大众文化类型也在不断开拓疆界，新的大众文化类型所表现出来的新内容、新形式呈现出丰富的应用场景，巴特符号学背景下的大众文化理论可以为这些新的大众文化提供阐释的指导，为中国的大众文化研究提供理论基础，进而促进中国大众文化理论的发展。

李幼蒸认为："作为几千年人文大国的中国，其今日的学术抱负绝不应仅限于向世界介绍中国古代文化遗产常识和文物古迹，而应勇于参与世界人文科学主流的理论创发。"① 《易经》中二元对立的符号学思想，为中国符号学的现代建构和转换提供了一种可能；巴特符号学背景下的大众文化理论的推进，不断加深了中国符号学家和大众文化学家对西方符号学和大众文化理论的理解；中国媒介特别是计算机网络媒介的发展在全球领先，则为大众文化的发展提供了丰富多元的应用场景，中国文论界必将在应用巴特符号学背景下的大众文化理论的同时，推动中国大众文化理论的创新。

---

① 李幼蒸. 中国符号学与西方符号学的理论互动 [J]. 文艺理论研究，2009（3）：2—12.

参考文献

一、外文论文和著作

［1］Barthes R. The Eiffel Tower and Other Mythologies［M］.Berkeley：University of California Press，1997.

［2］Barthes R. What is Sport？［M］.New Haven：Yale University Press，2007.

［3］Barthes R. Elements of Semiology［M］.New York：Hill and Wang，1968.

［4］Barthes R. S/Z：An Essay［M］.New York：Hill and Wang，1975.

［5］Metz C. Film Language：A Semiotics of the Cinema［M］. Chicago：University of Chicago Press，1991.

［6］Metz C. The Imaginary Signifier：Psychoanalysis and the Cinema［M］. Bloomington：Indiana University Press，1986.

［7］Chatman S，Eco U，Klinkenberg J M. A Semiotic Landscape. Panorama Sémiotique：Proceedings of the First Congress of the International Association for Semiotic Studies，Milan June 1974/Actes du premier congrès de l'association Internationale de Sémiotique，Milan juin 1974［M］.Berlin：De Gruyter，1979.

［8］Baudrillard J. The Consumer Society［M］.London：SAGE Publications，1998.

［9］Baudrillard J. Symbolic Exchange and Death：My ths and Structures［M］. London：SAGE Publications Ltd.，1993.

［10］Baudrillard J. Simulacra and Simulation［M］.Ann Arbor：University of

Michigan Press,1994.

[11] Baudrillard J. The Transparency of Evil:Essays on Extreme Phenomena [M].London:Verso,1993.

[12] Baudrillard J. A Critical Reader[M].New Jersey:Wiley-Blackwell,1994.

[13] Baudrillard J. Semiotext(e)[M].Cambridge:MIT Press,1983.

[14] Baudrillard J. Fatal Strategies[M].London:Semiotext(E)/Pluto,1990.

[15] Umiker-Sebeok J,ed. Marketing and Semiotics:New Directions in the Study of Signs for Sale:77[M].Berlin:Mouton de Gruyter,1987.

[16] Todorov T. The Fantastic:A Structural Approach to a Literary Genre [M].New York:Cornell University Press,1975.

[17] Todorov T. Symbolism and Interpretation[M].New York:Cornell University Press,1986.

[18] Genette G. Figures I[M].Paris:Seuil,1966.

[19] Genette G. Figures III[M].Paris:Seuil,1972.

[20] Genette G. Figures IV[M].Paris:Seuil,1999.

[21] Barthes R. Introduction à l'analyse structurale des récits[J].Communications,1966,8(1).

[22] Genette G. Paratexts:Thresholds of Interpretation[M].Cambridge:Cambridge University Press,1997.

[23] Genette G, McIntosh A G. The Proustian Paratexte[J].SubStance,1988,17(2).

[24] Sollers P. Déroulement du Dao[M].Berlin:L'Infini(90),2005.

[25] Sollers P. Drame[M].Paris:Tel Quel,1965.

[26] Sollers P. Une Autre logique[J].Cahiers du cinéma,1967(187).

[27] Kristeva J. How does one speak to literature? [J].Desire in language:A semiotic approach to literature and art,1980.

[28] Kristeva J. Desire in language:A semitic approach to literature and art [M].New York:Columbia University Press,1980.

[29] McQuillan Martin. Roland Barthes:Or the Profession of Cultural Studies [M].London:Palgrave Macmillan,2011.

[30] Rabaté J M. Writing the Image After Roland Barthes[M].Philadelphia:University of Pennsylvania Press,1997.

[31] Baseheart S M C. Christian Metz's theory of connotation[J].Film Criticism,1980.

　　[32] Cooper S. Identificatiom Today:Jacques Lacan,Christian Metz,Vivian Sobchak and Laura Mulvey[J].Nottingham French Studies,2008,47(3).

　　[33] Gane M. Jean Baudrillard:in radical uncertainty[M].London:Pluto Press,2000.

　　[34] Kellner D. Jean Baudrillard:From Marxism to Postmodernism and Beyong[M]. Cambridge:Polity Press,1989.

　　[35] Levin C. Jean Baudrillard:A Study in Culture Metaphysics[M].Brighton:Harvester Wheatsheaf,1996.

　　[36] Bishop R,Phillips J W P. Baudrillard and the evil genius[J].Theory, Culture & Society,2007,24(5).

　　[37] Farmer B,Martin F,Yue A. High anxiety:Cultural Studies and Its Uses [J].Continuum,2003,17(4).

　　[38] Voela A. Antigone and her Double,Lacan and Baudrillard[J].Journal for Cultural Research,2013,17(3).

　　[39] Laügt É. America in Time:Aphoristic Writing in Jean Baudrillard's America[J].Paragraph,2012,35(3).

　　[40] Tzvetan T,The Fantastic:A Structural Approach to a Literary Genre [M].New York:Cornell University Press,1975.

　　[41] Lechte J. Julia Kristeva (RLE Feminist Theory)[M]. London: Routledge,2012.

　　[42] Ritchey A. Lines of Flight:Jean-Daniel Pollet,Méditerranée,and the Tel Quel Group[J].Substance,2012,41(2).

　　[43] Landow G P,Delany P. Hypertext,Hypermedia and Literary Studies: The State of the Art[J].Hypermedia and Literary Studies,1991(3).

　　[44] Ryan,M L. Narrative as Virtual Reality[J].Immersion and Interactivity in Literature,2001.

　　[45] Murray J H. Hamlet on the Holodeck:The Future of Narrative in Cyberspace[M].Cambridge:MIT Press,2017.

　　[46] Hill C A,Helmers M,eds. Defining visual rhetorics[M].London:Routledge,2012.

［47］Hall S. Cultural Studies and the Centre：Some problematics and perspectives［M］//Hall S，eds.Culture，Media，Language.London：Routledge，1980.

［48］Smith J H, Parks E W. The great critics：an anthology of literary criticism［M］.New York：W.W.Norton & Company，1951.

［49］Macksey R. The Structuralist Controversy：The Language of Criticism and the Science of Man［M］.Baltimore：The Johns Hopkins University Press，2007.

［50］Bechtel G. "There and back again"：Progrese in the discourse of Todorovian，Tolkienian and mystic fantasy theory［J］.English Studies in Canada，2004，30（4）.

［51］Chomsky N. Aspects of the Theory of Syntax［M］. Cambridge：MIT Press，2014.

［52］Fisher W R. Human Communication as Narration：Toward a Philosophy of Reason, Value, and Action［M］. Columbia：University of South Carolina Press，1989.

［53］Hart R P，Daughton S. Modern rhetorical criticism［M］.London：Routledge，2015.

［54］Mulvey J. Pictures with words：A critique of Alain-Marie Bassy's approach［J］.Information Design Journal，1986，5（2）.

［55］Clark J M, Paivio A. Dual Coding Theory and Education［J］. Educational Psychology Review，1991（3）.

［56］Campbell K K. Critiques of Contemporary Rhetoric［M］.Ware：Wordsworth Editions Ltd.，1972.

［57］Mcrobbie A，Illegible Rage：Young Women's Post-feminist Disorders［Z］.London Economy College，2008.

［58］Kyong liong Kim. Caged in our own signs：A book about semiotics［M］.New Jersey：Ablex Publishing Corporation，1996.

［59］Cohen L，Fodor J，Katz J. The Structure of Language：Readings in the Philosophy of Language［M］.New Jersey：Prentice-Hall，1966.

［60］Jean-Daniel Pollet. Qeustions aux cinéastes［J］. Cahiers du cinéma，1966.

［61］Claude M：l'alitt rature contemporaine［M］.Paris：Albin Michel，1969.

［62］Chateau D. Le cinema comme langage［M］.Brussels：AISS-Publications de la Sorbonne,1987.

　　[63] Carter M. Stuff and Nonsense：The Limits of the Linguistic Model of Clothing[M]. Fashion Theory：The Journal of Dress, Body & Culture. Sep2012, Vol. 16 Issue3.

　　[64] Lule J. Enduring image of war：Myth and ideology in a Newsweek cover [J]. The Journal of Popular Culture,1995,29(1).

　　[65] Bishop W C. The New York Yankees as an American Culture Icon, 1940-1970 [D].Lawrence：University of Kansas,2014.

　　[66] Ibsch E. Neulektüren oder：Die Verlegenheit des Wissens um den Autor [M]//Neulektüren-New Readings. Leiden：Brill Publishers,2009.

　　[67] Oliver K. Reading Kristeva：Unraveling the Double-bind[M].Bloomington：Indiana University Press,1993.

　　[68] Mustanski B S. Dupree M G. Nievergelt C M,et al. A genomewide scan of male sexual orientation[J].Human genetics,2005,116.

　　[69] Bolter J D, Richard Grusin. Remediation：Understanding New Media [M].Cambridge：MIT Press,1998.

　　[70] Chatman S. What Novels Can Do That Films Can't (And Vice Versa) [J].Critical Inquiry,1980,7(1).

　　[71] De Sola Pool I. Technologies of Freedom [M].Cambridge：Belknap Press,1983.

　　[72] Henderson B. Tense,mood,and Voice in Film (Notes after Genette) [J].Film Quarterly,1983,36(4).

二、中文论文和著作

　　[1] 罗兰·巴尔特. 写作的零度 [M]. 李幼蒸, 译. 北京：中国人民大学出版社, 2008.

　　[2] 罗兰·巴尔特. 文艺批评文集 [M]. 怀宇, 译. 北京：中国人民大学出版社, 2010.

　　[3] 罗兰·巴特. 神话：大众文化诠释 [M]. 许蔷蔷, 许绮玲, 译. 上海：上海人民出版社, 1999.

　　[4] 罗兰·巴尔特. 符号学原理 [M]. 李幼蒸, 译. 北京：中国人民大学出版社, 2008.

［5］罗兰·巴特. 神话修辞术：批评与真实［M］. 屠友祥，温晋仪，译. 上海：上海人民出版社，2009.

［6］罗兰·巴特. 流行体系：符号学与服饰符码［M］. 敖军，译. 上海：上海人民出版社，2000.

［7］罗兰·巴尔特. 埃菲尔铁塔［M］. 李幼蒸，译. 北京：中国人民大学出版社，2008.

［8］罗兰·巴特. 显义与晦义［M］. 怀宇，译. 天津：百花文艺出版社，2005.

［9］罗兰·巴特. 文之悦［M］. 屠友祥，译. 上海：上海人民出版社，2002.

［10］罗兰·巴尔特. 符号学历险［M］. 李幼蒸，译. 北京：中国人民大学出版社，2008.

［11］罗兰·巴特. 罗兰·巴特自述［M］. 怀宇，译. 天津：百花文艺出版社，2002.

［12］罗兰·巴特. 恋人絮语：一个解构主义的文本［M］. 汪耀进，武佩荣，译. 上海：上海人民出版社，2004.

［13］罗兰·巴特. S/Z［M］. 屠友祥，译. 上海：上海人民出版社，2006.

［14］罗兰·巴尔特. 明室：摄影纵横谈［M］. 赵克非，译. 北京：文化艺术出版社，2003.

［15］罗兰·巴尔特. 中性［M］. 张祖建，译. 北京：中国人民大学出版社，2010.

［16］罗兰·巴尔特. 哀痛日记［M］. 怀宇，译. 北京：中国人民大学出版社，2012.

［17］麦茨，等. 电影与方法：符号学文选［M］. 李幼蒸，译. 北京：生活·读书·新知三联书店，2002.

［18］梅茨. 电影的意义［M］. 刘森尧，译. 南京：江苏教育出版社，2005.

［19］克里斯蒂安·麦茨. 想象的能指：精神分析与电影［M］. 王志敏，译. 北京：中国广播电视出版社，2006.

［20］麦茨，等. 凝视的快感：电影文本的精神分析［M］. 吴琼，编. 北京：中国人民大学出版社，2005.

［21］布希亚. 物体系［M］. 林志明, 译. 上海: 上海人民出版社, 2001.

［22］尚·布希亚. 拟仿物与拟像［M］. 洪凌, 译. 台北: 时报文化出版企业股份有限公司, 1998.

［23］波德里亚. 消费社会［M］. 刘成富, 全志钢, 译. 南京: 南京大学出版社, 2000.

［24］鲍德里亚. 生产之镜［M］. 仰海峰, 译. 北京: 中央编译出版社, 2005.

［25］鲍德里亚. 符号政治经济学批判［M］. 夏莹, 译. 南京: 南京大学出版社, 2009.

［26］波德里亚. 象征交换与死亡［M］. 车槿山, 译. 南京: 译林出版社, 2006.

［27］波德里亚. 论诱惑［M］. 张新木, 译. 南京: 南京大学出版社, 2011.

［28］波德里亚. 美国［M］. 张生, 译. 南京: 南京大学出版社, 2011.

［29］博德里亚尔. 完美的罪行［M］. 王为民, 译. 北京: 商务印书馆, 2000.

［30］茨维坦·托多罗夫. 散文诗学: 叙事研究论文选［M］. 侯应花, 译. 天津: 百花文艺出版社, 2011.

［31］茨维坦·托多罗夫. 象征理论［M］. 王国卿, 译. 北京: 商务印书馆, 2004.

［32］热拉尔·热奈特. 叙事话语　新叙事话语［M］. 王文融, 译. 北京: 中国社会科学出版社, 1990.

［33］热拉尔·热奈特. 热奈特论文选［M］. 史忠义, 译. 开封: 河南大学出版社, 2008.

［34］朱丽娅·克莉斯特娃. 爱情传奇［M］. 姚劲超, 姜向群, 戴宏国, 译. 北京: 华夏出版社, 1992.

［35］茱莉亚·克里斯蒂娃. 诗性语言的革命［M］. 张颖, 王小姣, 译. 成都: 四川大学出版社, 2016.

［36］朱莉娅·克里斯蒂娃. 语言, 这个未知的世界［M］. 马新民, 译. 上海: 复旦大学出版社, 2015.

［37］克里斯蒂娃. 符号学: 符义分析探索集［M］. 史忠义, 等译. 上

海：复旦大学出版社，2015.

　［38］克里斯蒂瓦. 汉娜·阿伦特［M］. 刘成富，译. 南京：江苏教育出版社，2006.

　［39］克里斯蒂娃. 独自一个女人［M］. 赵靓，译. 福州：福建教育出版社，2015.

　［40］克里斯蒂娃. 克里斯蒂娃自选集［M］. 赵英晖，译. 上海：复旦大学出版社，2015.

　［41］路易-让·卡尔韦. 结构与符号：罗兰·巴尔特传［M］. 车槿山，译. 北京：北京大学出版社，1997.

　［42］埃尔韦·阿尔加拉龙多. 罗兰·巴特最后的日子［M］. 怀宇，译. 北京：中国人民大学出版社，2012.

　［43］埃里克·马尔蒂. 罗兰·巴特：写作的职业［M］. 胡洪庆，译. 上海：上海人民出版社，2011.

　［44］多斯. 从结构到解构：法国20世纪思想主潮［M］. 季广茂，译. 北京：中央编译出版社，2004.

　［45］列维-斯特劳斯. 野性的思维［M］. 李幼蒸，译. 北京：商务印书馆，1987.

　［46］法约尔. 批评：方法与历史［M］. 怀宇，译. 天津：百花文艺出版社，2002.

　［47］雷内·加尔迪. 影像的法则：理解电影与影像［M］. 赵心舒，译. 北京：中国电影出版社，2015.

　［48］米特里. 电影美学与心理学［M］. 崔君衍，译. 南京：江苏文艺出版社，2012.

　［49］让-皮埃尔·里乌. 法国文化史（Ⅱ）［M］. 傅邵梅，译. 上海：华东师范大学出版社，2011.

　［50］阿尔都塞. 哲学与政治：阿尔都塞读本［M］. 陈越，译. 长春：吉林人民出版社，2003.

　［51］瑞安·毕晓普，道格拉斯·凯尔纳. 波德里亚：追思与展望［M］. 戴阿宝，译. 开封：河南大学出版社，2008.

　［52］凯尔纳，贝斯特. 后现代理论：批判性的质疑［M］. 张志斌，译. 北京：中央编译出版社，2011.

　［53］尼克·布朗. 电影理论史评［M］. 徐建生，译. 北京：中国电影

出版社，1994.

[54] 詹姆斯·费伦，彼得·J. 拉比诺维茨. 当代叙事理论指南 [M]. 申丹，等译. 北京：北京大学出版社，2007.

[55] 潘诺夫斯基. 图像学研究：文艺复兴时期艺术的人文主题 [M]. 戚印平，范景中，译. 上海：上海三联书店，2011.

[56] 马克·D. 富勒顿. 希腊艺术 [M]. 李娜，谢瑞贞，译. 北京：中国建筑工业出版社，2004.

[57] 博克，等. 当代西方修辞学：演讲与话语批评 [M]. 常昌富，等译. 北京：中国社会科学出版社，1998.

[58] 鲁道夫·阿恩海姆. 艺术与视知觉：视觉艺术心理学 [M]. 滕守尧，朱疆源，译. 北京：中国社会科学出版社，1984.

[59] 莱斯特. 视觉传播：形象载动信息 [M]. 霍文利，史雪云，王海茹，译. 北京：北京广播学院出版社，2003.

[60] 大卫·波德维尔. 电影叙事：剧情片中的叙述活动 [M]. 李显立，等译. 台北：远流出版事业股份有限公司，1999.

[61] 克莉丝汀·汤普森，等. 世界电影史 [M]. 陈旭光，等译. 北京：北京大学出版社，2004.

[62] 诺埃尔·伯奇. 电影实践理论 [M]. 周传基，译. 北京：中国电影出版社，1992.

[63] 保罗·梅萨里. 视觉说服：形象在广告中的作用 [M]. 王波，译. 北京：新华出版社，2004.

[64] 玛丽·沃纳·玛利亚. 摄影与摄影批评家：1839 年至 1900 年间的文化史 [M]. 郝红尉，倪洋，译. 济南：山东画报出版社，2005.

[65] 保罗·德曼. 解构之图 [M]. 李自修，等译. 北京：中国社会科学出版社，1998.

[66] 大卫·宁，等. 当代西方修辞学：批评模式与方法 [M]. 常昌富，顾宝桐，译. 北京：中国社会科学出版社，1998.

[67] 赫伯特·泽特尔. 图像·声音·运动：实用媒体美学 [M]. 5 版. 赵淼淼，译. 北京：中国传媒大学出版社，2011.

[68] 马克·波斯特. 第二媒介时代 [M]. 范静晔，译. 南京：南京大学出版社，2000.

[69] 罗杰·菲德勒. 媒介形态变化：认识新媒介 [M]. 明安香，译.

北京：华夏出版社，2000.

［70］西摩·查特曼. 故事与话语：小说和电影的叙事结构［M］. 徐强，译. 北京：中国人民大学出版社，2013.

［71］阿瑟·阿萨·伯格. 通俗文化、媒介和日常生活中的叙事［M］. 姚媛，译. 南京：南京大学出版社，2000.

［72］罗伯特·考克尔. 电影的形式与文化［M］. 郭青春，译. 北京：北京大学出版社，2004.

［73］多米尼克·斯特里纳蒂. 通俗文化理论导论［M］. 阎嘉，译. 北京：商务印书馆，2001.

［74］菲利普·史密斯. 文化理论：导论［M］. 张鲲，译. 北京：商务印书馆，2008.

［75］约翰·斯道雷. 文化理论与通俗文化导论［M］. 杨竹山，等译. 南京：南京大学出版社，2001.

［76］科林·琼斯. 剑桥插图法国史［M］. 杨保筠，刘雪红，译. 北京：世界知识出版社，2004.

［77］约翰·B. 汤普森. 意识形态与现代文化［M］. 高铦，等译. 南京：译林出版社，2005.

［78］沃伦·巴克兰德. 电影认知符号学［M］. 雍青，译. 北京：中国社会科学出版社，2012.

［79］奥利弗·博伊德-巴雷特，克里斯·纽博尔德. 媒介研究的进路［M］. 汪凯，刘晓红，译. 北京：新华出版社，2004.

［80］拉曼·塞尔登. 文学批评理论：从柏拉图到现在［M］. 刘象愚，等译. 北京：北京大学出版社，2000.

［81］安吉拉·默克罗比. 女性主义与青年文化［M］. 张岩冰，彭薇，译. 开封：河南大学出版社，2011.

［82］杜盖伊，等. 做文化研究：随身听的故事［M］. 霍炜，译. 北京：商务印书馆，2003.

［83］保罗·科布利，莉莎·詹茨. 视读符号学［M］. 许磊，译. 合肥：安徽文艺出版社，2007.

［84］苏珊·海沃德. 电影研究：关键词［M］. 邹赞，等译. 北京：北京大学出版社，2013.

［85］G. 勃罗德彭特. 符号·象征与建筑［G］. 乐民成，等译. 北京：

中国建筑工业出版社，1991.

[86] 戴维·方坦纳. 象征世界的语言 [M]. 何盼盼，译. 北京：中国青年出版社，2001.

[87] 弗里茨·萨克斯尔. 形象的遗产 [M]. 杨建国，译. 南京：译林出版社，2017.

[88] 安贝托·艾柯. 误读 [M]. 吴燕莛，译. 北京：新星出版社，2006.

[89] 乌蒙勃托·艾柯. 符号学理论 [M]. 卢德平，译. 北京：中国人民大学出版社，1990.

[90] 翁贝尔托·埃科. 符号学与语言哲学 [M]. 王天清，译. 天津：百花文艺出版社，2006.

[91] 列奥纳多·达·芬奇. 芬奇论绘画 [M]. 戴勉，编译. 北京：人民美术出版社，1979.

[92] 安东尼奥·葛兰西. 狱中札记 [M]. 曹雷雨，等译. 北京：中国社会科学出版社，2000.

[93] 黑格尔. 美学 [M]. 朱光潜，译. 北京：北京大学出版社，2017.

[94] 马克斯·霍克海默，西奥多·阿道尔诺. 启蒙辩证法：哲学断片 [M]. 渠敬东，曹卫东，译. 上海：上海人民出版社，2006.

[95] 迪特·施林洛甫. 叙事和图画：欧洲和印度艺术中的情节展现 [M]. 刘震，孟瑜，译. 兰州：兰州大学出版社，2013.

[96] 沃尔夫冈·韦尔施. 我们的后现代的现代 [M]. 洪天富，译. 北京：商务印书馆，2004.

[97] 亚里士多德. 修辞术·亚历山大修辞学·论诗 [M]. 颜一，崔延强，译. 北京：中国人民大学出版社，2003.

[98] 费尔迪南·德·索绪尔. 普通语言学教程 [M]. 高名凯，译. 北京：商务印书馆，1980.

[99] J. M. 布洛克曼. 结构主义：莫斯科—布拉格—巴黎 [M]. 李幼蒸，译. 北京：中国人民大学出版社，2003.

[100] 爱森斯坦. 爱森斯坦论文选集 [M]. 魏边实，等译. 北京：中国电影出版社，1962.

[101] 巴尔. 叙述学：叙事理论导论 [M]. 谭君强，译. 北京：北京师范大学出版社，2015.

［102］安德烈·戈德罗. 从文学到影片：叙事体系［M］. 刘云舟，译. 北京：商务印书馆，2010.

［103］杰夫·刘易斯. 文化研究基础理论［M］. 2 版. 郭镇之，等译. 北京：清华大学出版社，2013.

［104］苏珊·桑塔格. 反对阐释［M］. 程巍，译. 上海：上海译文出版社，2018.

［105］西川直子. 克里斯托娃：多元逻辑［M］. 王青，陈虎，译. 石家庄：河北教育出版社，2002

［106］项晓敏. 零度写作与人的自由：罗兰·巴特美学思想研究［M］. 上海：复旦大学出版社，2003.

［107］蒋传红. 罗兰·巴特的符号学美学研究［M］. 镇江：江苏大学出版社，2013.

［108］司文会. 符号·文学·文化：罗兰·巴尔特符号学思想研究［M］. 北京：中国书籍出版社，2016.

［109］张天勇. 社会符号化：马克思主义视阈中的鲍德里亚后期思想研究［M］. 北京：人民出版社，2008.

［110］汪德宁. 超真实的符号世界：鲍德里亚思想研究［M］. 北京：中国社会科学出版社，2016.

［111］罗婷. 克里斯特瓦的诗学研究［M］. 北京：中国社会科学出版社，2004.

［112］李幼蒸. 理论符号学导论［M］. 北京：中国人民大学出版社，2007.

［113］怀宇. 论法国符号学［M］. 天津：南开大学出版社，2016.

［114］王铭玉，宋尧. 符号语言学［M］. 上海：上海外语教育出版社，2005.

［115］冯志伟. 现代语言学流派［M］. 西安：陕西人民出版社，1999.

［116］高宣扬. 当代法国思想五十年［M］. 北京：中国人民大学出版社，2005.

［117］史忠义. 20 世纪法国小说诗学［M］. 北京：社会科学文献出版社，2000.

［118］张寅德. 叙述学研究［M］. 北京：中国社会科学出版社，1989.

［119］齐隆壬. 电影符号学［M］. 上海：东方出版中心，2013.

［120］温科学. 20 世纪西方修辞学理论研究［M］. 北京：中国社会科学出版社，2006.

［121］曹意强，麦克尔·波德罗. 艺术史的视野：图像研究的理论、方法与意义［M］. 杭州：中国美术学院出版社，2007.

［122］范景中. 贡布里希论设计［M］. 长沙：湖南科学技术出版社，2001.

［123］范景中. 艺术与人文科学：贡布里希文选［M］. 杭州：浙江摄影出版社，1989.

［124］李恒基，杨远婴. 外国电影理论文选［M］. 北京：生活·读书·新知三联书店，2006.

［125］张新军. 可能世界叙事学［M］. 苏州：苏州大学出版社，2011.

［126］黄鸣奋. 超文本诗学［M］. 厦门：厦门大学出版社，2002.

［127］张法. 20 世纪西方美学史［M］. 成都：四川人民出版社，2003.

［128］孟悦，李航，李以建. 本文的策略［M］. 广州：花城出版社，1988.

［129］罗钢，刘象愚. 文化研究读本［M］. 北京：中国社会科学出版社，2000.

［130］北京大学哲学系美学教研室. 西方美学家论美和美感［M］. 北京：商务印书馆，1980.

［131］汪民安. 色情、耗费与普遍经济：乔治·巴塔耶文选［M］. 长春：吉林人民出版社，2003.

［132］王小章，郭本禹. 潜意识的诠释：从弗洛伊德主义到后弗洛伊德主义［M］. 北京：中国社会科学出版社，1997.

［133］黄作. 不思之说：拉康主体理论研究［M］. 北京：人民出版社，2005.

［134］林崇德，杨治良，黄希庭. 心理学大辞典：下［M］. 上海：上海教育出版社，2003.

［135］罗芃，冯棠. 法国文化史［M］. 北京：北京大学出版社，1997.

［136］陈焘宇，何永康. 外国现代派小说概观［M］. 南京：江苏文艺出版社，1996.

［137］苏智.《周易》的符号学研究［M］. 成都：四川大学出版社，2018.

［138］杨义. 中国叙事学［M］. 北京：人民出版社，1997：77.

［139］吴文虎. 广告的符号世界［M］. 广州：广州出版社，1997.

［140］康澄. 文化及其生存与发展的空间：洛特曼文化符号学理论研究［M］. 南京：河海大学出版社，2006.

［141］单小曦. 媒介与文学：媒介文艺学引论［M］. 北京：商务印书馆，2015.

［142］吴晓峰. 符号与意义：巴特符号学与现代语言学的比较研究［J］. 湖南社会科学，2003（4）.

［143］罗珊. 大众文化理论中"自然化"命题涵义的流变［J］. 新闻前哨，2011（10）.

［144］汪民安. 罗兰·巴特为什么谈论快感？［J］. 外国文学，1998（6）.

［145］汪民安，陈永国. 身体转向［J］. 外国文学，2004（1）.

［146］藏策. 对话罗兰·巴特［J］. 文学自由谈，2007（4）.

［147］田乐乐，郝雨. 意义与心镜：智媒时代中国语境下罗兰·巴特神话思想新视角［J］. 新闻大学，2020（7）.

［148］龚小凡. 文本"编织"与网络链接：从罗兰·巴特互文性理论看网络超文本的特征［J］. 文艺争鸣，2013（5）.

［149］于宏英. 电影语言本体论探析：以麦茨第一电影符号学为讨论基点［J］. 温州大学学报（社会科学版），2014（4）.

［150］徐涛. 八大组合段论《我的女友是机器人》［J］. 电影评介，2010（8）.

［151］常斐. 麦茨镜像理论下的《快乐王子》［J］. 电影文学，2019（16）.

［152］仰海峰. 符号—物、虚像与大众文化批判：巴特《流行体系》解读［J］. 求是学刊，2003（3）.

［153］田晓功. 推荐算法的消费主义视域反思：基于鲍德里亚消费社会理论［J］. 佳木斯职业学院学报，2021（3）.

［154］王建，陈雨豪. "拟像"视角下的短视频媒介景观狂欢：以抖音短视频沈巍事件为例［J］. 新闻前哨，2019（12）.

［155］冯丙奇. 视觉修辞理论的开创：巴特与都兰德广告视觉修辞研究初探［J］. 北京理工大学学报（社会科学版），2003（6）.

［156］林煜圻. 游戏改编电视剧《仙剑奇侠传》系列的叙事策略研究：

基于热奈特的叙事理论［J］．新闻研究导刊，2019（11）.

［157］刘成富．法国作家索莱尔斯与"文本写作"［J］．法国研究，2001（2）.

［158］刘宇宁．借东方以反诘西方：索莱尔斯与中国文化［J］．外国文学，2015（1）.

［159］张颖．汉字与"互文性"：克里斯蒂娃后结构主义理论的中国维度［J］．天津社会科学，2019（2）.

［160］高宣扬．论克里斯蒂娃的新女性主义［J］．同济大学学报（社会科学版），2009（3）.

［161］徐枫．让-达尼埃尔·波莱：《地中海》和蒙太奇复兴［J］．电影艺术，2017（2）.

［162］李幼蒸．略论中国符号学的意义［J］．哲学研究，2001（3）.

［163］李幼蒸．中国符号学与西方符号学的理论互动［J］．文艺理论研究，2009（3）.

［164］王铭玉．中国符号学的理论依归和学术精神［J］．天津外国语大学学报，2016，23（1）.

［165］李建钊．《易经》：中国古代的符号逻辑［J］．徐州师范学院学报，1990（1）.

［166］张雅蒙，杨伟．《万延元年的足球队》中对侦探小说叙事的借用与超越［J］．日语学习与研究，2019（2）.

［167］姚睿远．中国公路电影中的时间叙事艺术［J］．视听，2020（5）.

［168］梁军童．自媒体脱口秀节目的叙事话语分析：以《罗辑思维》为例［J］．出版广角，2020（20）.

［169］康澄．文化符号学中的"象征"［J］．国外文学，2018（1）.

［170］单小曦．媒介性主体性：后人类主体话语反思及其新释［J］．文艺理论研究，2018（5）.

［171］单小曦，支朋．自媒体文艺短视频的媒介神话学阐释：以李子柒古风艺术短视频为主要考察对象［J］．内蒙古社会科学，2021（1）.

［172］官炳新．跨文性理论视角下纪录片的可靠性研究［D］．长春：东北师范大学，2017.

［173］魏清花．鲍德里亚消费社会的符号文化理论研究［D］．兰州：

西北师范大学，2011.

［174］刘佳. 服饰语言符号传播研究：以 20 世纪 60 年代中西服饰为例［D］. 广州：广东工业大学，2014.

［175］渠然然. 托多洛夫叙事句法研究［D］. 曲阜：曲阜师范大学，2014.

［176］王迅. 广告图像的视觉修辞研究［D］. 苏州：苏州大学，2007.

［177］陈文举. 罗兰·巴尔特的传播符号学思想研究［D］. 武汉：武汉大学，2005.

后　记

　　法国结构主义和后结构主义、德国法兰克福学派、英国伯明翰学派的大众文化理论三足鼎立。法兰克福学派关注法西斯主义和极权主义，从生产的角度分析大众文化对大众的控制，主要采取辩证分析方法；伯明翰学派关注战后迅速壮大的平民阶层，主要剖析青少年亚文化、被殖民者文化和女性主义文化对主流文化的反抗，主要运用民族志的研究方法；在法国大众文化兴起的背景下，结构主义和后结构主义的大众文化研究偏重文本，主要运用语言符号的方法。巴特符号学背景下的大众文化理论是结构主义和后结构主义的主要代表，它侧重从符号学的角度切入，注重对大众文化文本本身的阐释，取得了令人瞩目的成就。

　　在 2013 年出版《罗兰·巴特的符号学美学研究》之时，我除了重点阐释巴特符号学美学这一主要内容之外，还曾涉猎麦茨、鲍德里亚、托多洛夫、热奈特等法国学者的部分论文和著作，于是拟以巴特符号学为基础，对与其符号学相关的麦茨、鲍德里亚、托多洛夫、热奈特、都兰德、克里斯蒂娃、索莱尔斯、利奥塔、德勒兹、布尔迪厄等进行更大范围的研读。在研读过程中，我深感这些学者不仅人数众多，而且都自成一家，其学术思想来源复杂、观点歧异，写作风格多样、表达晦涩，理解难度较大。于是我按照化整为零的方法，一家一家地去"啃"：巴特行文零散，观点多变，但不乏新意；麦茨论述比较机械，但也可成一家之言；鲍德里亚好作惊人之语，但学术预见性强；热奈特严密细致，阐述角度多样；托多洛夫概括性强，与热奈特互补；克里斯蒂娃观点比较新颖，但也相当主观。慢慢地，巴特符号学背景下的大众文化理论的结构、修辞、意识形态批判、文化意蕴、文本、主体反抗、主体解构等方面的线索"浮出水面"。以此为提纲，我再对涉及这些专题的文论家和大众文化学家的重要著作和论文进行细读，其间又旁涉法国以外的其他西方学者如艾柯、霍尔、麦克罗比、费斯克等的著作和论文，选择从结构、修辞、意识形态批判、文化意蕴、文本、主体反抗六个方面进行具体阐释。对每一个方面又搜寻资料，列出条目，其间反复曲折，多有增删；虽然"照着说"，但不至于"空口说白话"；虽然略显生硬斩截，但力求言简意赅。遂留诗一首，以作纪念：十载光阴等闲过，华发渐生鬓已丝。惭未能学掣鲸手，个中辛苦只自知。

中国现代小说创作和学术研究的先行者鲁迅说："采用外国的良规，加以发挥，使我们的作品更加丰满是一条路。"这不仅适用于"作品"，也适用于大众文化理论研究。二十一世纪之后，中国基于计算机—网络媒介的大众文化异军突起，其中，网络文学的代表网络小说已经与美国好莱坞电影、日本动漫、韩国电视剧并驾齐驱，其影响及于东南亚与欧美等国家和地区；网络视频（短视频）"飞入寻常百姓家"，不仅成为国内越来越庞大的文化产业之一，而且"粘"住了千千万万的受众，其对文化、社会、经济的影响十分深远。如何将巴特符号学背景下的大众文化理论"洋为中用"，显得尤为紧迫。整体而言，巴特符号学背景下的大众文化理论家主要生活在二十世纪的电子媒介时代，虽然他们在生活中了解了一些计算机—网络媒介知识，在其论文和著作中也零星地运用过"计算机""网络"等词汇，但只是简单提及而已。当然，他们的一些创新性观点如巴特的锚定功能和接力功能、鲍德里亚的拟像、克里斯蒂娃的互文性、利奥塔的小叙事、德勒兹的生成主体等为当今大众文化研究提供了启示。可以相信，基于中国当今大众文化的飞速发展和对西方大众文化理论的转化运用，我们必将能创造出具有中国特色的大众文化理论。

感谢中国当代法国文学文化的研究学者，他们从二十世纪八十年代开始翻译法国结构主义和后结构主义的著作，目光敏锐，坚持不懈，巴特符号学背景下的大众文化学家的代表著作皆已翻译，如巴特的《神话——大众文化诠释》、麦茨的《电影的意义》、鲍德里亚的《拟仿物与拟像》、热奈特的《叙述话语　新叙述话语》、托多洛夫的《散文诗学》、克里斯蒂娃的《符号学——符义分析探索集》等已对中国当代学术界产生了较大影响。我也能够按图索骥，参与与这些大众文化学家的"对话"，步步深入理解他们的观点。感谢江苏大学高级技术人才科研启动基金项目"法国符号学派的大众文化研究"和江苏省社会科学基金后期资助项目"巴特符号学背景下的大众文化理论研究"的资助，这些资助督促我不敢懈怠、不断前行。

江苏大学出版社的编辑多次与我交流沟通，提出许多有益建议，他们细致严谨的工作精神也使我深感敬佩，在此深表谢意！江苏大学文学院和教师教育学院的硕士研究生邵澎赟、赵婧怡、梁燕、梅耀天等同学为我购买资料、核对注释，做了大量工作，在此一并表示谢忱！

2023 年 11 月 20 日

于江苏大学教工宿舍区